三国交网络

"准三国"时代
（184—220年）
朋友圈

李劲松

著

中国文史出版社

图书在版编目（CIP）数据

三国社交网络："准三国"时代（184-220 年）朋友圈 / 李劲松著 . -- 北京：中国文史出版社，2019.9
ISBN 978-7-5205-1485-9

Ⅰ . ①三… Ⅱ . ①李… Ⅲ . ①中国历史—研究—三国时代 Ⅳ . ① K236.07

中国版本图书馆 CIP 数据核字（2019）第 268814 号

责任编辑：秦千里

出版发行：中国文史出版社
社　　址：北京市海淀区西八里庄路 69 号院　邮编：100142
电　　话：010-81136606　81136602　81136603（发行部）
传　　真：010-81136655
印　　装：北京金康利印刷有限公司
经　　销：全国新华书店
开　　本：16 开
印　　张：30
字　　数：385 千字
插　　图：12 幅
版　　次：2020 年 10 月北京第 1 版
印　　次：2020 年 10 月第 1 次印刷
定　　价：88.00 元

自　序

写作此书，纯属偶然。

大约三年前的一天，我一边翻看三国历史，一边浏览微信朋友圈，突然萌生了以"社交网络"的方式来讲述三国人物和故事的念头。三国历史因为史料丰富，魏蜀吴三国历史同步记录，还可以交叉对比，相互验证，特别适合以"社交网络"和"朋友圈"的方式来进行撰写，于是硬着头皮开始试水。

三国时的社交网络发达吗？朋友圈热闹吗？

答案是肯定的。

三国虽然是中国继战国之后的一个动荡乱世，但动中有静，乱中有序。三国时虽然战争频繁激烈，但决定战争胜负的因素，通常不在战场之上，而在战场之外的人才、外交、财力、谋略和统一战线的竞争。三国时虽然没有汽车、手机和微信，交通联络极其不便利，但同时他们也没有电视、麻将和KTV，工作也没有我们现在这么繁忙，其社交的热度和思想的深度，并不亚于我们当代人。

三国人为什么要建社交网络、要经营朋友圈？

因为三国首先是一个创业时代，要创业，就必须网罗人才、结盟队友、合纵连横。

董卓进军洛阳，废立皇帝，烧杀掠抢，干尽坏事之余，仍不忘大封世家大族子弟，以获取他们的支持；十三路诸侯结盟讨伐董卓，共推没到现场的袁绍为盟主，只因他祖上"四世三公"，是个"官N代"；曹操"挟天子以令诸侯"，力邀汉献帝入股合伙，从此势不可挡；孙坚为解决粮草问题，不得不委身袁术，做他的加盟店，被过度压榨，最终殒命荆州；曹操依靠张邈和袁绍等朋友的支持起家，最困难时，甚至差点把老婆儿子送给袁绍当人质；吕布反复无常，先杀丁原，再杀董卓，继夺曹操兖州之后，再夺刘备的徐州；刘备如丧家之犬，一投公孙瓒，二投陶谦，三投吕布，四投曹操，五投袁绍，六投刘表，直到在荆州结盟孙权，才借赤壁之战一举翻身……所有这一切，都建立在社交网络的基础上，有爹的拼爹，没爹的，就拼各自的朋友圈。

三国又是一个比拼碰撞思想、创新谋略、脑筋激荡的时代，而一切谋略和晤对均需要面对面深度交流。

三国时代最著名的晤对，自然要数诸葛亮和刘备的"隆中对"。但隆中对并非唯一，还有谋士张纮为孙策规划孙氏集团二次创业的"纮策对"，鲁肃为刚刚执掌江东的孙权所规划的"肃权对"。这是战略方面的。具体到战术方面，有沮授建议袁绍结盟汉献帝的"奉天子以令不臣"，有荀彧鼓励曹操勇敢迎战袁绍的"四胜论"，还有郭嘉升级版的"十胜十败论"，以及赤壁之战前夜，周瑜力劝孙权抗曹的"曹操四败论"。无社交，不江湖；有朋友，方有谋略。

此外，三国还是一个流行在沙龙酒会上结交新友、品评人物、发布各类排行榜的时代。

三国大将，大多是一战成名。比如关羽，因官渡之战中斩杀袁绍大将颜良而扬名；比如周瑜，赤壁之战大败曹操而立万；比如吕蒙，崛起于荆州之战捕杀关羽；再比如陆逊，惊艳于夷陵之战大胜刘备。

而有的人，却是"一语成名"。

自媒体"月旦评"创始人许劭一句"治世之能臣，乱世之奸雄"，让曹操名扬洛阳；曹操邀刘备煮酒论英雄，一句"今天下英雄，唯使君与操耳"，使刘备逃亡许昌；曹操又一句"生子当如孙仲谋"，让孙权这个"创二代"脱颖而出。如果说曹操赞刘备是"煮酒论英雄1.0版"，那么他夸孙权，就是"煮酒论英雄2.0版"。

无论是网罗人才、合纵连横，还是碰撞思想、创新谋略，甚或结交新友、品评人物，都需要通达的社交网络，都需要强大的朋友圈。比如三国三大战役，在最后时刻，都是因为微妙的社交网络发挥神奇作用，扭转了预期，反转了结局。

官渡之战胜负因素很多，关键时刻，在曹操一方，是因为曹操及时得到了好友荀彧的打气支持；而在袁绍一方，是因为他得罪许攸，逼他出降曹操，献上火烧乌巢的妙策。而许攸愿意投降曹操，只因为他是曹操多年前的好友……

赤壁之战前，曹操原本可乘荆州之胜，一鼓作气消灭刘备，再灭孙权。可他却错误地判断孙权会杀了刘备，坐等刘孙火并，耽搁了最佳追杀时机。结果孙刘结盟，大败曹操于赤壁，只因曹操忘了，分别服务孙权和刘备的诸葛瑾、诸葛亮兄弟，在其中发挥了关键的桥梁纽带作用……

夷陵之战前，孙权名将凋零，原无必胜把握。刘备一意孤行，冷落了坚持孙刘联盟的诸葛亮，而孙权及时大胆启用名不见经传的白面书生陆逊，结果陆逊火烧连营，一代枭雄刘备兵败如山倒，病亡白帝城……

一切历史都是人性记录。所以历史写作，既需要宏大叙事，需要站在帝王和国家治理的高度，从政治、军事和经济的角度来阐述，也需要以更高的分辨率，从人性和社交角度进行分析。既需要以百年、千年的大跨度，以"庙堂之高"来俯视宏大历史格局，也需要以数月、数年的小步伐，以"江湖之远"来近距离体察真实的人性。我做不了前者，所以只好选择后者。

事实上，当你站在当事人的角度，还原历史现场，通过关注他的社交网络和朋友圈，将心比心地感受他的欲望和理想，理解他的顾虑、掣肘和不得已，会更深刻理解他的决策依据、所思所想和命运轨迹，对历史人物会有另一番感受。

决定历史人物命运的，除了性格，还有社交。诚非虚言。这，正是本书的创作初衷。

李劲松

2020 年 8 月 18 日于北京

目 录

序幕：“准三国”与“真三国”

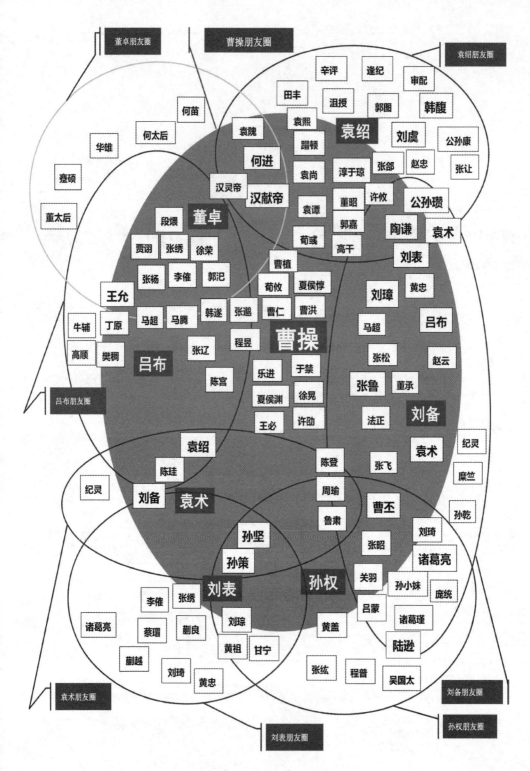

三国社交网络（184—220 年）示意图

三国历史虽短，但人物众多，事件纷繁，委实不那么好阅读、梳理和记忆。几乎绝大多数中国人甚至全球华人，都是先通过小说《三国演义》启蒙三国历史，熟知曹操、刘备、孙权、诸葛亮等历史人物，这才出于兴趣爱好，接触《后汉书》或《三国志》等正史史籍，渐渐深入了解真正的三国历史。

这种阅读模式有利有弊。"利"是被故事带入，印象深刻，易入门，易记忆；"弊"是常常分不清真实与虚构的界限。很多人在品评三国故事和人物时，说着说着，就被《三国演义》拐跑，掉进虚构和文艺的陷阱。其实，比较《后汉书》、《三国志》和《三国演义》，可以发现，大多数史实接近，只是在个别事件、人物、细节和先后顺序上，《三国演义》进行了虚构、充实和夸张。

一般认为，三国历史共九十六年，始于黄巾军起义的中平元年（184年），终于西晋灭吴的西晋咸宁六年或东吴天纪四年（280年）。严格地说，这段历史包含两个阶段：

三十六年（184—220 年）的"准三国"阶段；

六十年（220—280 年）的"真三国"阶段。

所谓的"准三国"阶段，是指汉朝末年从灵帝中平元年（184 年）黄巾军起义到献帝建安二十五年（220 年）汉献帝被迫禅位于曹丕这段时间。这个阶段，天下大乱，朝纲废弛，群雄纷起逐鹿中原，但汉朝廷仍在，皇帝仍在。除了汉献帝刘协这个正宗天子，没有其他皇帝（袁术短暂称帝不算），只有一国。所以，这一时段还不能称为"三国时代"。

在"准三国"阶段，所有诸侯都是把朝廷和皇帝当"尿壶"，用时拿来，不用时扔掉，没谁真正把他放在眼里。尤其是曹操，自从建安元年（196年）挟天子以令诸侯，把皇帝当玩偶，尽情欺负。虽然到后期曹操在政治待遇上已与真正的皇帝无异，但鉴于各种现实约束和西汉末年王莽篡位十五年即被灭亡的历史教训，他始终不敢行废立之事。曹操如此自制，其他群雄自然不敢逾越雷池，表面上仍然服从朝廷的号令和册封。至少在名义上这个阶段，天下是一统的。

建安二十五年（220 年）春，曹操病逝，魏太子曹丕继位为魏王，逼汉献帝"禅让"，开创魏国，成为后来的魏文帝。很快"蜀汉"（通常称"蜀"，其实国号为"汉"）和"孙吴"两国相继成立，这才实质进入"三国时代"。这就是所谓的"真三国"。公元 220 年这一年有三个年号，分别是汉献帝建安二十五年、汉献帝延康元年、魏文帝黄初元年。

历时三十六年的"准三国"时代虽然比"真三国"时代短了二十四年，却异常精彩。《三国演义》中耳熟能详、为人津津乐道的故事，都发生在"准三国"这个阶段。真正到了"真三国"阶段，曹操、刘备、孙坚、孙策、吕布、袁绍、袁术、刘表、刘焉、陶谦、公孙瓒等"创一代"英雄统统谢幕，只剩下一个孙权孤零零在舞台上演"独角戏"，与他"配戏"的诸葛亮和曹丕不在一个层次，反倒没什么意思了。

如果我们把 184—280 年这九十六年三国历史比作一部长篇小说，那么，可像小说一样分为"起、承、转、合"四个阶段，如下表所示：

表1：三国历史的"起承转合"

阶 段		时 间	时 长
三国始点		汉灵帝中平元年（184 年）	
准三国	起	184—196 年	12 年
	承	196—208 年	12 年
	转	208—220 年	12 年
真三国	合	220—280 年	60 年
三国终点		西晋咸宁六年（280 年）	

也就是说"准三国"这三十六年，被分成了"起、承、转"三部分，每部分居然碰巧都是十二年。

这样划分是不是有点牵强？

也许。但事实上，在每个连接点，确实发生了众所周知的大事：

"起"与"承"的连接点：建安元年（196 年），曹操将汉献帝从洛阳奉迎到许县，开始长达二十四年的"挟天子以令诸侯"生涯，在战略和势能上反超当时第一大竞争对手袁绍，成为三国第一"潜力股"；

"承"与"转"的连接点：建安十三年（208 年），刘备和孙权组建战略联盟，两军联合在赤壁大败曹操，结束了曹操十二年气势如虹的事业大运。此后，孙权和刘备双雄并起，"三足鼎立"雏形初现；

"转"与"合"的连接点：建安二十五年（220 年），曹操病死，曹丕逼汉献帝退位，以魏代汉。"真三国"时代正式开启。第二年，即蜀汉章武元年（221 年），刘备建国称帝。同年，孙权被曹丕册封为吴王，建立吴国。

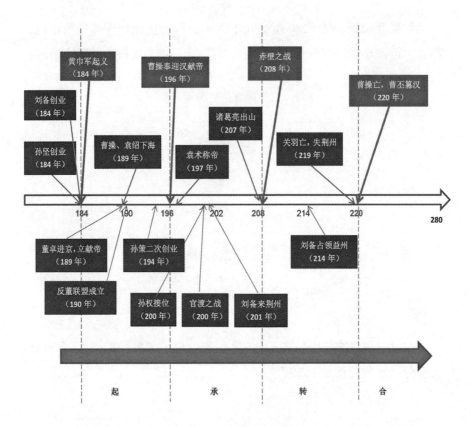

三国起承转合与重大事件

所谓天下"合久必分、分久必合"，前三十六年的主题是"分"，后六十年的主题是"合"。前三十六年的主题是"打破一个旧世界"，而后六十年的主题是"建设一个新世界"。本书聚焦的，主要是打破旧世界的"准三国"阶段。关于"起、承、转"三个阶段的详情，我们将在本书的尾声部分详细论述，有兴趣的读者可提前翻阅。

"滚滚长江东逝水，浪花淘尽英雄。是非成败转头空。青山依旧在，几度夕阳红。白发渔樵江渚上，惯看秋月春风。一壶浊酒喜相逢。古今多少事，都付笑谈中。"结果固然重要，过程更加精彩。决定历史人物命运的，除了性格，还有社交。本书试图借助"社交网络"这种形式，通过逐一盘点董卓、袁绍、曹操、刘备、吕布、袁术、孙权、刘表这八位典型"英雄"在"准三国"时代的"朋友圈"，来讲述各自或成功或失败的奋斗故事。让我们回到黄巾军起义的中平元年（184 年），回到何进打开潘多拉盒子、召董卓进京的中平六年（189 年），开始回放"准三国"的一幕幕精彩剧情，见证上述"英雄"如何借助神奇的朋友圈，逐鹿中原，反转命运，改写自己和朋友们的人生……

第1章　公牛董卓

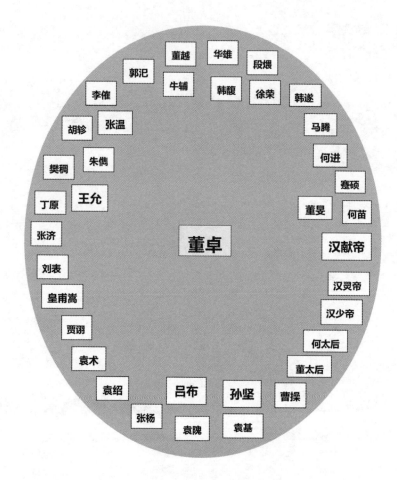

董卓的朋友圈

中国历代家天下式封建王朝，除去最顶层的皇室宗亲和最草根的农民起义军，常见的敌人有三类：外戚、宦官和军阀。如果说秦朝亡于宦官（赵高），西汉亡于外戚（王莽），那么东汉则是亡于军阀。这个军阀就是董卓。名义上代汉篡位的是魏文帝曹丕，但实质上，推倒汉朝九鼎、将皇权的威严踩在地上的，则是董卓。

其实，东汉无论是外戚专权，还是宦官乱政，远比西汉严重，为什么反而没有出现西汉末年那样被王氏外戚篡位的局面呢？因为西汉末年皇室和诸侯衰微，西汉外戚独大，没有其他力量可以制衡他。而东汉自汉和帝刘肇（88年即位）开始，宦官势力越来越强大，逐渐成为一支可以与外戚分庭抗礼的力量。东汉最后几任皇帝，即位时年纪都很小，朝政被架空，外戚和宦官长期对抗、轮番上台，打一个不恰当的比方，有点类似美国民主党和共和党的两党竞选。

这种脆弱的平衡，只有第三方力量的强势介入才能打破。

黄巾军是第一波"第三方"。可惜，力量弱小，且起事仓促，几个月便被汉军平定了。黄巾军暂时平定，一度停战的宦官和外戚互掐，第二个"第三方"来了。

它就是凉州系军阀董卓。外戚何进和以"十常侍"为首的宦官集团间的争斗，给了他一个进京的机会。而且董卓更幸运的是，待他进京时，何进已经与"十常侍"同归于尽了。

历史给了董卓一个绝佳机会。可惜，董卓只是一介武夫。虽然实力强大，连包括袁绍、袁术、孙坚、曹操在内的十几支"反董联盟军"都奈何不了他，但他只要权力，不担责任；只要享受，不尽义务；情愿挟天子大封群臣，也不愿挟天子以令诸侯，推动自己的统一大业。总之一句话，董卓既无理想建立新王朝，也无野心取汉朝而代之，他只想尽情体验权力、富贵和美色，"过把瘾就死"。

但乱世把持朝政，远比逆水行舟危险，不是不进则退，而是不进则废。董卓的不进取，给了朝臣 N 个刺杀的理由，也给了曹操、袁绍等汉末创业者难得的角逐机会。汉献帝初平三年（192 年）春，仅仅挟天子两年多，董卓就死于干儿子吕布之手。董卓死后，天下彻底大乱，群雄逐鹿的大幕正式拉开……

董卓是受谁之召进京的？为什么他会成为朝廷征召帮助诛除宦官的重要人选？他进京之后主要干了哪些坏事？反董联盟是怎么回事？董卓为什么要从洛阳迁都长安？作为董卓的干儿子，吕布为什么要与外人联手刺杀董卓？真的是因为与董卓和貂蝉的"三角恋"吗？董卓的朋友圈都是些什么人？谁帮过他、谁又害过他？

屠户之后何进与何皇后

如果说董卓是倾倒汉朝社稷的魔鬼，那么，何进就是亲手打开潘多拉盒子、将董卓这个恶魔放出来的操盘手。何进在与以"十常侍"为首的宦官的争斗中，深感力不从心，于是决定借外地军阀进京，助自己一臂之力。

何进是谁？

东汉末年著名外戚、东汉倒数第三位皇帝汉灵帝刘宏何皇后同父异母的哥哥，皇帝的大舅子，朝廷的大将军。最牛时，何进权倾朝野，一人之下，万人之上，帐下人才济济，诸如袁绍、袁术、曹操等三国风云人物，都曾经是他的部下，受过他的提携，何进资历之老可见一斑。

何进原本是屠户子弟，因妹妹何皇后一人得道，一家子跟着鸡犬升天。但是鸡犬升天这种事，外人看着风光，当事人却一肚子苦水。因为宫廷的游戏规则与民间完全不同，做皇帝的外戚和朝廷的大将军，绝不是像杀猪宰羊一样白刀子进去、红刀子出来这么简单干脆，而是需要智慧、权谋、勇气等各种综合素质。尤其是何进从地上"升"到天上，不得不面对一个全新的朋友圈时，操盘难度更大。

何进的朋友圈不仅有他妹妹何皇后，还有皇帝汉灵帝、诸后妃和其他外戚、宦官，更有朝臣、各地诸侯、军阀以及各种反叛势力，比如讨厌的黄巾军。其中关系错综复杂，敌中有友，友中有敌。何进突然感觉自己知识和历练太少，智商、情商和勇气都有点"余额不足"了。

何皇后和她的情敌王美人

让我们从何进的妹妹何皇后说起。

何皇后系汉少帝刘辩的生母，出身于屠户家庭，在当时属于低贱阶层，但被选美进宫，于灵帝熹平五年（176 年）生下皇子刘辩。汉灵帝此前虽生有数名皇子，但都先后夭折，刘辩乃是他真正意义长大的皇子。汉灵帝高兴坏了，封何氏为"贵人"（一种妃嫔等级，仅次于皇后）。汉朝一直流行外戚坐庄，属于何家的时代来了。

为什么其他妃嫔生的皇子都先后夭折，独何贵人的皇子得以长大成人？如果不考虑宫廷阴谋的因素，从生理层面，最大原因是汉灵帝刘宏的身体出了问题。刘宏纵欲过度，身子骨弱，精子活力太低，必须找一个身体超强的女性，才能弥补自身短板，提高后代的存活率。这就是何氏胜出的一个重要因素。

问题是，何氏不止身体好，性格也特别强悍，忌妒心强，是个超级醋坛子，后宫妃嫔、宫女没有不怕她的，（性强忌，后宫莫不震慑——《后汉书·皇后纪》）这就难免触怒皇帝乃至以太后为首的整个后宫。

灵帝光和三年（180年），也就是儿子刘辩5岁那一年，何氏悲喜交加。这一年，老公灵帝将她的封号由"贵人"升级为"皇后"，这是"喜"。"悲"是什么？这一年，情敌王美人也怀孕了。这对想独霸灵帝的何皇后来说，无异晴天霹雳。王美人或是收到了何皇后的严重警告，或是觉得自己犯了大错，为保性命，决定主动服药打胎。谁知道胎儿吃了药，安然不动，就是赖在子宫里不肯出来。

王美人先是惊讶，后又多次梦见自己背负着太阳而行走，（又数梦负日而行——《后汉书·皇后纪》）觉得肚子的孩子不是常人，于是决定冒死留下这孩子。光和四年（181年）四月，王美人成功给灵帝生下第二个、也是最后一个皇子刘协，这就是后来的东汉末代皇帝、三国故事著名人物汉献帝。何皇后得知，气急败坏，派人用毒酒毒杀了刚做母亲不久的王美人。

汉灵帝刘宏本来就对何皇后有点审美疲劳，听到王美人死讯，暴怒，心道：你都做皇后了，怎么还这么不能容人？这样下去，哪个女人还敢给我生儿子？灵帝大怒之下欲废黜何氏皇后之位。

如果此事成功，东汉历史可能就此改写。但何皇后此人有一个长处，就是特别会来事，尤其与宫里的宦官关系不错，而灵帝刘宏11岁登基，长期将宦官视为父母，对他们言听计从。宦官们出于自身利益考虑，坚决反对废皇后。

汉灵帝本来就是一个刀子嘴豆腐心的家伙，嘴上发飚，行动上并不坚决，本来有点怵何皇后，见宦官集体反对，于是立即找台阶下，赦免了何皇后。当然，考虑到二皇子刘协失去母亲，随时面临死亡威胁，灵帝也做了慎重安排，将刘协交给其母董太后，名为养育教导，实则亲自保护。

追溯起来，何皇后杀王美人这个故事，相对后来天下大乱、杀伐纷争、白骨累累的"准三国"和"真三国"乱世，有点不怎么起眼，但它却是后来一系列重大事件的"宇宙大爆炸原点"。此时的何皇后，已牢牢将孱弱的灵帝控制在手里，在先后加封其母、其兄何进之后，何皇后再次怂恿群臣请奏汉灵帝立她儿子、也就是皇长子刘辩为太子。汉灵帝不喜欢长子刘辩，认为他轻薄，没有当皇帝的样，更喜欢小儿子刘协，内心盘算立他为储。

问题是，谁能当太子，除了皇子本人的综合素质和父皇的喜好之外，更需要母家外戚的支持。刘辩母亲是皇后，舅舅何进又被封为大将军，掌握朝廷最高军权；而刘协母亲早亡，外家无依无靠，真立刘协，很快就会被何家人干掉，根本坐不稳皇位。想到这，此时已病入膏肓的灵帝既犹豫不决，又忧心忡忡。汉灵帝想到了一个人。

蹇硕。一个决定东汉历史走向的年轻小太监。

蹇硕：小太监成了托孤大臣

蹇硕只是一个"小黄门"，当时属于皇宫里的低级太监，与"十常侍"地位差了 N 级。而就是这么一个不起眼的小太监，成了汉灵帝生病最后时刻最信任的人，汉灵帝甚至把扶立小儿子刘协继位这么重大的事，也交给了蹇硕。可见皇帝真的是孤家寡人，诺大的朋友圈，几乎没什么真朋友。

为什么呢？因为此时无论是后宫还是朝堂，几乎全是何家的人。何皇后与"十常侍"打成一片，而何进与异母弟何苗掌握着军权，朝廷重臣纷纷投靠他们。汉灵帝感觉自己被彻底架空了，而自己身体又极度虚弱，眼看没多久活头，迫切需要一个没什么根基的人来帮自己实现遗愿。蹇硕就这样被选中了。当然，汉灵帝也不是随便抓一个人托孤，史载蹇硕身体壮健，又通晓军事，是太监中难得的文武全才。

可能是害怕蹇硕一人难敌何氏，中平五年（188年）八月，汉灵帝做了一件特别重要的事：设置西园八校尉，即上军校尉、中军校尉、下军校尉、典军校尉、助军左校尉、助军右校尉、左校尉和右校尉。汉灵帝此举，明面上的理由是：天下越来越乱，必须加强京城和皇宫拱卫。其真实目的，却是抬举蹇硕、打压何进。

为什么这么说？我们先看看"西园八校尉"的名单：

上军校尉：小黄门蹇硕

中军校尉：虎贲中郎将袁绍

下军校尉：屯骑校尉鲍鸿

典军校尉：议郎曹操

助军左校尉：赵融

助军右校尉：冯芳

左校尉：谏议大夫夏牟

右校尉：淳于琼

排名第一的，就是汉灵帝托孤的蹇硕。蹇硕这个上军校尉权力很大，不仅何进的亲信如袁绍、曹操、淳于琼（就是官渡大战帮袁绍在乌巢守粮仓那位）均位于他之下，连大将军何进本人也受他节制。要知道，按西汉和东汉的历史传统，大将军乃是最高军事统帅，节制天下一切兵马，现在大将军上面突然多了一个领导，还是个小黄门太监，这说明什么？说明汉灵帝已信不过何皇后，及其后面以何进为首的何氏外戚。

设置西园八校尉不久，也就是中平六年（189年）四月，一生荒淫糊涂的灵帝最终一种以"暧昧立储"的方式撒手人寰——灵帝偷偷将小儿子刘协托付给蹇硕，让他负责将刘协扶上皇位。蹇硕也不辱使命，在灵帝驾崩后，立即召何进进宫，计划将他除掉。可惜，何进在宫里有眼线，他受诏进宫时，发现眼线不停对他使眼色。何进立即逃跑，躲在家里称病。

蹇硕立刘协失败，皇子刘辩即位，是为"汉少帝"，何皇后摇身一变成为太后，与其弟何进联手要灭掉蹇硕。蹇硕失去灵帝这座靠山后，走投无路，拉拢赵忠等"十常侍"对付何进。

蹇硕之所以要联手宦官，是因为何进也要杀他们。蹇硕本能地认为敌人的敌人一定是朋友。可惜蹇硕错了。他不知道，"十常侍"并非铁板一块。其中的中常侍郭胜与何进是同郡老乡，当年何太后进宫、被汉灵帝宠幸以及何进荣升大将军，郭胜都出过大力，与何家关系非同寻常。此外，蹇硕还犯了一个重大错误：他给赵忠写信，请求合诛何进，白纸黑字给人留了把柄。赵忠收到信后，经与郭胜商议，不仅不帮蹇硕，反而把他的信交给了何进。可怜的蹇硕就这样死于何进刀下。

后宫争斗，何进和他妹妹何皇后暂时赢得了第一场胜利。但是，他们没有时间高兴。因为蹇硕死后，何进的敌人反而越来越多。

何进的下一个重要敌人，乃是汉灵帝之母、何皇后的婆婆董太后（严格地说，董太后此时的头衔是太皇太后，为了叙述的方便，我们仍称她董太后）。

婆媳关系历来难处，在董太后看来，儿媳妇何氏为人阴狠歹毒，为争宠争位，差点害死过自己的孙子刘协，早就该死。所以董太后在抚养刘协之后，无论出于个人感情，还是为董家的长远利益考虑，都想让孙子刘协上位，故而多次劝说儿子灵帝立刘协为太子，可惜梦想落空。

于是，何太后临朝后，她与婆婆董太后之间的矛盾不可避免地激化了。董太后每次想参与干涉政事，都被何氏强行阻拦。董太后一时冲动，脱口而出："姓何的，你这么牛，不就是仗着你哥何进的权势吗？我现在就命令骠骑将军董重去砍了何进的头！"

冲动是魔鬼。就这一句话，给董太后一家惹下杀身之祸。骠骑将军董重是谁？董太后的侄子。骠骑将军在汉朝的将军序列中排名第二，前面是大将军，后面是车骑将军。可以大致将大将军理解为三军总司令，而骠骑将军是第一副总司令，车骑将军是第二副总司令。董家占着骠骑将军的位置不假，可是大将军是何进，而车骑将军是何进的弟弟何苗。你一个只占第一副总司令的董家，怎么干得过占着总司令和第二副总司令的何家？

何太后将董太后的死亡威胁转述给何进。何进立即行动，以皇帝的名义，将董太后迁回封国；同时派兵抓捕骠骑将军董重，董重最终免官自杀，董太后也忧郁而死。董氏外戚彻底谢幕，被何氏取代。

何氏兄妹齐心协力，在灵帝驾崩前后，借助宦官和军权，连续赢得了毒杀王美人、扶立刘辩登基、诛杀蹇硕、铲除外戚董氏这四场胜利，由此迅速登上了权力的巅峰。可见，何家的基因还不错。然而，自古夺权容易守权难，因为皇权高处不胜寒。位置越高，敌人越多，对手越强。如果不能理解皇权斗争的残酷性，失去忧患和防范意识，不注意结盟，没有一致对外，危险将悄然而至。

何太后胳膊肘往宦官拐

何氏兄妹出身草根家庭，于宫廷政治并不谙熟，对于后续的结盟和斗争方略发生了重大分歧，这个重大分歧就是——何进想一鼓作气铲除以"十常侍"为首的宦官群体，而何太后却强烈反对。

何太后反对杀"十常侍"，是因为后宫与宦官原是一体，何皇后与宦官张让、郭胜等"十常侍"关系相当好，她的妹妹（当然也是何进的妹妹）嫁给了张让的干儿子，而中常侍郭胜与何氏是同郡的同乡。在何氏进宫、立为贵人和皇后的过程中，"十常侍"都是帮过忙、立过功，与何家本质上属于同一个战壕的战友。

何进决意要灭宦官，不可避免地与何皇后发生了分歧。围绕这个分歧，何进与妹妹何太后发生了数次来回拉锯的争论，最终大大延缓了除敌进程，暴露了自己，不仅将何家拖入了致命深渊，而且将董卓这个混世魔王放出了潘多拉盒子。

何进为什么不顾妹妹何皇后的反对，一定要诛杀张让、赵忠等宦官？一个主要原因是东汉末年以来，尤其是桓帝、灵帝时，宦官、外戚两派交替专权，常常你死我活。桓帝以来，宦官受宠就是靠杀死上一代外戚领袖梁冀上台的，如今，何进作为新一代外戚上台，迟早要面对与宦官阵营的决斗，难免有"一朝被蛇咬，十年怕井绳"式恐惧。何进是一个没怎么读过书、接受过专业宫斗训练的粗人，在亲信袁绍的忽悠下，他决定先下手为强，继杀蹇硕之后，诛杀全部宦官。

但兹事体大，何进首先得先与老妹何太后商量。何太后受过宦官恩惠，不愿斩尽杀绝，于是以宦官统领禁省是汉朝老规矩、不可废止为由，冠冕堂皇地进行了反驳。何进为人既好大喜功，又无勇无谋，优柔寡断，在老妹碰了一次钉子后，立即往后缩。

何进的铁杆部下袁绍急了——杀宦官这种事一旦提出来，哪能回撤？于是袁绍再次忽悠何进，何进又再进宫游说老妹。这一次，反对的不止何太后，还包括何太后的母亲（何进后母）和弟弟何苗，因为他们经常收受宦官的贿赂，早就穿同一条裤子，不仅帮宦官求情，还在何太后面前说何进的坏话，攻击他"专杀左右，擅权以弱社稷"，将他诛杀宦官的行动上纲上线，上升到危害社稷和皇权稳定的高度。由此可见，疏不间亲并不总是成立。只要利益足够大，"疏"也可以间"亲"。

何进再次犹豫不决。何太后虽然是他老妹，但毕竟不是一母所生，其同母弟何苗已官居车骑将军，且其母对她的影响力巨大。何进这顶大将军官帽虽然是镇压黄巾军得来的，其归根到底，其权力源于妹妹，万一把妹妹、后妈和弟弟全得罪了，他们母子三人联合起来，让何苗取代自己的大将军之位，自己不就彻底完蛋了吗？

何进这一犹疑，可急坏了袁绍。

诛杀宦官，本质上属于宫廷政变。干这种逆天之事，核心是三个字：密、狠、快。政变属于掉脑袋的投机行为，收益大风险高，首先要私密，知道的人越少越好；二是下手要狠，必须以雷霆手段实施斩首行动，必要时可将骨干一网打尽；三是决策要快，行动更要快，一定要趁对方没有准备，以迅雷不及掩耳之势干掉对方。

上述三原则，何进一个不漏地全部违反。何进与何太后反复磋商，首先违背了"快"的原则。何太后不知保密，又与宦官有利益关系，难免向宦官通风报信，加上何进做事优柔寡断，磨磨唧唧，"诛宦政变"变成满朝皆知的公开秘密，这活还怎么干？

袁绍见何进下不了手，等不及了，便献了一个"引狼驱虎"之计："召集四方猛将和各地豪杰，让他们带兵来洛阳协迫太后。"（绍等又为画策，多召四方猛将及诸豪杰，使并引兵向京城，以胁太后。——《后汉书·窦何列传》）何进同意了。

后世在评价袁绍这"引狼驱虎"之策时，多认为袁绍劝何进召集猛将和豪杰，是为了对付宦官，结果引狼入室，招致董卓这样的恶魔进京。其实，这是从事后结果反推动机的一种误读。事实上，从历史记载看，何进这样做，首先不是为了对付宦官，而是为了对付妹妹何太后。

这说明什么？一是说明围绕是否诛除宦官，何进与包括妹妹何太后和弟弟何苗在内的后妈舞阳君一家此时已产生了严重的分歧，谁也说服不了谁，到了火水不容的地步；二是何进觉得自己的大将军位置可能不保，随时可能被异母弟何苗取代，当前最急迫的任务已不再是诛除宦官，而是兵谏太后；三是何进这个大将军可能没什么实权，指挥不动京城的禁卫队，只能靠外边的部队来胁迫太后，保住大将军位置，再集中精力对付宦官。

就这样，边将董卓神奇地与一场宫廷政变发生了关系。董卓敏锐地意识到，一场大富贵在前面等着自己，于是火速率军向长安进发。只是还没等到他进宫，何进就被张让、段珪等宦官杀死了。

何进为消灭宦官，绞尽脑汁，精心布局，不惜召四路兵马进京，可惜，外将未至，自己先做了宦官的刀下之鬼。身为何进心腹的袁绍得知老板被诛，立即带兵进宫，先杀死赵忠等人，后又关闭宫门，搜杀宦官二千多人，好些没长胡须的男人也被当成宦官杀掉。

张让、段珪等宦官无力还击，于半夜劫持少帝刘辩和陈留王刘协等逃出宫外，与早已等候在洛阳城外的董卓"不期而遇"。"准三国"乱世初期最重要的两个主角终于登场，由此开启了长达数十年的政治更迭和无休止的战乱。

这一年是中平六年（189 年），黄巾军起义（184 年）后的第五个年头，此时，孙坚和刘备两位英雄已创业五年，小有成就。董卓的进京，引发了"多米诺骨牌"效应，曹操、袁绍、袁术、吕布等英雄豪杰，因为他的关系，不得不集体下海创业……

汉献帝：董卓的玩偶

虽然汉献帝刘协比董卓小几十岁，却是其朋友圈中的一个重要朋友。

站在汉献帝的角度，他对董卓的感情挺复杂的。最初，是董卓对他"一见钟情"，把他的哥哥汉少帝刘辩拉下马，把他扶上皇位，完成了此前父亲汉灵帝刘宏和托孤宦官蹇硕都没有完成的任务。此时的董卓，从个人角度无异于汉献帝的恩人。但紧接着，董卓夺他的皇权，刨他家的祖坟，毁他的帝都，将他赶到已荒废将近二百年的古都长安。董卓摇身一变，成了他的仇人。汉献帝与董卓间的恩怨，实在不是一句话可以说清的。

既是恩人，也是仇人

董卓是怎么成从汉献帝的"恩人"变成"仇人"的？

话说刘协被张让劫持逃离皇宫的当夜，驻守在洛阳城附近的董卓看见洛阳上空火起，半夜引兵向洛阳方向急进。天没亮董卓就到了城西，听说汉少帝在北芒山，立即前往奉迎，（卓远见火起，引兵急进，未明到城西，闻少帝在北芒，因往奉迎——《后汉书·董卓列传》）从此牢牢将皇帝刘辩和陈留王刘协兄弟俩抓在手里，为后来的废立之事埋下了伏笔。

董卓为什么这么快能获知少帝的动态？是他未卜先知、随机应变，还是有人提前告诉他皇帝不在宫里，已逃往北芒山？

答案应该是后者。因为董卓虽领兵在外，朝中却有亲信，这个亲信就是他的亲弟弟、奉车都尉董旻。董旻除了帮他通风报信，随时汇报朝局动态，还做了一件特别牛的事，那就是随同何进将部吴匡诛杀何进的弟弟、车骑将军何苗。为什么要杀何苗呢？因为吴匡认为何进之死与何苗、其母舞阳君有关，就是因为他们与宦官勾勾搭搭，在少帝和何太后面前各种恶意诋毁，才致使何进诛宦官计划破产。既然他们是害死何进的间接凶手，必须杀他们为老领导报仇。由此可见，董旻不仅是何进的重要心腹，也是董卓谋局中的一枚重要棋子，间接证明了何进与董卓关系非同寻常。董卓遇见皇帝，绝非巧合。

北邙山下，惊魂未定的汉少帝刘辩在晨曦中看见一支铁骑飞奔而来，以为是谋逆的何进部下来追杀他们，吓得直哭。（卓将兵卒至，恐怖涕泣）看到这里，我们应该能明白何进诛宦计划为什么会失败了——那个被他亲手扶上皇位的外甥刘辩，在母亲何太后、姥姥舞阳君以及众多宦官的忽悠蒙骗下，早已视宦官为亲人，视他何进为敌人，所以才真诚地相信舅舅在谋反并追杀他。由此可见，少帝刘辩跟他爹灵帝刘宏一样，是一个政治糊涂虫。

董卓见到皇帝，自报身份，表明自己救驾勤王的目的，并询问宫廷政变详情。刘辩估计是被董卓的戎装、大嗓门和粗糙的凉州话吓着了，惊恐失措、张口结舌，不知道如何应对。倒是一旁的弟弟陈留王刘协对答自如，淡定地将宫变前后经过娓娓道来。不怕不识货，就怕货比货。董卓一听，刘协这孩子不错，比刘辩那小子强多了，董太后教养出来的孩子，就是比屠户的后代强。董卓突然灵光一闪：我与董太后是本家，何不换个皇帝玩玩呢？

中平六年（189 年）九月一日，董卓召集群臣举行废立仪式，废刘辩为弘农王。太傅袁隗亲自将刘辩扶下皇位，解除玉玺印绶，转交给陈留王刘协，然后扶刘协正式登基，历史上著名的"汉献帝"正式诞生。刘协的杀母仇人何太后被董卓罢免太后称号，迁入永安宫。两天后，被毒杀身亡。

客观地说，刘协能当上皇帝，确实得感谢董卓。

在董卓出现之前，刘协面临的其实是一个死局。在汉灵帝驾崩前后，刀光剑影的宫斗中，绝不只是何进与宦官的冲突，其实有多股力量、多重矛盾、多个冲突：

一、汉灵帝刘宏与何氏外戚的矛盾；

二、何氏外戚与董太后的矛盾；

三、何氏外戚与汉灵帝托孤大臣蹇硕的矛盾；

四、何进与同父异母的妹妹何太后、其母舞阳君和异母弟何苗的矛盾；

五、何进与赵忠、张让等宦官的矛盾；

六、蹇硕与张让等宦官的内部矛盾。

如下图所示：（实线代表"敌对关系"，而虚线代表"同盟关系"）

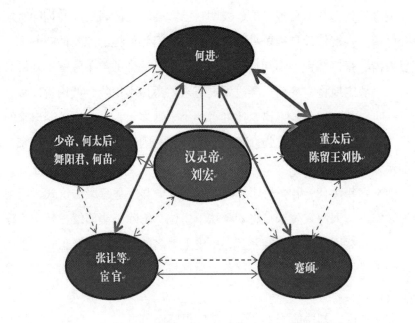

汉灵帝驾崩前后汉官敌对与盟友关系

自投胎来到人间，刘协前后有四个贵人为他保驾护航：母亲王美人、父亲汉灵帝刘宏、宦官蹇硕、奶奶董太后。可惜，母亲王美人、宦官蹇硕和奶奶董太后均死于何氏之手。如果不是董卓出现，刘协迟早要死于非命，不管其大哥刘辩是否保护他。

那么，董卓为什么要废刘辩而立刘协呢？

首要的原因是刘协乃先帝汉灵帝指定的储君，立他乃是一种"拨乱反正"的举动。皇位本来就是刘协的，只是因为灵帝临终前，军政大权、前廷后宫彻底被何氏兄妹把持，何进等人才能在灵帝死后违背皇命，私自将刘辩推上皇帝的宝座。如今，董卓行废立之事，是忠实执行灵帝的遗诏。董卓内心可能会认为：这样做，是为自己加分的举动。至少能赢得反何氏、忠于灵帝的力量的支持。

二是董卓发自内心地喜欢刘协。前面说过，董卓是在长安城外第一次见到刘辩、刘协兄弟俩的。董卓发现刘协的智商、见识和心理素质远在其兄刘辩之上，本能地喜欢刘协。武人多是性情中人，喜欢什么讨厌什么，绝不藏着掖着。可能从那一刻起，董卓就有了"废辩立协"的冲动。

还有一种说法，是董卓与同姓董太后有亲戚关系，而刘协是董太后亲自抚养长大的孙子，所以对他有一种特殊的情感，扶立刘协能把自己包装成"准外戚"。相关证据是，董卓之弟董旻在朝中担任左将军，乃出于董太后的建议。不能说这种猜想完全没有道理。董卓是外将，靠宫斗契机和一个权力真空进入长安，侥幸挟持了小皇帝。这种事带有运气成份，长期看有一定风险，必须给自己再找一个更牛的招牌——外戚。刘协是奶奶董太后养大的，而自己正好也姓董。天下董姓都是一家嘛。

昔日的竞争对手——大哥刘辩终于下岗，刘协终于在他9岁那一年实现老爹汉灵帝的遗愿。按说，这是一件非常值得庆贺的大喜事。刘协幼年丧母，从小在一种随时面临生命危险的环境中长大，应该先天早熟，属于那种少年老成、心理强大的性格。这就是他首次在野外面对豺狼一般的凉州军，仍然能淡定应对的原因。他可能为自己成为皇帝短暂高兴过，但很快忧愁和恐惧成为主要情绪。是的，他现在是皇帝，但是一个傀偏皇帝，而且他这个皇位，不是合法来的，而是第三者以一种暴力手段以胁迫的方式得来的。其出发点，不是为了刘协，而是为了把刘协变成其揽权的工具。

只挟天子，不令诸侯

董卓将刘协扶上皇帝后，开始挟持天子，以执政者自居。但董卓与曹操后来"挟天子以令诸侯"不同，董卓只挟天子，不令诸侯，全力干三件事：一是揽权，二是杀人，三是掠财。

先说揽权。中平六年（189年）十一月一日，董卓自拜相国，居三公之上，封郿侯，享受"入朝不趋，剑履上殿"的特权。自此董卓的权势如日中天。要注意，董卓这里的"相国"不是取代别人，而是特设的。因为丞相这个职位在汉朝已灭绝近两百年。西汉建国时，丞相与御史大夫和太尉并列"三公"，但丞相的权力远比御史大夫和太尉大，真正的一人之下、万人之上。丞相权力太大，必然导致君权相权竞争的恶果。如果碰到一个强硬贪权的丞相，皇帝有时候都有被架空的危险。所以到西汉武帝时，丞相职位虽然还保留，但任期越来越短，权力越来越小，甚至还有很多丞相死于非命，因为汉武帝压根就不需要丞相。西汉哀帝时改丞相为大司徒，丞相从此退出舞台。

到东汉，皇帝以下，基本由司徒、司空、太尉这三公共同执政。三公虽然地位很高，名声也很显，但相互掣肘制约，实质没什么权力。董卓一上来，就在三公之上特设相国，明摆着是为了总揽朝政，彻底将年轻的汉献帝当摆设和玩物。汉献帝怎么会不憋屈？

再说杀人。董卓的凉州军来自蛮荒之地，既没见过世面，又没见过大钱和美女，一旦来到长安这种富贵温柔乡，眼界大开，便按捺不住。董卓放纵军士奸淫公主和宫女，随意对朝臣和宫人动用刑罚，死者无数，百官随时有生命危险，惶惶不可终日。有一次，董卓曾派军队袭击颍川郡阳城县，正赶上一群百姓在集社，董卓将所有人杀光，将头系在车辕上，将妇女带回。

董卓不仅杀百姓，还杀皇族和大臣。废掉少帝刘辩后，董卓杀掉其母何太后，然后又派人将何太后的母亲舞阳君杀害，甚至将其弟何苗的遗体从坟墓中挖出来肢解扔在园林之中。史书没有写董卓如何对待何进的尸体，看来董卓对他还是有好感的。

初平元年（190年），袁绍等人发起反董联盟后，董卓决定迁都长安。离开前，他特别害怕群雄营救被他废掉的少帝刘辩。一旦刘辩复立，必然兴军讨伐自己，于是董卓决定杀死他。董卓派郎中令李儒给刘辩送毒酒，说这是药，刘辩说他没病，不肯喝，李儒强行相逼，刘辩遂喝毒酒

而死，死时尚未成年，年仅十五岁。与此同时，董卓还迁怒袁绍和袁术
兄弟牵头"反董联盟"，将两人的叔叔太傅袁隗和大哥太仆袁基灭族。

　　光随意杀人还不够，董卓还要变着花样杀人，以达到最大程度的白
色恐怖。某日，董卓设宴款待众人，在宴席上将数百名诱降叛军士兵在
坐中击杀，先割舌头，再砍手脚，然后挖掉双眼，最后扔到热锅里煮。
参与宴会的人目睹情景，吓得勺子、筷子都掉了，而董卓却饮食自若。
（会者战慄，亡失匕箸，而卓饮食自若——《后汉书·董卓传》）

　　最后说掠财。仗着军权的威势，董卓放纵士兵在洛阳城内劫掠富
户，搜刮财物，奸淫妇女。中平六年（189 年）十月三日，也就是何太
后死后一个月，董卓趁何太后遗体下葬之机，打开汉文帝的陵墓，使人
偷取其中珍宝。第二年迁都时，董卓命人在洛阳放火焚烧宫殿、官府、
民宅，又指使吕布挖掘帝王、公卿大臣的陵墓获取珍宝。董卓从洛阳迁
都长安后，在长安城西的郿县（董卓封郿侯，郿县是其封地）修筑坞
堡，这就是著名的"郿坞"。郿坞里面存放大量搜刮来的财物，以及够
吃三十年的粮食。董卓自己说："我平定关东后，即雄踞天下，就算失败
了，我也能守在郿坞活到老。"

遍结亲贵，大封群臣

　　可能是因为《三国演义》的丑化，多数人印象中的董卓是一个十恶
不赦的坏蛋，只做坏事，没做过一件好事。但事实并非如此。历史上真
实的董卓不只是干坏事，有意无意间也干过一些好事，至少在反董联盟
成立之前，董卓真心想跟刘氏宗亲和世家大族搞好关系。

　　董卓做过什么"好事"？一是为曾经遭宦官迫害的士人平反昭雪，
二是重用提拔刘氏宗亲和世家大族子弟。这是何进当年想干而没有完成
的事。作为何进的老朋友，董卓决定继承其"遗志"，为他们和朝廷重
臣加官进爵。

董卓都给谁封过官呢？

人还真不少。

比如我们熟知的三国人物袁绍、袁术和刘表。此前担任中军校尉的袁绍，因得罪董卓逃亡京城，后被其封为渤海郡太守，赐爵邟乡侯；袁绍之异母弟、虎贲中郎将袁术被拜为后将军；担任禁军长官（北军中候）的刘表被封为荆州刺史。

其他被封的人还有：

河南尹王允：被封为太仆、尚书令、司徒（三公之一）；

三国著名谋士荀彧的叔叔荀爽：被封为司空（三公之一）；

侍中周毖：被封为吏部尚书；

尚书韩馥：被封为冀州牧；

幽州牧刘虞：被封为大司马、襄贲侯、太傅；

侍中刘岱：被封为兖州刺史；

兖州陈留郡孔伷：被封为豫州刺史；

…………

上述这些人中，刘表、刘虞和刘岱均为汉室宗亲，而袁绍、袁术、荀爽等则为典型的世家大族代表。

董卓为什么要提拔这么多人？是因为他对刘氏宗亲、朝廷重臣和世家大族特别有好感吗？

不完全是。董卓这么做，首先应该是性格使然。

董卓出生于陇西地方豪强家庭，用当代语言说，就是祖上系土豪。董卓家世代与羌人杂居，可能血液里带有羌人的基因，先天体魄健壮，膂力过人，且家里不缺钱，所以从小就养成了野蛮凶狠和豪爽阔绰的性格。这在乱世乃是极大利好。加上董卓脑瓜子还灵光，稍懂谋略，立即成为当地一霸。由于董卓经常杀羊宰牛，频攒各种饭局，朋友圈牛掰，无论是汉族还是羌族地方豪强都争相与之交结，动不动就以上千头牛羊牲畜相赠，可见其影响力。

性格豪阔且自信的人，手里有钱必花，有物必送，有权必用。董卓手里捏着皇帝的玉玺，不用白不用。因为权力这玩意儿，可是绝对过期作废的。董卓天生就是一个喜欢交朋友的人，有了权力，交朋友不是更容易、更方便了吗？管他三七二十一，管他是敌是友，先封他一批再说。他们要是不买账，杀了他们就是。

董卓这样做的第二个重要原因，当然是为了收买人心，争取刘氏宗亲和袁家、荀家等东汉世家大族对他的支持，让他在相国这个位置坐久一点、坐稳一点。

董卓废立、挟持皇帝后，先后在自己头上戴了无数高帽，总揽朝政，狂敛财富，地位权力远超何进，此时他最缺什么？缺人，做事的人、运转朝廷的人、给他捧场的人。当初何进大将军府的很多幕僚，自然而然进了董卓的幕府。比如议郎何顾、侍中周珌和城门校尉伍琼，这些原来都是袁绍的朋友、何进的人，现在都为"新老板"董卓工作。刘表、刘岱、韩馥、孔伷等人，更是借助董卓的提拔，一步登天，当上州牧和刺史，成为东汉十三州部的封疆大吏。

董卓是一个没怎么读过书的大老粗，但挺讲江湖义气，在笼络人方面，颇有一套。其在大肆封赏东汉朝廷原有班底时，出手大度，但对自己的凉州嫡系部下，却显得有点抠抠索索。他们所封的，反倒不是什么要职，而是普通的将军和校尉而已。（卓所亲爱，并不处显职，但将校而已——《后汉书·董卓传》）这一方面说明董卓为士人平反、与他们和平共处的心很真诚，另一方面也说明，他对驾驭那群如狼似虎的部下，充满了自信。

可惜，董卓所提拔重用的这些刘姓宗亲、朝廷重臣和高门士人，几乎是一帮"白眼狼"——不是潜伏在他身边当卧底玩"无间道"，就是成立反董联盟来打他，更极端的，是阴谋行刺他。

董卓封赏百官，本质上剥夺并透支汉献帝刘协的权力。对此，身为傀儡的汉献帝焉能不恨？尤其是董卓杀其亲人、挖其祖坟、毁其宗庙、烧其帝都、逼迫其从洛阳迁都长安后，年轻的刘协对董卓最初扶立他为皇帝时所积攒的感激之情，已荡然无存。取而代之，是无尽的仇恨。刘协虽然年轻，但颇有血性和政治智慧，应该从初即帝位的初平元年（190年）开始，就琢磨动用一切资源，谋划刺杀董卓。两年后的初平三年（192年），董卓被王允和吕布联手刺杀。史书上没有明确说这是出于刘协的授意，但这并不代表此事完全与刘协无关。

反董两英雄：曹操和孙坚

一个人有多牛，要看他的敌人的数量和质量。

董卓之所以被视为"准三国时代"的牛人，很大原因是因为他曾与几乎所有我们熟知的三国群雄为敌，且除了孙坚，没有一人胜过他。刘关张"三英战吕布"的故事，使吕布名扬天下。其实，吕布并没有战过"三英"，而董卓战的远不止是"三英"，最多时，曾有十几路联军共同对付他。

反董十三路诸侯

话说董卓在洛阳行废立之事，倒行逆施，激怒了全天下的人，各路英豪奋起反之。按照《三国演义》第五回《发矫诏诸镇应曹公　破关兵三英战吕布》的描述，是曹操首发檄文，包括袁绍、袁术等天下十七路英雄纷纷响应，前来投奔他，总共十八路诸侯，共同组建反董联盟。

可惜，《三国演义》的这段描述与史实存在一定差距，具体地说有几个不同：

抗董的不是十八路（镇）诸侯，而是十三路；

孔融、陶谦、马腾、公孙瓒和张杨等人虽然是三国时期响当当的人物，但当时并没有参加反董联盟；

发檄文组建反董联盟的不是曹操，因为曹操那时实力还非常弱小；

各路英雄并没有齐心协力直奔洛阳打董卓，而是分别在四个地方聚集。他们抗董的积极性也没有像小说里描绘的那样高，"假打做秀"者甚多。"三英战吕布"的故事更纯属虚构。

那么，真实的反董联盟到底是一个什么情况？多少路诸侯？都有谁？谁挑的头？为什么很多人要"假打作秀"？

先说第一个问题，反董联盟到底有多少路诸侯？

十三路。也可说是十二路或十一路。我们先列一个十三路的名单，如下表所示（排名不分先后）：

表 2：反董十三路诸侯

	姓名	职位	备注
1	袁绍	冀州渤海郡太守	盟主
2	韩馥	冀州牧	
3	王匡	司隶校尉部河内郡太守	
4	刘岱	兖州刺史	
5	张邈	兖州陈留郡太守	
6	张超	扬州广陵郡太守	张邈之弟
7	桥瑁	兖州东郡太守	
8	袁遗	兖州山阳郡太守	袁绍堂兄
9	鲍信	兖州济北国国相	
10	孔伷	豫州刺史	
11	袁术	后将军	袁绍异母弟
12	孙坚	荆州长沙郡太守	袁术加盟店
13	曹操	代理奋武将军	袁绍加盟店

注意，盟主不是曹操，而是袁绍。

有一种说法认为曹操实力太弱，且依附袁绍，只能算"打酱油"的，不能视为一路独立诸侯。除掉他，就是十二路。再考虑到孙坚此时刚刚投靠袁术，成为他的"加盟店"，也不能算作一路。如果把他再剔除，就是十一路。为了叙述方便，后面我们统一沿用"十三路诸侯"这个说法。

拿这个名单与上一节董卓的封赏名单对比，我们会赫然发现有如下"白眼狼"：袁绍、袁术、韩馥、刘岱、孔伷、张邈。他们都是靠董卓的封赏，才当上大官的，当真是吃人家董卓的，一点都不嘴软。

盟主袁绍

作为后来者，袁绍凭什么被公推为盟主？主要是他身份显贵。虽然他只是冀州渤海太守，理论上是冀州牧韩馥的部下，但因为他是汉末豪门大族袁家的长子，四世三公（祖上四代做过太尉、司徒、司空等"三公"），根红苗正，与其他反董联盟成员不是亲朋好友，就是同事部下，属于天然的"社交枢纽"和招牌式人物，反董联盟盟主这个位置，非他莫属。虽然他没有来到兖州陈留郡，仍被群雄遥推为盟主。袁绍也不客气，借这个机会给自己戴了一顶"车骑将军"的高帽。在汉朝，车骑将军名号仅次于大将军和骠骑将军，相当于汉朝三军副总司令。

十三路诸侯，其中一个车骑将军、一个后将军、一个州牧、两个州刺史、八个郡太守或国相（国相与太守同级），总共十几万兵力，可以说上是汉朝相当豪华的明星队，这下可以向董卓开战了吧？遗憾的是，十几万的联军谁也不进攻洛阳，而是在酸枣等地按兵不动，完全沦为一个做秀的松散联盟，这所谓的反董联盟，还是缺乏灵魂人物。

作为盟主的袁绍只将兵马从冀州渤海郡开到司隶校尉部的河内郡，就不动窝了。

按照驻军的地理位置，反董联盟可分为四派。十三路诸侯，并没有全部来到陈留郡酸枣集合。只有张邈、刘岱、张超、桥瑁、袁遗、鲍信和曹操在酸枣，韩馥、王匡和袁绍都待在兖州北面的冀州和司隶校尉部，连黄河都没过（洛阳在黄河南岸），孔伷在豫州颖川郡，袁术和孙坚呆在荆州南阳郡。最初发起联盟的张邈等人心里开始打鼓：其他人不来酸枣也就罢了，作为盟主的袁绍待在黄河以北的河内郡算怎么回事？到底还玩不玩啦？

"打酱油"的曹操

袁绍不急有人急，他就是曹操。

曹操是怎么加入反董联盟的？

中平六年（189年），董卓进京行废立之事，满朝文武或降或反，曹操属于少数几个敢于反对董卓的人。因为得罪董卓，曹操从长安逃亡，来到当年曾经工作过的兖州陈留郡，散尽家财，组织约五千义军，于当年十二月在陈留郡己吾县（今河南商丘市宁陵县西南）起兵反董。

考虑到反董联盟正式歃血为盟的时间是初平元年（190年）正月，从时间上看，曹操确实稍稍领先。但起兵早，并不等于他就是联盟的组织者，一则是曹操下海创业不过几个月，力量也很弱小，官职也非常低，人微言轻，根本没有号召力，他的"代理奋武将军"（行奋武将军）头衔还是老大哥袁绍帮他要来的；二则后来的反董联盟成立地点不在陈留郡的己吾县，而在同郡的酸枣县（今河南省新乡市延津县城西南）。严格地说，此时曹操只是"打酱油"的。

曹操这一年三十六岁，属于中年创业。刚下海创业，曹操一切从零开始，起点低，实力弱，急需在行动上证明自己，以战求发展，所以反董的心最真。当他率军到酸枣集会，发现十余万联军畏惧董卓，不敢西进，成天在酸枣吃喝玩乐，吹牛做秀。更恶劣的是，东郡太守桥瑁因与兖州刺史刘岱不知道因为什么事起了冲突，被刘岱杀了。而堂堂盟主袁绍，为人傲慢，光说不练，常常被性格直爽的张邈骂，袁绍心胸狭窄，悄悄让曹操杀掉张邈，被曹操坚决拒绝。

外敌还没打，内部人先掐起来。曹操一看，这不行啊，于是劝张邈等人赶紧进兵。在陈述自己的用兵方略后,曹操最后说:"我们因抗董大义聚集在这里,如果一直持疑不动,会让天下人大失所望,我私下为各位感到羞耻!"("今兵以义动,持疑而不进,失天下之望,窃为诸君耻之!"——《三国志·魏书·武帝纪》)张邈等人不是刺史,就是郡守,个个官级比曹操高,实力比曹操强,根本没把他的话当回事。

曹操一看张邈等一帮刺史、太守根本不鸟他,气坏了,心道:你们不打是吧,我一个人打!于是独自引军西进,在荥阳遭遇董卓的大将徐荣。凉州军本来就厉害,兵精粮足,徐荣又是当世猛将,曹操势力弱小,上阵的都是临时征集上来、没怎么操练过、武器装备粗劣的生瓜蛋,当然不是凉州军的对手。

曹操大败,士卒死伤大半,曹操被打得从马上掉下来。眼看就要被杀,其堂弟曹洪见状跳下马来,把坐骑让给曹操,曹操推辞不受。曹洪说:"天下可以没有我曹洪,但不能没有您啊!"曹操方才得救。这是曹操创业以来的第一次重大挫折。它从一个侧面说明两点,一是曹操当时的创业起点真的很低,人微言轻;二是在汉末起事的各路诸侯中,曹操属于最有见识、最有血性、最有担当的人之一。而后一条,才是衡量一个创业者能否成事的重要指标。

实力英雄孙坚

如果说曹操反董是愿望大于实力,那么另一个反董英雄,就是实力与愿望并重,他就是三国"创一代"猛人、孙策、孙权之父孙坚。在"准三国"时代三十六年历史的头一个十二年(184—196年),孙坚是唯一耀眼的真心英雄。孙坚无论是实力和名气都非同寻常。在投奔后将军袁术前,就是一员猛将。在这十三路反董诸侯中,抗董最积极、成果最显著、与董卓部将接触最多的人、最让董卓害怕的人,就是乌程侯、长沙太守孙坚。具体地说,孙坚是唯一不惧凉州军,真心反董且给董卓带来真正威胁的人；是唯一让董卓睡不着，决心挟汉献帝西迁长安的人；也是董卓唯一钦佩，曾经低三下四、主动提出要与之结成亲家的人。

孙坚与曹操同龄，这一年也是三十六岁。与曹操出身官二代不同，孙坚出身扬州吴郡的草根阶层，已在战场上拼杀多年，是一个不亚于吕布的实力派猛将。早在中平元年（184 年）黄巾军起义前，孙坚就在基层打拼创业，黄巾军起义后，孙坚更是趁势而起，几场仗打下来，就因战功被朝廷官封荆州长沙郡太守，爵封乌程侯。只是迫于粮草问题，才不得不委身袁术帐下。孙坚创业心切，进取心强，加上勇猛好战，有强烈报国情结，遇到讨伐国贼董卓这种名利双收的大好机会，岂能放过？

初平二年（191 年）二月，孙坚率军进军洛阳，就被董卓大军包围。曹操溃败与侥幸逃脱的故事同样在孙坚身上重演。但此时孙坚实力和经验远比曹操强，很快他便在另一战场（阳人城）扳回一局，大败董卓部将胡轸，斩杀华雄。《三国演义》中"关羽温酒斩华雄"的著名故事，主人公实际上是孙坚。

孙坚这场胜利意义重大。早在前一年（190 年），董卓已将汉献帝刘协连同整个汉朝廷从洛阳迁往长安，剩下他与诸将坐镇洛阳一带抵抗盟军。孙坚大胜后，董卓不得不开始西撤。孙坚乘胜追击，再次大败董卓和吕布，第一个进入洛阳，并在一口井中获得了大汉皇帝的传国玉玺。

董卓逃离洛阳，标志着反董联盟彻底谢幕。群雄联合反董，可以说是"准三国时代"群雄逐鹿中原的一场前哨战，或者说演习。曹操和孙坚能在群雄中脱颖而出，其实从抗董时的表现就可以看出来。他们不仅同龄，而且都是热血青年，有理想有志气，有原则有情怀，不畏强敌，冒险拼命，这是创业者特别需要的素质。曹氏和孙氏最后能成为三足鼎立的"两足"，乃是综合实力所致，绝非侥幸。

与之对应，是其他群雄的平庸表现。他们不是内斗，就是吹牛，大多是雷声大、雨点小，光说不练。其中最让人不耻的袁绍和袁术两兄弟的表现。两人名气最大、军职最高，实力相对最强，且在事业早期都受过叔叔袁隗的提携，面对董卓杀死袁隗全家的血海深仇，却按兵不动，作壁上观，不由让人怀疑两人的血性和胆略。而血性和胆略这两样东西，对创业者极其重要。袁氏兄弟后来在实力巅峰期，相继陡然坠落，事业快速崩塌，分别败亡于曹操手下，很早就被撵下"准三国"角斗场，并非意外，而是性格和素质相互作用的必然。

"跑龙套"的刘备

最后一个问题，英雄刘备这时候在干什么？刘备早在中平元年（184年），就与关羽和张飞开始拉队伍打黄巾，起点太低，折腾几年，在初平元年（190年）时，刘备手里只有几百人的队伍，根本无法与上述拥有数万兵马的州牧、刺史和郡守级诸侯相提并论。按照《三国演义》的说法，刘备不仅参与了讨董大仗，还与关张一块"三英战吕布"，可惜这一切纯属虚构，正史中没有记载。

不过，刘备参与讨董卓这事也并非全无根据。《三国志·蜀书·先主传》引《英雄记》的说法是，灵帝末年，刘备曾经来帝都闯荡，结识曹操，并与曹操一块来到沛国创业。后来，曹操起兵加入反董联盟，刘备应该也跟着来到陈留郡。在各路大军中，曹操尚不起眼，作为曹操附庸的刘备就更微不足道了，仅属于"跑龙套"的角色，没有"三英战吕布"的资格，至于关羽温酒斩杀华雄，更是无从谈起。

"两姓家奴"吕布

董卓从长安来到洛阳，才过了一年舒服日子，就被身边的亲信勾结外人给暗杀了。他就是三国史上赫赫有名的"三姓家奴"吕布。关于吕布杀董卓的故事，《三国演义》因为加入了一个美女貂蝉和一段三角恋，戏剧性十足，堪称《三国演义》的经典桥段。

但真实历史中，吕布杀董卓的心路历程并不像《三国演义》所描述的一样，吕布虽然反复无常，也并非"三姓家奴"，最多是"两姓家奴"。

让我们回到正史。话说董卓被孙坚大败后，亲自率军来到长安，与打前站的汉献帝及诸大臣汇合，在长安继续挟天子的故事。但此时的董卓，心态与洛阳时已大不一样，他觉得自己被背叛了，心理严重受伤。

前面我们说过，董卓刚到帝都洛阳时，怀着真诚美好的愿望，大封刘氏宗亲、朝廷重臣和世家大族，希望与皇族和豪门和解，共享天下，永远 Happy。可是他万万没想到，这些人大多数却掉转枪头，联合对付他。反董联盟的组建、尤其是其核心团队都是他刚刚提拔封赏的高官，这两个残酷事实让一向大度豪爽的董卓很受伤，彻底打破了他与这些人和平共处的幻想。

经过反省复盘，董卓明白一个道理：与其亲自在关东与群雄对抗，不如远走关西，让出关东的大部分地盘，自己在关西长安挟着小皇帝享受生活。当然，董卓不是傻子，他让心腹牛辅（董卓女婿）、李傕、郭汜等部下驻扎在洛阳一带，阻止袁绍等关东群雄追击，尽管他们根本不想追击。

来到长安后的董卓，先封自己为"太师"，衣食住行各方面全面向帝王标准看齐，家人男的封"侯"，女的封"君"（"君"也是一种爵位，一般授予女眷，与"侯"的区别是只有采邑，即税收收入，没有封地）。董卓天天与百官"置酒宴会，淫乐纵恣"，通俗地说，就是天天喝酒派托玩女人。

董卓这种以守为攻、沉迷享受的心态，说明他既无大志，又无忧患意识，时间久了，难免麻痹大意。移驾长安一年后的初平三年（192 年）四月，董卓被"干儿子"吕布和王允诛杀，始于中平六年（189 年）的"董卓乱政"暂告一段落，事后董家被夷灭三族。

丁原：吕布的老板与跳板

"三姓家奴"这个典故，《三国志》等正史并无记载，语出《三国演义》。指的是吕布先后投靠丁原和董卓，认他们作"义父"，先姓"吕"，后姓"丁"，再姓"董"，先以身"侍贼"，后因利"弑贼"，反复无常，不忠不义之极。其实，吕布冤枉了：吕布只认董卓为义父，并没有认丁原为义父，最多只能算"两姓家奴"。

那么吕布与丁原到底是什么关系？他又为什么要杀丁原？

丁原在三国知名度不高，从履历看，其出生成长经历有点像孙坚，都是出身寒微，读书不多，完全靠自己浴血拼杀，才在乱世中脱颖而出，一直做到并州刺史，成为在东汉十三州中独霸一州的封疆大吏。汉灵帝时，丁原驻扎在离首都洛阳附近的河内郡，担负拱卫京师之责。

物以类聚，人以群分。丁原的出身背景，注定他会非常欣赏吕布这种同样出身寒微但武艺高强的人。所以，丁原让吕布担任自己的主簿（大致相当于现在的秘书长）。主簿这个岗位，名义上是做文书工作，其实以吕布不读书、不通文墨的特点，实质应该是做丁原的贴身侍卫——那种可以随便出入领导卧室、可以关起门来说一些不能对外人道的心理话的铁杆杆。

如果丁原没有机会进京，吕布原本见不到董卓这些乱世枭雄。可惜，时运来了，挡都挡不住。前面说过，中平六年（189年）汉灵帝死后，何进为尽灭张让、赵忠等宦官，不顾曹操等人劝阻，在袁绍的建议下，召四路兵马进京，其中一路就是丁原。

丁原此时在冀州河内郡驻扎，离洛阳比较近，先于董卓进京，被任命为执金吾。执金吾是个什么官？在汉朝属京城和宫城的最高禁卫长官，理论上相当于清朝的九门提督，地位无比重要。东汉开国皇帝刘秀还在民间种地时，就曾发宏愿："仕宦当作执金吾，娶妻当得阴丽华。"意思就是，男人只有做官做到执金吾、娶妻娶到阴丽华（刘秀老家南阳著名美女，后为刘秀皇后），才算真正的成功。

后来何进被宦官暗杀，再后来董卓进京，挟持小皇帝，接管了原来何进和何苗两兄弟的部队，心里仍然有点发虚。怵谁？执金吾丁原和吕布。吕布是并州人（今山西），自小武力闻名，膂力过人，驰马如飞，箭不虚发。董卓与丁原 PK，成败关键在于谁能争取吕布的支持。董卓是一个名武夫，本身也是膂力过人，于是对吕布格外垂青，立即派人收买他。

《三国演义》里董卓给吕布开的价是"赤兔马一匹、黄金一千两、明珠数十颗、玉带一条"。正史中没说董卓给吕布送了什么，只说他利诱吕布。吕布没读过什么书，更不知道是什么道义忠诚，恶狼一只，有奶便是娘，有肉便是爹，当场答应。他利用他的特殊身份和丁原对他的信任，很快就冲进丁原的房间将他杀了。丁原可能在死前最后一刻才明白这样一个道理：伤你最深的，往往是你最亲近的人。

吕布以丁原的人头作为"投名状"，正式投靠到董卓门下，前老板的人头成为其事业的新跳板。董卓吞并丁原的并州军，势力大振，自任太尉，废立皇帝，天下震动。董卓命吕布为骑都尉，同他发誓结为"父子"，不久对吕布又是升官又是封侯，吕布自此成为地地道道的"两姓家奴"。

貂蝉引发的"荷尔蒙海啸"？

吕布杀前老板投靠董卓，吃香的喝辣的，地位显贵，为什么又要再杀新老板兼干爹董卓呢？

吕布杀董卓的过程，原本跟他杀丁原没什么区别，但是因为《三国演义》的演绎和渲染，故事变得既血腥又香艳，剧情直追好莱坞大片。按照《三国演义》的描述，是忧国忧民的司徒王允一心想刺杀董卓，苦于找不到良策，在府内长吁短叹。府中倾国倾城、且聪慧爱国的歌女貂蝉发觉后，主动表示愿以身报国。王允于是与貂蝉联手，利用董卓与吕布之间微妙的"父子关系"，先将貂蝉献给吕布，再献给董卓，人为构建了一场"危险三角恋"。

貂蝉身处三角恋中心，左右逢迎、推波助澜，终于引发了一场"荷尔蒙海啸"——貂蝉以被董卓霸占，假意哭诉，给吕布火上浇油，吕布终于下定决心。正好董卓回府撞见吕布与貂蝉偷情，抢过吕布的方天画戟直刺吕布，吕布飞身逃走，从此两人反目成仇。王允见时机成熟，终于对吕布摊牌，建议他趁董卓上朝时杀了他，吕布很快付诸实施。

《三国演义》里的吕布冲冠一怒为貂蝉，身中貂蝉义父王允的美人计，杀了董卓。这个故事的基本脉络——即王允诱骗吕布杀董——没有问题，但动机上有两点小误差：貂蝉与战国的西施、汉朝的王昭君和唐代的杨玉环并称"中国四大美女"，但其他三位美女是真的，貂蝉在历史上却根本不存在。此外，吕布也不是因为吃醋而杀董卓。他杀董卓，不是为了貂蝉，而是有更深刻的背景和理性的考量。

一是董卓这个人脾气暴躁，稍不如意，就动手打人。有一次，吕布受命出外帮董卓公干，董卓对结果不甚满意，厉声训斥。吕布很感委屈，忍不住辩解了几句。董卓见他顶嘴，勃然大怒，转身就往旁边的兵器架拿了一柄"手戟"朝吕布掷去。幸亏吕布闪躲得快，否则就死了。这样的事肯定不止一次，时间长了，吕布对董卓开始产生嫌隙和忧惧，担心自己哪天死在董卓手上。

二是吕布与董卓的侍女私通。男人都好色，但吕布口味异于常人，特别喜欢吃窝边草。《三国志》就引用《英雄记》的记载，讲过这样一个故事：曹操抓住吕布后，吕布不服，对曹操抱怨："我待诸将不薄，他们怎么个个都背叛我？"曹操斥道："老弟你背着老婆霸占诸将之妻，还好意思说待诸将不薄？"吕布是董卓的义子兼保镖，经常出入董府，时间长了，就与董卓的一位侍女好上了。吕布担心这事被董卓发觉，心里惴惴不安。

苍蝇不叮无缝的蛋，吕布的困境和尴尬被一个人看在眼里，他就是司徒王允。

王允原在地方任职，何进为了诛杀宦官，这才任他为河南尹，就近咨询。董卓进京后，挺看重王允，先是拜他为九卿之一的太仆，再升尚书令，初平元年（190 年），王允又取代杨彪成为三公之一的司徒，而尚书令一职仍旧保留。东汉末年，"三公"越来越成为一种荣誉，没什么实权，倒是尚书令掌握人事任免大权，是真正重要的岗位。

董卓这么看重王允，王允打算怎么回报他呢？

刺杀。

王允从小就是一个"好大节，有志于立功"、嫉恶如仇的人，目睹董卓废立皇帝、毒杀少帝太后、滥杀群臣、掘皇陵烧洛阳等恶行后，一心想干掉董卓。但王允知道自己只是一个空有司徒和尚书令头衔、没有兵权的文臣，不能与董卓这种实力军阀硬碰硬，于是他忍辱负重，开始在董卓身边"卧底"，一边与董卓虚与委蛇、敷衍应付，一边寻找志同道合的伙伴，积极谋划刺董。

在王允的运作下，司隶校尉黄琬、尚书郑公业、羌校尉杨瓒、执金吾士孙瑞等人就这样先后加入王允的"倒董集团"。为了保密，他们甚至借天旱求雨的机会，在空无一人的祭台上商议刺董方案，就像现代商人脱光了在澡堂里谈绝密交易一样。经过商议，众人一致认为，董卓势力强大，护卫森严，且本人又力大无穷，外人难以靠近刺杀，必须在董卓身边发展内应，里应外合，方能万无一失。否则一旦失手，所有参与者就是灭顶之灾。搞不好，还会祸及年轻的汉献帝。

王允经过观察思考，发现最好的内应就是吕布。这是一个大胆且冒险的决策，但王允决定一试。王允敏锐发现吕布对董卓的怨恨，及时使出"离间计"，以重金收买吕布。吕布重利轻义，有点动心，但碍于自己已认董卓为义父，不便动手。在董卓"掷戟"事件发生后，王允趁热打铁，再对吕布做思想工作："你姓吕，与董卓本就不是骨肉亲情。现在你生死一线，哪还顾得上什么父子感情？董卓当初掷戟杀你时，可顾及一点父子感情？"（布曰："如父子何？"曰："君自姓吕，本非骨肉。今忧死不暇，何谓父子？掷戟之时，岂有父子情也？"——《后汉书·刘焉袁术吕布列传》）

吕布被一句话点醒，决定做王允的内应。当然，王允能顺利拉拢吕布，还有一个特别重要的因素：两人均为并州人士，翻译为现代话，就是同为山西老乡。在乱世，老乡感情是一种重要社交润滑剂，找老乡合作，能极大降低信任成本。

吕布杀董，并非一时冲动

初平三年（192 年）四月二十三日，决定董卓命运的时刻到来了。

这天清晨，董卓乘车前往皇宫计划参加皇帝的庆祝会，吕布随从护卫。刚进宫，董卓就被埋伏在宫殿两侧的杀手偷袭。董卓朝服内穿铠甲，所以未伤及要害，董卓疾呼："吕布何在？！"吕布掏出准备好的诏书，喊道："奉诏诛杀老贼董卓！"董卓才发现吕布背叛了自己，大骂："你这条庸狗，怎么敢这样对我？"吕布率众上前将董卓当场斩杀。

董卓死讯传出，被白色恐怖久久压抑的长安城一片欢腾。士兵们都高呼万岁，百姓在路上载歌载舞，很多人把珠宝换成酒肉来庆祝。其时已是夏天，天气炎热，大肚子的董卓死尸脂肪流了一地，守尸官于是童心大发，在他的肚脐上点蜡烛，一点好几天。（守尸吏然火置卓脐中，光明达曙，如是积日——《后汉书·董卓列传》）董卓在郿坞中珍藏的的二三万斤金子和八九万斤银子，还有数不清锦缎、珍宝、奇玩，堆积如山。酷爱享乐的一代猛人，居然以"人死了，钱没花了"这样一种悲剧方式，彻底告别"准三国"历史舞台。

毫无疑问，暗杀董卓，是王允和吕布精心策划的结果，两人功劳不相上下。因为《三国演义》对吕布的"脸谱化"描写，世人一般倾向于认为，吕布杀董卓，不过是受色利之诱，头脑发热之际做出的反复无常之举。其实，这是一种误读。

吕布并不完全是一个有勇无谋的匹夫，而是有一定的谋略和智慧。冒着反复无常和"两姓家奴"的恶名毅然杀董，可能更多是基于一种成熟的政治判断——董卓自行废汉少帝立汉献帝，火烧洛阳城，掠夺富家，挖皇陵，坏事干尽，杀了袁绍、袁术的叔叔全家，这样的人，人人恨不能得而诛之。董卓无论是在朝堂，还是在民间，都已失去人心，这样人的虽然眼前风光，但迟早要完蛋。跟着他，最后的下场就是殉葬。要避免这个下场，那就只能提前与董卓以及他的凉州军阀集团划清界限，向朝廷再交一个"投名状"。要做到这两件事，最好的办法，就是亲手杀死董卓。

从董卓的角度看，他的遇刺也不是偶然。在吕布出手之前，董卓就数次遇刺。比如越骑校尉伍孚。伍孚在朝服里藏着一把佩刀，趁上朝时行刺董卓。可惜董卓力大，且反应奇快，遇刺后立即反手将伍孚抓住，并将其杀害。三国时著名谋士荀攸也曾与朋友谋划刺杀董卓，可惜计划提前泄露，被逮捕入狱，董卓死后方被释放。

在诸多刺董英雄中，比较"传奇"的当属曹操。《三国演义》里有一个著名的故事"孟德献刀"。说的是司徒王允一心想除掉董卓，以庆寿为名遍邀朝中忠义之士商议对策，可惜众公卿要么只敢口头表示愤怒，要么放声恸哭，独曹操一人大笑。王允见曹操表示愿意行刺董卓，立即将自己收藏的七宝刀送给他。第二天，曹操面见董卓，正欲趁他背转身时刺杀，不料董卓通过衣镜发现曹操拔刀，转身问他怎么回事。此时正好吕布牵马进来。曹操大惊，但他反应奇快，立即举刀下跪，说有宝刀一口要献与董卓。董接刀递给吕布，曹操以试骑的名义找吕布借马，疯狂逃离洛阳。"孟德献刀"的故事虽精彩，可是纯属杜撰，正史中并无记载。

王允和董卓的凉州系部下

"有的人死了，可是他还活着。"董卓死后，汉朝的麻烦不是少了，而是更多了。原因有二，一是董卓的凉州系军阀实在太强大，二是杀董功臣王允开始变得骄傲自满、刚愎自用。

吕布联手王允杀死董卓后，昔日同一个战壕的战友开始因为"三观"差异反目。董卓虽然被暗杀，但他庞大的凉州系军事力量仍旧存在。围绕如何处置旧部，王允和吕布开始由战友变成为敌人，而凉州系的再次反扑，又掀起了一场不亚于当年董卓进洛阳的内乱，新帝都长安再次变成人间地狱。

董卓死后，被其控制长达两年多、一度生不如死的汉献帝，第一次找到皇帝的感觉，大喜之下，立即官封吕布为奋武将军，爵封温侯，假节，仪比三司，与王允共秉朝政。汉代侯爵分县、乡、亭三等，温侯封地在温县，属于县侯。也就说，吕布一下子跳过亭侯、乡侯两级，一步到位进封为县侯，爵位跟董卓相当。"假节"和"仪比三司"更是大将军和重要封疆大吏才能享受的特殊待遇，汉献帝对他的感激之情可想而知。

相比之下，王允的官其实没怎么升，"录尚书事"理论上是总揽朝政，大权在身，但考虑到王允在杀董前就已当过尚书令和"三公"，又立了这么大功劳，"录尚书事"其实算不上什么高升。王允要真高升，应该做大将军。但汉朝传统，大将军一职基本由外戚或董卓这样的权臣担任，王允不是外戚，刚刚逃出董卓虎口的汉献帝也不想再让军权旁落，自然不愿封其为大将军。

吕布和王允除了是并州同乡外，共同语言和交集甚少，董卓一死，两人升官进爵，共同执掌朝政，但"三观"差异逐渐变大。作为诛杀国贼的首要功臣，杀董后的王允觉得忧患不再，开始得意忘形，居功自傲，不再注重与朝臣的团结，而是变得刚愎自用，唯我独尊，慢慢地，群臣也就不再拥护他了。（是以群下不甚附之——《后汉书·陈王列传》）吕布名义上与王允共秉朝政，但在很多大事上，也一点发言权也没有。比如董卓死后，吕布曾建议把从董卓老巢郿坞搜出来的金银财宝和粮食赏赐给将士和朝臣，以提振士气，被王允拒绝。平心而论，在这件事上，吕布比王允更有政治远见。

披着"三公"外衣的"侠客"

以"三公"之高位变身侠客，冒死刺杀董卓的王允，为什么会在董卓死后，形象来了一个一百八十度的大转弯？真的只是被胜利冲昏了头脑吗？

不完全是。

真实的原因，是王允本来就不是"三公"的材料，或者再确切一点说，他其实并不适合当政治家。

"三公"这个职位，在西汉权力很大，是仅次于皇帝的朝廷"三长老"，但到了东汉，慢慢沦为摆设。西汉时的三公指丞相、太尉、御史大夫，其中，丞相负责行政，太尉执掌兵马，而御史大夫则负责监察百官，大致相当于现在的总理、军委主席和监察部长。因为汉武帝时设"大司马"取代"太尉"，汉成帝将"御史大夫"改为"大司空"，汉哀帝时，又改"丞相"为"大司徒"，西汉末年时，三公就变成了大司徒、大司马、大司空。

东汉光武帝刘秀时代，"大司马"又改回"太尉"，并把三公中的"大"字通通去掉，变成太尉、司徒、司空。由于东汉盛行外戚和宦官，三公基本被架空，坐到三公位置的人，通常是一帮类似袁绍叔叔袁隗这样的世家大族子弟，一帮既无实权也无能力，成天只是坐而论道混日子的腐儒老朽。而王允"少好大节，有志于立功"，与"三公"这样的标签显然格格不入。他能做到司徒（相当于西汉时的丞相），纯属运气。

王允年少时即文武双全，有志向，爱读书，好骑射，属于德智体全面发展的"三好学生"。王允出身官宦世家，十九岁就在郡里任职。当地有一个叫赵津的小黄门（太监），依仗主子在朝廷当宦官，在当地横行霸道、为所欲为，百姓敢怒而不敢言。王允获悉后，立即下令逮捕赵津，将其解押东市，斩首示众。

王允这种嫉恶如仇、敢作敢当的性格，在王朝末世，注定会脱颖而出，也注定会遭遇挫折。中平元年（184年），四十八岁的王允被朝廷拜为豫州刺史，被派去剿杀黄巾军。王允与皇甫嵩和朱俊等名将一道大败黄巾，俘获数十万人。如此大功，王允不但没有被封赏，反而被治罪。

原因是王允在黄巾军那里发现一封首席太监张让私通黄巾军的书信，身性耿直的他于是向汉灵帝举报。张让是谁？被汉灵帝当成"亲爹"的人，怎么会治他的罪？张让免罪后，心怀忿恨，决定打击报复，两度将王允逮捕下狱。王允大难不死，不得不改名换姓，离开洛阳隐居。再后来，大将军何进得势，提拔王允为河南尹，王允这才卷土重来。董卓立汉献帝后，任他为尚书令，后又让他取代杨彪为司徒。王允能当上三公，实在是因为董卓的超常提拔。

回顾王允的成长和升迁史，我们会发现，王允"三公"的外表下，其实隐藏着一个侠客的灵魂。这可能就是为什么满朝文武中唯有他敢挺身而出、牵头刺杀董卓而且说到做到。但侠客只适合江湖，不适合朝堂。一旦在一人之下、万人之上把持朝政，王允的短板就露出来了，他与昔日战友吕布的矛盾越来越深。

王允拿董卓女婿牛辅开刀

王、吕二人最大的分歧，是关于如何处置牛辅、李傕、郭汜、张济等董卓凉州系旧部。王允和吕布灭董，采取的是"斩首"战术。这种战术有利有弊，利在擒贼擒王，迅速使群龙无首。弊在如不及时处理好善后工作，安抚贼众，势必引发新的祸乱。

吕布出于预防兵变的考虑，建议对董卓旧部实行诏抚，和平解决，王允一开始也同意了，谁知临时头脑发热，突然决定解散凉州军，同时派人捉拿牛辅等凉州军主要将领。当然，王允改变主意也可能是出于汉献帝的压力，毕竟汉献帝在董卓手里过了几年暗无天日、人间地狱般的日子，恨死他了。牛辅是董卓的女婿，别人能饶，他不能饶。

王允此举，让凉州系草木皆兵。这件事以讹传讹，传到凉州百姓耳中，就变成王允要杀掉所有凉州人。一时间，整个凉州人心惶惶，凉州系将士更是成为一群惊弓之鸟。

这可是一群不一般的鸟，一群有能力再次颠覆汉朝、再毁帝都的大鸟。因为王允处置不当，李傕和郭汜等董卓旧部，在董卓死后，再次发动兵变，冲击长安，继董卓毁灭洛阳之后给长安带来灭顶之灾。

董卓的骁勇凉州军，猛人强将甚多，在他之下有牛辅、董越、段煨、胡轸、徐荣等一级别猛将，再往下就是李傕、郭汜、樊稠、张济等中层干部，其中李傕、郭汜和张济都是牛辅手下的校尉。董卓一死，胡轸和徐荣一看大势已去，不久就投降了。牛辅、李傕、郭汜、张济、樊绸得知董卓死后，登时懵了。李傕和郭汜因为王允和吕布都是并州人，搞"地域仇恨"，不管三七二十一，将自家军中的数百并州人无论男女统统诛杀。

王允不顾吕布的反对，派李肃前去陕县征讨牛辅，被牛辅打败。牛辅赢了一战，可是很快死于自己人的刀下。《三国志·魏书·董卓传》引《献帝纪》的说法是：牛辅营中有兵士叛逃，造成内乱。牛辅看见整个军营乱成一团，以为所有士兵全部叛乱，斗志全无，于是带着金银珠宝与亲信胡赤儿等五六人出逃。胡赤儿见财起意，途中把牛辅斩首，将他的自级送往长安邀功。

李傕和郭汜杀了王允

牛辅是董卓阵营倒下的第二块多米诺骨牌，在凉州军引起了更大的恐慌。牛辅手下三名校尉李傕、郭汜、张济一看大老板和二老板先后完蛋，于是主动向朝廷投降。李傕派人到长安，请王允赦免他们。

王允拒绝了他们的请求，理由是今年已经大赦过一次，天子一年之内不能大赦两次。要赦免，明年再说(王允以为一岁不可再赦，不许之——《后汉书·董卓列传》)。有人据此认为王允这是书生意气，不懂政治和军事，但换一个角度想想，王允也并非全无道理。董卓女婿牛辅都已伏诛，李傕、郭汜等牛辅手下校尉算什么？干掉他们应该不难。

事实也证明，王允最初的判断是对的。凉州军确实是一帮乌合之众，董卓一死，群龙无首，必然作鸟兽散。因为李傕和郭汜听说朝廷拒绝赦免，认为大势已去，决定立即散伙，各回各的"高老庄"。

但是人算不如天算。王允没想到，凉州军里有一个智谋超高的牛人贾诩。贾诩是凉州姑臧人(今甘肃武威市凉州区)，原也是牛辅手下的一个校尉，与李傕和郭汜是同事。此时的他名气尚不大，但后来却是三国争霸史排名前三的著名谋士，只因他的一席话，改变了李傕和郭汜数万凉州将士的命运，使他们多过了几年好日子，却再次将刚刚解放的汉献帝臣君推入深渊。

贾诩听说李傕和郭汜欲解散部队逃归家乡，劝阻道："我听长安人议论说欲诛尽凉州人，各位如果弃军单行，一个小小的亭长就能逮住你们。不如率军西进，攻打长安，为董卓报仇。如果成功了，则挟天子以令天下；如果不成，再走也不迟。"("幸而事济，奉国家以征天下；若不济，走未后也。"——《三国志·魏书·荀彧荀攸贾诩传》)

李傕一听，有道理啊。于是采纳贾诩的建议，与郭汜、张济等人结盟，率军西进，日夜兼程，直扑长安。什么叫"一言兴邦，一言丧邦"？这就是。贾诩的初衷，原本是为了自救(因为他也在不赦之列)和救人，后来见李傕和郭汜入长安后，重演董卓毁洛阳故事，将长安也变成地狱，深感后悔和自责，坚决不揽功，不接受李傕的封侯，从而避免了与李傕和郭汜等凉州军阀同归于尽的命运。

王允这才意识到自己此前考虑不周，于是派已投降的董卓旧将胡轸和徐荣迎击李傕和郭汜。严格地说，这才是王允犯下的最致命的错误。

李傕、郭汜、张济等率三四万部众进攻长安，沿途吸收各种董卓旧部和散兵加盟，快到长安时，已有十万余人。胡轸原本就是棵墙头草，为了活命而投降朝廷，如今一看凉州军声势如此浩大，立即再降。倒是徐荣这个人武艺高强，当年孙坚和曹操都曾败于他手下，且老家是辽东郡人，非凉州嫡系，没学胡轸的样。他觉得既已投降朝廷，就不能再叛，于是在胡轸投降后，一人独战李傕等人，最终不敌战死。几天后长安城沦陷。

长安沦陷后，吕布与李傕等人展开巷战，不敌败走。吕布挺仗义，临走前，招呼王允一块走，被王允断然拒绝，理由是皇帝年幼，需要辅佐，在国家遭受如此灾难，弃皇上只顾自己逃命，于心不忍，愿以死来报效朝廷。王允言出必行，他带着汉献帝逃到宣平城楼，被李傕和郭汜追上。李傕和郭汜当着汉献帝的面，将王允拉下城楼，当场处决。

王允的悲剧，在于他虽然善于打破一个旧世界（杀董），却不善于建设一个新世界（维稳）。他虽有忠君爱国的情怀，有舍身报国之胆识，却不懂政治，不懂圆融通达，不听从吕布的正确建议，致使汉献帝才出董卓的"虎穴"，又入李、郭之"狼窝"。两相比较，王允功过相抵。如果再加上其导致长安再被毁这一严重后果，其"过"可能还大于"功"。

比较而言，吕布这个在三国中以武力闻名的人，居然知道以和平的手段解决重大政治问题，可见其谋略并不比王允低。要知道，吕布帐下第一谋士陈宫此时还没有投奔他。这说明，和平处理董卓旧部这个谋略，即便不是吕布本人的原创主意，也是他的决策。用"匹夫之勇"来给吕布盖棺定论，并不恰当。

凉州系部将结局

李傕和郭汜占领长安后，汉献帝再次沦为人质，时间长达三四年（192—196 年）。李傕、郭汜、樊稠三人共同把持朝政，随意任免官员，常纵兵劫掠，几年内长安周边百姓生灵涂炭、流失殆尽。

兴平元年（194年）全国大灾荒，李傕因为军队粮食不够，侵夺献帝原本要拿来赈灾的钱财，更任由军队掠夺百姓，造成更严重的饥荒。再加上兴平元年（194年）他们大战马腾、韩遂，关中百万以上的人口各自饿死或逃窜。刚刚恢复一点生机的旧帝都长安，再次重复洛阳的悲剧，变成一座空城、死城。

兴平二年（195年），在董卓遇刺三年后，李傕、郭汜、樊稠等人因为争权夺利，陷入混战。李傕派樊稠攻打马腾、韩遂，樊稠虽然打了胜仗，却遭到李傕的猜疑。李傕设鸿门宴，请樊稠过来喝酒，席间让自己的外甥刺杀樊稠。

樊稠死后，其部队被李傕、郭汜等人瓜分，凉州系将领间更加猜疑。接下来，李傕和郭汜又开始互掐，关系时好时坏。其中有一个特别经典的段子：李傕与郭汜这"哼哈二将"一度关系很好，李傕经常在家宴请郭汜，并留他在家过夜。郭汜的老婆听说李傕要送一个婢妾给她老公，醋劲大发，决定挑拨他们二人关系。

一次李傕送酒菜给郭汜，郭汜老婆说菜中豆豉有毒，还把豆豉挑出来给郭汜看，说了李傕很多坏话。郭汜开始起疑。过几天李傕再次宴请郭汜，又把他灌得大醉。郭汜开始怀疑李傕真的想毒害他，赶紧喝"粪汁"催吐解酒（不知是谁献的妙方）。双方率兵相攻，交战连月，死者万计。一坛醋引发的血案越来越烈。

表3：董卓及其凉州系重要部将结局一览
（按死亡时间排序）

序	姓名	死亡时间	死亡原因及经过
1	华雄	初平二年（191年）	被孙坚所杀
2	董卓	初平三年（192年）	被王允和吕布等人联手暗杀
3	牛辅	初平三年（192年）	董卓女婿，被亲信胡赤儿所杀

（续表）

序	姓名	死亡时间	死亡原因及经过
4	董越	初平三年（192年）	被牛辅所杀
5	徐荣	初平三年（192年）	投降朝廷，对战李傕和郭汜时战死
6	樊稠	兴平二年（195年）	被李傕的外甥杀害
7	张济	建安元年（196年）	攻打南阳郡时中被流箭射死
8	郭汜	建安二年（197年）	被部将杀死
9	杨奉	建安二年（197年）	投奔袁术后，被刘备所杀
10	李傕	建安三年（198年）	被曹操部将所杀
11	吕布	建安三年（198年）	在徐州被曹操所杀
12	张绣	建安十二年（207年）	随曹操北征乌桓时病死
13	段煨	建安十四年（209年）	投靠曹操，后为朝廷高官，善终
14	贾诩	魏黄初四年（223年）	善终
15	胡轸	时间不详	传说在初平三年（192年）被冤魂索命而死

大象打架，草坪遭殃。李傕和郭汜打斗，最后都不约而同地想到劫持重要人质当筹码，李傕劫持了汉献帝，而郭汜劫持了群臣。后李傕和郭汜和解，互以对方的儿子人质。经过四五年的折腾后，长安成为一座空城、鬼城，要人没人，要粮没粮，李傕和郭汜两人也累了，认为汉献帝没什么价值，决定放他和群臣东归洛阳。

兴平二年（195年）七月，在长安熬了五年多的汉献帝终于踏上东归之路。郭汜答应和解后，很快反悔，派兵在车驾必经之地埋伏，欲劫天子，被保护汉献帝的杨奉所败。郭汜又与李傕合好，追击献帝，又被曹操所败，李、郭二人自此元气大伤，沦为草寇。

建安元年（196年）七月，献帝辗转流亡，回到了已成为废墟的洛阳，最后被曹操奉迎到许县。

建安二年（197年），郭汜被自己的部将伍习杀死，余部被李傕兼并。冬十月，曹操派段煨等讨伐李傕。建安三年（198年）四月，李傕兵败被斩首，曹操下令夷灭其三族。其首级献给曹操后，汉献帝为泄当年被其侮辱之愤，令将首级高挂在许都街头示众。

至此，再乱长安的元凶李傕、郭汜均死，加上此前因为各种原因战死或被杀死的华雄、牛辅、董越、徐荣、樊稠、杨奉，董卓的凉州系将领几乎全军覆没。

董卓凉州系结局最好的有三人：贾诩、段煨和张绣，他们都有一个共同点，及时选择了投降曹操。这里说一个他们的故事。

却说贾诩在董卓死后劝说李傕、郭汜"死马当活马医"、奋起一搏之后，没想到他们闹出了这么大的乱子，感觉他们必然死于非命，决定"走为上"，投靠老乡段煨。贾诩到来后，很快与段煨的部下打成一片，段煨害怕贾诩夺其兵权，但表面上对他仍彬彬有礼。贾诩目光透彻，看穿这一切后，心里不安，于是决定悄悄跳槽到驻守荆州南阳郡的张绣。

贾诩离开前，有人问他："段煨对你这么好，为什么还要走？"贾诩答："段煨生性多疑，心里猜忌我。我在这里待遇虽然优厚，却不能久待，待久了一定会被他所害。只要我离开，段煨一定会很高兴，将来还指不定希望我帮他，所以他一定会善待我的家人。而张绣正好缺乏谋士，很愿意我这样的人加盟，我一跳槽，我的家人都能够得到保全，岂不两全其美？"

恰如贾诩所料，他离开后，段煨果然对他家人很好。贾诩加盟张绣后，也果然被重用。在贾诩的运作下，杀死过曹操儿子和侄子的张绣得以在建安四年（199年）投靠曹操，直至建安十二年（207年）征乌桓时病死。段煨后来官至大鸿胪、光禄大夫，于建安十四年（209年）才寿终正寝。

贾诩更是长寿，作为魏国的开国功臣和太尉，他一直到活到曹丕时代的黄初四年（223年）才去世。张绣和段煨两位凉州系将领能一反常态、喜获终善，到底是因为他们聪明，还是他们运气好，遇到了贾诩这位三国时代"甲A级"谋士、被其点化了呢？

凉州系将领或败亡，或遇刺，或高升，这一切，早在初平三年（192年）

就告别人世的董卓，全然不知。但董卓死亡，绝非董卓故事的结束。某种意义上，建安元年（196 年）汉献帝从长安逃脱，经洛阳辗转来到许县，被曹操所奉迎，才是董卓故事的结束。此时，董卓去世四年。鉴于他死时被袁家的门生故吏挫骨扬灰，不知道他的亡灵有没有地方安放，是否保佑过他的部下？

董卓画像：潘多拉恶魔与瓷器店公牛

董卓是一个很难评价的人。

董卓之恶之破坏性不用说。废立皇帝、滥杀无辜、挖掘皇陵、焚烧洛阳、强逼迁都，哪一桩都是十恶不赦的滔天罪行。但董卓除了这些恶行，应该还有正面的东西，否则很难解释，为什么董卓作为一个草根出身的汉人，能在异族遍地、猛人如云的凉州脱颖而出；作为一个地方军阀，他为什么能得到几千里外高管何进的信任和重用；为什么在进京除阉的四路人马中，唯独他能独占鳌头，最终成为挟持皇帝的人；为什么在他死后，他的凉州系军阀还能继续劫持皇帝、祸乱朝政达四年之久。

董卓第一个优秀品质是豪爽侠义。董卓进京后，能快速吞并何进及其弟何苗的旧部、拉拢吕布除掉竞争对手丁原，与他出手豪阔不无关系。

东汉末年，中央政府日益衰微，各地州牧、地方豪强、边境游牧民族纷纷自立或叛乱，朝廷看中董卓的独特价值，委任他平羌，董卓因战功突出，一路青云直上，很快做到并州刺史、河东太守之职。后因平定马腾、韩遂叛乱有功，董卓接连被封赏。可能是担心董卓难以节制，中平六年（189 年），汉灵帝刘宏欲将其明升暗降，剥夺其兵权，被董卓看穿、拒绝。灵帝驾崩前又故伎重演，扔给董卓一个并州刺史的虚衔，让他的兵马受左将军皇甫嵩节制。

董卓知道，朝廷已对他已不信任，开始卸磨杀驴。预感灵帝不久于人世，大乱在即，董卓擅自将兵马部署在洛阳西面约四百里的司隶校尉部河东郡（治所安邑在今山西夏县），静观时局变化。

董卓这些动作，一是说明其政治敏感性很强，预知灵帝一死，天下必将大乱；二是在这个节骨眼上，绝不能放弃军队，为此，他不惜违抗朝廷诏命。这就是董卓的第二大优点：懂政治善谋略。屯兵河东郡绝对是一步妙棋，因为这离帝都洛阳很近，近水楼台先得月。后来何进召外将诛宦官，首先想到的是董卓这支队伍。可见机会永远属于有准备的人。

何进诏董卓进京后，一度变卦，派人令其停止前进、就地待命。董卓再次违命，径直率军前往"河南"（这里的"河南"既可理解为"黄河之南"，也可理解为司隶校尉部下辖的河南尹，治所在今洛阳东北），离黄河南岸的洛阳近在咫尺。董卓这种一旦设定目标，就绝不罢休的特质，也是其成功的一个重要原因。

董卓谋略的另一例证是他刚进洛阳时耍的一点小伎俩。按照《九州春秋》的记载，董卓刚进洛阳时，步兵加骑兵在一起不过三千人，当时何进、何苗兄弟虽死，袁绍、袁术等人实力强大，真打起来董卓未必是对手。董卓意识到这一点，于是想到一个虚张声势的点子：每天半夜让他的部队悄悄开拔到城外，等天亮后再大张旗鼓开进城，对外宣称是凉州增援部队，连续折腾四五天，洛阳城里所有人都认为董卓部队"不可胜数"，畏惧之下心里先臣服。

董卓的第三个优秀品质是爱才，喜欢聪明人，对士人群体抱有深深的同情和敬意。

董卓还没进京，在野外见到逃亡的汉少帝刘辩及其弟陈留王刘协，一番对答，立即发现刘协比刘辩聪明许多，且系与自己同姓的董太后养大的，于是生废立之心。董卓挟天子，与后来曹操挟天子，手段相同，目的大不同。曹操挟天子是为了号令诸侯、为政治所用，而董卓只是为了体验权力的味道，过把瘾就死。他一没有将皇帝赶下去的意思，二没有像曹操和袁绍那样消灭群雄，一统天下的决心。西迁长安，大建郿坞，陶醉于奢侈糜烂的生活，充分说明了董卓挟天子只为享受和炫耀，其心态跟项羽灭秦一样，不思消灭群雄，而是一心想着衣锦还乡、快意逍遥。

董卓进京时，正是"党锢"解禁后为士人平反的初期。天下士人原本指望大将军何进诛灭宦官，为数十年受尽欺凌侮辱的士人报仇，不成想何进反被宦官所杀。董卓是何进召进京的，于是以何进的"衣钵传人"自居，开始重用士人，大量提拔名士和汉室宗亲担任地方州牧、州刺史和郡太守等要职，连得罪他的袁绍也在董卓身边的"卧底"游说下，被提拔为渤海郡太守。董卓自己人反倒没怎么提拔，可见董卓掌权之初，亲近重用士人的心有多迫切、多单纯。

可能董卓一开始并不想迁都，只想在洛阳当他的太师，舒舒服服过一辈子。后来，反董联盟成立，且成员大都是董卓提拔重用过的人，让董卓大受刺激，大伤自尊，觉得被士人欺骗、愚弄了，于是对士人杀心大起。袁绍的叔叔袁隗一家数百口、袁绍的好友周珌和伍琼就这样，成为董卓泄愤的牺牲品。

对大厦将倾的汉朝来说，董卓既是一个从潘多拉盒子放出来的恶魔，又是一头闯进汉朝脆弱瓷器店的公牛。公牛一通横冲直闯之后，瓷器店一片狼藉，但它晃晃尾巴，不带走一片瓷器。真正对各种瓷器和瓷器店面着迷的，是后来纷争逐鹿的群雄。当初平三年（192 年）董卓这头"公牛"被吕布和王允联手暗杀时，真正的"准三国"乱世才真正开始。189—192 年这三年，既是属于董卓一个人的精彩，也是整个三国时代最黑暗的序章。

第 2 章 宽忌袁绍

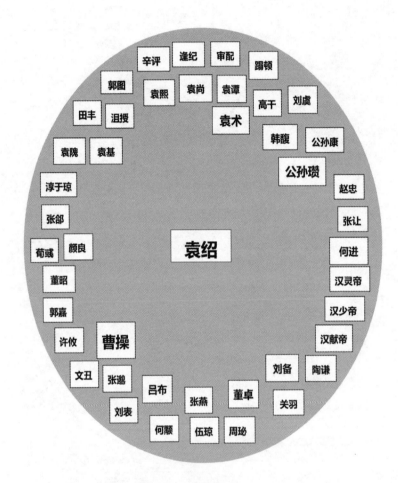

袁绍的朋友圈

如果不是因为官渡之战，我们对三国知名人物的了解，可能会更多地聚焦在曹操、刘备、孙权和诸葛亮、周瑜、鲁肃这些人身上。是官渡之战，让我们认识了袁绍，明白袁绍在当时是比曹操还要牛的一代枭雄。

汉献帝初平年间（190—193年），袁绍是"准三国"时代最亮丽的主角。强人何进和董卓先后于中平六年（189年）和初平三年（192年）谢幕，其后四五年，李傕和郭汜等凉州系自相残杀，先后瓦解，留下一个巨大的权力真空。袁绍就是这段权力真空的霸主。

董卓死后，"挟天子不令诸侯"的时代结束了，此时，曹操"挟天子以令诸侯"的时代还没有来临，因为中间还隔着一个纠结要不要"挟天子以令诸侯"的袁绍。

作为东汉末年世家大族的领袖人物，作为大将军何进的重要助手和心腹，袁绍一开始的创业起点相当之高，资源异常雄厚，只一两年时间，就做到省部级高官（冀州牧），然后又很快占据冀州、青州、并州、幽州等四州，雄霸北方，部众十几万。袁绍拥有当时汉朝最高大上的朋友圈，无论是将领，还是谋士，都无人能及，连发小兼好友曹操也一度依附于他，管他叫"大哥"。

但这种情势只持续了五六年。建安元年（196年），曹操高举"挟天子以令诸侯"的大旗，在声势上逐渐反超袁绍，并最终在建安五年（200年）的官渡之战一举挫败袁绍。两年后，袁绍一病呜呼；又过了五年，袁绍集团彻底消亡，包括他著名的儿媳、《洛神赋》绯闻主角甄氏在内的诸大家业都被曹操接收。

袁绍有着怎样高大上的朋友圈？他是怎样在短短一两年内快速崛起的？他凭什么干掉当时盘踞北方的两位强敌韩馥和公孙瓒？他与发小曹操又有着怎样的友谊？两人是怎样反目成仇的？为什么袁绍创业期间帐下人才纷纷流失、投靠曹操？为什么袁绍会一而再、再而三与汉献帝擦肩而过，错过"挟天子以令诸侯"这个重大战略？袁绍为什么会在事业全面领先的情况下，败给势力相对弱小的曹操？为什么本章的题目叫"宽忌袁绍"？

冤家曹操：逃不掉的"修昔底德陷阱"

袁绍一生最重要的朋友，当属曹操，正如袁绍一生最重要的一场战役，就是与曹操所打的官渡之战。鉴于绝大多数读者都是借助官渡之战和曹操认识袁绍的，盘点袁绍的朋友圈，不妨从曹操开始。

话说袁绍自中平六年（189年）正式创业，历经十年时间，成功实现三级跳——渤海郡守（189年）、冀州牧（191年）、冀青并幽四州之主（199年），从朝廷一个小小的西园中军校尉，摇身一变成为雄据四州的北方霸主。其成长速度之快，其占据地盘之广，其兵之精粮之足，连曹操也自叹弗如。官渡之战前夜，除少数眼光毒辣者之外，几乎所有汉朝知名人士都认为，如果有人能收拾汉末残局、一统天下，一定非袁绍莫属。而曹操，迟早要被袁绍干掉。

但是山外有山，人外有人。在埋头苦干十年统一北方后，袁绍突然发现，在自己的眼皮子底下，不知什么时候冒出了一个新的强敌，那就是曹操。之所以说"突然"，是因为在袁绍眼中，曹操是朋友、部属兼老弟，是一个需要帮助的对象和一个关键时刻可信赖的外援。可是，不知从哪天起，周围越来越多的亲信开始打曹操的小报告："明公，曹操那小子有独立山头的倾向，且野心颇大、志向不凡，不得不防啊。可不能再把他当朋友了。"袁绍细心琢磨，认真比对曹操近来的言行举止，幡然醒悟道："各位言之有理啊。"

建安四年（199 年），袁绍在消灭北方强邻公孙瓒后，立即将枪头从北掉转向南，朝向以豫州许县为大本营、挟天子以令诸侯的曹操。曹操与袁绍当年都是因为得罪董卓，不得不逃离京城，几乎同时下海创业，但因为身份、家世、机缘不同，创业历程和路径有所不同，难度也不一样。189—199 年这十年，袁绍的创业进程要远比曹操要顺利，势头相当迅猛，可惜仅仅一两年之后，袁绍就因官渡之战败给曹操，实力和精神遭受重创，并于建安七年（202 年）病亡。

官渡之战给我们的印象是，袁绍与曹操掉入了"修昔底德陷阱"，二人属于不是你死就是我亡的死敌。但事实上，这是一种误读。纵观袁绍一生，他与曹操的关系非常复杂，两人经历了好友、同僚、盟友、对手和死敌五个阶段。这一切是怎样一发生的？相比曹操，袁绍有什么值得圈点的创业心得和失败教训？袁绍到底哪里不如曹操？

从好友到同僚

让我们回到公牛董卓乱朝的前一年，中平五年（188 年）。这一年，对于袁绍和曹操都非常重要。在此之前，袁绍被何进提拔为虎贲中郎将，成为皇家宫廷卫队的高级将领。而曹操呢，虽然之前做过洛阳北部尉、骑都尉、青州济南国国相等职位，做过很多牛掰闪闪的事，但因为在体制内改革太猛，得罪权贵太多，被罢官回家读书。这一年，可能很多人都觉得天下已经乱得不成样子，但事后他们将这一年跟董卓进京后发生的事相比，简直可以用"岁月静好"来形容。

可以说，公元 188 年前曹操和袁绍间的 PK，曹操、袁绍各领先过一段时间，但彼此因为在不同的地域和领域打拼，交集不多。在这个阶段，就勇锐而言，曹操胜；就谋略而言，袁绍强。如果让他们的共同好友评价曹袁二人，大部分一定会说：袁绍比曹操成熟、稳重，而曹操是一个不知轻重的二百五、愣头青，将来一定不如袁绍有出息。只有少数人才会敏锐地发现，曹操才是真正的帝王之才，因为真正的大牛都是早慧而晚成。

袁绍与曹操都是高干子弟，都在帝都洛阳长大，属于一个圈子里经常一块玩的发小，都喜欢做走狗飞鹰、欺民又助人的游侠。有一天，曹操与袁绍闲来无事，相约去偷看人家新婚洞房（动机自行揣测），两人暗地潜入别人家的庄园中，等天黑了，曹操不知是为了捉弄袁绍，还是为了自己先逃，在没有预警袁绍的情况下，突然大喊一声："有小偷来了！"庄园的家丁全部跑出来抓贼。

曹操丢下袁绍跑到洞房中，抽出匕首劫持新娘，然后与袁绍一块逃出庄园。逃跑过程中，袁绍不慎掉进荆棘丛，动弹不得，看到追兵来了，曹操又大喊一声："小偷在这里！"袁绍吓坏了，肾上腺素急剧分泌，也不知哪来的气力，一下子跳出荆棘丛，与曹操逃之夭夭。

这不是《三国演义》里的故事，也不是《三国志》的记载，而是《世说新语·假谲》里的一个著名段子，可能是假的（其中 BUG 太多），也有可能局部为真。但这个段子揭示两个重要信息：一是曹、袁二人是发小，小时候经常在一起玩，彼此非常熟悉；二是两人在智商和性格方面差异较大。曹操机敏、奸诈、狡黠，鬼点子多，多到很"坏"的程度，而袁绍为人厚道迟重、中规中矩，不是那种反应特别快的人，在曹袁关系中属于跟班和弱势的一方。如果"以小看大"这种说法成立，那么，从这个故事，我们已隐约觉察到曹操和袁绍未来对阵的结局。

中平五年（188 年），因为何进这一共同老板，袁绍与曹操从"好友"变成"同僚"。他们上班的机构就是汉灵帝为对付何进组建的"西园"，同为"西园八校尉"。袁绍为排名第二的中军校尉，而曹操为排名第四的典军校尉。曹操此前正在老家谯县下岗待业，接到何进寄来的任命书，憋坏了的他火速从老家谯县赶到洛阳，与袁绍这位阔别多年见面的老友见面，两人相约喝酒，纵论时势，感慨中平元年（184 年）黄巾军起义以来世道变化之大之快，不由百感交集。

此时是什么时局呢？汉灵帝刘宏病入膏肓，眼看就要驾崩，而外戚、宦官、朝臣、外将间的争斗逐渐日热化，一场超级政治风暴就要来临。两人一致认为：都老大不小了，飞鹰走狗、斗酒泡妞吹牛的青春一去不复返，下一阶段应该精诚团结干点大事，为大将军何进、也为朝廷铲除阉党贡献力量。袁绍为人厚道、热爱社交、又红又专，贵族风范十足，加上年龄、出身、官职都比曹操高大，时时处处给曹操各种关照。N 轮勾兑后，两人的友谊由此上了一个新台阶。此时，外人尚看不出两人有朝一日会成为死敌的迹象。

但格局差异，必然引发见识的分歧。曹操与袁绍的第一次重大分歧，是关于是否要邀董卓等外将进京铲除宦官。

袁绍力主诛灭宦官，见何进迟迟不动，于是献上诏猛将进京的主意。曹操听到这个主意，当场大笑反对："阉竖之官，古往今来都有其存在的理由。主上只要不过分授权宠幸，他们便不至于作乱。既然下决心收拾他们，只需诛首恶元凶即可，这种事派一个小小的狱吏就可以做到，何必整大那么动静召外将进京？如果一定要杀掉全部宦官，此事必然泄露，我断言必败！"（太祖闻而笑之曰："阉竖之官，古今宜有，但世主不当假之权宠，使至于此。既治其罪，当诛元恶，一狱吏足矣，何必纷纷召外将乎？欲尽诛之，事必宣露，吾见其败也。"——《三国志·魏书·武帝纪》）曹操这段话，逻辑清晰，观点明确，有理有据，充分表现了他异于常人的深刻洞察力和远大预判力。可惜，何进和袁绍都没听进去，执意请董卓等四路人马进京，终于一发不可收拾。

袁绍因为顶撞董卓，害怕祸及自身，不得不逃离洛阳，"被动"亡命天涯。曹操在职场经历过"两起两落"（后面详谈），此时表现相对稳重，反倒没有与董卓发生过正面冲突，被他表奏为"骁骑校尉"。曹操心如明镜，觉得董卓此人必乱天下，绝不可共事，于是"主动"逃亡。同样是逃亡，曹、袁二人一"主动"一"被动"，境界高下自分。

从同僚到盟友

朋友本是同林鸟，大难临头各自飞。中平六年（189年），因为董卓，袁绍与曹操短暂的"同僚"生涯就此结束，前者逃向冀州，后者逃向豫州。人在大难临头时，本能会哪往逃？第一反应应该是亲朋故交比较多、既安全又舒适又能发展的地方。曹操老家是豫州沛国谯县，逃向豫州可以理解。袁绍是豫州汝南郡人，为什么逃亡冀州？可能是因为冀州朋友故交多，有利于创业。当然，也有一种说法认为袁绍先逃向豫州汝南郡，后来因为被董卓任命为冀州渤海郡太守，才前往冀州。

就像两个在不同城市创业的朋友，埋头苦干一段时间后，突然发现应该找机会跟对方合作一样，初平元年（190年）正月，因为"讨董联盟"，曹操与袁绍再次携手。此时的袁绍，已是大权在握的一郡之主，自封"车骑将军"，加上身世光鲜，自带"流量"，被公推为反董联盟盟主。而曹操还在苦逼的初创期，"拢共才有十几个人、七八条枪"，跟袁绍和联盟里那群不是刺史就是郡守、身份光鲜的成员相比，名微力小，相当寒碜。要说袁绍为人就是厚道，他一方面在钱粮兵马方面给予曹操支持，另一方面还表奏曹操为"代理奋武将军"，以此身份入联盟，曹操总算有了一张拿得出手的社交"名片"。

曹操此时虽然已三十六岁，但论修养，还处在"愤青阶段"，看不惯其他诸侯畏惧董卓、成天吹牛做秀，于是独自对抗董卓，大败，只好去扬州丹阳招兵买马，后又前往兖州东郡发展，收拾了一些地方势力，后又被老朋友袁绍"表奏"为东郡太守。从中平六年（189 年）两人同时创业到建安元年（196 年）曹操挟天子以令诸侯这七年间，曹操和袁绍渐渐从"朋友"关系演变属于"盟友"关系。当然这种"盟友"稍稍有点特殊，有点半朋友半从属的意味。这期间，袁绍给了曹操无私的帮助，用袁绍的话说，"有大造于操"。所谓"大造"，即"大恩"。

怎么个"大造"法？看看曹操在创业最初几年的发展历程：

中平六年（189 年），曹操响应讨董口号，率麾下五千兵马从创业基地兖州陈留郡的己吾县赶赴酸枣县，荥阳一战，被打得只剩一千兵马，只能去河内郡投奔袁绍。袁绍在曹操最困难的时候给了老朋友很多帮助，可视为曹操的"种子轮投资人"；

初平二年（191 年），曹操在兖州东郡一带打击黑山军，被此时身为冀州牧的袁绍任命为东郡太守，曹操有了第一桶金，袁绍成为曹操的"天使投资人"；

初平三年（192 年），曹操在兖州大胜黄巾军，袁绍不惜挤掉朝廷任命的兖州刺史人选，擅自任命铁哥们儿曹操为兖州刺史。曹操得到创业第二桶金，正式跻身掌握一州之封疆大吏。袁绍此举，堪称曹操的"A 轮投资人"。

初平四年（193 年），曹操因为父亲过境徐州时被杀死，为报父仇，率军攻打徐州牧陶谦，袁绍特派骁将朱灵前往助战，曹操得以血洗徐州。袁绍此举，可称为曹操的"赞助商"。

也就是说，短短几年间，袁绍至少帮扶过曹操四次，先后为曹操提供过种子轮投资、天使投资和 A 轮投资，很有大哥风范。袁绍的厚道和义气，真不是吹的。他帮助曹操，确实是发自内心。

从盟友到对手

这世上没有永远的朋友。面对志向分歧和利益竞争，友谊的小船说翻就翻。在短暂的投靠和依附后，曹操很快由袁绍的"盟友"变成"对手"。那么，曹操与袁绍的友谊小船是什么时候翻的呢？是在建安五年（200年）的官渡之战吗？

不是。准确地说，袁绍与曹操的友谊小船早在初平四年（193年）前后就已经翻了。

话说初平元年（190年）曹操离开一群反董伪君子，前往兖州东郡攻打黄巾军和其他一些地方割据势力。兖州是黄巾军起义的重灾区，曹操打不过董卓，打黄巾军却得心应手、绰绰有余。初平三年（192年），曹操通过收拾黄巾军，实力大振，先是被袁绍表奏为兖州刺史，后在一帮兖州本土朋友的拥戴下，出任兖州牧，也就是说，下海仅仅三年（189—192年）就正式成为一州之主——袁绍之前表奏曹操为兖州刺史，其实是留了一手，因为州刺史地位不高，俸禄和实力还不如郡太守，离州牧更是差一大截。只有当上州牧，才是真正的实力派。

当上兖州刺史和兖州牧之后，曹操渐渐有脱离袁绍独立发展、与其争霸的趋势。袁绍急了，心生嫉妒。但两人并没有马上撕破脸。初平四年（193年）前，曹操与袁绍合作很多，曹操还与袁绍一块联手打过公孙瓒、袁术和陶谦联军，袁绍在此期间，收获颇丰，继冀州之后又占据了并州和青州，兵锋直指北部被公孙瓒所占据的幽州。

初平四年（193年）之后，袁、曹关系急转直下，基本就没再见到两人联手的消息。后来袁绍消灭冀州境内的黑山军，主要依靠前来投奔的吕布帮忙，没见老朋友曹操的身影。曹操在忙啥呢？一是经营兖州，二是东征徐州，不再帮袁绍打公孙瓒。虽然曹操没有正式宣布脱离袁绍阵系，还有一点"加盟店"的影子，但实质上，曹操已近乎完全独立。袁绍对他，自然要从扶助转向打压。

兴平元年（194 年），曹操为报父仇，率军东攻徐州牧陶谦。谁知老部下张邈和陈宫联合吕布谋反，曹操不得不回师重夺兖州。在此期间，曹操与吕布杀得难分难解，适逢大灾，双方严重缺粮，只好暂时休战。战争打到这，最后就是比耐力，看谁有粮食，能活下去。曹操名为兖州牧，此时绝大多数城池都被吕布、张邈、陈宫等人所占，没有后勤供应，无奈，只好硬着头皮找老朋友袁绍借粮。

袁绍之前的厚道消失了，取而代之的是强横和绝情——袁绍一反常态，说援助可以，但前提是曹操把家属送到邺县（冀州治所，袁绍大本营）当人质。曹操正在与吕布争夺兖州的紧要关头，没有其他筹码，本打算把家眷送过去。幸亏谋士程昱及时从外面赶回来，力劝曹操不要答应：“袁绍要求主公把家属送到冀州，显然是想趁机控制主公，让主公向他称臣。希望主公明断，决不可轻易受制于人。”曹操接受。程昱利用自己在兖州的资源帮曹操筹措粮食，甚至回到自己家乡东阿县把老百姓的粮食搜刮一空，甚至把尸体做成“人肉干”，这才帮曹操渡过难关。

在建安元年（196 年）曹操正式挟天子以令诸侯之前的两三年，袁绍与曹操分道扬镳，各忙各的。曹操主要在做两件事，一是打吕布、收复兖州，二是筹划迎接汉献帝；袁绍的主要任务，是消灭黑山军、兖州东郡太守臧洪以及北部幽州的公孙瓒。袁、曹两人虽然不再是盟友，也还暂时没有撕破脸，成为死敌，而是各自攻城掠地、跑马圈地的竞争对手。袁绍和曹操心里都清楚，迟早两人必有一战，必须在这一天到来之前，尽最大可能平定周边、发展壮大自己。

从对手到死敌

建安元年（196 年），曹操与袁绍彻底反目。

这一年，曹操将汉献帝从洛阳接到许县，“挟天子”任务已毕，“令诸侯”游戏正式开始。他决定拿袁绍试水，用皇权“调戏”一下这位幼时玩伴。这就是曹操的奸诈和促狭之处。他以天子名义给袁绍发布一道诏书，大骂他"地广兵多而专自树党，不闻勤王之师而但擅相讨伐"（《后汉书·袁绍刘表列传》）。就是说，袁绍你小子拥兵自重，只忙着经营自己的一亩三分地，忙着党同伐异，对朕在长安生不如死的境况全然不闻不问。在皇权专制时代，这句话的分量相当重，理论上是死罪。

袁绍接到诏书，差点吐血。因为这封信，明面是皇上写的，实质全是曹操的意思，怎么回？谦卑回复皇上，自己过于低三下四；大骂回复曹操，收信人又是皇上，无人臣之礼。这就是"挟天子以令诸侯"的厉害之处。可是没办法，诏书是以皇上的名义发的，必须据实回奏，说自己做过哪些事主勤王的忠义之举，末了又说了一些帮过曹操的事，一是为自己表功、辩解，二是攻击曹操干尽坏事、任人唯亲，实属忘恩负义之徒。

这个回合，是袁绍败落的开始。曹操实虽弱，而势已胜。两人就是在此刻，由"对手"升级为"死敌"。曹操觉得还不是与袁绍决战的时候，于是又安抚他，于建安元年（196年）十一月，由汉献帝名义下诏，加封袁绍为太尉。太尉虽为三公之一，但袁绍不买账，因为曹操官更高，是大将军。如果袁绍接受太尉这个职位，就相当于承认曹操是自己的领导，当惯了大哥的袁绍怎么能接受？于是袁绍上表，坚辞不受。曹操当然知道袁绍的心思，觉得暂时还不能跟袁绍摊牌，于是一方面将袁绍的爵位由董卓之前封的"乡侯"提升到"县侯"（邺县侯），又将大将军的位置让给袁绍，自己屈居为司徒（三公之一）。好面子的袁绍这才作罢。

建安元年（196年）曹操就与袁绍彻底反目，而正式开战却要等到建安四年（199年）。

这几年两人都很忙，都忙着收拾腹背之敌。

不管在什么年代，不管冷兵器，还是热兵器，不管是常规战争，还是核战争，战争最大的忌讳都是腹背受敌。袁绍势力在曹操之北，他往南打曹操，北边就不能有大的威胁存在，否则主力往南开，大本营就有可能被偷袭甚至丢失。大本营一出大问题，军心必然涣散（家眷都在），与曹操的决战就会不战而败。袁绍北边的劲敌,当然就是盘距在幽州一带的公孙瓒。所以,袁绍虽然从建安元年(196 年)就对曹操恨得牙痒痒,他也只能忍,忍到建安四年(199 年)春,他完全消灭公孙瓒,全面占有冀、青、并、幽四州后,这才将目光转向南边的曹操。

而对曹操来说,问题更严重。建安元年(196 年)时,曹操势力只有兖州和豫州(部分),东南西北四面全是敌人,他知道与袁绍迟早有一场恶战,但这场战争,来得越晚越好,最好等他摆平东南西三面的对手之后才开打。建安元年(196 年)至建安四年(199 年)这三四年,曹操非常非常忙,征张绣、讨刘备、质马腾、抚韩遂、笼孙策、灭吕布,所有这一切,看似不针对袁绍,其实全是为即将到来的"袁曹世纪大对决"作准备。

建安四年(199 年)春,曹操在消灭东面徐州的吕布这个心腹之患、基本摆平西南两方向的威胁之后,开始将注意力转向袁绍。就在这时,发生了一件事。驻扎在袁绍和曹操中间区域的河内郡太守张杨被杀了。张杨是吕布的好朋友,曹操灭吕布时,一度想救援。后来张杨被部将杨丑杀害,杨丑又被他的部下眭固杀害。眭固打算率兵北上投靠袁绍。

这件在三国里极不起眼的小事,对曹操却至关重要。因为眭固一旦投靠袁绍,河内郡就将成为袁绍的地盘,将对在许县的曹操造成极大的压力。曹操决定先下手为强,派人干掉眭固,抢先拿下河内郡,首次将势力范围扩张到黄河以北("河内"就是"河北"的意思)。

袁绍一看曹操主动挑衅,气坏了,于建安四年(199 年)六月,率精兵十万南下,目标直指许县,史上著名的官渡之战就要开始了。

谋士之乱:袁绍官渡之战的主要败因

地球人都知道,建安五年(200 年)官渡之战是曹操与袁绍的一场大对决，是以弱胜强的经典案例，是确立曹操王者地位的重要战争，是与赤壁之战、夷陵之战并称"三国三大战役"的一场重要战役。官渡之战是袁绍发起的，他是挑衅者兼大败者，严格符合"谁挑衅谁失败的"三国大战定律"——建安十三年（208年）赤壁之战曹操主动挑衅孙权，曹操大败；章武元年（221年）夷陵之战刘备主动挑衅孙权，刘备大败。

这里要先澄清一个概念，官渡之战有"广义"和"狭义"两种说法。狭义的官渡之战就指发生在官渡（今河南中牟东北）这个黄河渡口的那一场具体战争，广义的官渡之战，是指发生在199—200年之间、持续一年多的"袁曹对决"，包含延津之战、白马之战、官渡之战等多场战役，只是因为在官渡之战中曹操戏剧性地大败袁绍，它这才成为这场决战的代名词。正如我们通常所说的赤壁之战，只是建安十三年（208年）孙刘联盟抗曹的其中一场战役，而不是孙刘抗曹的全部战役一样。

本书的宗旨是盘点朋友圈，那么，本节说官渡之战，重点想盘点袁绍的哪些朋友呢？

谋士。官渡之战，袁绍与其说是败给曹操，不如说是败给了自己的智谋，败给了他与帐下诸多精英谋士糟糕的人际关系。

袁绍事业发展的"三个矛盾"

《三国志》和《三国演义》里的诸葛亮在分析曹操的成功原因时，都提到一句话："非惟天时，抑亦人谋也。"其实，这句话也适用袁绍。袁绍自中平六年（189年）下海创业到建安五年（200年）官渡之战大败，这十一年的成功，并不完全是因为他的袁家"四世三公"招牌，更多是靠他个人的先天素质和后天努力。

因为同样是袁家后代，且身为嫡子，袁绍之弟袁术早在建安四年（199年）就名败身亡，后代烟消云散，除了一女儿一孙女分别嫁给孙权和孙权的儿子外，大多不知所终。而袁绍的后代要牛得多，在袁绍于建安七年（202 年）病亡后，他的三个儿子和一个外甥一直跟曹操僵持到建安十二年（207 年）。也就说，从建安四年（199 年）算起，曹操历经"八年抗战"，克服重重困难，才彻底平定袁绍集团，跟袁绍平定公孙瓒用时差不多。

这就不得不让人对袁绍的综合实力刮目相看。后面我们还将详细介绍袁绍智取韩馥和公孙瓒的故事，那时的袁绍，帐下谋士无论是数量，还是质量，都相当高。既然这样，为什么袁绍与曹操对决时，会败这么惨？是曹操的谋士水平更高，还是曹操的用人水平远在袁绍之上？

答案是后者。

因为曹操帐下很多谋士，都是从袁绍阵营跳槽或投降过来的。比如享誉三国时代的超级谋士郭嘉和荀彧，再比如在官渡之战中献上火烧乌巢奇谋、扭转战局的许攸，再比如后来为曹氏篡汉暗中绞尽脑汁、迭出大招的董昭，再比如辛毗、崔琰、陈琳（曾写《为袁绍檄豫州文》痛骂曹操），都曾是袁绍的人。这一幕与汉朝开国时，项羽帐下的张良、韩信、陈平等牛人纷纷投靠刘邦极其相似。

关于郭嘉、荀彧、董昭等人的详细情况，我们留待"枭雄曹操"和"套现曹操"两章再说。这里借官渡之战说说袁绍的用人之策，或者反过来，从袁绍的谋略水平，侧面解读一下他为什么会在官渡大败。

袁曹对决，袁绍主要并非败于曹操，而是败给自己，更精准地一点说，是败给"三个矛盾"：

矛盾一：对手快速成长与袁绍战略规划水平严重滞后的矛盾；

矛盾二：人才快速扩充与袁绍识人用人水平严重滞后的矛盾；

矛盾三：事业快速进步与袁绍团队管理水平严重滞后的矛盾。

没有意识到并解决好这三大矛盾，才是袁绍的死穴，才是其官渡大败的主要原因。

关于"矛盾一"和"矛盾三"，我们放在后面再说。这一节，我们重点说说"矛盾二"——人才快速扩充与袁绍识人用人水平严重滞后的矛盾。毫不夸张地说，官渡之战的失败过程，就是袁绍充分暴露其识人用人短板、与谋士们不断发生矛盾冲突贻误战机的过程。

被冷落的田丰和沮授

初平二年（191年）袁绍忽悠韩馥，拿下冀州时，正是天下大乱的初期。黄巾军搅乱天下，董卓、李傕和郭汜等凉州系大乱洛阳，离洛阳较近的豫州颍川郡和汝南郡纷纷遭殃。偏偏颍川郡和汝南郡又是东汉时经济高度发达、人才丰富的两个郡。一时间，大量官员、富商和士人纷纷逃难，逃向没有战争、相对安全的地区，袁绍冀州首府邺县就是当时一个相对最优的选择。

袁绍最盛时，帐下人才济济，文臣武将，随便拿一个出来，都是三国耀眼的明星。官渡之战前夜，客观上，袁绍的谋士无论是数量还是水平，并不输于曹操阵营。问题出在主观上，即袁绍与他的谋士们关系是否融洽，是否相互信任。更具体一点说，在内心深处，这些谋士是否心甘情愿为袁绍献策，以及袁绍能否听懂并且愿意采纳他们的献策，哪怕谋士在表达个人意见带有强烈的情绪。

事实是，袁绍与谋士们的关系有点糟糕，而且水平越高的人，袁绍与他关系越差。

袁曹大战始于建安四年（199年）六月，前期是对峙阶段。这个阶段有很多外围争斗，包括建立统一战线，最大化拉拢盟友、离间对手等，这里有很多策划和智谋的成分。比如谋士田丰，就建议袁绍趁曹操东征徐州刘备的机会，集中全部兵力偷袭曹操后方。

这是一个千载难逢的机会。如果袁绍采纳田丰的建议，付诸行动，不仅可以重创曹操，还可将顺便将曹操手里的汉献帝夺过来，后来的"三国鼎立"可能也就没曹操什么事了。袁绍没有采纳田丰之计，这个不意外，意外的是他拒绝田丰的理由。

　　什么理由呢？他最疼爱的小儿子生病了，所以没有心情出门打仗。这哪是一个在乱世逐鹿中原、分秒必争的英豪，这简直就是一个视天下为囊中之物，在家过清闲日子、英雄气短女儿情长的庸碌无为之主！

　　田丰本就性格耿直，一听袁绍这样说，高举拐杖怒击地面："好不容易赶上这样的时机，竟然因为小孩子生病丧失机会，可惜呵！"（丰举杖击地曰："夫遭难遇之机，而以婴儿之病失其会，惜哉！"——《三国志·魏书·董二袁刘传》）袁绍听后也很恼怒，从此冷淡疏远田丰。话说回来，孩子生病其实只是一个借口，真正的理由可能是袁绍不愿冒险，对偷袭成功没有自信。

　　官渡之战前，田丰认为此时的曹操已羽翼丰满，今非夕比，不能硬打，不如长期坚守打"持久战"，耗死曹操，因为曹操此时最大的软肋是缺粮。田丰仗着一片忠心，强烈反对袁绍征伐曹操。田丰人聪明，但愤青色彩重，中间可能用了一些过激言词，把袁绍惹恼了，认为他动摇军心，一气之下，把田丰下了大狱。曹操听闻田丰不在军中，大喜："袁绍必败。"

　　拿下田丰后，袁绍又拿另一名优秀谋士沮授开刀。却说袁绍从大本营邺县发兵，兵锋南指曹操的大本营许县。在邺县和许县之间，曹操有三道防线，一是黄河以北的黎阳，二是黄河南岸的白马和延津，三是官渡。建安四年（200年），袁绍与曹操在黄河北岸的黎阳对峙，第一仗曹操兵败，撤到黄河南岸。袁绍欲派颜良为先遣军，渡过黄河攻击南岸的军事要地白马，此决定遭到了监军沮授的强烈反对，认为颜良生性褊狭，不能独当大任。

　　从沮授此前两次劝袁绍奉迎汉献帝看，他是一个目光极其敏锐的人，可惜他的建议被袁绍拒绝。沮授于是借口生病辞职，袁绍一怒之下，将其监军权一分为三，由郭图和淳于琼两人分享。后颜良果然在白马被暂时投降曹操的关羽"秒杀"。袁绍盛怒之下，令主力部队过河，又遭沮授反对。袁绍再次震怒，令沮授彻底下岗。

在郭嘉和荀彧离开后,田丰和沮授是袁绍帐下水平最高的两个谋士,但是在与曹操这场大对决中,两人却统统靠边站。当然,袁绍这样做有他的理由,虽然在延津之战、白马之战,曹操靠计谋取得小胜,斩杀了袁绍帐下颜良和文丑两位名将,但论综合实力,袁绍远在曹操之上,尤其是曹操粮食不足,打不起持久战,一度灰心丧气,想撤军不打了。在这种背景下,袁绍当然不认为自己处置田丰和沮授有错。相反,他认为胜利指日可待。也许用不了多久,曹操就会变成第二个公孙瓒。到时候,可以好好羞辱一下田丰和沮授。

"灰犀牛"许攸

但是,袁曹双方对峙一年多后,"灰犀牛"出现了。这头"灰犀牛",就是袁绍的另一个谋士许攸。

建安五年(200年)十月,袁绍谋士许攸因家人犯法,被留守邺城的审配逮捕,许攸一则生气,二则怕被株连(可见袁绍平时待部下并不宽容),立即拔腿投奔曹操。家人被逮只能算是一根导火索,根子上还是许攸越来越发现,袁绍短板太多,成不了大事,自己待在袁营,迟早会沦为殉葬品。与其这样,不如及时改换门庭。

许攸早年在洛阳时就与曹操和袁绍相识,都是一个朋友圈的熟客。当年袁绍是老大,我跟他没错,现在曹操挟天子以令诸侯,越来越有新老大气象,我为什么不能投他?何况我有一个"大礼包"要献给曹操,不愁他将来给我加官进爵。

许攸给曹操的大礼包,是一条帮他扭转战局的速胜奇计。具体地说,许攸建议曹操轻兵奇袭粮仓乌巢,烧其粮草辎重,釜底抽薪,给袁绍致命一击。曹操见老友许攸深夜来投,大喜,光着脚出营迎接。接过许攸给曹操的大礼包后,曹操与部将和谋士们紧急商议,决定立即付诸实行。为确保一击必中,曹操甚至冒险亲自率军前往。

在许攸的帮助下，曹军终于闯过袁绍的重重关卡，出其不意地出现在袁绍身后的乌巢粮仓。袁军没有防备，一被火攻，大营顷刻间变成火海。袁绍收到守将淳于琼的求救，不顾名将张郃立即率大军救乌巢的正确建议，反而率重兵打攻曹营，只令少量兵马驰援乌巢，结果导致乌巢存粮全部被烧，淳于琼被俘。至此，在袁曹大战原本处于劣势的曹操彻底翻盘。作为一只"灰犀牛"，许攸的叛袁投曹有其偶然，也不乏必然。

袁绍在官渡败走，军队士气土崩瓦解，众军士都捶胸而哭："如果田丰在这里，我们不至于落到这个地步。"有人对田丰说："您料事如神，日后必受重用。"田丰却道："如果袁公得胜，一高兴，可能还会赦免我；如今打了败仗，心中怨恨，我死定了。"袁绍回来后，说："我没有采纳田丰的意见，果然被他耻笑。"于是杀了田丰。

袁曹大战的细节，当然不止这些。但是，从袁绍在关键时刻对待谋士和谋略的态度，我们可以管中窥豹，看出袁绍识势断谋、用人容人的格局和胸怀。袁绍与将领和谋士之间，看似一团和气，内心却充满猜忌和不信任。平时还不觉得，一到关键时刻，就会充分暴露；而一旦暴露，就会转化为巨大的"负能量"，给袁绍的事业带来致命的伤害。

官渡之战，对袁绍本来最多只是一个大挫折，还算不上灭顶之灾。好比一个亿万富翁，赌输了一两千万。损失是大了点，但无关大碍。比起刘备、曹操创业过程中数次血本无归、差点丧命的惨境，真的不算什么。可惜，袁绍不是吸取教训，重新振作，而是再次大败。

建安七年（202 年）四月，曹操领大军渡过黄河攻打袁绍在冀州的军事重镇仓亭。袁绍重兵对阵，再次大败，逃回冀州，坚守不出。仓亭之战失败不久，袁绍发病，死于建安七年（202 年）夏。由于袁绍平素有德政，去世之时，河北百姓没有不悲痛的，市里巷间眼泪横飞，如同失去亲人一般。

袁绍是一个好人，一个能给人小恩小惠却不能明辨大是大非的忠厚长者，绝非领袖之才，尤其在乱世、战时。

贵人：何进与袁隗

在讲述袁绍的辉煌岁月和失败表现之后，我们有必要再探究一下：袁绍到底是怎么发家的？他是在跟曹操对仗前，是怎么占据冀青幽四州的？在他发家的过程中，又是谁对他起了关键的支撑作用？

要问袁绍排名前两位的大贵人是谁？答案是何进和袁隗。

何进是汉末著名外戚、当朝大将军，是董卓登台前汉朝最牛掰的人。袁隗呢，是袁绍的亲叔叔，官至三公。袁绍能在董卓之后、曹操之前的"准三国"时代成为汉朝第一诸侯，很大程度上得益于这两个人的提携，没有他们，袁绍事业上升不会这么快。而后来，这两个人又或多或少因为袁绍的原因，死于非命。

上一章，我们从宦官的视角简略分析了何进的心路历程和失败身死的经过。表面上看，何进是死于宦官之手，但事实上，何进的悲剧还有另一重原因，那就是：他被心腹铁杆袁绍利用了。何进要杀赵忠、张让等宦官，固然是因为外戚与宦官争宠，属于两个不可调和的利益团体。但鉴于当时何家与"十常侍"的亲密关系，在他上台之初，其实可杀可不杀，至少不用全杀。何进决定杀掉全部宦官，很大的程度上，是被袁绍以及其所代表的士人集团所忽悠。

都是"党锢之祸"惹的祸

何进生前所处的"准三国"时代，有多股政治力量，除了外戚和宦官，还有士人集团，即所谓的清流派。而这一切，要从东汉末年的党锢之祸说起。袁绍及其士人集团强烈要求何进杀宦官，是为了给党锢之祸翻案。

话说汉桓帝元熹二年（159年），桓帝借助五宦官的力量，扳倒外戚梁冀，夺回政权后，将五宦官全部封侯，委以重任，从此政权又落在以五侯为首的宦官手里。宦官集团把持朝政，胡作非为，骄横跋扈，以至天怒人怨。

延熹九年（166 年），以李膺为首的清流派，重处了几个恶迹宦官。桓帝大怒，不顾太尉、清流派领袖陈蕃的反对，下令逮捕李膺等二百名党人。宦官担心事闹大，劝汉桓帝见好就收，于是桓帝于第二年（167 年）下诏大赦天下，党人虽被释放，但终身罢黜，是为第一次党锢之祸。

永康元年（167）桓帝刘志驾崩，汉灵帝刘宏即位。建宁元年（168 年），太尉陈蕃和窦武等人上书灵帝，请求干掉宦官集团，宦官集团获知后强势反击,陈蕃亲率太尉府僚及太学生数十人与宦官发生武装冲突,不幸遇害。灵帝下诏严办党人，李膺、杜密等百余人被下狱处死，各地被捕或被杀的士人达到六七百名。是为第二次党锢之祸。

中平元年（184 年）春二月，黄巾军起义，重创汉朝统治，为一致对外，汉灵帝这才不得不结束禁锢，释放党人。但此时为之已晚。史学家一致认为，党锢之祸伤汉朝根本，为黄巾之乱和汉朝的最终灭亡埋下伏笔。

东汉末年持续多年的党锢之祸，让天下士人无不对阉宦恨之入骨，士人长期被宦官打压、毒害，憋着一口要翻盘。只是碍于灵帝在世时的极力袒护，动不了手。何进和袁绍掌权后，在两次"党锢之祸"中遭受宦官欺压的士人将平反昭雪的希望寄托在袁绍身上。袁绍的打算是：如今灵帝崩，何氏掌权，何不借诛杀蹇硕这个宦官的大好机会，乘胜追击，将其他宦官一网打尽，彻底铲除"十常侍"，为士人出一口恶气。如此，何进将彻底掌握朝政，自己是也将在士人中收获超高人气，名垂青史。

六年蛰伏，一飞冲天

那么，这个历史重担为何落在袁绍身上？何进为何心甘情愿要被他忽悠？袁绍又是怎么成为何进的重要心腹的？

其实，在中平元年（184 年）黄巾军起义爆发、何进被任为大将军时，袁绍尚只是一位下岗待业青年，在老家为其父母守孝。袁绍出身于东汉后期一个势倾天下的官宦世家"汝南袁氏"。从他的高祖父袁安起，袁氏四世之中有五人做到"三公"（司徒、司空、太尉）这个位置，典型的官 N 代，身世极其显赫。

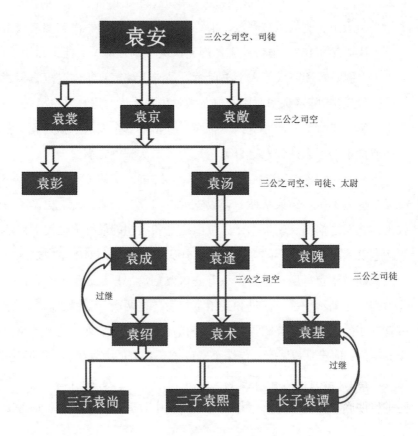

袁氏"四世三公"脉络图

但袁绍有一个美中不足。他不是嫡子，而是庶出，也就是说，他母亲不是父亲的大老婆，而是袁家的一个奴婢。这既是袁绍成长史上的一个小小遗憾，也是其能够成就大业的一个重要原因。因为成功既需高起点、好资源、强人脉，也需要挫折。

袁绍的挫折是，父亲袁逢在他很小时就把他过继给伯父袁成，因为袁成没有子嗣。年轻时的袁绍，跟曹操一样，喜好游侠，飞鹰走狗，跟曹操属于义气相投的好朋友。家世好，根正苗好，加上袁绍又长得英俊威武，很早成了朝廷的"郎官"（宫中近侍，离皇帝最近的人），不久就外放到兖州东郡濮阳县做县长，有清正能干的名声。

不久，因"母亲"（实质是伯母）病故，袁绍立即以丁忧为由辞去县长之职，回家服丧。三年守孝期过，理论上袁绍可以出来做官了吧，但袁绍却说"NO"，表示要为死去多年的"父亲"（即伯父袁成）再服丧三年。

丁忧这种事，古代官员唯恐避之不及。有些官员担心守孝回来，肥缺没了，甚至不惜瞒报父母去世消息。父母皆非亲生，袁绍为何如此执着地守孝六年？

袁绍这样做的一个重要原因，是为了洗刷"庶子"名声。袁绍表面上帅气阳光、风流潇洒，其实内心严重受伤，童年以来的"心理阴影面积"超大。袁绍为名为父母、实为伯父伯母的袁成夫妻守孝，就是为了证明：我也是袁家的嫡子。

袁绍守孝的另一个原因，是他在观察时局，等待复出机会。

袁绍守孝时，正是黄巾起义前、东汉政治最黑暗、最混乱的时期，稍不小心就可能重蹈李膺、陈蕃等著名党人的覆辙，轻则牢狱之灾，重则被杀头。与其这样，不如撂挑子，静观其变，等待外戚和宦官鹬蚌相争，好让自己渔翁得利。

有官不做，甘愿主动下岗待业六年，这就是政治智慧。袁绍六年守孝期结后，来到帝都洛阳，开始暗中结交、支助被宦官残酷迫害的"党人"，以及江湖上的各路英雄豪杰。除了曹操，还有与他和曹操关系都不错的朋友张邈，以及最初投靠他、后来在官渡之战时投靠曹操献上"火烧乌巢"的许攸。袁绍是典型的"高富帅"，又爱礼贤下士交朋友，很快成为"洛阳 N 少之一"，以他为核心组建了一个以反宦官为目的的政治集团。

宦官集团高度警觉。中常侍赵忠在宫中对一帮小太监愤然抱怨："袁本初（袁绍字本初）结朋党，抬身价，不出来帮朝廷做事，却暗中养一帮亡命之徒，这小子到底想干什么？"太傅袁隗听到风声，吓坏了，私下怒斥袁绍："你小子这是想让我们袁家灭族吗？"（中常侍赵忠谓诸黄门曰："袁本初坐作声价，不应呼召而养死士，不知此儿欲何所为乎？"绍叔父隗闻之，责数绍曰："汝且破我家！"——《三国志·魏书·董二袁刘传》）袁绍听后，依然我行我素，不为所动。

袁隗是袁绍的亲叔叔、父亲袁逢之弟。袁隗不是骂完说完了，而是觉得侄子这样在野闲着瞎胡闹，迟早会给袁家惹大祸，必须让他出来做点正事。袁隗此时官居太傅（皇帝的老师），与大将军何进是搭档，是何太后指定的两位辅政大臣，与何进、何太后两兄妹的关系应该都不错。可能就是在他的推荐下，袁绍进入大将军府工作，正式成为何进的重要幕僚。

力劝何进诛杀宦官

中平五年（188年），即黄巾军起义爆发四年后、董卓进京的前一年，汉灵帝组建西园新军，设置"西园八校尉"，袁绍被任命为中军校尉，排名仅在上军校尉蹇硕之后，曹操不过是典军校尉，比袁绍低两级。

此时袁绍多大？袁绍生年不详，一种推测其生于146年，因为袁绍字"本初"，而146年正是汉质帝"本初元年"。如果是这样，此时他已四十三岁。但考虑到他与生于155年的曹操是好朋友兼发小，两人应属同龄人，年龄差距不应该有九岁之多。姑且认为他略长于曹操，即在生于150—154年之间更为合理。如果是这样，此时他的年龄应该在三十五到三十九岁之间。

袁绍虽是借着何进出山，但他的家世背景、教育背景和朋友圈，决定了他的眼界和目标与何进大不相同。何进是一个没理想、没蓝图的屠户之后，纯属"权力暴发户"，在外甥刘辩当皇帝之前，他的"小目标"是代表何家与支持刘协当皇帝的蹇硕和董太后宫斗，确保刘辩登基。当刘辩登基、蹇硕被诛后，何进的"小目标"完成，立即失去奋斗动力。但袁绍不一样，袁绍有理想，那就是借诛杀宦官，立威朝廷，发展自己。袁绍使劲忽悠何进，何进既无脑子、又无谋略，觉得这个事不错，于是傻傻地答应了。

说何进是被袁绍忽悠的，证据何在？

一是何进诛杀宦官的愿望并不强烈，态度犹豫，时进时退。今天跟妹妹何太后商量，明天跟后妈舞阳君商量，反复拖延，就是不能决断，相比之下，袁绍的态度要比他坚决得多。当何进遇到阻力，要求将目标打折、建议只处理几个罪恶昭彰的领头宦官时，袁绍再次强烈主张杀掉全部宦官。

二是召"四方猛将及诸豪杰"进京"以胁太后"的主意，并非何进的主意，而是袁绍原创。袁绍提出这个建议后，首先遭到何进主簿陈琳的反对，陈琳认为这样做的结果只能是"强者为雄"，与虎谋皮，必将"授人以柄"，大事不成不说，还会成为祸乱的开始。陈琳的建议被何进否决，打着诛杀宦官的旗号命令董卓、王匡、桥瑁、丁原四路兵马进京。

何进此举，被妹妹何太后和弟弟何苗反对，他们再次强烈建议何进与宦官们和平共处。何进再次犹豫，袁绍担心他变卦，不得不威胁他马上决断。何进心一软，任命袁绍为"司隶校尉"，全权负责此事。从这个过程看，召猛将豪杰进京这招臭棋，其实是袁绍惹的祸。

何进的优柔寡断和袁绍的志大才疏，断送了何进的性命。后来的故事上一章已说过，何进召集的猛将还没进京，就被先下手为强的宦官诛杀，然后袁绍、袁术等帮他报仇，杀了全部宦官，再然后董卓等人进京，把少帝刘辩和何太后全部捏在手里。

怒斥董卓，流亡冀州

这下，轮到袁绍强咽自己种下的苦果，与董卓这个混世魔王兵戈相见了。

何进之死，意味着此前召猛将进京的计划纯属脱裤子放屁——多此一举，而主簿陈琳此前预言的"强者为雄"和"授人以柄"正在成为现实。可是，董卓已在进京路上，不可能再让他退回去。形势对袁绍极为不利，袁绍的铁哥们儿鲍信建议袁绍先发制人，干掉董卓。可是色厉内荏的袁绍感觉自己不是董卓的对手，迟迟不敢动手。

后来董卓召集群臣开会，商讨废立皇帝之事，袁绍当场反驳道："汉朝廷持续四百余年，恩泽深厚，深得天下百姓爱戴。当今皇上虽然年龄冲幼，但没听说有什么不善之言行。你意欲废嫡立庶，恐怕大伙都不会同意！"说这话需要相当勇气，因为此时袁绍的靠山何进已死，何进的军队也被董卓收编，现在整个朝堂都是董卓说了算，反对董卓意味着身死甚至族灭。

董卓没想到有人敢反驳他，大怒："袁绍小子！如今的朝廷我说了算！我就要行废立之事，谁敢不从？你以为我董卓的刀是吃素的吗？"说完，董卓拔刀警告。袁绍也是见过大世面的人，面不改色地回敬道："天下牛掰的人，又岂止你董公一个？"说罢，袁绍从容起身，横捧自己的佩刀，双手高举作一长揖，飘然离去。

中平六年（189年），袁绍因为得罪董卓，担心惨死，逃亡京城，被董卓通缉。当此危难时刻，袁绍当初在京城搭建的社交圈开始起作用了。

比如卧底在董卓身边的朋友，开始为袁绍当说客，他们是议郎何颙、侍中周珌和城门校尉伍琼。此时，三人为董卓重用，见袁绍因为反对董卓而获罪，于是进言："废立大事，不是一般人能理解的。袁绍不识大体，因此害怕逃跑，并非有其他意思。如果天下通缉，逼他太急，恐怕会引起事变。袁氏四代广布恩德，门生、故吏遍布天下。如果袁绍招集豪杰，拉起队伍，群雄都会乘势而起，那时，关东恐怕就不是明公所能控制得了，所以不如赦免他，赐以郡太守之职，他庆幸免罪，也就不会招惹事端了。"

董卓是个没怎么读过书的凉州军阀，直肠子一根，一听这话，大赞有理，立即终止对袁绍的通缉，连送袁绍两顶帽子：勃海郡太守、邟乡侯。后来董卓发现上当，一气之下，把何颙、周珌和伍琼这些"说客"全给杀了。

袁绍的成功是踩在两个人肩上，一是老上司何进，二是叔叔袁隗。初平元年（190 年），董卓获悉袁绍被反董联盟公推为盟主后，就把袁绍的叔父袁隗以及在京师的袁氏宗族全部给杀了。袁隗一语成谶，此前预言袁绍胡闹将致使袁氏满门抄斩的话成为现实。唯一的不同是，杀袁隗的不是皇帝，也不是宦官，而是袁绍召进来的"猛将豪杰"。

袁绍既无心抗董，也无心给叔叔报仇，他同意做这个盟主，完全是虚晃一枪，借势图取冀州，从冀州属下的渤海郡太守升级为冀州牧。他这样做，原因有三，一是因为冀州面积大、郡县多、人口众、粮食丰，二是因为自己的创业基地就在冀州，有近水楼台先得月的优势，三是因为此时的冀州牧韩馥是一位庸主，迟早守不住冀州。就像后来庞统劝刘备取益州时所说的那样："你不取，自有他人取。"当袁绍帐下幕僚不停对他念叨这句话时，袁绍怦然心动，决定尽快对冀州牧韩馥动手，至于在洛阳干坏事的董卓，早被他抛到九霄云外了。

打劫冀州牧韩馥

东汉末年"准三国"阶段的逐鹿中原，用通俗的话说，就是攻城掠地，占领州部和郡国，看谁的地盘大。只有占领州郡和城池，才有人口、粮食和税收，才能持续补充战争所需的人、财、物等战备资源，否则就沦为流亡军或占山为王的山贼。因此，拼命成为州部和郡国长官，就成为一个群雄逐鹿的首要任务。

"刺史"与"州牧"的由来

在讲述袁绍如何夺取冀州前，我们先花一点时间简单说说东汉州部情况，这对我们理解三国争斗至关重要。

东汉一共设十三州部（大致相当于我们现在的 34 个省级行政区），包括幽州、青州、兖州、并州、冀州、凉州、豫州、徐州、扬州、荆州、益州、交州和司隶校尉部。司隶校尉部就是帝都洛阳所在的一个州，但因为是环京地区，身份特殊，有点像清朝的直隶省。

司隶校尉部的最高长官就叫"司隶校尉"，担负着拱卫京师的重要职责，非朝廷亲信不能出任，类似清朝的直隶总督。比如袁绍，在他说服何进召董卓等外将进京诛杀宦官时，就被何进授予这一职务，目的是为了防范外将可能对帝都洛阳带来的军事冲击。我们熟知的多位三国名人，比如曹操、诸葛亮、张飞等，都曾担任过司隶校尉。

特别要强调的一点是，东汉的"州部"一开始并不是"行政区"，而是"监察区"。真正的行政区是下面的郡、国和县。我们知道，秦灭六国后，秦始皇开始废周代的"封建制"（分封子弟功臣，在地方建立诸侯国，此谓"封建"），实施"郡县制"（地方设郡和县两级行政级别，由中央政府直管，不再设诸侯国）。西汉开国后，刘邦在秦朝基础上实施"半封建半郡县"制度，既有郡和县，又有"国"。所谓"国"，其实就是朝廷分封的王国，地位等同于"郡"，只是因为是某王公的封地，改称"国"，这就是我们在汉末和三国历史上经常看到"某某国"的原因。

除了司隶校尉部，其他十二个州部"监察区"的最高长官，名叫"刺史"，其职责是到处巡视，看下面的郡（国）和县的官吏和地方豪强有什么违法举动，如有就弹劾举报，可大致理解为"省部级巡视员"。东汉末年，州部这个"监察区"慢慢演变为"行政区"，即汉朝的行政区划由原来的"郡县两级"变成"州郡县三级"（相当于现在的省市县三级）。

汉灵帝末年，天下大乱，中央政府权威日益衰微，刺史根本约束不了地方的郡县，宗亲刘焉（刘璋他爹）于是提出一个建议，在"刺史"之上加一个"州牧"之职。汉灵帝采纳，刘焉也因此成为益州牧。相比刺史，州牧掌握军政大权，要威风得多。但具有讽刺意义的，朝廷设置"州牧"的初衷原来是为了加强中央集权，结果却是州牧越来越坐大，不听中央号令，州牧一职甚至可以随意私相授受给朋友和儿子。

在中平六年（189 年）董卓进京之前，天下的州郡长官都是由皇帝或外戚决定的。董卓废立天子后，打破这个惯例，开始任性封赏，一口气任命了 N 个地方诸侯。董卓于初平三年（192 年）遇刺后，形势再度发生变化——州、郡、国并不再靠皇帝任命，而是靠实力去抢。谁有本事抢到，就可以上表自领州牧、刺史和太守，也可以上书朝廷，表奏自己的部下或朋友为州牧、刺史和太守。至于朝廷批不批不管，先把头衔印在名片上、发到朋友圈上再说。

不愿做新皇帝的刘虞

交待完上述背景，现在我们再接着讲袁绍夺冀州的紧迫性。初平元年（190 年），董卓强迫献帝刘协及朝臣从洛阳迁往长安，在袁绍看来，汉献帝此去长安一定是"肉包子打狗"，汉朝可能自此名存实亡（有点类似北宋时徽钦二宗被金军掳走后的形势）。既然汉朝将亡，那么，天下的州郡就没有固定的主人，谁都可以抢了。所以，严格地说，真正的"准三国"乱世始于初平元年（190 年）二月汉献帝被董军劫持离开洛阳时。

袁绍得冀州，一半靠智谋，一半靠运气。他与冀州牧韩馥的关系，也比较复杂，一会儿韩馥是上司，一会儿袁绍是盟主；袁绍一会儿与韩馥是朋友，一会儿又成为敌人。

话说袁绍在初平元年（190年）被反董群雄推举为盟主，又自封"车骑将军"，登时成为"后何进"时代的风云人物。袁绍这一高调亮相，立即与冀州牧韩馥的关系尴尬起来。论行政级别，袁绍不过是渤海太守，属于韩馥的部下。但袁绍头上加上"车骑将军"这个军事头衔，相当于汉朝三军副总司令，就又把韩馥给比下去了。韩馥是袁氏门生，与袁绍有千丝万缕的联系，但那是过去。眼下这个冀州牧是董卓封的，且董卓势大，得罪不起，所以，韩馥决定忠于董卓，对抗袁绍。韩遂找各种理由克扣袁绍的军粮，阻止其发展壮大，这可能也是袁绍当时难以对董卓发起强大攻击的一个重要原因。

董卓挟汉献帝西去长安后，两人从反董群雄的视野中暂时消失了。皇帝和对手都没了，群雄开始自谋生路，互抢地盘。初平二年（191年），韩馥和袁绍以及山东诸将商议，决定不承认董卓所立汉献帝，另起炉灶，迎立汉室宗亲刘虞为新皇帝。刘虞乃汉光武帝刘秀之子东海恭王刘强之后，中平五年（188年）出任幽州牧，为政宽仁，安抚百姓，深得人心。无论是年龄（生日不详，但应该比汉献帝刘协大很多）、资历还是名望，客观上他都比年幼的刘协更适合做皇帝，更有可能挽东汉之狂澜于既倒。

袁绍这一招，显然是跟何进学的。何进靠违背汉灵帝意志，硬把外甥刘辩扶上皇位，使自己成了垄断朝政的外戚。袁绍作为何进的亲信，或多或少参与这事，所以不免得罪汉献帝。这可能是袁绍讨董勤王不积极的另一个原因。所以，当袁绍听说韩馥欲立刘虞为帝时，他欣然赞同。既然在汉献帝刘协这件事押错了宝，那就在刘虞身上找补回来。万一拥立刘虞成功，那韩馥就是另一个何进和董卓，自己不也跟着沾光吗？

遗憾的是，韩馥和袁绍都看走眼了。刘虞一是忠于皇室，二是有自知之明，于此"乱命"坚决不从。身处乱世，自知之明格外重要。因为在乱世，最重要的不是当出头鸟，做枭雄豪杰，而是自保。你以为自己是牛人，结果"山外青山楼外楼，牛群后面有疯牛"。没有自知之明的人，当出头鸟很容易被人一枪干掉。

当然，刘虞坚决不肯当皇帝，还有一个更重要的原因，那就是他儿子刘和当时在汉献帝身边当"侍中"，属于皇帝的贴身侍从。如果刘虞答应韩馥和袁绍等人的请求，自立为皇帝，不止是与董卓决裂，也是对汉献帝的背叛。即便董卓不动手，汉献帝也可能会找机会把他儿子刘和"咔嚓"掉。

鉴于历史教训和现实顾虑，刘虞坚决拒绝韩馥和袁绍的拥戴。刘虞之举，大大感动了远在长安做人质的汉献帝，被其视为少数可依托的铁杆忠臣。后来汉献帝还派刘虞的儿子刘和找他搬救兵，希望刘虞能救他出长安。刘和途径南阳，被别有用心的袁术扣留，派遣别的使者去找刘虞。刘虞派遣数千骑兵到袁术那里，再次被袁术扣留，营救行动就此失败。

被吓死的冀州牧韩馥

合作"投机"失败，袁绍和韩馥只能回归现实，向彼此动刀了。

然而论实力，袁绍此时还不是韩馥的对手，要夺冀州，不知从何下手。初平二年（191 年），机会来了，韩馥部将的麴义反叛，韩馥率军讨伐，被打败了。袁绍一看这是机会，立即派使者与麴义结盟。接下来，袁绍帐下的知名谋士逢纪献计："冀州刺史部实力很强，可惜韩馥是一个庸才，可以暗地约北方幽州的公孙瓒南下。到时，韩馥必然害怕，我们再派说客去游说他，韩馥可能会让位。"

逢纪这个妙计，可以说是"引狼驱虎"，也可以说是"借刀杀人"。袁绍一听有门，欣然采纳，给公孙瓒写了一封信，里面应该不乏你若取冀州，我愿做你内应之类的承诺和诱惑。公孙瓒早就对冀州垂涎已久，一看有这等好事，当即借口讨董卓，兴兵南下。

公孙瓒这个借口实在有点牵强，当初董卓在洛阳胡作非为时，没见你起兵讨伐，连讨董联盟也没参加，怎么董卓去了长安，你反倒积极了？韩馥不怕袁绍，但是很怕公孙瓒，登时慌了。与此同时，袁绍的两名说客来了，他们就是袁绍的外甥高干和著名谋士荀谌。两人说："公孙瓒乘胜南下，冀州诸郡都积极响应，望风而降，车骑将军袁绍也率兵东向，意图难料，我们真的很为将军担忧啊。"

韩馥害怕，急切地问："那怎么办？"

荀谌不答反问："将军您认为，在宽仁爱人，为天下人拥戴方面，您跟袁氏相比怎样？"

韩馥如实答："不如。"

"那么，在临危决策、智勇双全，您相对袁氏怎么样？"

"不如。"

"那在累世广施恩德，让天下人得实惠方面，您跟袁氏相比又如何呢？"

"还是不如。"

上述三问，都是说客的基本套路——先将被游说的对象逼到死角，自己承认自己不行，再对其深度游说。见韩馥英雄气短，荀谌这才抛出早已打好草稿的关键说词："袁绍所领的渤海郡虽然是一个郡，但跟一个州差不多。将军各方面都不如袁绍，而官职久居上，袁绍乃当世英杰，必然不会甘愿久居将军之下。况且公孙瓒率领燕、代精锐之众南下，势不可挡。他若与袁绍联手，您哪是对手？袁绍是您的老部下，又是同盟，如今之计，不如把冀州让给袁绍。袁绍得到冀州，一定会厚待将军，到时候公孙瓒也不能和他抗争。这样一来，将军您不但能获得让贤的美名，而且地位稳如泰山，您就不要再犹疑了！"

韩馥生性怯懦，缺少主见，听荀谌这么连蒙带骗，不顾诸多部下的反对，答应了。袁绍就这样仅凭荀谌的三寸不烂之舌，不动一刀一枪，轻易得到了冀州。

韩馥估计是被吓破胆了，立即搬出了冀州牧官署，又派儿子把印绶送交袁绍。袁绍代领冀州牧后，给了韩馥一个"奋威将军"空头衔。韩馥无兵无属，光杆司令一个，后因被袁绍部下攻击，逃离冀州投奔张邈。虽然如此，韩馥仍旧惶惶不可终日。有一天，他在张邈府上见到一个袁绍派来的使者对张邈耳语，以为袁绍授意张邈杀他，心道：反正要死，不如自己动手吧。于是借口上厕所，用书刀自杀了。后董卓时代，第一个州牧就以这样一种滑稽的方式谢幕了。

得到冀州这第一桶金，袁绍从此走向近十年黄金发展时期（191—200 年），成为继董卓之后的"准三国"头号风云人物。袁绍的时代来临了。

公孙瓒：必须消灭的北方强邻

但在初平二年（191 年）这个时间当口，袁绍最紧急的事是"擦屁股"——对付在夺冀州过程中被他忽悠过的北方强邻公孙瓒。

公孙瓒闻名三国史，是因为他有一个大名鼎鼎的同学刘备，年轻时两人同在文武兼备的牛人卢植开的私塾读书，交情不错。刘备自中平元年（184 年）黄巾军起义开始在老家涿郡创业，走遍大江南北，行程万里，多年胜少败多，一直没混出什么名堂。在抗董战争被打败后，刘备心灰意冷之际，听说公孙瓒在幽州混得风生水起，于是北上投奔，被时任"中郎将"的公孙瓒封为"别部司马"，主要任务与青州刺史田楷一块打袁绍。

袁绍靠瞎忽悠的方式拿下冀州，深深触怒了强人公孙瓒。

幽州版董卓＋袁绍

公孙瓒是一个什么样的人？

简而言之，可称之为"幽州版董卓 + 袁绍"。具体地说，公孙瓒身世长相像袁绍，性格作派像董卓。

公孙瓒是幽州辽西郡令支县人氏，跟袁绍一样，都出身贵族，因母亲地位卑贱，所以在家受歧视，初出道时只在郡里当了一个小吏。但公孙瓒身材高大，相貌俊美，声若洪钟，又非常聪慧有辩才，在当地很有名。郡太守觉得他是个人才，就将女儿嫁给他，并出钱让他到卢植门下读书，公孙瓒这才有机会与刘备成为同学。

但公孙瓒不爱读书，更爱打仗。幽州乃汉朝东北边陲地区，与周边游牧民族常有冲突。有一次，公孙瓒带着数十骑兵出行塞下，突然遭遇数百鲜卑骑兵。面对十倍于自己的敌人，公孙瓒从容镇定，身先士卒，高举两刃矛，主动冲向敌群，激烈搏杀后，杀敌数十，终于逃脱。公孙瓒的勇猛使其威震边疆，鲜卑和乌桓人只要听到他的声音，就跟感觉"狼来了"一样，没人敢犯边。

初平二年（191年）时，公孙瓒帐下已拥有骑兵数万人，通过讨伐三十万黄巾军，灭三万，俘七万，势力迅猛扩张，渐有南下夺取冀州之意。恰在此时，袁绍来信使诈，利用公孙瓒吓唬韩馥得到了冀州。公孙瓒心道：凭什么出力的是我，摘果子的是你袁绍？于是公孙瓒于初平二年（191年）冬率精兵三万打袁绍。

一场长达 8 年（191—199 年）的幽州冀州霸主争夺战就此展开。袁绍与公孙瓒间的战争，其意义就相当于他与曹操的决战。两场战争有很多相似之处，都是进攻者败给防守者，北方阵营败给南方阵营，强者败给弱者。

初平二年（191年）冬，袁绍与公孙瓒在界桥打了一场仗，公孙瓒败。初平三年（192年），公孙瓒又派兵南下，又被袁绍打攻。公孙瓒是一个悟性很高、学习能力很强的人，两败于袁绍，痛定思痛，开始反思总结。经过认真总结，公孙瓒明白一个道理，欲要外争，需先内强。袁绍是怎么起来的，不就是先夺了韩馥的冀州吗？我为什么不能向他学习先搞定幽州，然后再与他袁绍争霸？公孙瓒决定暂时放下袁绍，对付顶头上司、幽州牧刘虞。

学习袁绍，干掉刘虞

刘虞就是前面提到的韩馥和袁绍试图拥立为帝、但死活不从那位汉室宗亲。

刘虞虽然是汉室宗亲，但非常有本事。很早他就做到幽州刺史。幽州地邻各种游牧民族，幽州刺史其实难当。但刘虞严以律己、宽以待人，思想开明，又富于商业头脑，把幽州治理得繁荣富强，路不拾遗，成为三国乱世的"桃花源"，邻近的青州和徐州上百万"黄巾难民"（指为躲避黄巾军起义而逃难的人）纷纷北上幽州，投奔刘虞。鲜卑、乌桓、夫余、秽貊等游牧民族感其恩德，纷纷来贡。

董卓挟天子后，也非常欣赏刘虞，于初平元年（190年）加封他为大司马，进封襄贲侯，后又让他取代袁隗为太傅。

对外敌，刘虞崇尚和平，对内政，他讲究无为而治，这与对外好战、对内放纵部下侵扰百姓的公孙瓒理念相悖，两人矛盾逐渐激化。

初平四年（193年）冬，刘虞率十万人进攻公孙瓒。刘虞是一个崇尚宽仁的谦谦君子，内政外交均是高手，打仗却不行。如同袁绍轻松收拾老领导韩馥一样，公孙瓒只用了几百精兵，巧施妙计，三天内就攻陷城池，活捉了老领导刘虞及其全家。不过，公孙瓒没有马上杀刘虞，而是让他管理幽州的一些内部事务。估计这一招也是借鉴了袁绍安置了韩馥的经验。

但幽州牧刘虞的死法却与冀州牧韩馥不同。韩馥是被自己吓死的，而刘虞却死于汉献帝的一片好心。此时，董卓已被诛，汉献帝感念刘虞作为汉室宗亲，在被韩馥和袁绍拥戴当皇帝时，没有觊觎皇位之心，加上又是与鲜卑和乌桓等北方少数民族打交道的高手，这样的人必须重用啊。于是派使者段训给刘虞增加封地，令其督统北部六州，升迁公孙瓒为前将军，封易侯，假节督幽、并、青、冀四州。公孙瓒心道：刘虞都成了我阶下囚，怎能督统六州，继续骑在我头上？于是面见汉使段训，诬陷刘虞与袁绍谋取称帝，胁迫段训杀死刘虞。

刘虞是封疆大吏，按说段训作为一个传诏使者，没有权力杀他。

但最终段训还是斩杀了刘虞及其妻子儿女，原因无非两个：一是段训应公孙瓒的胁迫，请示了汉献帝，让汉献帝相信了公孙瓒的说辞，汉献帝亲自判了刘虞全家死刑；二是公孙瓒擅自杀死了刘虞全家，但对外号称是段训要杀的。从汉献帝和公孙瓒的性格为人看，后一种可能性更大。

绝望养老病：躲进小楼成一统

公孙瓒杀了刘虞之后，得到了整个幽州，成为事实上的幽州牧，这下他终于与冀州牧袁绍平起平坐了。但与袁绍在冀州宽仁施政、普遍被爱戴不同，公孙瓒自恃军力强大，且为人骄横残暴，常常滥杀无辜百姓。公孙瓒不仅为人睚眦必报，还有"武大郎开店"心态，幽州地境但凡有名气超过的他人，必定想办法残害（瓒恃其才力，不恤百姓，记过忘善，睚眦必报，州里善士名在其右者，必以法害之——《后汉书·刘虞公孙瓒陶谦列传》），激起了各阶层普遍的仇恨。

公孙瓒开始快速向董卓演变，成为"幽州版董卓"。哪里有暴行，哪里就有反抗。刘虞死后，其旧部联合乌桓大战公孙瓒，斩杀公孙瓒部下四千余人。兴平二年（195年），乌桓峭王联合刘虞之子刘和、袁绍部将麹义再败公孙瓒，斩杀其二万余人。一下子损失两三万人，公孙瓒元气大伤，于是一路南逃，逃回易京（今河北雄县西北）坚守。

如同董卓退守长安后在封地郿县修了一座名叫"郿坞"的堡垒一样，公孙瓒也在易京修了一个堡垒。公孙瓒再沿易河挖十余道战壕，又在战壕内堆筑高达五六丈的土丘，丘上又筑有营垒。堑壕中央的土丘高达十余丈，公孙瓒与妻妾住在里面，用铁做门，男人七岁以上都不许进，又囤粮三百万斛。

公孙瓒"躲进小楼成一统"，怎么对外发号施令，维系团队运转呢？他发明了一个办法，找一些妇女大声高喊，命令传递、来往书信都通过绳索吊上吊下，几乎过着与世隔绝的生活。不仅如此，公孙瓒还谢绝一切社交活动，不亲信任何一个身边的人，慢慢地，所有谋臣猛将都与他离心离德了。

公孙瓒这是患的什么病？绝望养老病。他或者生理上患了重病，或者受了重伤，或者被此前的几场大仗吓破了胆，神智已失常。总之，公孙瓒"病"得不轻，远比董卓在长安时更不自信。当然，换个角度，我们也可认为公孙瓒是吸取了董卓的教训——董卓不是在上朝时被极度亲信的干儿子吕布杀了吗？我谁也不信！哪也不去！此生就老死在这里，看你们还怎么害我？

俗话说，进攻是最好的防御。一个人若突然一改进攻姿态，改成消极防御，像乌龟一样龟缩在城堡里，看似其实拥了安全感，其实内心深处充满不自信和不安全感。这种不自信和不安全感必将传染给周围的部将和士兵，士气必然低落，整个团队离败亡就不远了。

在公孙瓒龟缩易京城的四年，袁绍与公孙瓒几乎没什么大战。因为袁绍忙着横向发展，在东西两个方向吞并青州和并州。建安二年（197年），已经完成挟天子战略的曹操拜袁绍为大将军，让他兼管冀州、青州、幽州、并州四个州，名为以缓和矛盾，实为催袁绍攻打公孙瓒。因为上述四州中，幽州并不在袁绍手里。

手握冀、青、并三州后，袁绍实力大增，此时帐下谋士无数。袁绍与公孙瓒决战的时刻就要来了。建安三年（198年），在休息五年之后，袁绍再度率兵前赴幽州攻打公孙瓒。

公孙瓒的"绝望养老病"再次升级。眼看有将领被袁兵包围，公孙瓒却不肯发兵相救，理由是："我若救一人，那以后其他将领都会只等救兵，不肯力战。现在我不去救他们，被围困的将士就必须会自我勉励、奋勇死战。"公孙瓒的将领本就对他"躲进小楼成一统"不满，这会见他搬出这种歪理斜说，彻底绝望，或降或逃，公孙瓒败局就此奠定。

公孙瓒派他的儿子公孙续向黑山黄巾军求救。建安四年（199 年）三月，黑山军首领张燕与公孙续率兵十万，分三路相救公孙瓒。公孙瓒秘密派人送信给公孙续，让他趁黑率五千骑兵举火为应，内外夹击袁绍。不成想密信被袁绍所获，袁绍将计就计，设伏大败公孙瓒。

公孙瓒退回城内坚守，袁绍又深挖地道，接连突破公孙瓒的十几道战壕，直到堡垒中央。公孙瓒见大势已去，将他姊妹、妻、子全部绞杀后，引火自焚。公孙瓒昔日杀刘虞，曾将他的首级传至长安，向汉献帝邀功。袁绍故事重演，将公孙瓒的首级，送到了汉献帝所在的许都。这算不算一种报应呢？

世人评价公孙瓒，常见评语是"虎头蛇尾"——打刘虞、乌桓、黄巾军都很牛，一见到后起新秀袁绍就歇菜。其实，袁绍何尝不是如此？袁绍干掉韩馥和公孙瓒，意气风发，足智多谋，势不可挡，所向披靡，可是一见到后起新秀曹操，突然不会打仗了，不是损兵折将，就是自毁长城，曾经的智谋、自信和锐气突然消失了。这大概就是所谓的"一物降一物"吧。

汉献帝刘协：有缘无分的朋友

前面说过，袁绍败给曹操，主要没有解决好三大矛盾。上一节我们说了"矛盾二"，这一节我们重点说说"矛盾一"，即对手快速成长与袁绍战略规划水平严重滞后的矛盾。袁绍战略上的滞后，最直接的体现，就是在对"挟天子以令诸侯"这一战略的认识和行动上。如果说官渡之战，是袁绍智谋和战术层面的失败，那么，错失"挟天子以令诸侯"机会，就属于战略层面的误判。

人生最大的遗憾不是惨败，而是"我原本可以赢"。如果袁绍能在一千八百多年前的公元二世纪喝到这碗心灵鸡汤，什么心情？之所以有这个问题，是因为"挟天子以令诸侯"或者说"奉天子以令不臣"这杆大旗、这个战略，原本不属于曹操而属于袁绍，原本他可以成为继董卓之后，第二个挟汉献帝刘协号令天下的人。而事实是，他因为各种原因一而再、再而三地错过汉献帝，眼睁睁地看着这个战略机会被曹操抢走。

袁绍否决了沮授的"迎大驾"建议

早在初平二年（191年），袁绍帐下重要谋士、前任冀州牧韩馥的别驾（相当于副州长）沮授就对其首提"奉迎天子"的创意。那时，袁绍刚刚夺取冀州，意气风发地向沮授请教，说他想干一番类似"齐桓公小白"和"越王勾践"那样的伟业，问沮授这个"管仲"和"范蠡"能否帮他出出主意。

沮授先拍了新老板一通马屁，说他名播海内，势压董卓，建议他东灭黄巾军，南征黑山军，北伐公孙瓒，西平匈奴等戎狄，然后就可拥百万之众，到长安去迎奉献帝、恢复在洛阳的宗庙，以此总揽英雄、号令天下、征伐异己，则天下没有人能与之争锋，用不了几年，就能一统天下，成就帝王之业（"迎大驾于长安，复宗庙于洛邑，号令天下，诛讨未服。以此争锋，谁能御之？比及数年，其功不难。"——《后汉书·袁绍刘表列传》）。

沮授对袁绍的这番晤对，就时间节点而言，比曹操正式迎立汉献帝早了整整五年，比曹操帐下著名谋士毛玠提出的类似创意也要早。沮授的措辞是"迎大驾"以"号令天下"，而毛玠的说法是"奉天子以令不臣"，大同小异。就战略高度而言，沮授之谋堪比诸葛亮答刘备的"隆中对"和鲁肃答孙权的东吴版"隆中对"，但不如二者有名。原因是诸葛亮和鲁肃遇对了人，战略规划都实现了，两人因功成而名垂青史，而沮授不仅没有实现自己的规划，而且还冤死在老板袁绍手中。这就是跟对人的重要性。

客观评价，沮授这个规划相当有远见，从抢占天时的角度衡量，这个创意绝对惊艳。因为初平二年（191 年）时的天下大势是，凉州系独霸朝廷，董卓尚在长安快活逍遥，真正的群雄逐鹿时代尚未开始，而袁绍已全面领先，论迎奉天子，他最有资格，曹操、孙策、刘备、吕布、刘表、袁术等人落后他甚多。

那时，曹操不过是与袁绍半结盟半依附的兖州东郡太守，正在为夺取整个兖州而奋斗；孙坚刚刚被暗杀、其子孙策正在守孝，尚未决定是否要子承父业；刘备刚刚投靠公孙瓒不久，尚在四处搏杀积累原始资本；吕布则跟着董卓在长安混吃混喝，被王允等人盯上，欲拉拢他刺董；刘表刚刚赤手空拳来到荆州一年，正在四处征战；袁术虽然势大，也不过只占有荆州南阳郡一块巴掌大的地盘。相对上述群雄，若论综合实力，袁绍相对最优。沮授认为，综合身世、背景、声望、战略等各方面因素，袁绍都应该走这招棋，进一步高筑护城河，提升竞争优势，将其他对手远远甩在身后。

袁绍收到这个极具战略性的"提案"，大喜曰："此吾心也。"什么意思？直译就是："沮老师，你这个提案太棒了，真是说到我袁某人心坎里去了！"袁绍大喜之下，将沮授提为"监军、奋威将军"，算是对他积极提议的奖赏，然后这个事在接下来几年都没有下文，没有行动和进一步反馈。这说明袁绍表面上对沮授的建议很感兴趣，很赞赏，实际上不以为然。"此吾心也"这个说法可能只是一种礼节性赞赏。

袁绍为什么不采纳？要么他没有听懂，不明白这事的重要性，只是出于虚荣和礼贤下士的礼节，假装听懂了；要么是内心反对或排斥，但又不好驳谋士面子，所以假装很欣赏。就像我们在很多公司例会上，对高管和中层提的合理化建议，领导频频点头，大赞"不错，不错！提的很好"，但事后如石沉大海。

当然，袁绍不采纳沮授的建议，也并非全无道理。

首先，沮授这个建议有前提条件，不是能马上实行的。

沮授不是要袁绍在初平二年（191 年）时就立即奉迎天子，而是建议他在搞定境内的黄巾军、黑山军和公孙瓒、匈奴、乌桓等外敌后，"拥百万之众"后，再浩浩荡荡去长安奉迎天子，然后在这个基础上，再去号令群雄，一统天下。问题是此时袁绍刚刚当上冀州牧，冀州根基尚未稳固，并、青、幽三州还在公孙瓒手里，"拥百万之众"还只是一个远景规划、并非已完成的现实。所以，沮授说完后，袁绍没有马上行动，可以理解。

其次，沮授这个建议在初平二年（191 年）这个时间节点，执行起来确实有困难。因为此时汉献帝不仅在董卓手里，而且远在长安，距离袁绍的大本营邺城一千多里，而在董卓和袁绍之间的长安东面，还有李傕、郭汜等董卓部将重兵把手。董卓实力超强，当年十三路诸侯联手抗董，大多不敢跟他的凉州系兵马交手，何况袁绍一路人马。就算他有心迎汉献帝，只怕向西南过不了洛阳，到不了长安。就算到了长安，也不可能从董卓手中抢走汉献帝。

袁绍与汉献帝的两次"过节"

其实上述两原因，都不是根本性的。袁绍不迎汉献帝，还有更大的苦衷。这个苦衷便是，他与汉献帝刘协之间有两次重大"过节"，先后两次背叛刘协。

第一次背叛发生在中平六年（189 年）：袁绍与大将军何进一道，违背汉灵帝指定刘协为储君的遗愿，拥立刘协的哥哥刘辩为帝；第二次背叛发生在初平二年（191 年）：时任渤海郡守的袁绍跟随冀州牧韩馥，欲拥立汉室宗亲幽州牧刘虞为帝，此时汉献帝虽被董卓挟持到长安，但尚在人世。这两件事，深深地伤害了刘协幼小的心灵，觉得袁绍简直就是一个不忠不孝到极点的乱臣贼子，其行可恨，其心可诛。

袁绍贵族出身，是一个脸皮子薄、不够厚黑的人，经历这两件事，也感觉无法面对汉献帝，因而迟迟难以下决心迎立汉献帝。第一次机会就这样错过了。

一晃一年过去了。初平三年（192年）四月，董卓被王允和吕布联手干掉，汉献帝满以为从此大解放，可以安心返回洛阳做自由皇帝，谁知才出虎穴，又入狼窝，落进李傕和郭汜之手。直到兴平二年（195年）十月，汉献帝因为李郭等人作乱，逃出长安，在后面几路追兵的追击中，玩命一路东向洛阳。

当此国君落难之际，沮授及时修正四年前的谋略，建议袁绍"尽快"奉迎天子。沮授的理由是："将军您生于宰辅世家，四世三公，一直以来都是以忠义匡济天下。眼下皇上流离失所，宗庙被毁，而各地的州牧、刺史和郡守却以兴义兵之名，行兼并之实，没有人真正保卫天子，安抚百姓。将军现在搞定几个州城，初具实力，应该早迎皇上大驾，在邺城建都，'挟天子而令诸侯'，养精蓄锐征讨那些不听话的家伙。到那时，还有谁能抵挡我们？"

注意沮授的措辞，这次不再是"迎大驾"，而是"挟天子"，说明此时袁绍集团势力已相当强大，上上下下开始鄙视皇权。兴平二年（195年）的袁绍，已占据冀州、青州和并州三州，确实跟四年前独占冀州一州不可同日而语。更重要的，董卓死了，汉献帝已逃出长安，往洛阳方向赶。袁绍、董卓两大集团势力强弱对比发生重大变化，奉迎皇帝的时机基本成熟。所以此时，不再是"迎大驾"，而是"挟天子"。

袁绍听后，态度有所变化，决定接受沮授的建议（绍悦，将从之——《三国志·董二袁刘传》），这是袁绍第一次心动。然而，袁绍刚表完态，立即遭到郭图、淳于琼的反对（也有史书说郭图劝袁绍迎天子），袁绍考虑再三，还是放弃了行动。

沮授不幸言中，曹操刚在兖州站稳脚跟，就行动起来。建安元年（196年）八月，曹操力排众议，亲自到洛阳朝见献帝。曹操买通汉献帝身边数位关键人物，连蒙带骗，借口洛阳残破不堪、粮食奇缺，无法安置皇帝和群臣，把汉献帝"骗"到许县，在许县建立新都城（许县由此成为许都），从而把献帝控制在自己的手中，成为名符其实的"皇帝控"。这个"皇帝控"一当就是二十四年。

很快袁绍就领教了"挟天子以令诸侯"的威力。曹操以迅雷不及掩耳之势，将汉献帝迎到自己的地盘里，对其百般呵护，嘘寒问暖，把他及一帮臣子感动得稀里哗啦。天下很多忠于汉室的人才，也纷纷前来投奔。道统上他们是投奔汉献帝，实质是投奔曹操，帮曹操做事。另一方面，曹操将汉献帝接到许县后不久，立即以天子名义给袁绍发布一道诏，大骂他"地广兵多而专自树党，不闻勤王之师而但擅相讨伐"。袁绍接到诏书，差点吐血。想当年，你曹操最初起兵时，我又给钱又给人又给粮，还想尽办法帮你讨官。没想到你小子刚成一点气候，就干这种过河拆桥的事。是可忍孰不可忍？

也就在这时，袁绍后悔了。然后他怎么办呢？他出一臭招，居然向曹操提出建议，希望让献帝迁居到靠近自己的鄄城。鄄城属于冀州，是袁绍的地盘，离袁绍近而离曹操远。如果汉献帝是一块肥肉，袁绍此举无异于虎口夺食，曹操会同意吗？果然，曹操一口回绝，从此的曹袁翻脸，为日后的官渡对决埋下了埋笔。

袁绍无缘汉献帝的三大原因

袁绍为什么会一而再、再而三地错过汉献帝？

原因之一是袁绍心有余而力足。研究历史人物的行为，不能从纯主观角度分析他"该不该"，有时候也要从客观角度关注当事人"能不能"。就袁绍这件事而言，他放弃挟天子以令诸侯这个战略，也许不完全出于误判或是出于与汉献帝两次历史过节的恐惧，而是基于一种理性思考。

袁绍理性思考的结论是什么？

"我真干不了这个活。真的。"

为什么？

其实原因早就有人替他说了，说话的就是郭图和淳于琼。他们在沮授第二次劝袁绍迎立汉献帝时，就明确表示反对："如果把天子迎到自己身边，那么动不动都得请示汇报，完全服从皇帝，我们自己就没什么权力；如果不服从，又有抗诏的罪名。"郭图和淳于琼说的，正是袁绍想听、想说的。郭图是袁绍帐下著名谋士，此人名声欠佳，而能被袁绍能长久任用，说明他们非常搭，互为"毒药"。

其次，汉献帝不甘于与袁绍搅合在一起。袁绍去迎汉献帝，汉献帝未必会跟他走。

前面说过，袁绍与汉献帝因为历史过节，一方面无颜面对汉献帝，汉献帝也数次找机会报复。袁绍从韩馥手中夺下冀州，自任冀州牧后，前往渤海攻打公孙瓒期间，汉献帝下诏，另任命一个叫壶寿的人为新冀州牧代替袁绍。壶寿不仅到冀州治所（相当于现在的省会）邺城"截胡"冀州牧，还与冀州境内的黑山军联合造反，差点使袁绍丢掉冀州。这充分说明，汉献帝对袁绍的恨有多深。

最后一条，也是最致命的一条：袁绍不像曹操，缺乏"挟天子"所需的"厚黑"心理素质和政治手腕。

为什么曹操能"挟天子"，而袁绍不能？

性格使然。

曹操乱世枭雄，狼性十足，又厚又黑，好时热情似火，坏时杀人如麻，天生的政治家材料。他之所以敢将汉献帝和百官迎到自己的地盘，是因为有十足的自信将他和群臣玩弄于股掌之中，翻手为云、覆手为雨，要他们圆就圆，要他们瘪就瘪，政出由己，完全把汉献帝当傀儡。比较而言，袁绍的性格要温厚、柔仁、被动得多，儿女情长色彩重，骨子里缺乏一股狠劲和"厚黑"精神。因为小儿生病,就放弃偷袭敌人的绝佳机会就是例证。

因为不够"厚",好面子,所以袁绍不好意思面对内心亏欠的汉献帝;因为手段不够"黑",所以袁绍不知道该如何驾驭、玩弄汉献帝。真把汉献帝接到自己的地盘,确实有可能出现郭图和淳于琼所说的局面:听汉献帝的,没了自我;不听他的,有违诏之嫌,真是左右为难。他不知道,在曹操看来,在乱世中,实力说话,违诏又怎么啦? 袁绍的道德境界确实优于曹操。在和平年代,这是极大优点;在乱世,这是致命缺点。

袁绍是亲身经历过两次"立新皇帝"的人,两次政治投机均以失败告终。这难免会在他心里产生心理阴影。这些阴影都是曹操没有的。无知者固然无畏,无情者更无畏。心太软,顾虑太多,抹不开面子,放不下架子,是创业者的致命缺陷。

袁绍画像:热爱无效社交的"布衣之雄"

袁绍那么牛,为什么败这么快? 或者换个说法,袁绍集团最致命的短板到底是什么?

从个人层面来说,是缺乏人格魅力;从公司层面来说,是缺乏管理能力。简而言之,就是袁绍集团看似庞大,其实只是一种"虚胖",内部缺乏凝聚力和战斗力,关键时刻承受不了突如其来的打击。就像一个大胖子,平时看起来高大威猛,一次剧烈运动就突然猝死了。这就是袁绍事业三大矛盾的"矛盾三"——事业快速进步与袁绍团队管理水平严重滞后的矛盾,其瓶颈就是袁绍集团的企业文化,或者说老板袁绍的性格。

袁绍什么性格? 史书上有各种评价,比如曹操说他是"志大而智小,色厉而胆薄,忌克而少威",著名谋士郭嘉的评价是"多端寡要,好谋无决",曹魏名臣杨阜认为他"宽而不断,好谋而少决",而《三国志》

作者陈寿则评价其"外宽内忌，好谋无决，有才而不能用，闻善而不能纳"。上述评价的共同点，用八个字概括，就是"外宽内忌，好谋无断"。

"好谋无断"本质是不识人

"好谋无断"是什么意思？

简单地说就是喜欢开会，但常常议而不决。袁绍爱慕虚荣，喜欢把自己包装智谋之士，常常召集人开会商量大事，这就叫"好谋"。可他对事情的"分辨率"太低，往往看不出建议和谋略的质量和对错，反复讨论，纠结来纠结去，优柔寡断，一开会就是半天，就是不决策，这就叫"无断"。在奉迎汉献帝这件事上，袁绍起个大早、赶上晚集，就是好谋无断性格的最好注脚。

好谋无断，表面上是"不识谋"，不知道该如何决断，本质上是"不识人"。谋略是人想出来的，智谋的水平上限是谋士的智商，而谋略能否被甄别、采用和实施，又取决于老板的智商。曾经有两位顶级谋士摆在面前，而袁绍不知珍惜，直到他们在曹操阵营大展身手，对自己构成致命威胁，袁绍这才追悔莫及。这两人是谁？三国两位"甲A级"谋士：荀彧和郭嘉。

荀彧和郭嘉在三国谋士群名头最大，后来风头不亚于诸葛亮和鲁肃，但在他们最早投奔袁绍时，知名度并不高。袁绍接纳他们，一是新得冀州，欲大展宏图，发动冀州牧府的 HR 们广招天下英豪，表现一下礼贤下士的架势，二是打心里想用好这些人，成就自己一统天下的梦想。

问题是，袁绍在识人用人问题上有一个毛病，就是"只用贵的，不用对的"。袁绍出身贵族，特别喜欢结交所谓的名士。名士风流是那时的风潮，结交名士显得自己很有身份地位。袁绍识人眼光不行，不知道谁好谁差、谁行谁不行，于是潜意识将"名士"与"能人"划等号，将"名气"而不是"才华"作为用人的第一标准。和平年代，名人尚多名不副实，乱世中的名士，更是多为中看不中用的花瓶。比如曹操就特别讨厌名士，对杨修、祢衡等名士深恶痛绝，找机会就把他们杀了。

为什么郭嘉和荀彧在袁绍和曹操两处受到完全不同的定性和待遇呢？因为曹操智商高，不仅能识别聪明人，而且速度极快，快得让人才没有犹豫和推辞的时间，后一条与前一条同样重要。物以类聚，人以群分。聪明人只愿意被智商更高、格局更大、气场更强的人驱使任用，唯有一见如故，才能臭味相投。一场畅快淋漓、透彻见底的谈话，胜过 N 次严肃面试和尽职调查。

反观袁绍，直到郭嘉和荀彧辞职闪人，都不知他们是块什么料，能发挥多大价值。而在此之前，二人已把他虚弱、虚荣、好谋无断的本性看透了。知己知彼，百战不殆。郭嘉和荀彧对袁绍性格的通透把握和精准打击，是曹操获胜的一个重要因素。

一个老板如果"好谋无断"，他的频繁社交行为以及公司人力资源的使用效率必然大打折扣，创业更是困难重重。一是很难引进高端人才（话不投机）；二是就算高成本引进，也用不好从而留不住；三是喜欢用一些履历漂亮、华而不实、名头大过能力的人，对事业造成严重损失；四是不能发现并培养有潜力的底层员工，导致人才流失。

"外宽内忌"本质是不自信

"好谋无断"属于智商问题，理论上可以通过引进人才和大力授权解决。但是，要做到这一点，必须情商超高才行。遗憾的是，智商不高的袁绍，情商也不高。证据就是他的另一个性格缺陷——外宽内忌。

"外宽内忌"有两种解读。第一种解读是：外表上看起来很宽厚，礼贤下士，彬彬有礼，谦谦君子一个，实质上内心里却十分自卑，特别忌恨那些有能力、才华高于自己的人。第二种解读是，对外人（客人）宽容，对自己人（部下）特别忌恨。两种解读都对，而第一种更准确、更形容、更透彻。

因为"外宽"，袁绍在外拥有"礼贤下士"的好名声。不知情的人才往往被这种"贤名"所骗，头脑一热，激情投奔。一旦"外人"成为"内人"，成为其部下，袁绍"内忌"的毛病就开始发作：对刚加盟的新人，或百般挑剔，或冷落不用，或听信谗言，对新人搁置、怀疑、打压甚至责难，甚至快速否定，直到把新人的心彻底凉透。越是有能力有个性的新人，伤害越大，离开得越快。

领导者外宽内忌，本质上是能力和自信不够，或者说原本不是统帅，阴差阳错地被人架到了统帅的位置上。袁绍利用谋智吓唬冀州牧韩馥让出冀州时，奉迎幽州牧刘虞另立山头当皇帝被拒时，可能暗地里还嘲笑他们二人胆小怕事、不堪大任，但事实证明，这二位的自知之明程度，其实高于袁绍。袁绍能当上反董联盟盟主，实在不是因为他有多大本事，而是因为祖上荣光的惯性，可惜在乱世，祖上荣光终究会因退潮而水落石出。最终比拼的，是个人的见识和胸怀。

凡外宽内忌者，必然心胸狭隘、刚愎自用。这两个毛病平时可能看不出利害关系，但一到节骨眼上，就会左右重大抉择。一是自己的抉择，二是那些能影响战局走向的人的抉择。仍以官渡之战为例。在这场战争中，袁绍就是因为其心胸狭隘和刚愎自用，无视田丰、沮授这些有才华但有个性的重要谋士的建议，处处被动。田丰为人刚直，言语冒犯，经常当众让老板下不来台，所以多次向袁绍进言而不被采纳。

老板好谋无断、外宽内忌，团队缺乏核心凝聚力，必然一盘散沙。团队最高管理境界是"形散而神不散"。比如微软、谷歌这样的一流科技企业，对职员（尤其是开发人员）的着装和上班时间甚至短期成果，就没有什么硬性要求，但员工依然很努力，以不出成果为耻，看似悠闲实质竞争压力很大。这就是"形散而神不散"。

差的企业团队正好相反，是"形不散而神散"或"形神皆散"。"形不散而神散"是什么意思？就是表面看大家都还在一块上班，但都在混日子。明明看到问题，不说；明明有好建议，不提；明明可以多出业绩，不干。会上不说，会下乱说；表面一团和气，暗地勾心斗角。因为团队内已形成这样的氛围，说多错多，做多责多，弄不好还要挨板子、扣奖金、蹲监狱，为什么要这样？长此以往，大家上班开会也不积极了。

当"形不散而神散"发展成为"形神皆散"，公司失去凝聚力，失去携手作战的精神，基本就彻底完蛋了。官渡之战，就是袁绍团队从"形不散而神散"发展到"形神皆散"的转折点。

缺乏韧性是贵族的通病

除了外宽内忌、好谋无断，袁绍快速崩溃的另一个重要原因，是缺乏韧性。官渡之战前，袁绍不仅是北方老大，就是放眼天下，也是最牛的一号诸侯。官渡之战，袁绍虽然损失较重，但从事后他三个儿子还存活了七八年的历史看，尚不至于马上灭亡。但在袁绍看来，这一仗大势已去。今生复起无望，于是一病不起。

官渡之战对于袁绍，相当于一个亿万富翁在一次大赌博上输了两三千万甚至五千万，本质上并不够致命，完全还可以重来。但袁绍高傲的性格，以及他早期创业过于顺利、过于简单，使得他失去了从头再来的信心。真正害死袁绍的，不是曹操，而是袁绍本人易碎的玻璃心。从中平六年（189 年）逃亡创业，袁绍的事业总体上非常顺风顺水，没经过什么大挫折，就轻松获得反董联盟盟主（众人拥戴）、车骑将军（自封）、大将军（曹操借汉献帝名义所封）这些光鲜头衔，拥有冀、青、并、幽四州，部下数十万，如果不考虑袁绍本人的素质，袁氏集团实在太厉害了！

为什么说袁绍是玻璃心？

对比一下曹操和刘备，就知道袁绍有多脆弱。刘备一生，长达二十四年寄人篱下，受尽人的排挤、白眼，在许都和荆州时差点遭人暗杀，在徐州时三次被吕布打得狼奔豕突，老婆孩子被人劫走数回，最惨时甚至官军人肉相食，但永不气馁，屡败屡战，坚信自己有咸鱼翻身的一天。曹操更惨，一生遭遇十数次失败。其中遭受重创的失败有：初平元年（190），曹操打董卓时败于徐荣，创业的三五千兵马几乎打光，差点丢掉性命；兴平元年（194），吕布偷袭兖州，曹操差点无家可归；建安二年（197），宛城征张绣时，被投降的张绣半夜偷袭，长子侄子被杀；建安十三年（208），赤壁之战大败，损失几万人马。这几次曹操都比袁绍惨。曹操能挺过来，一笑了之，从头再来，这就是韧性。

"绍，布衣之雄耳，能聚人而不能用。"这是三国著名谋士、袁绍的老部下荀彧对他的评价。聚人而不能用，这样的社交除了转化率低，还有另外一个坏处，就是在关键时刻，人才不仅"不给力"，而且还会因为某种不起眼的小事拂袖而去，投奔竞争对手，比如许攸。如果袁绍知道平时看不惯的许攸，居然是扭转官渡之战胜负局面的关键棋子，平时待他会不会真诚一点、宽容一点？

第 3 章　枭雄曹操

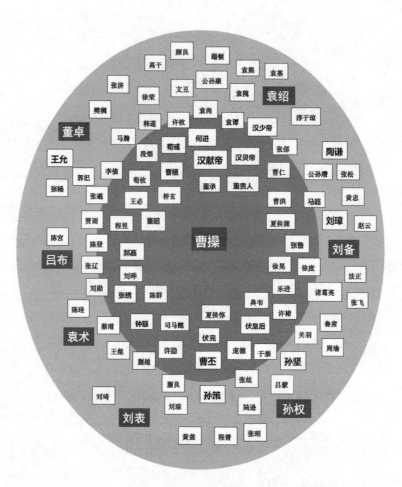

曹操的朋友圈

终于轮到盘点曹操的朋友圈了。

作为"准三国"时代的第一牛人，曹操的朋友圈实在太巨大、太立体、太丰富了。"准三国"时代的群雄，与曹操发生过交集的人，实在太多，挨个讲下去，一本书也讲不完。当然，曹操的朋友圈中，也不是每个与他有过交道、发生过关系的人，都有深度互动，都对曹操的事业和命运产生过重大影响，不是每个人都堪称曹操的"朋"或"友"，大都只是部属臣僚而已。所以，如果严格精简，曹操的朋友并不多。

曹操在中青年阶段和中老年阶段呈现出两种面目，即：枭雄曹操和套现曹操，其对朝政、治国、谋略、权力、友情等方面的认识简直判若两人，分界线就是建安十三年（208），即赤壁大败的那一年。

建安元年（196年）奉迎汉献帝至建安十三年（208年）赤壁之战前这十二年，是曹操一生中璀璨夺目的"大运期"。在这期间，曹操事业几乎顺风顺水，挟天子、征张绣、灭吕布、降刘备、败袁绍、征乌桓、取荆州，除了征张绣小败之外，几乎没什么大的败绩。曹操这十二年大运不是天上掉下来的，而是他此前七年（189—196 年）创业一点点打拼出来的，往长了说，更是建立在他近乎二十二年的职场历练的基础上——从 174 年曹操在洛阳当郎官起至 196 年。

建安十三年（208）前的曹操，目光远大、高瞻远瞩、知人善任、大度包容，加上多疑和残暴等缺点，综合起来，乃是一个不折不扣的枭雄。这个阶段，他是纯创业和投资心态，全力付出，用心耕耘，不问收获，不关心投资如何变现以及能不能变现的问题。在他的影响下，曹氏集团（因为此时曹操尚未封魏公和魏王，还不能称为"曹魏集团"）上上下下充满正能量，谋士团结、将领用命、群策群力、一致对外，战斗力超强。这是曹操取得一系列重大胜利的原因。

但建安十三年（208）是一个转折点。赤壁大败，使曹操此前顺风顺水的十二年大运戛然而止。曹操赤壁大败原因很多，其中一个重要原因是荆州牧刘表的儿子、新任荆州牧刘琮不战而降，使曹操轻易得到了荆州，心生轻敌之意，视江东孙权为无物。"近者奉辞伐罪，旌麾南指，刘琮束手。今治水军八十万众，方与将军会猎于吴。"曹操在写给孙权的战书中流露出来的骄傲情绪，就是这种轻敌的典型写照。

赤壁大败极大地改变了曹操。曾经大度、自信、进取、宽容的"枭雄曹操"消失了，取而代之的一个内心充满不安全感、急于变现、对部下怀疑猜忌的"套现曹操"。从建安十四年（209 年）开始，曹操与汉献帝关系急剧恶化，不断要权、要名、要利，由魏公而魏王，曹氏篡汉的步伐明显加快……

有鉴于此，我们将曹操的朋友圈拆为两章来说，分别是本章"枭雄曹操"和最后一章"套现曹操"。那么，作为枭雄的曹操，在建安十三年（208）前，有哪些对他至关重要的"朋友"？

撇开曹操帐下各位大将不谈，这阶段曹操的重要朋友，按时间顺序依次是：袁绍（含其三子）、许劭、张邈、荀彧、郭嘉、汉献帝、张绣、吕布、刘表、刘备和孙权。

前一章，我们已经从袁绍的角度，深度盘点过曹操与袁绍"化友为敌"的过程。在官渡之战前，袁绍可以说曹操最好的朋友，也是在主观和客观上给予曹操最大帮助的人。那么，许劭、张邈、荀彧、郭嘉、汉献帝、刘备和孙权等人给了曹操什么？他们凭什么进入曹操的朋友圈？

许劭给了"名"，以一句"治世之能臣，乱世之奸雄"，给了出身宦官家庭、被士族所不屑的年轻曹操一张昂贵的职场入场券；

张邈作为曹操的早期好友，在曹操亡命天涯时及时收留了他，给了曹操最初创业时急需的地盘、人力和物力支持，是其重要的"天使投资人"，虽然后来两人翻脸，张邈被杀；

荀彧和郭嘉给了曹操重要的智力资源，使其创业团队整体规划水平上了一个大台阶；

汉献帝刘协因为曹操的"挟天子以令诸侯"战略，入股曹氏集团，为其提供了强大的政治靠山和品牌背书；

至于刘备和孙权，则是联手在赤壁大败曹军、终结其十二年大运的强劲对手。

鉴于吕布、刘表和孙权都是"准三国"时代极其重要的人物，他与曹操的关系，我们留待后续章节再说；张绣（含贾诩）因为跟刘表关系特殊，我们也放在刘表那一章细说。本章，我们只重点盘点曹操与许劭、张邈、荀彧、郭嘉、汉献帝、刘备和袁绍的儿子们等人的关系。

竞友刘备：今天下英雄，唯使君与操耳

虽然袁绍是曹操一生中非常重要的朋友，但在整个"准三国"三十六年短暂但又精彩的历史中，"第一社交关系"当属曹操与刘备，因为他们是这段历史的"老大"和"老二"，是"唯二主角"。证据是曹操只与

刘备"煮酒"论过英雄,他在贬斥天下群雄后,当着刘备的面说:"今天下英雄,惟使君与操耳!"

刘备确实是曹操的好朋友,但那是"准三国"前期,即建安四年(199年)之前。在"准三国"后期尤其是建安十三年(208年)之后,刘备是曹操最痛恨的两个敌人之一(另一个是孙权),一直为当年没有杀他而懊悔。既然如此,曹操为何要与刘备"煮酒论英雄"?他为什么要把此时处境十分狼狈的刘备抬这么高?是酒后失言,还是真心夸赞?曹操为什么认定刘备是英雄、却又不立即杀了他?

从"煮酒论英雄"说起

话说建安四年(199年)消灭吕布引刘备还许都之后,曹操特地请刘备喝酒,闲聊扯淡。此时的曹操已四十五岁,虽然他还没有消灭袁绍,还没占据冀、青、并、幽四州,但已有足够炫耀的资本。论战绩,征陶谦、破黄巾、败袁术、降张绣、灭吕布,胜多败少;论地盘,兖州、豫州、徐州三州在手,心中不忧;论战略,大手笔挟天子以令诸侯,占据政治和道义高地;论人才,四海士人望风来投,许都人才济济,藏龙卧虎,高朋满座。此时的曹操,算得上事业小成,到了洗去"奸雄"二字的时候了。

于是当着三十九岁的刘备老弟,曹操趁着酒兴说:"当今天下英雄,就老弟你刘备和我曹操二人。袁绍(字本初)那些人,实在不咋地啊。"("今天下英雄,唯使君与操耳。本初之徒,不足数也。"——《三国志·蜀书·先主传》)这是正史的记载。《三国演义》觉得正史只拿刘备和袁绍当托,有点不过瘾,于是把袁术、刘表、刘璋、张绣、张鲁、韩遂等众多三国诸侯通通拉进来,借题发挥,将曹操一句话演绎成曹操和刘备一问一答的精彩桥段。

《三国演义》第二十一回的故事背景,是刘备好不容易从原徐州牧陶谦手中继承徐州，就被他好心收留的白眼狼吕布给夺了。刘备无处可去，万般无奈只好投靠曹操，不久，曹操起兵灭了吕布，带刘备回许都。刘备因为是汉室宗亲，被国舅董承（汉献帝的岳父）拉至刺杀曹操的小团体，刘备担心被曹操识破，韬光养晦，每天下班后都在后园种菜，亲自浇灌，假装没什么大志向。就在这时，曹操召刘备来他的丞相府喝酒。刘备以为曹操要杀他，又不带好关羽和张飞护驾，只好一个人忐忑不安地去了。

来到曹府花园，刘备发现曹操并不想杀他，真是真心请他喝酒。因为刘备发现桌子上放着一盘下酒的青梅，边上是温酒的小火炉。喝着喝着，突然天色阴暗，天上乌云变幻出龙的形状，眼看暴风雨就要来了。曹操与刘备凭栏远眺这一壮丽风景，快意平生，曹操趁着酒劲，问刘备谁是英雄，刘备想了想，感觉逐鹿中原的群雄中，袁术最为强大，于是问："淮南的袁术，兵精粮足，能算英雄吗？"（淮南袁术，兵粮足备，可为英雄？）

曹操大笑："袁术不过是坟墓里的枯骨，跟死人差不多，我迟早要擒获他！"（冢中枯骨，吾早晚必擒之！）

刘备又问："黄河以北的袁绍，四代都做过'三公'这样的高官，天下很多官员都是他家提拔推荐的，部下能人很多，能算作英雄吧？"（河北袁绍，四世三公，门多故吏；今虎踞冀州之地，部下能事者极多，可为英雄？）

曹操笑道："袁绍这个人表面严厉其实胆很小，喜欢玩谋略却总不善于决断；想干大事又爱惜羽毛，看见小利连命也不要，实在算不上什么英雄。"（袁绍色厉胆薄，好谋无断；干大事而惜身，见小利而忘命：非英雄也。）

刘备见曹操将当前实力最强大的袁术、袁绍都否了，暗暗吃惊，又小心问："荆州刘表威震天下，属于本朝八大杰出人士，他应该算英雄吧？"（有一人名称八俊，威镇九州：刘景升可为英雄？）

"刘表这个人徒有虚名，没什么真本事，非英雄也。"（刘表虚名无实，非英雄也。）曹操一脸严肃地说。

刘备想了想，又问："有一个人血气方刚，堪称江东领袖，孙策是英雄吗？"（有一人血气方刚，江东领袖——孙伯符乃英雄也？）

曹操答："孙策不过靠他父亲孙坚打下基础才有今天，算不上英雄啊。"（孙策藉父之名，非英雄也。）

刘备急了："那益州的首领刘璋，总算英雄吧？"（益州刘季玉，可为英雄乎？）

曹操速答道："刘璋虽然是汉室宗亲，不过一只守成之狗，怎么能算英雄呢？"（刘璋虽系宗室，乃守户之犬耳，何足为英雄？）

"那关中和西北地区的张绣、张鲁和韩遂这些人呢？"（如张绣、张鲁、韩遂等辈皆何如？）

曹操边鼓掌边大笑："这些碌碌小人，何足挂齿？"（此等碌碌小人，何足挂齿！）

刘备有点懵了："除了这些人，我实在不知道天下还有谁能称英雄。"（舍此之外，备实不知。）

曹操这才说："所谓英雄，是那些胸怀大志，腹有良谋，有包藏宇宙之机，吞吐天地之志的人。"（夫英雄者，胸怀大志，腹有良谋，有包藏宇宙之机，吞吐天地之志者也。）

"谁有资格？"（谁能当之？）

曹操用手指了指刘备，又指了指自己："今天下英雄，只有你与我二人啊！"（今天下英雄，唯使君与操耳！）

刘备见曹操如此高看他，明白自己的韬光养晦之计失败了，吓得手一松，筷子勺子都掉在了地上。告别曹府的刘备感觉曹操很快要对他动手，立即找借口逃离了许都。这就是《三国演义》中"煮酒论英雄"的故事，记叙比正史要夸张、丰富得多，看着也十分过瘾。

曹操一度非常欣赏刘备

曹操与刘备煮酒论英雄的故事，大致发生在建安四年（199年）。这不是他们第一次见面。事实上，早在十年前的中平六年（189年）前后，他们就认识了。那时的曹操，还是高级公务员、体制内人士，与流亡到京城洛阳的刘备一番晤谈，一见如故（《英雄记》云：灵帝末年，备尝在京师，后与曹公俱还沛国，募召合众——《三国志·蜀书·先主传》）。

为什么？因为两人"三观"很一致。具体地说，有如下共同点：

两人都干过"警察"（尉），曹操当过洛阳北部尉，刘备当过安喜县尉，有共同语言；

骨子里都是"愤青"，都对汉末腐朽没落的现状极其不满，都很郁闷；

都是有"情怀"的理想主义者，都心怀改造社会的强烈意愿、抱负和责任感；

两人都胸怀大志，有英雄情结，有引领朋友一起创业的领袖气质。

基于上述共同点，我们可以猜测曹操与刘备在洛阳一见如故，喝过X次酒，发过Y通牢骚，指点过Z回江山，为后来的"煮酒论英雄"埋下了伏笔。曹操这个人能成大事，过人之处甚多。一是平生极其爱才。对有才有志的英雄更是倾心相交，都想拉拢一块儿做点事。二是看人眼光很"毒"。跟后世的曾国藩一样，曹操仅凭一席话、一顿饭和一个眼神，就能看出别人几斤几两，决定值不值得投资、深交或任用。其三，交朋友只看能力，不重"出身"。曹操交友并非一定要出自高门大姓，不看重"人品"，只要有能力，偷鸡摸狗、吃喝嫖赌也无所谓，这一点酷似刘邦。对"刘关张"三个合伙人，曹操应该更看重刘备和关羽，对张飞不怎么感冒。估计第一次饭局时，曹操立即与刘备和关羽"互加微信"，散场时彼此紧握双手，不停叮嘱"多联系，以后找机会合作"，气得被冷落的张飞直吃醋。

刘备结识曹操之时，正是汉朝由黄巾军起义等"草根之乱"转向外戚宦官争斗、外将渔翁得利的"精英之乱"的关键时期，京城发生了诸多目不暇接的大事。灵帝病亡、何进弄权、董卓进京、废立皇帝等故事次第上演。曹操得罪董卓，丢掉体制内饭碗，拉刘备等人逃出洛阳，后又一块打董卓，应该就是在这个阶段，曹操与刘备之间有了更进一步的了解，产生了一定友谊。极力丑化曹操、美化刘备的《三国演义》，不惜笔墨杜撰（刘关张）三英战吕布、（关羽）温酒斩华雄的故事，也从侧面反映了曹操爱才惜才，处处发现、提携、栽培人才的一流统帅品格。

反董联盟解散后，刘备与曹操各奔东西，两人再次"见面"，发生在兴平元年（194年）曹操为报父仇攻打徐州牧陶谦、刘备帮陶谦守护徐州期间。之所以给"见面"二字打引号，是因为刘备虽然跟着田楷一块打曹操，但未必就一定能和曹操见上面。作为领兵的将帅，他们可能在战场见着了，也可能没见着，史籍上没有刘备与曹操"话聊"的记载，没见着的可能性更大。虽然如此，刘备肯定早就上了曹操的"黑名单"，因为这些年他不仅帮陶谦打曹操，还帮公孙瓒打袁绍，而袁绍与曹操是一个战壕的战友。所以，在这个阶段，刘、曹二人应该没什么当面交流，"敌对"大于"友谊"。

建安元年（196年）至建安三年（198年）期间，刘备两度被吕布赶出徐州，不得不投降老朋友兼老对手曹操，被曹操大度封为豫州牧，这一次两人是真的"在一起"了。此时，距离洛阳相会，已过去约八九年。相同的是，两人都历经沧桑，都成为朝廷大员。不同的是，曹操抢先袁绍一步，成功把皇帝捏在手里，进入长达十二年的大运（196—208年）期，而刘备东奔西走、寄人篱下的苦日子还远远没有熬到头。与十年前相比，两人的差距不是缩小，而是扩大了，刘备的自卑、屈辱、不甘可想而知。

建安三年（198年）冬，曹操帮助刘备灭了夺他徐州的吕布。曹操此举，看似仗义，实则卑鄙。好比一个人的庄园被坏人掠夺，他找朋友帮忙，坏人虽然被杀了，但朋友取代坏人，成了庄园的新主人。这算哪门子仗义？这叫趁火打劫。曹操可能觉得过意不去，又在"豫州牧"基础上给刘备加封了一顶"左将军"的高帽子。

"左将军"是军衔，是虚职，"豫州牧"虽然是实职，但刘备困在许县，不能去上任，这个豫州牧也成了空衔。说来也不难理解，豫州是曹操发家的大本营，是临时帝都许县所在地，怎么会让多年为敌、胸怀大志的刘备掌控？所以，此时的刘备，说好听点，是曹操的贵客；说坏点，形同囚徒，心情糟糕到了极点。

英雄刘备的"囚徒困境"

转了一圈，刘备又从一个有过 A 轮融资经历的创业者跌下神坛，重新变回不名一文的打工者，自己靠"血"和"德"拼来的徐州，折腾一圈回到了曹操手中，而自己也成为其帐下一员，空有豫州牧和左将军这些亮丽头衔。

刘备在许都期间，亲眼目睹曹操玩弄汉献帝于股掌之中的情形，近距离体会了曹操名为"奉天子"实为"挟天子"的卑鄙手段，感慨造化弄人，感慨曹操智谋之诡、权术之深、势能之强，且悲且怒，对其表面依附，而叛逆之心日重。虽然曹操对刘备极其礼遇，"出则同舆，坐则同席"，但刘备心里知道：自己跟曹操已然"友尽"，在不久的将来，不是你死，就是我亡。

在许县的日子，是刘备创业以来最痛苦的。他不想给曹操打工，却又无处可去。更要命的是，有两道难题在等待他：

难题一：曹操的谋士们在讨论，要不要杀了刘备以永绝后患；

难题二：献帝的亲信们在讨论，要不要拉拢刘备一块杀曹操。

两道难题，一道比一道要命。

先说难题一。

刘备此时已是名动天下的英雄，与他最初依赖曹操、投靠公孙瓒相比，实力和名望已不可同日而语。更重要的是，从他对曹操和公孙瓒三心二意、先投靠后出走的经历可以看出，刘备的终极目标是自立，是自成一派，不甘于任何人之下。这样的人，迟早会成为一只猛虎，成为曹操的敌人。与其养虎为患，不如现在趁虎在笼中时就做掉他。

这便是当时曹操多数谋士的看法，其中坚决主张马上杀掉刘备的人，便是谋士程昱。程昱的理由是："我看刘备既有雄才大略，又甚得人心，迟早不会甘居人下，不如早点干掉他。"（程昱说公曰："观刘备有雄才而甚得众心，终不为人下，不如早图之。"——《三国志·魏书·武帝纪》）曹操最看重郭嘉的意见，于是问他怎么看，郭嘉答："刘备是该杀，但此时主公您正处于提剑创业初期，需要仗义诚信的招牌招揽四方英雄加盟。如今刘备有英雄名，在穷途末路时来投奔我们，如果贸然杀掉他，有害主公求贤之名，同时将导致帐下将士心生疑惑，军心浮动，打算跳槽，到时再上哪去找优秀人才？除一人而让四海英雄失望，弊大于利，不可不察。"（"夫除一人之患，以沮四海之望，安危之机，不可不察。"——《三国志·魏书·程郭董刘蒋刘传》）曹操本就特别爱才，不轻易杀有德有才之人，听了郭嘉这一席话，想起还有袁绍、袁术、吕布、刘表等人待收拾，于是暂时放过刘备。

曹操放过刘备，刘备却想杀曹操。这道难题又是怎么回事呢？

原来，刘备来到许都后，因为其一直高调宣扬的刘氏宗亲身份，被车骑将军董承拉入了"帝党"。董承是谁？著名外戚，汉献帝刘协妃嫔董贵人之父，即汉献帝的岳父之一。既是车骑将军，又是国舅，自然要为皇帝分忧。此时已是建安四年（199年），汉献帝约十九岁，已经当了十年左右皇帝，是一个本该亲政的年龄，可惜朝政大权依然在曹操手中，且其权力越来越大，越来越不把他这个皇帝放在眼里。汉献帝反抗无果，决定像七年前（192年）在长安干掉董卓一样，暗杀曹操。

董卓成功被暗杀，主要功臣是王允和吕布。王允是总策划兼总导演，而吕布主要负责执行。可惜二人此时均已不在人世。刘协自来到临时帝都许县，放眼放去，整个朝堂，稍微能干的一点全是曹操的人，要找到王允这样"忠勇智"三全的人很难，思来想去，只能把这件干系自己身家性命的大事交给老岳父董承。

关于这件事，《三国演义》有详细描述，汉献帝事先咬破手指，以血写好诏书，缝进锦袍，然后召国舅董承进宫，借赐袍传递消息。宫里满是曹操眼线，董承被赐衣带诏一事立即被曹获知，半道阻截董承，所幸没发现血诏。董承出宫后，联合侍郎王子服、将军吴子兰、长水校尉种辑、议郎吴硕几位铁杆密友兼忠实"汉粉"，行刺曹操。为壮大队伍，提高成功率，董承后又拉西凉太守马腾（马超之父）入伙，并在马腾的提议下拉刘备入伙。《后汉书·孝献帝纪》、《后汉书·皇后纪》和《三国志·蜀书·先主传》对此都有记载，主要人物和事件脉络大致相同，但要简略得多，且都没提到马腾。

刘备虽然参与了刺曹阴谋，觉得此事非常危险，成功概率极低，但皇上的旨意，无法拒绝，否则"汉室宗亲"这张名片将彻底作废。怎么办？

刘备能在乱世生存，有一个重要的优点，就是人如其名，特别擅长"备份"，随时准备 B 计划，永远使自己处于"有备无患"的状态。面对许县险境，他决定两面都不得罪，提前开溜，但要离开许县，必须有一个冠冕堂皇的理由，能让曹操同意他离开。

机会永远属于有准备的人。袁术这时"帮"了曹操一把。原来淮南袁术自建安二年（197 年）擅自称帝后，众叛亲离，民不聊生，后又被曹操打败，决定北逃青州投奔侄儿袁谭，顺便把玉玺和皇位让给大哥袁绍。袁术从淮南北上青州，必须经过徐州。曹操正准备派一个人去拦截袁术，刘备打探到这个消息，立即向曹操单独陈奏，主动请缨。曹操觉得刘备是徐州的老主人，对下邳情况非常熟，又与袁术有旧恨，一定能出色完成任务，没与众谋士商量，就挥手同意了。

刘备一得到军令，立即率军逃出许都，跑得比兔子还快。借用《三国演义》里的夸张说法，就是："吾乃笼中鸟、网中鱼，此一行如鱼入大海、鸟上青霄，不受笼网之羁绊也！"郭嘉、程昱、董昭等谋士听说曹操派刘备打袁术，立即要求他收回命令，但刘备已然出发，追不上了。

刘备逃离许县后不久的建安五年（200年）正月，"衣带诏"一事泄露，董承与偏将军王服、越骑校尉种辑等人均被杀，怀有身孕的董贵人，再三求饶，也未能逃脱一死。

从曹操手里逃脱的刘备，目标直指被曹操夺走的徐州。刘备全力进攻，干掉被曹操新任命的徐州刺史车胄，重夺徐州。很快，曹操再次率兵征讨，将刘备打败，刘备逃亡，老婆孩子成为曹操的俘虏，关羽也被抓，不得不投靠曹操。

刘备与曹操的友谊至此彻底终结。虽然后来刘备联合孙权，在赤壁将曹操打得满地找牙，但终其一生，两人应该再没见过面。关于孙刘联盟在赤壁大败曹操的详情，我们留待下一章"义韧刘备"再说。

刘备为什么不投靠曹操？

曹操与刘备有很多共同点，他们都是英雄，都是有理想、有抱负的热血青年，都是有责任感、有长远目光的政治家。细数曹操煮酒时所论英雄，完全具备这些素质的人寥寥无几（孙权算一个，但此时还没正式以领袖身份登上政治舞台）。问题来了：既然曹操和刘备这么早就一见如故，既然曹操还做过刘备的"种子轮投资人"，后来他们为什么没有"在一起"？是刘备看不上曹操，还是曹操看不上刘备？

曹操家世、资源、智商、视野各方面都要优于刘备，且比刘备年长，他不可能给刘备当部下。上述问题可以简化为：刘备为什么不愿给曹操打工？

原因有三。

一是志不同：刘备与曹操第一次相识时，刘备已下海创业约五年，而曹操是政府高官，是重要外戚、大将军何进的心腹，两人的"三观"

和对人生的规划有较大差异。

中平元年（189 年）前后曹操在帝都洛阳与刘备相遇时，虽然很有理想，也想过创业这件事，但还没完全下定创业的决心，因为此时的他，尚是体制中人，还想在仕途中更进一步，在体制内实现自己的理想。所以，此时的曹操，虽然欣赏刘备，但因为身份、理想和现实的原因，不可能像同关羽和张飞一样与刘备结为兄弟，立即下海创业。从刘备的角度，也觉得高攀不上曹操。真结拜，谁当老大？曹操大刘备六岁，论年龄、气场和胸怀，刘备不可能做曹操的大哥。曹操当老大，即便刘备觉得行，关羽和张飞也不认，当个"插足的第四者"，跟刘关张三人挤一张床，睡哪？啥滋味？

等到八九年后再见面时，曹操已挟天子，权倾朝野，而刘备则变成一条"丧家犬"。地位悬殊，加上中间有历史过节，刘备投靠曹操的可能性更小了。

二是道不合：曹操以"奉天子"之名行"挟天子"之实，成为"董卓第二"，让一向打"汉室宗亲牌"的刘备非常厌憎。即便他内心觉得曹操此人可交，迫于道义原因，也不可能与他深度合作。

曹操实施"挟天子以令诸侯"战略，一开始还对汉献帝嘘寒问暖，关怀备至，把汉献帝感动得稀里哗啦。但后来曹操势力越来越大，权威越来越高，做到丞相高位，把持权柄，渐渐不把汉献帝放在眼里。许都城里"帝党"与"相党"越来越泾渭分明，势同水火——帝党视相党为"国贼"，相党视帝党为"老朽"，均欲除对方而后快。刘备志在匡扶汉室，他的偶像是同为草根起家的东汉开国皇帝汉光武帝刘秀，他希望能借助自身努力，再次让汉朝"还阳"。无论是先天出身，还是后天创业的需要，刘备都只能选择投靠"帝党"，而不可能真正投靠曹操。尤其在被拉入暗杀曹操的小团体后，刘备若真的为了现实利益出卖汉献帝，必然万劫不复。帝党要杀他，曹操也必然鄙视他。

三是谋相异：曹操信奉"以才治国"，而刘备崇尚"以德服人"。

在引进诸葛亮、庞统和法正等优秀智力资源之前，刘备的创业信条一直是以"信"立身、以"德"服人，而曹操脑袋相对灵光，为人相对奸诈，重信重谋不重德，更看重以"智"取人。刘备信义著于四海，是带着一帮兄弟十几二十年如一日地帮人看守门户、救人于水火、一刀一枪流血牺牲打拼出来的，而曹操的个人品牌树立，则相对讨巧，主要用了两招：一是请月旦评高手许劭给自己下一个"治世之能臣，乱世之奸雄"，瞬间提高了个人知名度（注意是"知名度"，而不是"美誉度"）；二是挟天子以令诸侯，大大强化了曹操集团的政治靠山和威权的含金量。

所以，曹操的爆发力和创业进程明显快于刘备，仅仅下海三年（189—192年）就当上兖州牧，挤身封疆大吏这个层级；仅仅下海七年（189—196年），就当上了三公之一的"司空"，行"车骑将军"事，相当于集军政大权于一身。相比之下，刘备历经十年（184—194年）艰苦创业，才因为运气而不是实力"继承"徐州牧。创业模式、路径不同，过程和结局必然迥异。

虽然打不过曹操，在内心深处，刘备一直心高气傲，看不上曹操的创业套路，曾公开表示："只要时时处处跟曹操反着来，大事才能成。"（"操以急，吾以宽；操以暴，吾以仁；操以谲，吾以忠；每与操反，事乃可成耳。"——《三国志·蜀书·庞统法正传》）刘备发自内心相信"仁、义、忠、信"等道德的力量，瞧不上权谋诡诈的兵法和政治手腕。

同样，曹操表面上欣赏刘备，视其为唯一跟自己平起平坐的大英雄，在内心深处，他其实相当鄙视刘备苦哈哈的创业模式。一个重要例证就是，建安二十四年（219年），刘备出击汉中，在定军山大败曹军，部将黄忠斩杀夏侯渊，平生第一次重创曹氏集团（赤壁之战主力是江东集团，刘备不过打打酱油）。曹操听说此事，震惊之余第一反应就是："我敢打赌这一仗不是出自刘备的谋略，肯定另有高人指点。"（曹公西征，闻正之策，曰："吾故知玄德不办有此，必为人所教也。"）也就是说，曹操早就认为，刘备这个人虽然有英雄的志向、胸怀、韧性等优秀品格，但是脑子不够灵光，缺少智谋，打仗败多胜少，必须有法正等高人鼎力相助，方能成功。

志不同、道不合、谋相异，刘备与曹操没有牵手共创大业，就一点也不奇怪了。

但是，曹操没有想到的是，放走刘备，会给自己带来这么大的麻烦，以至于后来兵败赤壁，损兵折将，坐看刘备和孙权快速壮大，渐成三足鼎立之势，更没想到的是，有一天自己会在汉中西部战线惨败在刘备手下，不得不与孙权联手对付刘备。更为遗憾的是，曹操有生之年再也没能跨过长江。

虽然在曹操与刘备的几十年交往中，两人见面次数不多，直到建安十三年（208 年），刘备才与曹操发生深度交集，但是，两人确实"神交"已久。曹操的数位劲敌，无论是陶谦还是袁绍，无论是刘表还是孙权，无论是吕布还是马超，背后总有刘备的影子。从这个角度说，刘备真算得上曹操一生最重要的"竞友"。

零号朋友："月旦评主编"许劭

说罢刘备，我们再回过来说。"准三国"第一牛人曹操是怎样炼成的？回溯曹操的成长史，会发现一个"零号朋友"对他特别重要。

什么叫"零号朋友"？比如孙悟空出道前的学艺师父菩提祖师，就是典型的"零号朋友"。孙悟空大闹天宫，名满天下，却没几个人知道他是谁的弟子，跟谁学的艺。同样，曹操这个"零号朋友"，出现在他出道前，与他后来南北征战、翦灭异己、封爵篡权的风光日子几无交集，在内心深处，他可能也像菩提祖师不许孙悟空提他的名字一样，希望世人忘掉他与曹操的交往，希望曹操永远把他从其朋友圈和社交网络移除。

曹操这位"零号朋友",便是东汉末年第一自媒体"月旦评"开创者许劭。所谓"月旦评",是由汝南郡人许劭兄弟主持的一个沙龙,主要内容对当代人物或诗文字画作品等点评褒贬,现场评测,评测结果常在"每月初一"发表,故称"月旦评"。用现在话说,就是一本人物评论月刊。

"月旦评"和许劭当时名气很大。不管是谁,只要被许劭在"月旦评"沙龙上点评,立即闻名遐迩,身价百倍。针对曹操的那句著名评语"子治世之能臣,乱世之奸雄",就是出自许劭之口。

曹操为什么如此急迫地需要这个月旦评的广告?这就要从他的出身说起。

曹操需要打广告,一是为了正名,二是为了出仕。

曹操出身不好。虽然他是知名官二代,但这个官二代与其说是优点,不如说是缺点。或者说在物质层面是优点,但在精神层面,却是污点,而且是重大污点。曹操之父曹嵩短暂做过太尉(三公之一),但是再往上,就不好听了。他虽然是父亲的亲儿子,却不是祖父的亲孙子,为何?因为他父亲乃是宦官曹腾的养子。通俗地说,就是"阉宦之后"。

阉宦之后在历朝历代,都不会有什么好名声,唯一好处是家里不差钱。如果只是一心捞钱,不在乎个人名声和事业成就,那当阉宦之后挺好的,比衣食无着的普通老百姓强多了。但曹操是有一个有理想的青年,一心要干点大事,此时名声就特别重要。

东汉末年,因为两次"党锢之祸",宦官干了很多迫害士人学子的坏事,与知识分子严重对立,名声臭大街。曹操如果不能漂白"阉宦之后"这个身份,与宦官划清界限,终生都会被正直大臣、士族排斥,做人都抬不起头,更奢谈创业。所以曹操在出山前必须抓紧时间给自己正名。

月旦评："治世之能臣，乱世之奸雄"

曹操通过父亲的人脉关系找到前太尉桥玄。桥玄与曹操几番交往后，发现这青年不简单，对他说："我见过天下的名士多了，但还真没见过像你这样的。好好保持本色，将来你一定出息大大的！"（"吾见天下名士多矣，未有若君者也！君善自持。"——《三国志·魏书·武帝纪》）桥玄认为，天下即将大乱，非命世之才不能安定，而唯一能做到这一点的，恐怕只有曹操。桥玄这一席话，顿时让曹操的名声响彻汉朝廷上流社会。

桥玄的话为什么这么管用？不只是因为他做过太尉，还因为他为人刚正，不畏权贵，尽管屡任高官，但为官清廉，不为自己和朋友谋私利，去世后连下葬的钱都没有，这样的人说话分量自然极重。但桥玄看人虽准，在江湖上的名气却不如许劭。《三国志》引《世语》的记载说：桥玄发现青年曹操的潜力后，对他说："你的名气还不够大，恐怕得找许子将（许劭字子将）包装一下。"曹操于是找到许劭问："我是什么样的人？"许劭看不上曹操的出身，根本不搭理他，曹操问好几遍，许劭这才说："你啊，治世之能臣，乱世之奸雄。"

应该说许劭这话是比较客观的。年轻时的曹操，纨绔子弟一枚，成天不务正业、尽与狐朋友狗友干些偷鸡摸狗的事。这样的人，骨子里带着一股"邪气"。然而，曹操又不是纯粹不学无术的街头混混，于"邪气"之外还另带着一股"书卷气"，是一个"博览群书、特好兵法"、于诗词书法颇有心得的"知识型流氓"。这样的人，遇治世，被君王和制度约束，自然就是"能臣"；遇乱世，一切规则被打破，就必然肆无忌惮，为所欲为，干出一些为正人君子所不齿的事，此所谓"奸雄"。

曹操听到这个评语，哈哈大笑。曹操为什么对"奸雄"二字不怒反喜？原因有三。其一，许劭真心鄙视曹操。在曹操看来，许劭等人所混的圈子，都是一帮喜欢清谈、弱于实务的清流，对人对事常以道德而不是能力标准去衡量，骨子里非常鄙视曹操这样的阉宦之后和纨绔子弟。许劭能接见他、在"月旦评"这个权威自媒体上给他做人品评测、发表观点就已经相当不错了，怎么能指望他说百分百的好话？

其二，不含坏话的纯好话不易传播。比如桥玄对曹操的评价倒是很高，结果因为不符合"坏事传千里"的这一八卦定律，微信微博转发率不够，所以桥玄说完，曹操的知名度还是一般。一定要在好话里掺坏话，褒贬掺半，才能成为话题人物，才能上"热搜"和"头条"。

三是曹操认为许劭说得很对。曹操此时尚年轻，血液里充满叛逆精神，尚处在以搞怪整蛊为荣、以做正人君子为耻的愤青阶段。他不仅不认为"奸雄"是"差评"，反而认为是第一等"好评"，故而特别高兴，比拿到"汉朝十大杰出青年"这一荣誉还开心。许劭的评判让曹操的名声走出上流社会的狭小圈子，成为朝野皆知的名人。这对曹操出仕帮了大忙，被成功举"孝廉"，有了优先从政做官的资格。

越是大英雄，越要看大节。小节上，曹操这个人不乏奸诈、好色、残暴、自负等缺点，但从大节上看，三国里数他人品最正、最有担当、最有性情、最爱惜人才、最有克制力、最有大局观。这才是大英雄最为稀缺的品质。

但在乱世，人若太正太有抱负，锋芒太盛，必然得罪人。曹操出仕后，中间几起几落，直到中平六年（189 年）董卓进京，才迎来自己的转折。但许劭对于曹操的意义，无疑是巨大的。

那么，曹操会一直以"奸雄"这个评价为荣吗？答案是否定的，曹操虽然当时哈哈大笑，作大度潇洒状，其实内心耿耿，心理阴影面积很大，年龄越大，阴影面积越大，大到一直想通过行动洗刷"奸雄"二字。怎么洗脱？当然是在有了一定的成绩之后，借一个适当的机会，开一个小小的"闭门会"，找一个牛人当托，把自己包装成"英雄"。这就是曹操与刘备在许县煮酒论英雄的故事。

曹操煮酒论英雄，一夜之间使刘备成为与其平起平坐的英雄，使其知名度和美誉度上了几个台阶。很多人认为刘备占了曹操的大便宜，这一点不可否认，但很少有人注意其实曹操也占了刘备的便宜。曹操只请刘备一个人喝酒，绝非随意。他说这句话，不完全是因为刘备的"才"，还因为他的"德"。曹操这句话与其说是说给刘备听的，不如说是说给许劭和全天下听的。曹操的潜台词应该是：与仁德昭著四海的刘备齐名，不证明了我曹操是纯纯的"英雄"，不是"奸雄"吗？许劭你当年的说法有严重错误！

可能也就在此时，曹操才将许劭带给他的心理阴影彻底治愈。

拿宦官蹇硕的叔父立威

"治世之能臣，乱世之奸雄"这句话，通俗地说，就是"亦正亦邪"——在大节上坚持正道、大义凛然，在小节上偶犯邪恶，换句话说就是"小恶大勇"。那么，曹操年轻时"能"在哪，又"奸"在何处？

曹操的邪气在年少时就表现得很充分。早年是一个不务正业、爱捉弄人的问题少年。《三国志》引《曹瞒传》说，曹操年少时，"好飞鹰走狗，游荡无度"。他叔叔实在看不下去，常常提醒老兄曹嵩应该好好管教一下这个儿子。曹操听说叔叔告状，便想出一个鬼点子来对付他。

有一天，曹操远远地见叔叔来了，立即作口歪嘴斜状。叔问其故，曹操答突然中风。叔叔当即去报告曹嵩。等曹嵩把曹操叫来一看，什么事都没有。曹操趁机说，我哪里中风了，一定是因为叔叔不喜欢我，才在背后乱讲我的坏话。有这么一个"狼来了"的故事垫底，自然以后老弟再说儿子曹操什么不是，曹嵩都不信了。

曹操最大的"邪"体现在他那句名言："宁可我负天下人，不可天下人负我！"《三国志》引《世语》上的故事说：董卓行废立后，曹操担心被杀，逃出京都，半路投奔旧友吕伯奢家。吕伯奢不在家，五个儿子杀鸡宰羊招待他，曹操听见磨刀声，以为吕伯奢的儿子知道他是通缉犯、要动手杀他，于是先下手为强，杀了吕伯奢一家八口，离开前悲怆地说："宁我负人，毋人负我！"此事还有另一种说法，是曹操投奔时吕伯奢不在，他的儿子与宾客抢劫曹操的马匹及财物，曹操被迫自卫，这才击杀数人。在这个版本里，曹操纯属正当防卫，而且没说过"宁我负人，毋人负我"这句话。两种说法，皆有可能。

如此"邪恶"的曹操"正"在哪里？在面对国家大事大非问题、在面对宦官这个国家毒瘤时，曹操表现出了敢作敢当、完全与众不同的特质。

曹操做的第一个官，是"洛阳北部尉"，可以理解为首都洛阳北城区的公安局局长。自古京官难当，因为京城高官遍地，权贵如云，豪强成堆。小小北部尉，如果惹到什么牛人，对方随随便便都能把你当蚂蚁一样捏死。曹操天生自带邪气，自然不信邪，新官上任，决定给某些不遵守法纪的权贵豪强一点颜色看看。他找人定制了一批"五色棒"，分给左右随从，并规定：北城区如有犯法的人，不管他是什么背景，一律棒杀。所谓"五色棒"，无非是在普通木棒涂上五种颜色，以示威慑和煞气，论神通，自然无法跟孙悟空的金箍棒相比。

几个月后，有一个要人撞到曹操的枪口上了。谁呢？汉灵帝特别宠幸的小黄门（太监）蹇硕的叔父。因为违反宵禁的规定夜行（汉时晚上一般不让出门），被曹操逮着了，曹操立即命部下以"五色棒"将其棒杀。此事震动京师，上至权贵，下至豪强，大为收敛。但这样卜去也不是事啊，于是他们后来找借口，将曹操名升暗降，免掉他的职务，调他到兖州东郡的顿丘县当县令。这是曹操第一次到基层做官，也是他后来选择兖州东郡作为自己第一个创业基地的原因。

曹操在拿蹇硕的叔父开刀时，已做了几个月的洛阳北部尉，违规的人肯定无数，为什么独独拿他干刀呢？此时的蹇硕还没有做到"西园八校尉"之首的"上军校尉"，只是一个普通"小黄门"，属于级别很低的太监。只是因为他深受汉灵帝宠信，地位非同一般（汉灵帝临终对他托孤，要他立小儿子刘协为帝）。曹操选择蹇硕的叔父开刀，显然是经过深思熟虑的。一是杀个牛人，扬名立万；二是与宦官划清界限，向士人、清流和江湖豪侠表明态度：我曹操的父亲虽然是宦官的养子，但我跟他们不是一伙的。

走向创业：许劭预言渐渐应验

曹操顿时成了"网红"，但也因此被发配到一个偏远小县当县令。几年后（178 年），曹操受宫廷斗争的牵连被罢官，回老家谯县闲居。中平元年（184 年），黄巾起义爆发，曹操被拜为骑都尉，受命平定黄巾军，结果大破黄巾军，斩首数万级，升为青州济南国国相。曹操到任后，整治官场，刷新吏治，又得罪无数权贵，被人攻击打压，无奈只得再次托病，辞官回家读书。

中平五年（188 年），汉灵帝设置西园八校尉，曹操因其家世被任命为八校尉中的典军校尉，与袁绍等牛人成为同事。中平六年（189 年），汉灵帝驾崩，何进掌权，召董卓进京诛宦官。再后来，董卓乱洛阳，曹操被迫逃亡到兖州创业。

熹平三年（174 年）到中平六年（189 年），曹操年龄在二十到三十五岁，是曹操体制内生存的十五年，也是其"三观"形成并巩固的黄金岁月。这期间，曹操起起落落，时而当官，时而被罢。这既说明曹操是一个有能力有手段、朝廷有难时能帮得上忙的能臣（治世之能臣），也说明曹操对世事朝政过于较真、不愿与没落权贵同流合污，因而难以被官僚体系所容。这十五年，曹操一心想通过自己的智慧和热血，以法治整肃官场，以道德改良社会，重振病入膏肓的东汉王朝。无奈汉帝国沉疴已重，民怨沸腾，积弊难返，腐朽难雕，内在阻力实在太大，曹操的行为受到无数权贵抵制，体制内改革屡屡受挫，曹操焉能不郁闷？

但曹操的郁闷和起落，恰恰说明他是一个有志的热血青年。因为志向大于能力，因为热血不被认可，所以才郁闷。因为真正将自己的理想付于社会实践，敢于反抗宦官和董卓等强权，所以才会几番遭遇挫折，这比那些一辈子都只会空谈的清流、或和光同尘同流合污，追求"岁月静好"的庸俗之人，不知强了多少倍。

比起孙坚、刘备等草根创业者，曹操创业时间较晚，但他的眼光、格局、经历、家世和朋友圈资源，都比他们要优越。从一开始，曹操就表现出卓越的政治家和军事家潜能。初平元年（190 年）正月，袁绍等十三路大军讨董失败后，曹操前往兖州东郡发展，在这里，曹操终于赚得人生第一桶大金（兖州），也迎来一生第一个重大挫折。这一切，与一个昔日的好友有关。他就是张邈。

张邈：曹操成长的标杆

一种观点认为，一个人要成事，需要高人开悟、贵人相助、对手倒逼、小人督促。对于曹操来说，桥玄和许劭是高人，何进和袁绍是贵人，荀彧和郭嘉是知己，刘备和孙权是对手，谁是小人？张邈、吕布和陈宫。

说这三人是"小人"，其实并不准确。吕布可能算小人，但张邈和陈宫绝对不算。两人在曹操创业早期，都曾是其铁杆，为其在兖州创业、站稳脚跟立下过汗马功劳。在最初的三年，在人力物力乃至精神上对曹操帮助最大的人，非张邈莫属。可惜，张邈最后却联合陈宫和吕布造了曹操的反，要夺他的创业大本营兖州，最终兵败被杀。

铁杆哥们儿 + 天使投资人

张邈为什么要反曹操？

按出道时间算，张邈应该算曹操的创业前辈。张邈跟曹操、袁绍等人一样，年轻时就以侠义闻名，以济贫助人为乐。张邈帮人，真的是急人所急，为了帮朋友，倾家荡产也在所不惜。天下壮士闻其大名，纷纷来投奔他。（少以侠闻，振穷救急，倾家无爱，士多归之——《三国志·魏书·吕布臧洪传》）就这一点而言，张邈颇似《水浒传》里的及时雨宋江。

因为性格相投，曹操、袁绍和张邈三人年轻时私交很好，大致可比作未经"桃源结义"的兄弟。张邈家世很好（高干子弟），被朝廷征召出任骑都尉，不久又被董卓封为陈留郡太守。也就是说，张邈的郡守之职不是靠自己本事夺来的，而是朝廷任命的。

曹操被董卓通缉、亡命天涯时，第一个去投奔的人，就是张邈。（太祖至陈留，散家财，合义兵，将以诛卓——《三国志·魏书·武帝纪》）因为张邈的收留，曹操才有机会，在陈留郡的己吾县招兵买马，开始起兵讨伐董卓。这说明什么曹操和张邈交情不是一般的深，否则作为一个郡太守，张邈怎么能容忍一个陌生人在自己的地盘上招兵买马？

就在这时，张邈发起了反董联盟。为什么说张邈是第一个发起者？一是反董联盟十三路诸侯中最早的五路人马，都是他的兄弟和好友；二是这五路诸侯的聚会地点就在陈留郡的酸枣县，而陈留郡的父母官乃是张邈；三是因为张邈的性格。张邈为人耿直、刚烈如火、嫉恶如仇，这种人通常顾虑较少，干得多，想得少，特别适合在朝代末年第一个揭竿而起。

中平元年（189 年）年底，天气寒冰刺骨，汉朝的政治氛围也因为董卓废立之事降低到了极点。张邈振臂一呼，四处煽风点火，大搞串联，发誓要干掉董卓。其弟扬州广陵郡太守张超、兖州刺史刘岱、豫州刺史孔伷和兖州东郡太守桥瑁先后加盟，来到酸枣县集会。这是十三路诸侯最早、最核心的五路诸侯。

相对其他各路诸侯，曹操虽然实力最弱，但抗董的心却真诚。他见其他诸侯都在做秀，让董卓笑话，于是决定独自引军西进。张邈作为联盟发起人，不好意思不打，又担心打不过董卓，没有全军上，而是只派帐下部属卫兹率部随曹操作战,结果两人被董卓猛将徐荣打得满地找牙,曹操侥幸逃脱,而卫兹战死。

曹操虽然战败,与张邈更加英雄相惜。后来,张邈不知什么事惹怒反董联盟盟主袁绍,袁绍大怒,命曹操杀了张邈。曹操不从,反而责怪袁绍说:"孟卓(张邈字孟卓)是咱俩的哥们儿,无论如何都该容得下他。如今天下大乱,不应自相残杀啊!"张邈听说此事,对曹操越发敬重。

曹操抗董兵败,几千人马损失殆尽,只好去扬州丹阳郡招兵。可惜曹操好不容易招到四千人,半路上或叛或逃,最后只剩五百人。无奈,曹操只好北上冀州,去投奔第二个好友:袁绍。

初平四年(193年)秋,曹操因为父亲死于徐州,怀疑是徐州牧陶谦干的,为报父仇,率兵征讨陶谦。此时,曹操实力一般,担心不是陶谦的对手,肉包子打狗有去无回,临行前对家人说:"我如果回不来,你们就去投靠孟卓(张邈)啊。"结果曹操凯旋而归,见到张邈,两人相视而泣。他们的关系就是这样的亲密。(太祖之征陶谦,敕家曰:"我若不还,往依孟卓。"后还,见邈,垂泣相对。其亲如此——《三国志·魏书·吕布臧洪传》)

但是,到兴平元年(194年)四月,曹操再度率领大军征讨陶谦时,张邈不仅不帮他照顾家人,还勾结外人吕布,差点夺走曹操创业的第一桶金——兖州。

"友谊小船"说翻就翻

曹操与张邈的"友谊小船"是怎么说翻就翻的?

简单地说,就是曹操、张邈和袁绍这三个大男人在搞"三角恋",相互间搅乎进各种恩怨情仇。具体地说,有三个原因。

一是张邈从内心深处不能接受曹操当他的领导,或不能接受他的领导方式。

前面说过,曹操、袁绍、张邈年轻时是帝都洛阳老友,但哥几个下海创业后,因为性格、三观等原因,渐渐起了冲突。张邈这个人,脾气暴、性格直,为人侠义,但这种性格的人往往喜欢自己做老大——可以豁出去罩兄弟,却不能接受昔日兄弟做自己的领导。几年前,比张邈后下海的袁绍,以一个渤海太守的身份担任讨董联盟盟主,还自封"车骑将军",对张邈颐指气使、傲慢无礼,就让张邈非常来气。尤其是他得知袁绍指使曹操杀他时,张邈彻底与袁绍闹崩,而与曹操亲近。"曹袁张"铁三角关系的一条"边"(袁—张关系)先断了。

如今故事重演,昔日向他寻求庇护和资助的曹操,才几年时间,就越过东郡太守这个台阶,当上了兖州刺史,而自己作为曹操的最早资助人,这些年一直在原地踏步,还是个陈留郡太守,反过来成了曹操的部下。这也太不公平、太让人憋屈了。

更气人的是,曹操一当上兖州刺史,就忘了当年的兄弟情谊,正儿八经地大搞改革整顿,弄得整个兖州鸡飞狗跳,完全不把我这个陈留郡守放在眼里。这还是当年那个一块瞎折腾的曹阿瞒吗?张曹二人渐生嫌隙。"曹袁张"铁三角关系的另一条"边"(曹—张关系)又要断了。

二是张邈曾跟吕布结盟对付袁绍,袁绍大恨。

曹操、张邈和袁绍这三个大男人之间一团乱麻之际,又掺乎一个"第四者"。谁?吕布。我们在董卓那一章曾提到,吕布杀董卓后被李傕和郭汜攻破长安城,不得不四处逃亡。他先投奔驻扎在荆州南阳郡的袁术,后被袁术嫌弃,又投靠好哥们儿、司隶校尉部河内郡太守张杨,然后又北上冀州投靠袁绍。袁绍比老弟袁术仁厚,热情款待吕布,还给他安排了一个打冀州境内黑山军的艰苦工作。吕布倒是帮袁绍干掉了无数黑山军,但袁绍承诺的东西没有兑现,还派人暗杀吕布,两人不欢而散。吕布于是离开袁绍再去投奔张杨,路过兖州陈留郡时,被张邈热情招待。

张邈热情招待吕布,这件事有点让人意外。要知道初平元年(190年)反董联盟成立时,张、吕二人分属"反董"和"护董"两个阵营,绝对是死敌。化敌为友的原因无非两条，一是吕布杀了董卓，用实际行动表明自己彻底脱离董卓凉州系军阀，二是吕布乃闻名天下的大英雄，目前跟张邈一样，都是袁绍的仇人。敌人的敌人就是朋友。张邈觉得，也许可以将吕布引为联盟，共同对付袁绍和曹操。可能是因为时机尚不成熟，一时没找到对付袁曹二人的机会，吕布与张邈把酒言欢，预作铺垫，临别前手拉手立誓，未来合作干他一票。

三是曹操跟张邈的仇人袁绍关系相当好，张邈担心曹操帮袁绍杀他。

袁绍很快听说张邈和吕布勾搭的消息，恨得咬牙切齿（绍闻之，大恨）。张邈听说袁绍的反应后，又想起几年前袁绍派曹操暗杀他的事。上次曹操被袁绍委托，不但没有杀他，还把这个阴谋告诉他，那是因为那时三人都是好朋友，且张邈对曹操的帮助大于袁绍帮曹操。现在情况不同了——张邈这些年与袁绍一直是敌对状态，没想到曹操第一轮创业失利后，居然投靠了袁绍，而且与袁绍走得越来越近，这让张邈非常不安。敌人的朋友就是敌人。张邈心想：曹操跟袁绍走这么近，他的东郡太守和兖州刺史这两顶官帽都是袁绍帮他要来的，如果袁绍再次委托曹操杀我，曹操动手的可能性一定会相当大（邈畏太祖终为绍击己也，心不自安）。

张邈心里惶恐不安，翻来覆去地想，决定先下手为强。机会说来就来。兴平元年（194 年）四月，曹操再度率领大军征讨徐州陶谦时，曹操帐下谋士陈宫来找张邈，劝他趁曹操在外征战的机会，联合吕布，夺取兖州。

陈宫这样劝说张邈："如今英雄豪杰四起，天下分崩离析，您拥有千里之地，士卒众多，又处于四面受敌的处境，抚剑四顾，也算得上人中龙凤，反而受制于曹操，这不是耻辱吗？如今兖州军队东征徐州，城内空虚，吕布又是位骁将，善战无敌，如果请他来做兖州牧，静观天下之变，何愁不干出一番大事业？"

陈宫的话说中了张邈心中的痒处，加上之前与吕布有过交往铺垫，立即接受陈宫的建议。张邈、陈宫和吕布还有张邈的弟弟张超等人一拍即合，叛曹迎吕布为兖州牧。

那么，吕布为什么与陈宫和张邈一拍即合，答应搞曹操一家伙？一是因为他天性就是反复无常的小人，干坏事根本不需要理由，二是因为他实在山穷水尽了。

关于张邈勾结陈宫、吕布反曹的详细过程，我们留到吕布那一章再说。这里简单说一下经过和结局。因为曹操率大军出征，留守的兵力很少，加上曹操当上兖州牧不久，人心尚未归附，陈宫、吕布、张邈三人很快便横扫整个兖州。除鄄城和范县、东阿三座城池外，剩下的地方都被他们占领了。可惜他们很倒霉，遇到了曹营当时最聪明的两个谋士荀彧和程昱，最终功亏一篑。曹操回到兖州，大力平叛，张邈跟着吕布一起逃跑，留下弟弟张超守雍丘城。曹操围攻雍丘数月，攻破并屠戮城池，诛杀了张超及其家属。张邈去向袁术搬救兵，半道被部下杀害。

张邈为何谢幕这么早？

张邈是曹操创业和成长过程中的一个关键人物，他这么快就被淘汰、而且被曹操亲手淘汰，说明一个问题：乱世创业，光有一个高起点、一颗侠义之心和一帮兄弟是不够的，更重要的是，必须不断学习，知人识势，与时俱进。而张邈很不幸，后几条都不具备，这是他在"准三国"时代开始不久就被干掉的重要原因。

张邈第一大缺点是不学习，难以自我迭代升级。张邈学习能力远不如曹操，性格缺陷严重。偏执，固步自封，长时间没有进步。三国乱世，如逆水行舟，你不进步，遇到袁绍和曹操这些身世好、后劲强的牛人，就会相当吃力，一不小心就被甩出很远。张邈做了 N 年东郡太守，直到他被人杀害，也没听说他有什么谋士，没听说他跟谁关系特别好，说明他顶多是仗义助人、单打独斗的侠士，而非团结、驾驭一群人经营事业的领袖之才。

曹操与张邈分道扬镳，不乏性格冲突，但更重要的是，曹操志向远大，很早就摆脱"圈子义气"，开始探索真正的组织力量和国家治理。兖州打拼这三四年，曹操最大的蜕变，就是愤青色彩渐渐淡化，不再逞英雄、拼义气，而是学会了管理和谋略。尤其是荀彧和程昱等著名谋士的加盟，对曹操的心性改变极大。

其次，张邈不知人，站错了队。张邈首先不识曹操。张邈帮过曹操，利用其在兖州的人脉资源，亲手把曹操送上兖州牧的位置。如果他有知人之智和自知之明，提前预知曹操将成为一代雄主——三国很多牛人都提前看到这一点，纷纷向曹操投资，成为原始股东——就应该摆正自己的位置，俯身辅佐曹操，成为曹操集团的原始股东。以他的天使投资人身份，日后前程、身价不可估量。可惜他吃里扒外，勾结了不该勾结的人，反过来打曹操。当然，张邈同样不识吕布和陈宫。吕布和陈宫各有所长，一武一文，但两人的短板都非常严重，吕布短板在人品，反复无常，陈宫短板在私心和愤青思想严重，两人都不是成事之人。

其三，张邈不识势，不能与时俱进。兴平元年（194年）的天下形势，与初平元年（190年）相比已发生了相当大变化。初平三年（192年）董卓在长安被诛后，群龙无首，群雄逐鹿中原，跑马圈地，混战不休。放眼汉帝国各诸侯，除了袁绍袁术兄弟，没有特别强的老大。但经过190—194年这四年的跑马圈地后，袁绍和曹操异军突起，各占几州，成为北方双雄。

张邈夹在袁绍和曹操两位老大中间，必然难受。再好的朋友，一旦参与群雄逐鹿的游戏，沦为竞争对手，私谊就不复存在。初平四年（193年）袁绍和曹操互生怀疑，断掉"曹袁张"铁三角关系的最后一条"边"（曹—袁关系）。虽然离建安五年（200年）的官渡之战还很遥远，但袁曹二家已开始进入"修昔底德陷阱"，"喋血双雄"不可避免，张邈但凡识势，就应该选一边站队。遗憾的是，袁绍和曹操这双雄张邈谁也不选，既不鸟袁绍，又背叛曹操，怎么会有好下场？

但从另一个角度看，张邈的悲剧，本质上属于袁绍的借刀杀人——通过逃拨曹操和张邈内斗，以坐收渔翁之利。四年前袁绍的"借刀杀人"之计没有成功，虽有遗憾，但也无大损失。但四年后，曹操成了兖州牧，越来越不听袁绍号令，让袁绍无法容忍。正好，手头有张邈这枚闲棋子，不用白不用。所以张邈反叛，背后是袁绍与曹操矛盾激化的牺牲品。三个昔日好友，就这样被 PK 掉一个。"曹袁张"铁三角终于消失了。

后世有人认为，曹操年轻时最好的几个朋友张邈、袁绍、许攸，均有大恩于他，最后却都死于他手，认为曹操刻薄寡恩，不够仗义。从"人道"上讲，曹操确实道义有亏。但从"政道"上说，张邈、袁绍、许攸都是被历史潮流淘汰的。曹操不动手，也会有别人杀他们。赌场无父子，战场无朋友。一个人一旦选择上大战场 PK，参与打天下这种军国大事，其社交逻辑必须发生质变——"私谊"必须让位于"公义"，否则你只能小圈子赢，而大圈子败。

从曹操角度看，其与张邈和袁绍两位好友的分道扬镳，说明他开始走出小圈子的朋友义气，向大圈子的政治公益转型。他的择友标准，不再是是否帮过我，而是是否有利于事业的长远发展、是否符合止战安民、一统天下的大势。这是乱世拼杀走向成功的必由之路，正如当今社会，衡量一个创业家能否成功，一开始关注的，是他能否赚钱，而后期，则主要观察他能不能从纯粹以赚钱为目的的商人，向兼顾赢利和服务社会双重目的的企业家转型。

汉献帝：与曹操相爱相杀二十四年

兴平元年（194 年）至兴平二年（195 年）的兖州内乱，差点使曹操失去创业第一桶大金，这件事给他上了生动一课。曹操终于明白：如果只知道马上打天下，而不知道马下治天下，创业迟早玩完。只知道硬打硬拼，不懂政治和战略，也要完蛋。曹操与生俱来的政治家素质和战略眼光开始被激活，并发挥作用。他知道，他与袁绍同在北方创业，疆界越来越近，两人迟早有一场你死我活的大战。在地盘、兵力、粮草等"硬实力"远不如袁绍的情况下，只能在"软实力"上做文章。

原创"挟天子以令诸侯"的毛玠

曹操想起了奉迎汉献帝的这个建议。

曹操"挟天子以令诸侯"的创意，最早始于其谋士毛玠。曹操占据兖州后，毛玠给他分析形势：现如今国家分崩离析，君主流离失所，民众失业，饥饿流亡……袁绍、刘表他们虽然兵多将广，势力强大，却没有长远的考虑，缺乏树基建本的东西。基于这些，毛玠对曹操建议："用兵之事，合乎正义的才能取胜，保守权位需要财力，因此，应当拥立天子以令叛逆之臣，发展耕植，积蓄军资，如果这样，则霸王之大业可成。"（"夫兵义者胜，守位以财，宜奉天子以令不臣，修耕植，畜军资，如此则霸王之业可成也。"——《三国志·魏书·崔毛徐何邢鲍司马传》）

毛玠首提"奉天子以令不臣"，是站在曹操角度说的，主旨非常"主旋律"——弘扬正能量（奉天子），打击负能量（令不臣）。这件事后来广为人知，不断被演绎、丑化、描黑。鉴于曹操后来确实利用汉献帝党同伐异，做了很多打击对手的事，所以在第三人称口中，慢慢变成了"挟天子以令诸侯"。这个说法，彻底颠倒了毛玠的创意，"不臣"变成"诸侯"，而"奉天子"变成了"挟天子"。

不管是叫"奉天子以令不臣"，还是叫"挟天子以令诸侯"，这件事在执行层面难度相当大，因为汉献帝不是谁想"奉"就能"奉"、想"挟"

就能"挟"的。"挟天子以令诸侯"这个故事并不新奇,汉末以来已经上演两次,也就是说,汉献帝已经被两拨人"挟"过,而挟持者,短期受益都很大,而结局都很惨。

但曹操极其赏识毛玠的建议,认为自己能借汉献帝干出一番不一样的事情。他是个行动派,当即派一使节出使长安。

王必长安行堪比唐僧取经

曹操派出的使节名叫王必,职务是从事,乃是曹操的一个重要心腹。

曹操此时大本营在兖州东郡,东郡郡治濮阳(今河南濮阳县城西南)离长安(今陕西西安)约一千四百里,在群雄割据、遍地战火的年代,跑这么远迎接皇帝,比唐僧西天取经还困难、还危险。先不说能否把皇帝接回,能不能平安到达长安、能否见到皇帝都是个问题。

果然,王必在路经河内郡时被河内太守张杨截住,不让过境。

关键时刻,有一个贵人帮了曹操大忙。他就是张杨的部下董昭。董昭跟荀彧和郭嘉一样,最早也在袁绍帐下效力。最初袁绍打公孙瓒时,董昭出过力,立过大功。后来他的弟弟董访投奔了张邈,而张邈与袁绍有矛盾,兴平元年(194 年),袁绍听信谗言,"恨屋及乌",要治董昭的罪,董昭无奈,逃离袁营,欲去长安投奔汉献帝。谁知道,半路上却被河内太守张杨截住,于是留在了河内郡。

此时的董昭与曹操其实没什么交情,但他一则久闻曹操大名,知其必将一统天下,是个铁杆"曹粉",二则久有投靠皇上之意,于是决定帮曹操一把,顺带实现自己的夙愿。这就是领导者品牌名声和人格魅力的价值所在。

董昭听说张杨扣下曹使王必,就劝他:曹操和袁绍目前名义虽然是一家人,但迟早要分家。曹操眼下虽弱,但实为英雄,此时应该趁他还没变强时投资抄底。眼下就是天赐良机,不应错过。你不仅不应该阻拦王必，还应该帮他为奉迎汉献帝的事牵线搭桥、上表举荐他。这件事要成了，你就是曹操的老铁，后半辈子都将衣食无忧。

张杨虽是个武人，觉得董昭所说有理，就依计而行。董昭好人做到底，送佛送到西，在帮王必通关后，又写信给此时把持长安和汉献帝的凉州系军阀李傕和郭汜等人，托他们关照王必，曹操这才与汉献帝搭上线。董昭后来随张杨护送献帝东归，正式跳槽曹氏集团，成为曹魏重臣和开国元勋，为曹魏篡汉这件见不得人的事立下大功，在"套现曹操"那一章，我们还会详细介绍这位曹操的老朋友。

但与汉献帝搭上线，只是"挟天子以令诸侯"这个战略工程的第一步。当时天下大乱，群雄要么不鸟汉献帝，打算另立皇帝（比如韩馥、袁绍），要么是自己想当皇帝（比如袁术、袁绍），很多地方诸侯则因为身处乱世，对朝贡一事有心无力。曹操派使见到汉献帝，相当难得。李傕和郭汜等人感觉曹操此举非同寻常，决定扣留王必。幸亏当时在长安的钟繇劝李傕和郭汜目光放长远一点，为自己留后路，这才放王必回归。也就是说，在曹操奉迎天子这件事上，钟繇也出过大力。（傕、汜等用繇言，厚加答报，由是太祖使命遂得通——《三国志·魏书·钟繇华歆王朗传》）钟繇后来也投靠曹操，成为曹魏集团重臣。

好的开始是成功的一半，接下来就看机缘了。转眼间到了兴平二年（195年），李傕和郭汜因为内斗，两败俱伤，汉献帝得以逃脱。在韩暹、杨奉、董承、张杨等几路兵马的护送下，汉献帝东归，一路奔波，于建安元年（196年）到达洛阳。曹操一看时机成熟，再次将"奉天子以令不臣"的战略提上日程。

跟袁绍当时发起这个提议时遭到无数异议一样，在曹操集团，也有很多人持反对意见。但重要谋士荀彧和程昱均表示赞同，于是曹操亲自拍板，派亲信曹洪领兵向洛阳进发，途中遭到袁术和董承等人的拦截。后曹操以粮草收买杨奉，在董承的帮助下，终于与曹洪进军洛阳，成功将汉献帝握在手中。

曹操到洛阳朝见汉献帝，见韩暹、杨奉、董承、张杨等人均以功臣自居，且政见不一，互不相让，于是问计董昭怎么办？董昭说了一句让曹操醍醐灌顶的话："夫行非常之事，乃有非常之功。"董昭认为曹操在洛阳做不了什么事，只有"行非常之事"，把汉献帝带到自己的地盘许县，摆脱韩暹、杨奉、董承等凉州系军阀的掣肘，才有可能实现"非常之功"。

曹操大喜，但还是发愁怎么把汉献帝从洛阳弄到许县去，万一杨奉等人不同意怎么办。董昭又献上一计，建议曹操用重金收买杨奉，然后再撒"烟幕弹"，就说洛阳缺粮，不如将圣驾暂移荆州南阳郡的鲁阳县（袁术初创业时的大本营）。鲁阳离许县较近，这样粮食转运不是问题。为什么要粮食作诱饵来骗杨奉呢？自中平元年（184 年），天下连续征战十二年，加上各种天灾，粮食比黄金还精贵，有粮的才是大爷。曹操觉得此计甚妙，完全照董昭的做，果然成功将汉献帝"骗到"许县。

为什么"挟天子"的是曹操？

建安元年（196 年），曹操历经各种艰难险阻，终于迎立汉献帝到许县。曹操克服重重困难的"忠义"之举，得到巨大回报，汉献帝立即加封他为镇东将军、领司隶校尉、录尚书事，一下子在一人之下、万人之上，比"三公"还牛，不久，还被加封为大将军、武平侯，荀彧、夏侯惇、夏侯渊、曹洪、曹仁等部众也被重赏高封。除了奉迎汉献帝，曹操还顺带接收一批声名显赫的朝廷重臣（比如太尉杨彪等）和一批慕名前来投奔的士族大家子弟。

"挟天子以令诸侯"对曹操战略意义巨大，可视为"弯道超车"之举。因为论地盘实力，此时只占据兖州和一部分豫州的曹操此时并不强，冀州的袁绍、荆州的刘表、益州的刘璋、徐州的吕布（包括刘备）、扬州的袁术都胜于他,可惜他们或无意迎帝(如刘表、刘璋),或行动迟缓(如袁绍),给曹操捡了一大便宜。

作为一个创业者,曹操胜在战略高度,快速将"奉天子以令不臣"从战略构想落到执行层面,就是一个重要例证。此举彻底拉开了他与其他竞争对手的差距。董昭、钟繇能在曹操还不是特别强大的时候帮助他、成全他、投奔他,也是提前看到了他异于常人的格局、决心和"忠心"。

关于曹操挟天子以令诸侯这件事,事后看,怎么看似乎都是理所当然,但在完成之前,其实充满了很多不确定性,有几个小问题,比如:

一、为什么曹操"挟天子以令诸侯"这件事发生在建安元年(196年)?

二、为什么汉献帝心甘情愿被曹操所"挟"?

三、同样是"挟天子",为什么袁绍以及董卓、李傕和郭汜等凉州系都失败了,而独曹操能赢?

先回答第一个问题:为什么这件事不早不晚,发生在建安元年(196年)?

有人可能会问:一件事发生了,总有一个时间,哪有那么多为什么?

有。时间是"连续的",不是"离散的",这世上没有一件事会无缘无故发生,纯粹的巧合是非常少的。

正如我们在本书序章提到的,建安元年(196年)是36年"准三国"时代的"起"与"承"两个阶段的转折点,汉王朝正处于从"急速下降"阶段转向"首次反弹"的节点,一个重要标志是,皇帝终于从凉州军阀手里逃脱,东归洛阳,恢复自由了。这件事,意义非常大。

从董卓进京到被曹操奉迎这七年(189—196年),汉献帝过得实在太苦了。在董卓手里的三年(189—192年)很苦,在李傕和郭汜手里的三年(192—195年)更苦。成日与李傕、郭汜、樊稠三个杀人魔王相伴,汉献帝这个皇帝当得是如履薄冰,每天都在肝颤,度日如年。幸亏李傕、郭汜、樊稠三人内斗，加上韩遂和马超的骚扰，长安没法再待，汉献帝才得以在兴平二年（195 年）七月，终于踏上东归之路，历经一年、摆脱李傕、郭汜的追击后，才好不容易来到洛阳。

第二个问题：汉献帝为何甘愿被曹操所"挟"？

因为他没有别的选择，同时，一开始他也并不认为曹操在"挟"。

关于曹操迎献帝这件事，一直有善意的"奉天子以令不臣"和恶意的"挟天子以令诸侯"两种说法。那么，此时的曹操，到底是"奉天子"和"挟天子"？

我认为都有。

曹操最初"奉天子"的心是真诚的。建安元年（196 年）七月，献帝辗转流亡，回到了已成为废墟的洛阳。此时，距他上次离开，已过去六年。此时的洛阳早已是一片虚墟、一座鬼城。老百姓或被强迁到长安，或出去逃难了，朝臣回到长安，吃饭都是问题，很多人都饿得扶墙走。想象一下那种环境，汉献帝和朝臣这时就是地地道道的难民，最大的愿望是有饭吃，有衣穿，有地方遮风避雨。

曹操在自己的军队粮食和住房都很紧张的情况下，对汉献帝和群臣管吃管住，百般照料，嘘寒问暖，汉献帝被感动得稀里哗啦，立即送了曹操一堆官帽。曹操不废吹灰之力，成为名义上的诸侯领袖，地位直追几年前的董卓。从汉献帝赏赐曹操及其部下的频度和力度看，在建安元年（196 年）时，汉献帝对曹操是充满感激的。曹操对他，也是真心地"奉"，而不是"挟"。"挟天子"是后来曹操势力渐大、权倾朝野，充分将汉献帝这个无形资产"变现"之后的事。

但归根结底，"奉天子"是手段、是投资，"挟天子"才是目的、是回报。挟天子的本质是战略升级或升维，而"挟天子以令诸侯"的本质则是一种降维打击，在打击竞争对手时无形多了一种势能。袁绍就是一个典型案例。曹操迎立汉献帝之后，反过来开始对袁绍发号施令，极尽羞辱。

　　最后说第三个问题：同样是"挟天子"，为什么袁绍以及董卓、李催和郭汜等凉州系都失败了，而独曹操能赢？

　　袁绍错失挟天子，是因为他好断无谋的性格，导致他"起个大早、赶上晚集"，后悔不已。我们在前面已经探讨过，这里不再赘述，只重点说说，董卓、李催和郭汜等凉州系为什么会失败。

　　如果用一个现代时髦词汇来解释，那就是：董卓、袁绍等人没有政治家"情怀"。

　　情怀这个词，很多人感觉很虚。但它对一种人很重要，那就是真正拥有实力的人——越"实"的人越需要"虚"的东西。打一个不太恰当的比方：情怀好比汤，对一个成天填不饱肚子、饥寒交迫的人，你对他说汤有营养，得多喝，他一定会对你怒目而视，说你饱汉子不知饿汉子饥。但是对早就衣食无忧、开始追求养生的人来说，汤的营养就显得特别重要。

　　董卓也好，李催和郭汜也好，在他们占据洛阳、长安等帝都，掌握汉献帝和百官，手握一切朝政和人事大权时，他们最应该做的，是借助手中的权力和实力，以战止战，彻底消除战乱、拯救苍生，让社会回归正常秩序。可惜他们是没有受过教育、没有人文觉悟的凉州军阀，既无追求和平、庇护百姓的公心，也没有消灭诸侯的理想，而是陶醉于吃喝玩乐、骄奢淫逸、残暴杀人等低级趣味，把皇帝和群臣当人质，党同伐异、排除异己。这样的人，不可能赢得皇上、群臣、士人、地方诸侯甚至是部下的真心拥戴。所有人都是短期心态，严重缺乏安全感，所以互相杀戮、彼此提防、人人自危。董卓、李催和郭汜等凉州系军阀大多死于自己人之手，就是典型例证。

　　不怕不识货，就怕货比货。跟董卓和袁绍等人一比，曹操境界高下立判。曹操起兵，首先当然基于个人奋斗，但是其骨子里有一种以天下苍生为念的悲悯情怀，这从曹操的诗歌就可以看出来，比如早期诗歌作品《蒿里行》：

关东有义士，兴兵讨群凶。

初期会盟津，乃心在咸阳。

军合力不齐，踌躇而雁行。

势利使人争，嗣还自相戕。

淮南弟称号，刻玺于北方。

铠甲生虮虱，万姓以死亡。

白骨露于野，千里无鸡鸣。

生民百遗一，念之断人肠。

　　曹操在首诗里，以他本人的亲身经历，描绘了初平元年（190 年）反董联盟时各路诸侯面对百姓之苦，却毫不作为、不仅不讨董反而自相残杀的丑态，对袁术试图称帝的无耻行为忧心忡忡。"白骨露于野，千里无鸡鸣。生民百遗一，念之断人肠"这样的句子，如果不知道出处，猛一看还以为诗圣杜甫写的。其实，曹操还写过一首姐妹篇《薤露》，其中有"播越西迁移，号泣而且行。瞻彼洛城郭，微子为哀伤"这样的句子，大意是：初平元年（190 年），汉献帝刘协、群臣和洛阳市民被迫从洛阳向长安迁都，一路颠沛流离、尸骨盈野、哭声震地，看着那洛阳的城郭，我就像微子（微子是商朝殷纣王的哥哥。据古籍记载，殷灭亡之后，他路过殷朝故都，看到宫室颓败残破，到处长满禾黍，无限伤心）一样感到无比的哀痛。没有发自肺腑的真情实感，是写不出这样的句子的。

　　什么叫情怀？这就是。

　　这种政治家才有的悲悯情怀，三国群雄中可谓凤毛麟角，曹操算一个，刘备算半个，连被曹操大赞"生子当如孙仲谋"的创二代杰出代表孙权都不具备。这或许就是"今天下英雄，惟使君与操耳"的真正原因，也是曹操最终将"奉迎天子"这件事付诸实施的强大内在动力。

甲 A 级谋士：荀彧与郭嘉

兴平元年（194 年），张邈、陈宫、吕布三人阴谋夺取兖州，为什么只差三城就功败垂成？不是张邈的本土资源不够牛，更不是陈宫的计谋不够奇，也不是吕布武力不够强，而是因为他们遇到一个重要对手——荀彧。荀彧此时投奔曹操约三年，被曹操倚为心腹。正是荀彧及时识破吕布等人的诈降计，果断派程昱处置，终于保住了鄄城，为曹操从徐州反扑赢得了宝贵的时间。事后，曹操感激地对程昱说："如果没有你和荀彧，我就真成丧家之犬了。"

荀彧比曹操小八岁，于汉桓帝延熹六年（163 年）出生于豫州颍川郡颍阴县的荀家，跟袁绍一样，也是世家大族子弟。从其祖父起，荀家人才辈出，个个人中龙凤，荀彧的叔父荀爽、弟弟荀谌和侄子荀攸，均是三国知名智囊，可见荀家基因之优秀和稳定。荀彧年少时，就以智商闻名远近，被赞为"王佐之才"，意思就是辅佐帝王将相、鼎定天下的人。这个说法，与诸葛亮"自比管仲乐毅"大致相当。

事实上，荀彧确实与诸葛亮一样，属于战略型谋士、管家型人才，既有宏观层面的高屋建瓴、深谋远虑，又有微观层面的知微见著、洞察秋毫。他跟曹操的关系，可大致比作诸葛亮与刘备的关系。刘备在遇到诸葛亮之前，一直是寄人篱下，胜少败多，无战略规划，跟没头苍蝇一样乱撞。曹操也一样，在荀彧投奔他之前，曹操没有规划，打仗有勇无谋，先后打过几次败仗。而在荀彧加盟后，曹操战略方向感大增，谋略水平也开始直线上升。兖州是曹操的第一桶大金，如果不是荀彧，曹操很可能会失去兖州，下岗失业，含泪高唱一曲《从头再来》。

其实荀彧和郭嘉原是袁绍的人

荀彧虽是曹操集团的创业元老之一，但曹操并非他的第一个老板。

家世好、人品正、才华高,荀彧很早就被举孝廉,在帝都洛阳当"守宫令"(皇帝文房四宝主管),后忍受不了官场黑暗,辞官回乡,再后来因预估故乡颍川郡将成为群雄逐鹿的主战场而大难临头,于是率荀家宗族避难冀州,投奔刚刚从韩馥手中夺取冀州牧位置的袁绍,被其待为上宾。一同与荀彧加盟袁绍集团的,还有他的弟弟荀谌及颍川同郡老乡辛评和郭图。

荀彧在袁绍帐下待了一段时间,发现他成不了大事,(或度绍终不能成大事——《三国志·魏书·荀彧荀攸贾诩传》)想跳槽。正好曹操此时刚刚被袁绍表奏为"奋武将军",在东郡创业,于是荀彧决定去投曹操。曹操与他一通海聊,当场被荀彧的经天纬地之才所震惊,高兴地说:"你就是我的张良啊。"("吾之子房也")也就是说,才见一面,曹操就把荀彧当成帮刘邦开创汉帝国的首席谋士张良(字子房)。荀彧除了在战略上为曹操规划制定了统一北方的蓝图和军事路线,建议其"挟天子以令诸侯"外,还为曹操担负起集团 COO(首席运营官)这个角色,并为他举荐了大量人才。

建安元年(196 年),曹操颇为器重的一位谋士戏志才去世。伤心之余,曹操要荀彧再给他推荐谋士,荀彧于是向曹操郑重推荐前同事兼颍川郡老乡、著名谋士郭嘉。

生于灵帝建宁三年(170 年)、比荀彧小七岁的郭嘉也曾是袁绍部下,与荀彧差不多同时投奔袁绍。但此时袁绍帐下谋士相当多,沮授、田丰、郭图、辛评、逢纪、审配、许攸,在当时都是大名鼎鼎的人物。荀彧和郭嘉此时都是二十来岁的年轻人,虽然绝顶聪明,但名气不大,不爱作秀,不图谋虚,尤其不喜欢场面上迎来送往、附庸风雅的事。而袁绍识人水平不行,看人只看身家和头衔,只问他们是不是名士。荀彧和郭嘉出道时既年轻又无名气,袁绍认为智谋水平肯定一般,所以对他们的献策要么爱搭不理,要么议而不决。

超级谋士有两大特征,一是看人预事眼光极毒极准,二是对笨蛋老板极其没耐心。郭嘉智商应该在荀彧之上，故而比他更早看出袁绍不是成大事的料。他在袁绍帐下短暂打工后，很快发现他外强中干，迟早完蛋，于是率先开溜。郭嘉为人善良，对同事一场的袁绍两谋臣辛评、郭图临别赠言："袁公只想要仿效周公的礼贤下士，却不知道用人的玄机。思考多却总是不得要领，爱谋划却又不能决断，想跟他一块救国家于危难，建立王霸大业，难啊！"（"袁公徒欲效周公之下士，而未知用人之机。多端寡要，好谋无决，欲与共济天下大难，定霸王之业，难矣！"——《三国志·魏书·程郭董刘蒋刘传》）郭嘉这种深刻洞察人性、火眼睛睛的能力，放眼群星璀璨的整个三国谋士群，只有贾诩能与之媲美，两人均属一流"战术型谋士"，通彻人性，见识深刻，擅长奇谋——所有奇谋都建立在对人性和时局的深入思考、见人之所未见的基础上。

郭嘉性格孤傲，离开袁绍后，放眼天下，觉得无一明主可投，索性回老家隐居，直到建安元年（196 年）郭嘉收到荀彧的邀请函，宅家六年的他这才复出来到曹营。曹操召见郭嘉，共论天下大事，又是通宵秉烛一通海聊。聊完后曹操说："能帮助我成就大业的人，就是这个人了！"（"使孤成大业者，必此人也"）郭嘉跟曹操聊完，也大喜过望："这才是我梦寐以求的老板啊！"（"真吾主也"）从此，郭嘉便当上了曹操军事参谋（军师祭酒）。

荀彧和郭嘉是曹操在创业快速上升期最重要的两位谋士，其在曹操集团中的地位，相当于后来孙权集团的周瑜和鲁肃、刘备集团的诸葛亮和法正。曹操在赤壁之战（208 年）前，在重大关键决策上，主要依赖他们的建议。其他谋士如程昱、荀攸、毛玠、贾诩、钟繇、许攸、董昭、陈群等固然也发挥了很大作用，但前期不如他们重大。可以说，荀彧和郭嘉在曹营的奋斗史，就是曹操快速成长期（191—208 年）的发展史。

从"四胜论"到"十胜十败论"

荀彧与郭嘉相互搭档，为曹操屡献奇谋。荀彧偏战略，主要在后方总体运营；而郭嘉偏战术，常常于前线随军献策。荀彧郭嘉助力曹操最经典的案例，莫过于发生在建安四年（199 年）至建安五年（200 年）间的"袁曹决战"，即通常所说的"官渡之战"。

袁曹决战最后的胜利者是曹操，但是，在当时袁绍实力远超曹操，曹操并没有必胜的把握，甚至害怕失败。建安二年（197 年），曹操在完成"挟天子以令诸侯"的重大战略布局后，立即动手解决位于眼皮底下的南邻、霸占荆州南阳郡的张绣。谁知第一次与张绣交手，曹操就大败而归，心情极度沮丧。

正在这时，他收到袁绍的一封来信。袁绍此时根本没把曹操放在眼里，态度骄横，言辞傲慢，估计对曹操好一通羞辱，说了"你就算把皇帝弄在身边又能怎样？不照样打败仗？"之类的话。曹操看完信后气坏了，情绪失常，天天发脾气，手下一帮文臣武将吓坏了，都以为是败给张绣的缘故，不知道该怎么劝。

谋士钟繇愁坏了，问荀彧怎么办。荀彧笑答，曹老板聪明着呢，不是因为张绣的事发火，而有其他缘由。正好曹操将袁绍的信给荀彧看，问计于他："我打算跟袁绍这厮开战，可是实力差距太大，怎么办？"

荀彧适时对曹操抛出一个"四胜论"，其中心思想是：虽然曹操实力弱于袁绍，但在度、谋、武、德四个方面超过袁绍，一定能战胜他。荀彧是这样说的：

"自古以来，争战各方都是以才能论成败。如果真有才能，纵然弱小，也必将变强；如果是庸人，纵然强大，也会变弱。刘邦、项羽争霸的结果，足以证明这个道理。现如今与您争天下的人，只有袁绍。袁绍对人貌似宽容而内心忌惮，用人时疑心太重，而您明正通达，不拘小节，唯才是举，此为'度'胜；

"袁绍见事迟钝，遇事优柔寡断，决策太慢，常常错过机会，而您在决断大事时，却能随机应变，不墨守常规，此为'谋'胜；

"袁绍军纪不严，有令不行，再少的人也用不好，而您法令严明，赏罚必行，士兵再少也会奋死效力，此为'武'胜；

"袁绍以贵族自居，成天假装礼贤下士，靠一些雕虫小技博取虚名，归附他的都是些绣花枕头，而您以仁心爱人，对人推心置腹，坦诚相待，对自己节俭，而在奖励有功之人时却出手大方、毫不吝惜，天下忠诚正直、踏实做事的人都愿为您效劳，此为'德'胜。"

荀彧最后说："凭借这四条优势，高举义旗，上辅天子，下讨叛逆，谁敢不从？袁绍再强大又有何可怕？"荀彧这番话，对坚定曹操的抗袁信心至关重要。郭嘉在荀彧"四胜论"的基础上，发展成"十胜十败论"。郭嘉对曹操说："老板您知道，刘邦与项羽一开始实力并不匹敌。汉高祖刘邦是靠智取胜的，项羽实力虽强，终究被刘邦所擒。我认为，袁绍有十败，您有十胜。"郭嘉认为，曹操在道、义、治、度、谋、德、仁、明、文、武十个方面，优于袁绍。

关于郭嘉的"十胜十败论"详情，有兴趣的读者可参见《三国志·魏书·程郭董刘蒋刘传》。这里我们只重点说说"十胜十败论"中的第六条：德胜。郭嘉认为，袁绍沽名钓誉，喜受吹捧，"士之好言饰外者多归之"；曹操以诚待士，"不为虚美"，讲究实用，刑赏必诺，"与有功者无所吝"，那些忠正而有远见的并且务实的士人"皆愿为用"。这一条看起来有点虚，实际却很重要。曹操在历史上一直是以"奸雄"和"枭雄"的双重面目呈现，为什么还能"以德服人"？其实这里的"德"无非以诚待人，不端着架子，工作时像领导，而闲暇时像朋友，大家觉得跟他相处很舒服，所以都愿意投奔他，给他干活，且极度忠诚。不像袁绍，工作时缺乏领导的权威，而闲暇时却缺乏朋友的真诚，时常怀疑这个，提防那个，弄得自己"四不像"，谁跟他都不亲近。表面尊重他，私下抱怨他、远离他，一到关键时刻，就选择背叛他，比如许攸。

　　荀彧和郭嘉为什么能不约而同地得出"曹必胜袁必败"的结论？因为他们都曾是袁绍的部下，与其亲密共事过，深知其性格缺陷导致其无法建立优秀的团队文化，无法打造一充满活力、竞争力和凝聚力的团队。

　　荀彧和郭嘉的分析很具说服力，曹操听后，通体舒泰，大大提振了战胜袁绍的信心，也极大鼓舞了曹营将士。比较而言，郭嘉的分析更全面、更透彻。

　　曹操为人机敏，反应快，但这种人通常喜欢速胜，喜欢尽快兑现成果，所以遇难事时会相对缺乏耐心和韧性。荀彧和郭嘉很好地弥补了他这个缺点。建安三年（198 年）九月，曹操攻打吕布，最后将吕布围困在下邳城中。吕布坚守不出，曹操见士兵疲惫，准备放弃。随军谋士郭嘉建议曹操忍耐坚持，并采取急攻手段。曹操依计而行，一面攻城，一面决堤水淹下邳城，果然不久就攻克下邳，擒杀吕布。

　　建安五年（200 年），曹操与袁绍在官渡相持数月，粮草渐渐供应不上，士气低迷。曹操渐渐心浮气躁，多次主动出战，都不能取胜，担心全军覆没，于是渐生退军念头。远在许都的荀彧收到曹操的信，立即长信回复，反对撤军。荀彧说："我军粮食虽少，但比起当年楚汉争霸时刘邦在荥阳、成皋时的处境还是好多了。当时刘邦和项羽都不肯先退，谁先退谁先失势。"荀彧认为，曹操以袁绍十分之一的兵力与他对峙，就地坚守，扼住袁绍的咽喉，阻挡其前进的步伐已半年。目前情形已明，袁绍锐气将竭，战局必将迎来变化，此时正是用奇计妙策的时候，千万不要轻易放弃。（情见势竭，必将有变，此用奇之时，不可失也——《三国志·魏书·荀彧荀攸贾诩传》）

　　曹操看了荀彧的信，信心大增，决心与袁绍打持久战。后终于等到袁绍谋士许攸来投，献上火烧乌巢的妙计。曹操亲自领兵前往乌巢，斩杀淳于琼等守将，袁绍由此败走。荀彧神算，不由曹操不叹服。

　　荀彧、郭嘉等谋士的加盟，给曹操集团带来的最大改变，就是战略上有规划，战术上有奇谋。仍以我们熟悉的官渡之战为例，曹操大胜，原因既有袁绍阵营的犯错，有荀彧和郭嘉战前献上的两大碗"励志鸡汤"，还有荀彧在战中的打气等。但这只些都是战术和军事层面的因素。事实上，曹操获胜的深层原因，是在战略和外交层面提前做了大量布局。

我们知道，曹操自建安元年（196年）迎汉献帝到许县，一直是以豫州为大本营。许县这个地方有一个严重弊端，那就是它无险可恃、乃不折不扣的四战之地。建安四年（199年）时的曹操，周边形势相当不乐观——北边有袁绍，西边有韩遂和马腾，西南边有刘璋和张鲁，南边有张绣和刘表，东南边有袁术和孙策，东边有刘备和吕布，群狼环伺。不管打谁，都会面临被其他几只狼联合围攻的危险。曹操以此为基地，对战实力远超自己的袁绍，确实需要天大的勇气。

但曹操无惧，他的对策是：或安抚，或招降，或消灭。

于是我们就看到，在建安三年（198年）至建安五年（200年）曹操与袁绍主力对峙官渡前的两年时间，曹操的周边邻居密集发生了以下重大事件：

建安三年（198年）十二月，吕布兵败下邳城，被曹操处死，东边劲敌没了（此前刘备已投降曹操）；

建安四年（199年）六月，袁术轮番兵败曹操、吕布和刘备，病死江亭，东南边劲敌之一没了；

建安四年（199年），张绣听从谋士贾诩的建议，第二次也是最后一次向曹操投降，南边紧邻的劲敌没了（荆州刘表距离许县较远，从此可以让张绣去挡）；

建安四年（199年），曹操与西边纷争多年的劲敌马腾和韩遂和解，两人各送一个儿子到朝廷为人质，西线威胁暂时解除；

建安五年（200年）四月，江东"小霸王"孙策在发兵北上前夕遇刺，五月身亡，东南方向的劲敌没了。

上述事件，除孙策遇刺外，其他均发生在建安四年（199年）九月曹操北上与袁绍决战前。纯属巧合？有可能。但更大的可能，是曹操统筹规划、有意为之。一切都是铺垫，都是为了对付眼下最大的敌人——袁绍。这一切，都与荀彧、郭嘉等谋士密谋分不开。一种"阴谋论"观点甚至认为，刺杀江东"小霸王"孙策的刺客就是郭嘉派去的。

荀彧郭嘉缘何缺席赤壁之战？

可能有人会问，江山是将军们一刀一枪打出来的，谋士不过一群动口不动手的人，荀彧和郭嘉对于曹操那么有重要吗？不妨以建安十三年的"赤壁之战"为反面例证来说明这一点。一个人的重要性，只有当你失去他才会体会到。曹操一生耻辱的赤壁之战，就是在荀彧和郭嘉同时缺席的情况下发生的。

关于曹操在赤壁之战失败的原因，后世史学家做了大量总结：比如曹操自大轻敌，看不上孙权与刘备联军；比如北方军士不习水战；比如冬天严寒曹军生病；再比如孙权周瑜战略战术得当，以诈降加火攻，把曹操打了个措手不及等。这些都没错，但这些都属细节层面，遗漏了重要的一条：此次战役，曹操因为缺乏足够信任且水平高的重量级谋士跟随，没有人及时谏阻曹操犯战略错误。

建安十三年（208 年）秋，曹操出兵荆州，新任荆州牧刘琮望风而降，曹操一看胜利来得这么容易，于是"得陇望蜀"，打算乘胜追击，顺江东下再拿下扬州。随行谋士贾诩虽感觉不妥，但因为他是降将张绣部下，在曹营属二等谋士，不敢明确反对，只含蓄建议曹操别着急伐吴，被曹操否决。

问题来了，曹操的两位甲 A 级谋士荀彧和郭嘉哪儿去了？为什么赤壁之战中没有听到他俩的片言只语？

郭嘉在前一年病死了。

赤壁之战发生时（208 年），郭嘉已经不在人世。建安十二年（207年），袁绍的儿子袁尚和袁熙逃入乌桓（今辽宁锦州一带）。为彻底解决袁氏遗留问题，荡平北方，郭嘉强烈建议曹操带兵征讨乌桓。但此时有一个问题，那就是刘备南下投奔荆州刘表，就驻扎曹操的眼皮底下。一旦曹操远征，刘表可能令刘备偷袭曹操的大本营许营。郭嘉力排众议："刘表不过是一个言胜于行的坐谈客，自知才能不足以驾驭刘备。刘表若重用刘备，担心他不可控；若轻视他，又担心刘备不使劲。所以就算倾国远征，您大可不必担心刘表来袭。"（"表，坐谈客耳，自知才不足以御备，重任之则恐不能制，轻任之则备不为用，虽虚国远征，公无忧矣。"——《三国志·魏书·程郭董刘蒋刘传》）

曹操茅塞顿开，如释重负，轻装前进，火速进兵柳城。乌桓首领蹋顿和袁尚、袁熙没想到曹兵这么快就到了，仓促应战，结果蹋顿被杀，袁熙、袁尚两兄弟投奔辽东公孙康（后被公孙康所杀，首级献给曹操）。此役对曹操至关重要，从此，曹操彻底平定北方，统一了整个黄河流域以北地区。郭嘉原本就是带病行军，在从柳城返回途中，因操劳过度，加上气候和水土不服等原因，病情加重，最终还是病逝在路上，终年三十八岁。

曹操失去郭嘉，损失有多大？好比汉高祖刘邦失去张良或陈平，刘备失去法正或庞统，孙权失去鲁肃或周瑜。他与荀彧一道，属于曹操"左膀右臂"级谋士。就智商以及对人性的了解而言，郭嘉的战术谋略（注意，是战术，不是战略）水平，不仅超越曹操所有谋士，就是放在整个三国所有谋士群，跟诸葛亮、庞统、法正、鲁肃、周瑜等人相比，郭嘉也不输。

正因如此，曹操在赤壁大败后复盘反思，发现失败的一个重要原因，是缺少了郭嘉的正面献策（应该做什么）和反面提醒（不能做什么），于是像祥林嫂一样感慨："要是郭嘉（字奉孝）还在，我肯定不会败这么惨！"（"郭奉孝在，不使孤至此。"）此后曹操没事就会想念郭嘉，不停唠叨："哀哉奉孝！痛哉奉孝！惜哉奉孝！"曹操是一个有极强表演欲和表演天赋的"戏精"，他说这些，固然不乏表演的成分，但其中还是充满真诚的痛惜和悲伤。真正的牛人，普通人与他朝夕相处时可能并无大感觉，常常只有失去他并因此遭受重大损失后，才会意识到他的价值和不可替代。

郭嘉不在了，另一位被曹操称之为"吾之子房"的荀彧在哪里呢？

荀彧被曹操"冷藏"了，或者更严重一点说，他跟曹操闹翻了。荀彧自被曹操任命为尚书令后，很少随军出征，但军国之事都由他调度筹划，可谓身在许都、心在前线。官渡之战时，曹操还时常书信请教，但赤壁之战时，完全看不出荀彧有任何参与，仿佛人间蒸发了一样。

为什么？因为荀彧与曹操正在打冷战。

关于荀、曹二人分道扬镳的原因和过程，我们留待"套现曹操"那一章再详说。这里只强调一点：荀彧与曹操虽然一度鱼水之欢，但两人"和而不同"，三观差异巨大。荀彧忠于汉朝廷而非曹氏集团，他的理想是借曹操之手兴复室汉。在曹操一心讨伐群雄、匡扶汉室、无暇变现之时，荀彧与他目的一致，故而合作空前默契。但是，当曹操开始心生篡汉之意，开始"股份变现"时，荀彧伤心、失望乃至愤怒，数次公开与他唱反调。他与曹操的矛盾不可避免地激化了。

两人的第一次分歧发生在建安九年（204 年），曹操攻占冀州大本营邺城、领冀州牧后，有人放风搞"九州制"改革，"复古置九州"，荀彧敏锐嗅出曹操的异心，毫不留情地否定，弄得曹操特别没趣。从那时起，荀彧与曹操间的信任裂缝就悄然产生了。如果赤壁时荀彧尚与曹操齐心，也许会强烈反对曹操伐吴，不至于如此大败。

当然，话说回来，曹操的谋士绝不止荀彧和郭嘉二人，其他诸如荀攸、程昱、贾诩、许攸、崔琰、毛玠、蒋济、刘晔、董昭、陈群、司马懿等都非常优秀，有的偏战术，有的偏内政，有的偏外交，各有所长，后面的章节中，我们会视需要提到他们。

袁绍的影子：袁谭、袁尚、蹋顿

官渡之战后，袁绍虽死，袁绍集团实力依旧雄厚。如同袁绍用了八年时间才彻底消灭公孙瓒集团一样，曹操也用了八年时间才消灭并肃清整个袁绍集团。

袁绍事业后继有人

袁绍有三个儿子：长子袁谭、次子袁熙、三子袁尚。袁绍最盛时占有冀、青、幽、并四州，自任冀州牧，剩下三个州则分别由长子袁谭、次子袁熙和外甥高干负责，三子袁尚留在身边。袁谭任青州都督（注：不是青州刺史，袁谭的青州刺史是曹操后来封的），袁熙任幽州刺史，高干任并州牧。也就是说，袁氏集团是一个典型的家族企业，用人第一原则是"唯亲"，不像曹操"唯才是举"，这可能也是袁氏集团凝聚力和战斗力不如曹氏集团的一个重要原因。

为便于读者总览大局，在讲述袁绍"三子一甥"败亡详细过程之前，我们先简单浏览一下袁氏集团主要领袖和盟友死亡时间表：

表 4：袁氏集团主要领袖和同盟死亡时间表

姓名	死亡时间	死前大战	死亡原因
袁绍	建安七年（202 年）	官渡之战	忧愤交加，呕血而死
袁谭	建安十年（205 年）	南皮之战	南皮城破，败亡途中被曹操部下所杀
高干	建安十一年（206 年）	壶关之战	南下荆州投靠刘表，途中被司隶校尉王琰所杀
袁熙袁尚	建安十二年（207 年）	柳城之战	投奔辽东太守公孙康，两人同时同地被公孙康所杀
蹋顿	建安十二年（207 年）	柳城之战	被曹操猛将张辽斩杀

下面我们依据上表,讲述袁氏三兄与高干在袁绍死后的灭亡过程。袁绍死后,整个袁氏集团立即变成一盘散沙,开始内斗。袁绍这三个儿子中老大袁谭和老三袁尚相对突出,老大聪明稳重,老三英俊帅气,地道的"小鲜肉"。从理性角度,袁绍该封袁谭为继承人,但袁绍的老婆刘氏更喜欢幺儿袁尚,经常在袁绍面前"捧尚贬谭",偏偏袁绍也是个时尚主义者,觉得幺儿长得好看,有意立他为袁氏集团的继承人,只是觉得这个理由有点牵强,所以没有公开表态。

袁绍大事为何如此糊涂?问题就在他这个老婆刘氏上。《后汉书》上说"绍后妻刘",但《三国志》上只说"绍妻刘氏",那这个妻到底是"原配"还是"后妻"?从事实表现看,刘氏系后妻的可能性更大。老夫爱少妻,因为爱屋及乌,更宠爱她所生的小儿子,乃人性根本缺陷,很难避免。这样的"美丽错误",汉高祖刘邦犯过,汉灵帝刘宏犯过,三国时的刘表也犯过。难怪袁绍会借口小儿子生病(应该就是袁尚)而错过偷袭曹操的机会,想来,那时他舍不得的恐怕不是袁尚,而是美艳的刘氏吧。

于是,袁绍将其他二子派往青州和幽州,独留幺儿袁尚随他待在冀州大本营邺城,这个安排可能也说明,袁绍爱袁尚确实爱到骨头里。但袁绍又说过:"我要让我的儿子们各据一州,是骡子是马先拉出来溜溜。"(绍曰:"吾欲令诸子各据一州,以视其能。"——《后汉书·袁绍刘表列传》)从这个角度看,似乎立次子袁熙为继承人的可能性也不小。因为幽州是北部大州,且毗邻乌桓等游牧民族,是袁氏集团的大后方,战略重要性超过长子袁谭所执掌的青州。

跟荆州牧刘表一样,袁绍没有处理好子嗣问题,或者说他的儿子们没一个特别优秀突出,必然造成后患。袁绍生前,其几个重要亲信辛评、郭图、逢纪、审配就分成两派,暗地里分别拥立袁谭和袁尚。袁绍一死,矛盾就公开化了。辛评、郭图拥戴袁谭,而逢纪和审配因为被袁谭鄙视,不得不拥戴袁尚。

但最后，还是老三袁尚胜出了。袁尚胜出，除了此前说的"人和"，还有一直坐守邺城的"地利"。而这两条，老大袁谭都不具备。"地利"上，袁谭在青州，消息和行动滞后，各方面反应都慢；"人和"上，袁谭更吃亏，因为他虽然在血缘上是袁绍的儿子，但在伦理上，却是袁绍的"侄子"。

原来袁谭跟他老爹袁绍一样，于初平四年（193年）前后被"过继"了——袁绍将他过继给袁基为嗣，帮他续承香火。袁基是谁？袁绍的异母兄，袁术同父同母的大哥。当年董卓乱朝，因为袁绍被推举为反董联盟盟主，一怒之下杀了以袁绍叔叔袁隗为首的袁家满门，袁基一家也在其中。袁绍此举乃是愧意之下的心理补偿，以安慰大哥袁基的在天之灵。

但为什么偏偏是长子袁谭呢？

袁绍这样做，可能是"好意"，也可能是"坏心"。袁谭过继时年龄很大，且只是挂名，又不是去袁基家生活，没什么影响。自己当年也过继给伯父袁成，小时候受过比较多的"挫折教育"，各方面锻炼得较为全面，比号称"嫡子"的老弟袁术有出息得多。出继可能是好事。至于坏心，显然就是为了彻底断绝袁谭做继承人的念头，给小儿子袁尚让路。但袁绍这是严重的教条主义，当然他被过继，那是因为他是女仆所生的"庶子"，而袁谭乃是大老婆所生的长子，"立爱不立长"也就算了，还把老大赶出家门，发配到青州，袁谭严重被边缘化，当然不服。

所以，袁绍一死，袁氏集团立即一分为二，属下将士各自拥立袁谭和袁尚。官渡之战，袁绍的精英力量遭受重创，损失了"五将三士"。"五大将"中，颜良、文丑、淳于琼先后毙命，张郃、高览降曹；三谋士中，沮授拒不投降，被曹操所杀；田丰因为伤了老板自尊，被袁绍自己所杀；许攸则以乌巢情报为"投名状"，投靠了曹操。失去这么多牛人，袁氏集团元气大伤，剩下的将、士都是二流货色。

山中无老虎，猴子称霸王。越是二流货色，越喜欢拉帮结派。建安七年（202年），袁谭听说父亲病故，星夜率兵从青州往冀州治所邺城赶，还没有到冀州，袁尚就已经被审配和逢纪拥立为冀州牧，顺便继承了父亲身上的"大将军兼督冀、青、幽、并四州军事"等 N 个头衔。袁谭心怀愤恨，但木已成舟，自觉不是袁尚对手，只好学习他爸当年借抗董壮大时用过的那招，自封"车骑将军"，然后自请驻守冀州南大门黎阳。袁尚信不过，立即派心腹逢纪前去袁谭营中做监军。

袁氏兄弟抗曹的三个阶段

建安七年（202 年），曹操听说袁绍病死，大喜，立即发兵黎阳，开始进入"灭袁第二季"。袁氏三兄弟抗曹的过程，虽不像"官渡之战"那么传奇，其中故事也颇多，值得详细介绍。总的来说，袁氏兄弟抗曹经历了三个阶段：

第一阶段：放弃内斗，一致对外；

第二阶段：袁谭联合曹操对抗袁尚；

第三阶段：全面快速崩塌。

先说第一阶段。却说袁谭听说曹操兵发黎阳，深知一人抵挡曹军，甚为吃力，数次请求在邺城的袁尚发兵支援。袁尚正欲借曹操之手除掉袁谭，拒不增援。袁谭本来就嫌袁尚派来的监军逢纪在身边指手划脚，现在又见袁尚见死不救，一怒之下，杀死逢纪，打算投降曹操。

黎阳是邺城的南大门（邺城在今河北临漳县西，南邻河南，而黎阳在今河南浚县，二者相距约一百一十公里），一旦落入曹操之手，邺城很快就完蛋。袁尚一听傻了，亲率数万精兵增援，与袁谭和好，共抗曹操。这是袁氏兄弟抗曹的第一个阶段，主题是"放弃内斗，一致对外"。

建安八年（203 年）二月，袁谭和袁尚两兄弟被曹操打败，黎阳失守，退守邺城。邺城是袁氏老巢，袁绍在世时在防守上下过巨大血本，固若金汤，比黎阳难打多了。曹操久攻不下，与将士们开会讨论。

又轮到天才谋士郭嘉表演了。鉴于袁氏兄弟之前"先斗后和"的故事，郭嘉认为他们的"和"只是为了救急的假象，一旦外部危机解除，必重新陷于内斗，于是大胆献策，建议曹操撤军，等袁家兄弟自相残杀，再坐收渔翁之利。曹操听后，欣然采纳。建安八年（203年）秋八月，曹操率军南下佯攻荆州，把荆州牧刘表吓了个半死。刘表如此"配合入戏"，让袁谭和袁尚以为曹操是真打刘表，暂时不会对付他们，于是放松了警惕。

果然，曹操一撤军，袁谭和袁尚就再度互掐，战争进入"袁谭联合曹操对抗袁尚"的第二阶段。袁谭向袁尚请求出追击曹操，被驳；请求给予军备支持，被拒。于是袁谭心腹郭图和辛评趁机挑拨，说此前袁绍将袁谭出继给伯父，失去接班人资格，都是袁尚心腹审配使的坏，袁谭大怒，与袁尚大战N个回合。消息传到荆州刘表处。刘表心道：荆州集团与冀州集团是唇齿相依的盟友，我可不希望袁家这么快就败亡，于是亲自写信为袁氏兄弟劝和。可惜，刘表的努力以失败告终。

袁谭打不过老三袁尚，干了一件"亲者痛仇者快"的事，向曹操求救。对袁家兄弟，曹操一直采取的是"分而治之、各个击破"的策略，明知袁谭的投降是迫不得已的垂死挣扎，诚意不足，却坦然接受。为了把戏做真，曹操故伎重演，封袁谭为青州刺史，还与之结为亲家——让儿子曹整娶袁谭的女儿为妻，搞政治联姻。自此，曹操与袁谭合力对付袁尚，建安九年（204年），袁尚兵败，放弃邺城逃往山中，后北上幽州投靠二哥袁熙。

虽然此时袁绍三子尚在，但袁氏大本营邺城易主，是继"官渡之战"、袁绍病死之后的另一个重大挫折，标志着袁氏集团即将全面瓦解。曹操攻陷邺城，做了几件大事。一是亲自来到袁绍墓前，半真半假地哭奠了老朋友一番。二是霸占袁绍二儿子袁熙的老婆，把她变为长子曹丕的老婆。此外，曹操还做了件更重要的事：鉴于邺城属于当时汉朝的一线城市，规模和市政建设领先许都，曹操决定把邺城变成自己的老巢，与已生嫌隙的许都老友汉献帝刘协分开过。因为历经八年后，"挟天子以令诸侯"战略已变成"挟诸侯以抗天子",曹操和刘协两人均审美疲劳。刘协心知肚明,顺水推舟封曹操为冀州牧,助其全盘接收袁绍在冀州的遗产。

邺城失守,袁氏集团失去根据地和后勤支援,信心全无,进入"全面快速崩塌"的第三阶段,只两三年时间,就被曹操全部消灭。建安十年(205年)正月,曹操开始围攻袁谭。大战前,他大度地把儿媳妇、即袁谭的女儿送还袁谭,不久,袁谭在混战中被杀。袁谭的老部下纷纷投降。搞定冀州和青州后,曹操又率兵攻打据守幽州的袁熙和袁尚兄弟。袁熙和袁尚不敌,逃往辽西的乌桓。

袁绍外甥、并州刺史高干一看大势不妙,于是主动投降曹操,曹操仍然任命他并州刺史。谁知道高干跟袁谭也是一路货,也玩假降,趁曹操北伐袁熙和袁尚、邺城空虚时,率军反叛,试图夺回邺城,但行动失败。

建安十一年(206)春三月,曹操亲自率军斩杀高干,夺取并州。至此,袁绍的冀州、青州、幽州、并州先后落入曹操之手,袁氏集团在物理版图上正式消失。

袁绍真假盟友:蹋顿和公孙康

理论上,曹操此时应该见好就收,赶紧去抢南方的三块大蛋糕:孙权的江东、刘表的荆州和刘璋的益州。但事实上,曹操却在两年后的建安十三年(208年)才率兵南下荆州,为什么呢?因为曹操决定把北方的敌人统统消灭干净,不给将来南征时留后患。这个后患不是袁熙和袁尚兄弟,而是在背后支持他们的乌桓单于蹋顿。

蹋顿是谁?为什么曹操这么在意他?

简而言之,蹋顿是袁氏集团在北方的一个重要盟友,是东汉末年辽西乌桓(亦称乌丸)部落的首领。如果说袁绍在世上还有一个铁杆朋友,那么,这个朋友就是蹋顿。袁绍与蹋顿的友谊时间很长,感情很深。想当年，袁绍还在跟北方邻居公孙瓒大打出手、争夺幽州时，蹋顿曾出兵协助袁绍，夹击并大破公孙瓒。袁绍因此假冒朝廷名称封蹋顿单于称号，为了巩固友谊，袁绍还大玩"和亲"，将宗室的女儿嫁给乌桓首领为妻。就像当年的匈奴冒顿单于一样，乌桓在蹋顿领导下走向强大。

袁尚和袁熙投奔蹋顿时，幽州和冀州官吏百姓随行奔逃到乌桓的有十万多户，这使两人自信袁绍大旗尚未倒，完全可以借乌桓的实力复图中原。这也给了曹操一个 PK 蹋顿、统一北方的理由。建安十二年（207年），曹操不顾帐下诸多将士的反对，采纳郭嘉奇计，亲自出征乌桓。八月，在柳城白狼山之战大破乌桓、袁氏的军队，蹋顿在此战中被曹操猛将张辽斩杀。曹操挥军追击，收降胡、汉人口二十多万。

但袁熙和袁尚的兄弟命实在太大。蹋顿灭了，他们还没死，又继续往东北方向逃亡，投奔幽州辽东郡（治所在今辽宁辽阳市）太守公孙康。公孙康父亲公孙度在世时，就自恃天高皇帝远，自封为平州牧、辽东侯，不服朝廷号令。曹操帐下诸将纷纷表示，要乘胜追击，灭了公孙康。曹操笑道："我有办法让公孙康主动送上袁氏兄弟首级，无需出兵。"（公曰："吾方使康斩送尚、熙首，不烦兵矣。"——《三国志·魏书·武帝纪》）说完，率军自柳城班师。

果如曹操所料，不久，公孙康就杀了袁尚和袁熙，将两人首级献给曹操。诸将问曹操怎么知道公孙康要杀袁尚和袁熙，曹操笑道："公孙康素来害怕袁尚，如果我们急攻，他们必然联合起来对付我们，如果先不管，他们必然自相残杀。"《三国演义》里说这是郭嘉临死前授给曹操的遗计，属合理演绎，不无可能。

袁尚、袁熙兄弟被杀前，还有一个小插曲。原来袁尚此时手下尚有数千铁骑，他自己又是一个有勇力的武夫，原打算趁公孙康接见的机会，将他擒杀，霸占他的辽东郡。公孙康正好也想借袁尚的人头立功，于是事先以精兵埋伏，请袁尚、袁熙兄弟进来。袁熙感觉不对，有点犹疑，袁尚强行带他入内。两人还没落座，就被公孙康拿下。此时，天寒地冻，两人坐在地上，瑟瑟发抖。袁尚对公孙康说："地上太凉了，我还没死呢，能否给我一张席子？"袁熙嘲讽道："我们的脑袋即将远行千里，要席子有什么用？"

袁谭、袁熙、袁尚、高干、蹋顿都是袁绍的影子，是他生命力和势力的延续。这也是郭嘉坚持劝曹操一定要先灭他们，才下江南的原因。他们的消亡，才代表袁绍一手打造的袁氏集团彻底覆灭。袁绍死后有灵，该为自己儿子们的内斗感到羞愧，还是该为他们又坚持了五年而自豪呢？

在消灭袁绍集团的第二年，即建安十三年（208年），曹操挥师南下，一举荡平荆州，然后挥师东进，欲消灭以孙权为首的江东集团。孙权联合刘备，在长江上以一把大火，上演了一场惊天大逆转，这就是载入史册的"赤壁之战"。赤壁大败后，曹操不得不退还邺城，终生没能跨过长江，统一江南。

曹操始于建安元年（196年）的十二年大运就此终结，而孙权和刘备趁势而起，成为与曹操三足鼎立的另外两强。一个意气风发、开放进取、积极征战的枭雄曹操"死了"，一个相对保守、疲于奔命、忙于权力"套现"的新曹操诞生了。

枭雄曹操画像：其实我的名字叫"伯乐"

曹操为什么能成为三国英雄NO.1？

因为卓越的智商和情商。至于人品，考虑到曹操"大白脸"和"奸臣"的形象，我们暂时放到后面讨论。曹操成功，首先赢在智力，这是他高出同时代诸多竞争者的地方。无论是袁绍、袁术、吕布，还是刘备、孙坚、孙策，智力都与曹操差了一大截。

其实曹操不占天时地利，只占人和

关于魏蜀吴"三足鼎立"的优势，常见的说法是："曹操占天时，孙权占地利，刘备占人和。"《三国演义》第三十八回"定三分隆中决策　战长江孙氏报仇"中，诸葛亮在分析天下形势后对刘备说："将军欲成霸业，北让曹操占天时，南让孙权占地利，将军可占人和。"这种说法不仅粗糙，而且偏颇，容易这样误导人："曹操起家靠干得早，孙权能立于不败，主要靠长江天险这个地理优势，而刘备能挤进前三名，才是靠人才和队伍。"这种感觉与事实差距相当大，谬误有以下几处：

首先，占天时的其实不是曹操团队，而是刘备团队和孙权团队。刘备创业于中平元年（184年），孙权虽然在建安五年（200年）才接班，如果加上其父兄的奋斗时间，孙氏集团跟刘备集团其实处于同一起跑线，而曹操直到中平六年（189年）才真正拉队伍创业，属于三大团队中创业最晚的，所以"曹操占天时"这个说法并不成立。最多只能说曹操事业成长快，在诸葛亮发表"隆中对"时，已超越刘备集团和孙氏集团，后来居上。事实上，在《三国志》版"隆中对"中，我们也没看到"北让曹操占天时，南让孙权占地利，将军可占人和"这句话。

其次，刘备团队长期人才匮乏、单一，并不占人和。若论人才，刘备在三国阵营上最弱。尤其是谋士，在诸葛亮出山前，属于致命短板。孙权政权早在很久以前就有了张纮、张昭、周瑜、鲁肃等重要谋臣和一系列年轻小将，其人才质量一点不亚于刘备集团。蜀国到后期甚至出现"蜀中无大将，廖化做先锋"的人才困境，相反，东吴一直是人才辈出，生生不息。

其三，占地利的除了孙权，还有刘备。最不占地利的，是曹操。

江东集团以长江天险作为防线，占地利名副其实。但这个优势并非孙权一家。刘备集团在得到益州后，地利优势开始凸显，并成为最大的核心竞争力，因为蜀地长期是"一夫当关、万关莫开"，出了名的易守难攻。

若不是及时夺取益州，只靠荆州，刘备根本存活不了多久。

真正最不占地利的，是曹操。曹操是从兖州起家的，后扩展至豫州，将豫州刺史部的颍川郡许县变成大本营。这个地方是一个四战之地，前不着村，后不着店，东南西北，方方有敌人，特别不适合作为"总部基地"。但曹操通过合纵连横、远交近攻、恩威并施、剿抚结合等诸多手段，硬生生在许县周围营造出四方归附、朋友遍天下的一派祥和氛围，为其集中精力跟袁绍打歼灭战创造了十分难得的有利条件。

最后一条，曹操团队不占天时和地利，人和是其唯一核心竞争力，是其实现弯道超车的最强劲动力。曹操创业前十几年，能据兖豫二州、败袁绍、率先统一北方，靠的主要是人和与谋略。其前期能快速在兖州东郡这个"创业训练营"占稳脚跟，并迅速当上兖州牧，与袁绍、张邈、陈宫等朋友的帮助密不可分，后来迅速从"小作坊"向"大集团"演变，完成"挟天子以令诸侯"和"官渡大战惊天逆转"这两个大手笔，则主要源于荀彧、程昱、荀攸、郭嘉、贾诩等一流谋士和众武将的加盟。曹操集团的核心竞争力，毫无疑问是人才。

无论是人才的数量，还是质量，曹操集团都远远领先孙权和刘备。曹操占人和，才是最大真相。所以，无论是《三国志》版还是《三国演义》版的"隆中对"，诸葛亮都对刘备说了这样一句话："曹操比于袁绍，则名微而众寡，然操遂能克绍，以弱为强者，非惟天时，抑亦人谋也。"也就是说，正史中的诸葛亮其实非常认可曹操集团的谋略价值。

那么，问题来了，曹操为什么能靠人谋取胜？这些谋主要出自他个人，还是主要源于团队贡献？是他个人特别聪明，还是他特别能吸引聪明人？

以智商征服谋士

按照"物以类聚、人以群分"这个定律，聪明人更能吸引聪明人。

曹操集团智谋领先，首要原因是曹操个人智商卓越、见识超群，很早就表现出异于常人的远见和预判力。

何进当年要杀"十常侍"等宦官，在袁绍的建议下，召董卓等外将进京。曹操一听说此事，就认为这个主意十分可笑，此举属于"高射炮打蚊子"，完全没必要。果然，董卓还没进京，何进就被宦官给诱杀了。董卓进京后，虽然给了曹操一顶"骁骑校尉"的官帽，打算跟他一块做点事，但曹操觉得董卓的性格作派必须导致覆败，根本就不鸟他，立即逃离洛阳。

光是识势还不够，还必须识人。这方面尤其需要智商的支持。"谁是我们的敌人，谁是我们的朋友，这个问题是革命的首要问题。"毛泽东这句名言，用在创业中，可举一反三为：创业的首要问题，是快速辨别谁是可一块共事的"人才"，谁是混日子的"庸才"，谁是一味消耗你的"废才"。"世上千里马常有，而伯乐不常有。"乱世大洗牌，不缺人才，怕缺发现人才的伯乐。在这方面，曹操堪称三国时代最优秀的"伯乐"。荀彧和郭嘉两位顶级谋士的引进，都是曹操亲自面试、拍板、重用的。

为什么曹操能用好荀彧和郭嘉，而前老板袁绍不能？为什么郭嘉只跟曹操面谈一次，就认定曹操是他此生不可错过的"明主"？

因为曹操不只是"胸怀人志，腹有良谋，有包藏宇宙之机，吞吐天地之志"（《三国演义》语），而且反应机敏，识人和决策速度非常快。他跟荀彧一通海聊，立即断言，荀彧是他的子房（张良）；再跟郭嘉一聊，当场就认定，郭嘉能帮他成就大业。如果曹操的大脑没有"超强计算能力"做支撑，荀彧和郭嘉与他的面聊，就可能跟袁绍一样"话不投机半句多"，这就是智商。曹操的智商可能不如郭嘉和荀彧，但他能意识到郭嘉和荀彧比自己聪明，能理解他们谋略的精髓和价值，智商也不可能低。

何为"明主"？首要一条就是智商不能太低。如果我们把一个创业团队比作一座高大建筑，谋士、将军等能人好比重要柱梁，领袖就好比屋顶。屋顶的高度代表领袖的智商，屋顶的面积、延展性、柔韧度、结实度代表情商（胸怀、凝聚力、抗挫折力等），屋顶的方位（正还是歪）代表人品。只有上述三者皆备的建筑，才是宏大的、安全的、持久的，只有智商、情商和人品兼备的老板，才是能发展壮大的、可靠的、不会轻易被挫折打垮的。判断一个老板是否"明主"的第一标准，是其智商，包括其对大势的预判力、对人性的洞察力和后天自我升级的学习力。

就识人用人这件事而言，"明主"之"明"主要体现在三个方面：

能快速明白一个创意（谋略）的本质意义；

能在众多可能完全相反的谋略建议中快速辨别哪条是正确的、哪条是最优的；

能在第一时间采纳正确的谋略建议，并尽快付诸行动。

这三条难不难？貌似不难，其实很难。能同时做到上述三条的人，凤毛麟角。即使在人才辈出的三国，也屈指可数，唯有曹操和孙权，堪称一流明主。

一个老板能否理解下属建议并进行积极反馈和适速决策，对挽留人才尤其是高级人才至关重要。聪明的人通常没耐心，越聪明的人越没有耐心。如果他的献策，老板要么听不懂（对牛弹琴），要么很久才反应过来（错失时机），要么根本不予以采纳（自己价值完全没有体现），一次两次可以原谅，时间长了，就不好说了。

做不到第三条，即不能"在第一时间采纳正确的谋略建议，并尽快付诸行动"，一流人才可能只是隐隐失望，会选择等，但会渐渐有跳槽之意；

做不到第二条，一流人才开始心生郁闷，但还怀有侥幸心理，跳槽概率开始急剧上升；

如果连第一条也做不到，一流人才确信自己投错了人，跳槽不再是一种概率事件，而是一种必然。

郭嘉投靠袁绍不久宁可回老家隐居六年也不侍候袁绍，荀彧在袁绍那里干不久就投靠曹操，原因就在此。

以情商搞定将领

如果说曹操征服谋士，主要靠智商和超常见识，那么，他征服将领，就主要靠情商和人格魅力。

准三国时代，曹操帐下猛将如云，几乎相当于孙权和刘备猛将的总和。这么多猛将，并不全是创业班底，而是在多年征战中，不断加盟和引进的，其中不乏降将。所以总体上说，曹操的猛将分为两个阵营：一是曹洪、曹仁、夏侯惇、夏侯渊等曹操本家堂兄弟和夏侯氏兄弟，即俗称"诸夏侯曹"的嫡系，二是以张辽、徐晃、张郃、乐进、于禁等"异姓五子良将"为核心的加盟系。曹操要用好他们，必须解决两个难题。

第一个难题：怎么让这些将领都服他这个老大，让他们发自内心地为自己拼杀。

乱世创业初期，嫡系将领就是核心家底，曹洪和曹仁都是曹操的堂弟，是他被贬官回老家时发掘出来的。没有他们，曹操早就死八百回了。

曹操爱才，更爱将。但不是溺爱和纵容，而是爱护和调教。

建安六年（201年），张辽与夏侯渊一块围攻原徐州牧陶谦旧部昌豨时，历经数月未果，张辽单枪匹马约昌豨面谈劝降，并冒险上山到他家中做客，昌豨感其诚意，欣然投降。事后曹操在赞赏张辽之勇时，也训斥他只身赴敌老巢，不是大将的作为。这既是斥责批评，也是赞赏爱护。就像当代老板批评高管长期熬夜加班一样，谁听了不心里暖暖的？张辽感动之余，也拍曹操马屁："明公威信著于四海，我张辽奉旨跟他谈判，昌豨必不敢加害我。"

同样的故事也发生在夏侯渊身上。夏侯渊作战勇猛，但风格与孙坚、孙策类似，喜欢玩孤胆英雄。曹操常告诫他："当大将的，得有怯弱的时候，不能总是任性恃勇。以勇为本，再辅之智谋，这才是上策。如果只知道好勇逞能，不过是一匹夫罢了。"曹操苦口婆心，可惜江山易改、本性难移，夏侯渊还是在建安二十四年（219 年）于汉中对战刘备时，因为亲自救火、修补鹿角，被黄忠杀死。

对战死将领，曹操格外尊重，特别在乎其死后哀荣。比如在第一次征讨张绣时，为救曹操而阵亡的贴身护卫典韦。在这次战争中，一同战死的还有曹操的长子和侄子。但逃脱后的曹操，不管儿子和侄子，而是重金派人取回典韦尸体，隆重安葬，痛哭祭奠。此后，曹操每次行军路过他的墓地时，都亲自为他祭奠。

对死者的祭奠之礼，本质是做给活人看的。曹操此举，感动诸多领将，彻底征服了接任典韦的新一任贴身护卫许褚。建安十六年（公元 211 年）曹操征马超、韩遂的渭南之战中，许褚为救渡河时遇袭的曹操，身中数箭，确保曹操毫发无损地渡河。曹操去世时，许褚哭至吐血。

"枭雄阶段"的曹操，优点很多，缺点不多，但相当鲜明，一是欠缺韧性，二是残暴嗜杀。这两块短板，曹操都通过引进荀彧、郭嘉、荀攸等谋士，很好地得以弥补。建安元年（196 年）之后，曹操虽然还杀个别名士和背叛自己的人，但少有动不动就屠城的行为。这反过来又佐证了曹操的一大优点：学习能力超强，非常善于自我反省。这样的人简直就是上天专门定制、特地派来平定乱世的"机器人"，他不当老大，谁当？

第4章　义韧刘备

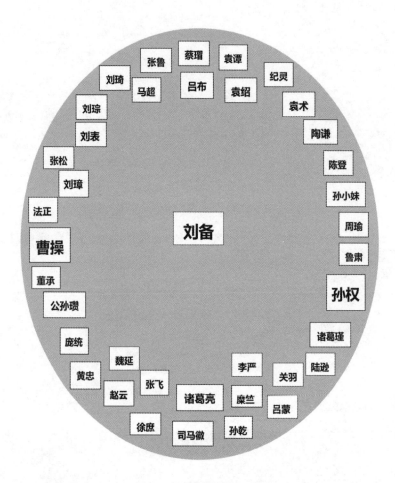

刘备的朋友圈

在汉末群雄逐鹿中原时，一开始最不被看好的人，可能要属刘备。论智商谋略，刘备不如曹操；论家世出身，他更是比不过袁绍、袁术兄弟俩；论武艺打斗，刘备不如吕布；论家底实力，他也无法与刘表、刘璋、孙权等人相提并论。然而，就是这样一个各方面都不突出的人，却笑到最后，成为三国纷争之"一国"，三足鼎立之"一足"。

"今天下英雄，唯使君与操耳！"《三国志》和《三国演义》都记载了这句话，可见刘备确实是唯一被曹操视为英雄的人。《三国演义》里曹操对英雄的定义是"胸怀大志，腹有良谋，有包藏宇宙之机，吞吐天地之志者也"，其实严格地说，这句话只适合曹操，不适合刘备。

因为刘备虽然"胸怀大志"，但还谈不上"腹有良谋"。刘备的志向确实远大，因为一心要匡扶汉室或打着"匡扶汉室"的旗号发展壮大自己，吃别人吃不了的苦，忍受别人所不能忍的委屈，屡战屡败，又屡败屡战，十年如一日地艰苦奋斗。但因为"腹无良谋"，从中平元年（184）创业开始到诸葛亮正式加盟的建安十二年（207年），二十三年来刘备经常打败仗，到处流亡，寄人篱下，先后投奔过公孙瓒、陶谦、吕布、曹操、袁绍和刘表等知名人物，却始终无法摆脱"半创业半打工"的状况，实现完全独立自立的创业模式。

为什么这样一个常败将军，早在建安初年，曹操就把他视为唯一可以与他本人并列的英雄？

为什么刘备常常落败，还屡屡被众英雄豪杰收留、享受上宾待遇？仅仅因为他是汉室宗亲、中山靖王之后吗？

为什么曹操明知刘备是潜在劲敌，近在身旁，却忍住没杀他？

为什么诸葛亮明知刘备是常败将军，创业二十三年没有一块真正属于自己的地盘，还毅然决然投奔他？

为什么刘备在赤壁之战后，事业就迎来惊天反转，短短十一二年间就占荆州、取益州、夺汉中，封王称帝，这一切真的只是因为诸葛亮的加盟吗？

为什么刘备在人生最后几年，事业快速从高处跌落？刘备"英"在哪里，"雄"在何处，又"败亡"在什么地方？

最重要的问题：出身草根的刘备，是怎么一点点地建立一个牛掰的朋友圈的？

早期投资人：公孙瓒与陶谦

刘备是幽州涿郡涿县人，跟曹操一样，刘备的身份也是"既贵又贱"。按照族谱，刘备是西汉景帝刘启之子中山靖王刘胜（汉武帝刘彻的哥哥）的后裔，属于汉室宗亲。他的祖父刘雄被举为孝廉，当过县令，但因为父亲死得早，刘备小时候家境贫穷，不得不靠织席子卖鞋子为生，属于典型的没落贵族，而且是没落了很久很久、想不起"贵"字咋写的贵族。

与《三国演义》里那个相对"女性化"、动不动就痛哭和愁叹的"文学形象"相比,真实的刘备是一个非常硬朗、有主见的纯爷们儿。史载刘备性格内向,不怎么爱说话,但为人仗义,江湖气足,年轻时,当地的一些豪杰、大侠和富商都争相依附、投靠和赞助他。刘备二十四岁那一年(184年),黄巾起义爆发,朝廷正规军不能完全把黄巾军镇压下去,于是召集各种民间力量对付黄巾军(类似清末曾国藩受命以团练方式组军镇压太平天国)。刘备依靠朋友的资助,加上关羽、张飞两位"创始合伙人"的鼎力支持,正式起兵。

A 轮投资人公孙瓒

一个人敢在乱世挑头起兵,基本上就当得一个"雄"字。好比和平年代的职场,一万人里头,可能五百人动过创业的念头,最后真正付于行动并坚持下来的,可能就五至十人。所以,敢开始,本身就意味着勇气和能力。因为镇压黄巾军有功,刘备被朝廷封为安喜县县尉(相当于县公安局局长)。这一点很像曹操,曹操的第一个体制内工作也是"尉",只不过他是"洛阳北部尉"(首都洛阳市北城区公安分局局长),比他来头大多了。

安喜县县尉是刘备起事以来的第一个官职,来之不易,刘备也很看重,希望以此为跳板,更上一层楼。谁知朝廷派来的一位视察基层的官员(督邮)特别看不上刘备,随便找一个理由把他给免了。刘备得知后非常生气,冲动之下,亲自将督邮捆绑起来,打了他二百军棍,弃官与关羽、张飞一道逃亡。《三国演义》为了美化刘备的仁义形象,把故事主角移花接木到张飞身上,其实是弄巧成拙,反而弱化了刘备的硬汉形象。

亡命天涯是汉末英雄的"必修课"和"投名状",跟身上的刀箭伤疤一样,有着勋章一样的纪念意义。没有亡命天涯的经历,在那个年代都不好意思跟人打招呼。汉末群雄中，曹操、袁绍、袁术、吕布都有逃亡经历。但同样是逃亡，身份、缘由不同，待遇也悬殊。曹操、袁绍等人，出身上流社会，虽然因为得罪董卓而逃亡，但因为家世好、人脉广、名气大，逃亡过程不断有人接济（类似宋江发配）。而刘备不同，因为出身草根，背景差、无人脉、无名气，逃亡的经历简直可用流落街头四个字来形容（类似林冲发配）。刘备"汉室宗亲"这个招牌暂时还派上不用场——在你不够强大、什么都不是的时候，你逢人就说自己是皇亲，是汉景帝多少代后裔，别人只会把你当神经病。

刘备一路逃亡，在徐州等地闯荡，瞎折腾几年，在地方上当过县令、县丞、县尉之类的芝麻小官，看不到希望，决定跑到帝都洛阳谋发展，并在这期间结识了曹操，后又跟他一块打董卓。可惜，曹、刘二人与董卓力量相比太过悬殊，曹操大败，刘备也好不到哪里去。两人就此分别，曹操去扬州丹阳郡招兵，而刘备决定回老家幽州，投奔老同学公孙瓒。

此时已是初平元年（190年），在自立门户创业五六年之后，三十岁的刘备终于发现，完全独立创业太难了，还是打工好一些。当然，刘备也不是纯打工，而是边打工边创业，通俗地的说，就是一只脚在水里，一只脚在岸上。这个"岸"就是公孙瓒。

关于公孙瓒，我们在"宽忌袁绍"那一章已提过他。此时的公孙瓒，正是事业急速上升期，敌人很多，打不过来，急需用人。刘备是个极有事业心和上进心、给点阳光就灿烂的人，但凡有任何立功扬名的机会，哪怕流血吃亏，也绝不放过。初平二年（191年），刘备帮公孙瓒攻打青州大获全胜，因功被封为平原国的平原县县令，后升任平原国国相（注：这里的"平原国"与"平原县"虽然同名，但不是一个意思。"国"同"郡"，类似现在的地级市，比"县"高一级），跟曹操初创业时的兖州陈留郡太守一个级别。

刘备心里很美，心道：我终于与曹操平起平坐了，全身心投入地方治理。因为礼贤下士、乐善好施，刘备在平原国深得民心，但也得罪了一些个别反对他的人。有人派刺客刺杀他。刘备不知情，热情招待刺客，对他"路演"自己的创业项目和雄心，刺客被刘备的人格魅力所打动，不忍加害，坦露实情后立即离开了。这个颇具传奇色彩的故事，为刘备收获了巨大的名气和流量。

名气一大，机会就来了。后来，黄巾军攻打青州北海国，北海国国相孔融被大军所围，情势危急，派太史慈突围向刘备求救。孔融是谁？《三字经》中"孔融让梨"故事的主人公，孔子的二十世孙，"建安七子"之一，大名鼎鼎的东汉名士。刘备此时的心情，搁现在就好像一个民企小老板突然收到仰慕已久的影视明星的求助短信一样。刘备惊道："北海相孔融居然还知道天下有刘备这个人？"（备惊曰："孔北海乃复知天下有刘备邪？"——《后汉书·郑孔荀列传》）

刘备此时实力并不强，与孔融也没见过面，立即派三千精兵随太史慈去北海国救援。黄巾军闻援军至，四散而逃，孔融遂得以解围。《三国演义》第十一回"刘皇叔北海救孔融　吕温侯濮阳破曹操"里的故事，就是根据这段史实演绎的。

助人即助己。刘备因为率军帮孔融对付黄巾军，没料到被冀州牧袁绍夺了平原国这个地盘，部下也损失惨重，但再次收获了巨大的名声，"刘玄德"这个名字的含金量越来越高。初平四年（193 年），又有人来找刘备帮忙，这一次，求助人名气虽然没孔融大，但实力却比孔融强得多。因为这次帮忙，刘备意外地继承了一笔巨大的遗产，一夜之间，就当上一州之长（相当于现在的省长）。

这个求助人就是垂垂老矣的徐州牧陶谦。

B 轮投资人陶谦

身为徐州牧的陶谦缘何要找小小的平原国相刘备帮忙？

因为曹操率大军来攻。曹操这次打徐州，一是因为父亲死于徐州境内，陶谦身为徐州牧，即便不是直接凶手，也有间接责任；二是因为陶谦曾联手公孙瓒、袁术打过袁绍，而身处兖州的曹操此时属于袁绍的同盟，不管他是否与陶谦有仇，都有讨伐陶谦、夺取南邻徐州、开疆拓土的义务和刚需。

陶谦早年也是叱咤风云、履历精彩得可以出书的汉末群雄之一，但此时已六十二岁，且重病在身，已到了人生暮年，加上他当徐州牧时间并不长，根基不深，徐州地方割据势力不完全听他调遣，面对正当壮年、势不可挡的曹操（三十九岁），自然节节败退。

初平四年（193年）秋，在袁绍的帮助下，曹操大军先后攻占徐州十余城，死者万余人。眼见徐州不保，陶谦紧急求救于公孙瓒，公孙瓒立即派刘备和田楷去救。公孙瓒之所以愿帮陶谦，因为他们是战略同盟。"准三国时代"诸侯割据，跟战国时一样，也流行"合纵连横"和"远交近攻"这些套路。"准三国时代"初期有两大阵营，A阵营是公孙瓒—陶谦—袁术，B阵营是袁绍—曹操—刘表，如同当代的华约和北约。田楷与刘备受命前来阻击曹操，帮陶谦争取了时间，最后曹操因为粮尽，不得不退兵。（太祖以粮少引军还——《三国志·魏书·二公孙陶四张传》）曹操一退，刘备的上司青州刺史田楷也退了，而刘备却留下跟陶谦干。陶谦感动之余，临死前推荐刘备接替他的位置。

刘备为什么要舍老同学公孙瓒而投奔陶谦？陶谦又为什么要把徐州让给刘备？

有公孙瓒的原因，也有陶谦的原因，更有刘备本人的考虑。

我们在袁绍那一章，曾谈到公孙瓒乃董卓式猛人，有勇无谋，善打仗不善统率。公孙瓒用人，有很多让人感觉匪夷所思的地方。比如他在跟袁绍决战时，在部下遇险居然不发救兵，理由是担心救了第一次，第二次将士们就都不好好打仗，都坐等他来救。再比如他喜欢用一些出身草根的鸡鸣狗盗之徒，对智谋之士和贵族反而嗤之以鼻。这些都与刘备的仁厚理念相冲突。

刘备这个人，智商不算特别高，加上出身寒微，朋友圈起点低，对大势的判断稍逊一筹，但情商一流，尤其看人极准，永远为自己准备退路。一看自己所跟的老大不行，立即提前开溜。虽然公孙瓒败亡是在六年以后的建安四年（199 年），但刘备在初平四年（193 年）这个节点，在与老同学近距离相处三年后，敏锐地发现，公孙瓒非成事之人，迟早要完蛋。所以，暗地存了跳槽的心。

再说陶谦。陶谦要把徐州牧这个位置让给刘备，固然是感念刘备的"仁义昭著四海"之名，感谢他救徐州之恩，但还有其他考量。此时天下已纲纪崩塌，制度沦溃，徐州牧这种州牧高官原本只能由朝廷任命，但汉献帝此时尚在长安被李傕和郭汜当人质，讯息不通，生死难料，谁还当他是皇上？所以刺史和州牧这种"公器"就成了"私产"，可以私相授受或传之子孙。比如刘表把荆州牧传给了儿子刘琮，刘焉把益州牧传给了儿子刘璋，袁绍把冀州牧传给了儿子袁尚。

陶谦有两个儿子，一名陶商，一名陶应，理论上，他完全可以且应该把徐州牧传给其中一个儿子。但他两个儿子都不做官，要么不是走仕途的料，要么是没什么出息的纨绔子弟。陶谦可能这样想过：乱世让他们当徐州牧，不是帮他们，而是害他们。陶谦不让儿子当州牧，光凭这一点，足证其克制力和远见力非同寻常。

那么，陶谦为什么不把徐州牧让给自己的幕僚和部下呢？

既因为刘备相对优秀，也因为他太会做人。陶谦帐下诸如陈登、糜竺、糜芳、孙乾等幕僚，都是铁杆"拥刘派"，陶谦死后就跟着刘备，糜竺、糜芳、孙乾三人后来都成为蜀国重臣，只有陈登短暂依附，后又投吕布，最后投曹操，成为曹氏集团重臣。

论资历，最有可能接任徐州牧的人是别驾（副州长）糜竺。但这个糜竺也是个忠实"备粉"。糜竺原为徐州富商，后被陶谦特聘为别驾从事。陶谦临死前，特别交待糜竺："非刘备不能安定徐州。"陶谦死后，糜竺率徐州人民迎接刘备做州牧，刘备婉拒，在陈登、孔融的再三劝说下，刘备遂领徐州。

"三让徐州"很可能是真的

刘备不费一枪一战，凭空赚得徐州的传奇一幕，被《三国演义》生动演绎成"三让徐州"的故事。详细过程是这样的：刘备刚到徐州时，陶谦一让；刘备帮陶谦打退曹操后，陶谦二让；陶谦临死前，三让。很多人以为正史上没有"三让"之说，就认定这个故事很假，但我认为"三让徐州"这个故事，极有可能是真的。

原因有三：

一是刘备性格仁义宽厚，崇尚"以德服人"而不是"以力屈人"，不会轻易做趁人之危、砸自己招牌的事；

二是刘备为人稳重，不轻易做没有把握的事。徐州夹在兖州（北）和扬州（南）中间，北有曹操，南有袁术，都是实力强大而又惹不起的主。陶谦做徐州牧时都抵挡不了曹操和袁术的进攻，只有数千兵马、新来徐州的刘备怎么对抗？贸然做徐州牧，岂不是被架在火上烤？

三是刘备职位低下，刚来徐州才一年左右，威信未立、根基不稳，陶谦诸多老部下如臧霸等，连陶谦都不服，怎么会服他一个外人？万一刚接任，就被陶谦旧部嫉妒加害怎么办？

所以面对陶谦让徐州，刘备不可能一次就答应，"三让徐州"是完全有可能的，只是时间点可能不像《三国演义》所说，在刘备刚来徐州时，陶谦就提出把徐州让给他。

"天予弗取，反受其咎。"老天给你一个大礼包，不收，就是傻子，就得受惩罚。关羽、张飞等部众也未必答应。在外面流浪十年（184—194年），风餐露宿、寄人篱下的苦日子还没过够吗？刘备犹豫再三，忐忑不安地坐了徐州牧的位置，由此凭空得到了创业以来的"第一桶大金"。

刘备成为徐州牧，在距离刘备在涿郡起兵打黄巾军时，已过去整整十年。刘备一方面诚惶诚恐，深感责任重大，害怕守不住徐州，另一方面又自信大涨，对未来无限憧憬。但是，眼红觊觎者纷至沓来。他们中有外敌曹操、吕布、袁术，也有徐州内患，如陶谦故将曹豹。而第一个对刘备动手的，则是他真心收纳的吕布。

"白眼狼"吕布

如果我们把"准三国"这段历史当武侠小说或动作电影看，就会发现吕布跟董卓一样，属于著名的"反派"——只要他们一出现，不是场景大乱，就是一顿暴打。吕布系著名的"社交杀手"，一生反复无常，害人无数，大多数人跟他属于"一锤子社交"，打过一次交道，基本没有第二次——不是被他残忍杀死，就是被他狠狠伤害。

虽然吕布这个人是出了名的反复无常，但他的反复，大都并非他的本意，而是被人利用：

杀丁原，是因为被董卓利用；

杀董卓，是因为被王允利用；

打黑山军张燕，是因为被袁绍利用；

夺曹操之兖州，是因为被陈宫和张邈利用。

一个人频频被别人利用，既是坏消息也是好消息。坏消息说明他这个人重短利、没主见，属于跟利走、随风倒的墙头草；好消息是他这个人确有过人之处，虽然长期不能合作，但短期有一定的利用价值。而且利用他的，都是当世牛人。

只有夺徐州，是吕布自发的、自愿的。可以认为，占领徐州，才是吕布创业的开始。徐州是他人生第一桶金，也是最后一桶金。自从进入徐州，吕布再也没能活着离开。

刘备收留吕布，不只因为厚道

从兴平二年（195年）开始，在接下来的三四年时间，吕布、刘备和袁术三方势力在徐州上演了一出微缩版"三国演义"，比电影还充满反转效果。吕布的反复无常在这个过程中，到了无以复加的地步，最终将自己送上了绞刑架。

吕布与刘备间的恩怨情仇，大致可以总结为以下四句话：

刘备收留吕布，吕布背叛刘备；

刘备投靠吕布，吕布帮打袁术；

吕布再打刘备，刘备投靠曹操；

吕布又打刘备，曹操灭了吕布。

看着像绕口令，且听我慢慢道来。话说兴平元年（194年）吕布勾结陈宫、张邈等人，趁曹操攻打徐州时在兖州搞政变，功亏一篑，僵持数月后，第二年被曹操大败，不得已南逃徐州，恳请刚刚当上徐州牧的刘备收留。

吕布因为之前杀害过丁原和董卓两任老板，其武艺和人品天下皆知，属于"有才无德的害才"，刘备有一万个理由不接收他，关羽、张飞等人更是不待见吕布。但刘备权衡再三，还是决定收留吕布。

刘备这样，是因为宅心仁厚，还是出于深谋远虑的结果？难道他不知道吕布的恶名吗？

刘备决定收留吕布，考量多多，其中一个重要原因是感恩——不是感谢他杀董卓，而是感谢救徐州之围。

兴平元年（194年），身为兖州牧的曹操二征徐州牧陶谦，虽然刘备等加盟救援，但均不是曹操对手，眼看曹操就要拿下徐州、活捉陶谦，吕布与陈宫、张邈等人及时在曹操老巢兖州放了一把火，除三座孤城外，几乎把整个兖州一锅端。曹操后院起火，不得不退兵，陶谦这才保全徐州，才有后来"三让徐州"的故事。也就是说，虽然主观上刘备赚得徐州与吕布没半毛钱关系，但客观上，吕布帮了大忙，是刘备的"大恩人"。刘备是一个厚道长者，对吕布自然另眼相看。

除了感恩，刘备接纳吕布，也是想"利用"他对付群狼。刘备深知自己新得徐州，好比屌丝刚中了五千万，眼红觊觎的人实在大多，明面上就有袁术和曹操两大强敌，暗地里还有徐州境内不曾被陶谦摆平的割据势力。他们可能随时打劫，再夺徐州牧之位，刘备不得不防。

话说徐州境内共五个郡国（三国两郡），分别为琅琊国、东海郡、彭城国、下邳国、广陵郡。但这几个郡国，真正属于陶谦的势力不多，北面的琅琊国、东海郡和南面的广陵郡，都有地方小军阀割据。

琅琊国位于今山东境内（诸葛亮的故乡），被臧霸所占。臧霸原本是兖州泰山郡人，因为随陶谦剿灭黄巾军，以战功被封骑都尉。陶谦死后，臧霸带着几位小兄弟下海，在琅琊国占山为王（类似鲁智深、武松和杨志占领二龙山），后投靠曹操，被封为琅琊国国相。东海郡位于琅琊国南面，大部在山东境内，地头蛇叫昌豨（又名昌霸），最初也是臧霸的小兄弟，后来跑到东海郡发展，割据一方。割据广陵郡的人名叫笮融，原也是陶谦的旧部。

以上三人，连陶谦都不服，怎么可能服刘备？刘备也非常知趣，心道：惹不起我还躲不起吗？他接任徐州牧之后第一件事，就把徐州治所从东海国的郯城搬到下邳国的下邳城，把下邳变成自己的大本营。

这是刘备决定收留吕布的最重要考量。当然，还有一个原因，那就是刘备自信能驾驭吕布。就像一个刚获得数千万元 A 轮融资、估值过亿的创业老板，一心希望引进大牛快速做大企业、做高市值，朝 B 轮融资上亿、估值十几亿的境界进发，对可能发生的风险暂时视而不见。

从"三让徐州"到"三失徐州"

刘备万万没想到，因为吕布的到来，他在短暂地当上徐州牧之后，随即"三失徐州"。

刘备考虑再三，收纳吕布，让他驻扎在徐州西部的小沛城，抵抗曹操可能从西部豫州发起的进攻，好让自己腾出精力对抗南面的袁术。袁术一直视徐州为口边的肥肉，当年没动手，主要因为陶谦是盟友，可是，如今陶谦不在了，徐州居然落入了刘备之手，岂能不妒？刘备出身寒微，兵不多、将不广，夺徐州还不是几柱香的工夫？

建安元年（196年），袁术率大军进攻徐州，刘备从下邳迎击，两军在盱眙、淮阴相持一月，袁术始终不能奈何刘备，气得嗷嗷叫。袁术想起了吕布，于是以二十万斛大米为诱饵，收买吕布作内应。吕布忘恩负义、反复无常的本性很快爆发。"事不过三"这个定律彻底在吕布身上失效，吕布在袁术许诺的二十万斛大米的诱惑下，背叛刘备偷袭下邳，刘备的妻妾子女和部将家属全部落入吕布手中。这是刘备"一失徐州"。

吕布虽然俘虏了刘备的妻妾儿女及众将士的家眷，但刘备本人及关羽、张飞等核心骨干并无大碍。因为刘备亡命天涯和寄人篱下的经验丰富，见过大风大浪，且善于自我反省，听得进劝，提前做了预防，当时只把吕布安置于西边的小沛城。这是刘备比董卓、丁原聪明且幸运的地方。

刘备被吕布赶出下邳，逃亡过程中又被袁术所败，部队在徐州东部临海的海西县等地流浪，缺衣少食，最惨时甚至到了"官兵相食"、也就是人吃人的恐怖境地。刘备 · 看坏了，再这样下去，团队非散伙不可，于是做了一个极其艰难的决定，决定"以其人之道还治其人之身"——在哪跌倒，在哪爬起来；以什么方式跌倒，就以什么方式爬起来。

刘备力排众议，决定投靠反客为主、夺他徐州的吕布，反过来给他打工。这样做，需要相当大的勇气。别人不说，至少关羽、张飞等人会极力反对。吕布呢，居然也好意思接受刘备的投靠，也"以其人之道还治其人之身"，模仿昔日刘备对他的处置，同样把他安排在小沛，抵抗曹操和袁术可能的攻击。

也活该刘备倒霉。吕布暂时不打他，袁术又来劲了。建安元年（196

年），袁术派大将纪灵率领步骑共三万多人马征讨刘备。刘备一败再败，士气低迷，小沛又是一个小县城，哪里挡得住纪灵的三万大军，万般无奈，刘备只好向吕布求援。吕布认为他与刘备是唇亡齿寒的关系，于是领步兵千人，骑兵二百，从下邳飞速赶往小沛。

吕布救刘备不是通过帮他一块打纪灵的方式硬救，而是巧救。吕布安营扎寨后，请纪灵和刘备一块来喝酒。酒过三巡，吕布见纪灵有点微醺，开始借酒说正事："玄德是我吕布的贤弟，如今他被诸位所围，我特意赶来救他。我吕布生性不爱看别人互相争斗，只喜欢替别人解除纷争。"吕布命人在营门中竖起一戟，说："诸位看我射戟上的小支，如一发射中，诸君当立即停止进攻，离开这里，如射不中，那你们就留下决一死战。"

纪灵可能一则喝多了，二是觉得吕布在吹牛，做不到，于是答应了。吕布引弓向戟射出一箭，正好中了小支。诸将大为震惊，夸赞说："将军您真是有天神般的威力呀！"纪灵只好罢兵。这就是"辕门射戟"的故事。《三国演义》与《三国志》记载差不多。

刘备再次死里逃生后，忘掉自己曾做过徐州牧的经历，从零开始踏踏实实发展，很快招兵买马上万。吕布一看刘备生命力这么强，大犯嫉妒，又发动大军攻打刘备。刘备再次被吕布大败，只得西行投靠曹操。这是刘备"二失徐州"。

曹操给予刘备兵马粮草，并表奏他为豫州牧，这是一个有名无实的虚职，与他之前的徐州牧完全不是一回事。《三国演义》里刘备频频自称的"刘豫州"就是这么来的。此事大概发生在建安三年（198 年）前。

曹操此时虽然很牛，但因为正在与南边的张绣、西边的李傕、北边的袁绍三方劲攻深度纠缠，无暇东征吕布，只好再次将刘备派到徐州，仍然驻扎小沛。吕布见刘备换了一个"马甲"卷土重来，且惊且怒，立即派高顺和张辽两员猛将攻打，刘备再度失守小沛，老婆孩子再次被掳走。这就是刘备"三失徐州"。

打狗看主人，主人一生气，后果很严重。曹操这一次终于忍无可忍，于建安三年（198 年）九月发兵攻打吕布，大军抵达下邳城，围攻三个月，然后决水围城，吕布军心崩溃，高顺、陈宫被几个部将绑了，吕布不得不投降，最终被曹操绞杀。

刘备为什么守不住徐州？

一个小问题：同样是面对吕布等人的兵变，面对创业第一桶大金，为什么曹操能最终守住兖州，保住头上的"兖州牧"，而刘备守不住徐州，"徐州牧"这顶官帽只戴两年左右就丢了？

除了徐州是一个四战之地这一客观因素，主要原因有三。首要原因，当然是刘备实力不如曹操。

刘备救陶谦时，兵力不过数千人，这数千人大部分是半道捡来、毫无战斗力的饥民，除此之外，就是幽州乌桓的杂胡骑兵，真正属于刘备的嫡系部队不过一千多人。刘备集团此时的核心竞争力是刘备个人的品牌。这个品牌对陶谦、麋竺、陈登这样的徐州好人管用，对吕布这种忘恩负义的"白眼狼"、对徐州内部不服陶谦和刘备的"地头蛇"，则完全失效。以一千多人来接手内有分歧、外有强敌的徐州，就好比在洪水中坐上一只四处漏水的大船，终究要沉。

比较而言，曹操在占领兖州后，兵力数万。张邈、陈宫、吕布等人内乱，尽管当时守兖州的少，但曹操很快从徐州撤兵，加上张邈挑事后基本按兵不动，只有吕布单打独斗，所以能很快打垮。

其二，刘备不像曹操那样，有袁绍那样的一流盟友，却多了袁术这样的劲敌。

刘备与曹操创业最大的不同就是起点高度悬殊。曹操是官二代、富二代，朋友圈强大，人脉资源牛掰，在刚创业时就得到了袁绍等实力派的支持，长袖善舞。而刘备名为"皇亲"，实则是穷困潦倒的底层草根，创业以来一直被歧视，一直是靠舍身卖命帮人看守门户、救人于水火来搏取上流社会的认可和接受。他不仅难以交到袁绍这样的朋友，反而会引起袁术这样一类人的嫉妒和觊觎。刘备侥幸得徐州，半推半就，主观上虽然不是"德薄而位尊"，客观上却落到一个"智小而谋大，力小而任重"的尴尬境地。友寡敌众，一旦落难，自然是墙倒众人推，焉能不败？

最后一条，刘备团队武力有余而谋略不足，善于打天下却不善于守天下。

刘备起兵十年，胜小败多，根本原因在于智力资源相对不足，在高级人力引进和团队建设上相对滞后。这是刘备集团最大的短板，其直接后果就是，刘备集团始终处于"战争食物链"最低端，靠卖苦力、靠牺牲自我一点点原始积累，不能形成靠智谋、靠战略规划弯道超车，实现跳跃式发展的良性循环。

比较而言，曹操的腾挪术就要高超得多。曹操早年也是愤青，全凭一个"勇"字闯天下，摔了几跤之后，渐渐明白了"智"的价值。在最危险时帮曹操守住兖州的是谁？是荀彧和程昱这两名一流谋士。连曹操也承认，没有荀彧和程昱，他早就失去兖州这个大本营了。刚当上徐州牧的刘备，核心团队只有刘关张，三人都是武备型人才，对外不善计谋，对内不善管理。这样让袁术地成功离间刘备和吕布，同时拉拢与张飞有矛盾的陶谦旧部曹豹反水。里应外合之下，刘备就这样快速地、悲催地失去了徐州。

百感交集诸葛亮

刘备失去徐州后，重新开启流亡模式，这一流浪又是十年（198—208 年）。他先是投靠曹操（198 年），后又投靠袁绍（200 年），"官渡之战"前夜，他离开袁绍，南下投靠荆州刘表（201 年）。在荆州一住七年，直到建安十三年（208 年）曹操大举进攻荆州。

建安十三年（208 年）是刘备的转折年，从这一年开始，刘备迎来长达十二年（208—220 年）的大运。但严格地说，他的大运在前一年、即建安十二年（207 年）就开始酝酿铺垫了。这一年，闲居荆州七年的刘备在隆中见到诸葛亮，被诸葛亮的"隆中对"大开脑洞，"准三国"时代两颗亮丽的明星终于碰撞，迸发出巨大的能量，硬生生将势不可挡的曹操阻止在长江以北，终生再未能越过。诸葛亮对于刘备人生转折的意义，确实非同小可。毫不夸张地说，诸葛亮是刘备一生最重要的同事兼合伙人，虽然他本人在早期对此缺乏足够的认识，生前并没有足够信任并充分挖掘诸葛亮的潜能。

《三国演义》把诸葛亮过度神化，一等他正式出场，就给他安排了火烧博望坡、火烧新野、舌战群儒、智激周瑜、草船借箭、巧借东风等妙计，后来又将七擒孟获、空城计、死诸葛吓退活仲达的故事安在他身上，把诸葛亮描写得无所不能。对此，鲁迅先生就点名批评《三国演义》，说它"状诸葛之多智而近妖"（前半句是"显刘备之长厚而似伪"），意思是把诸葛亮写得太聪明，简直近乎妖怪了。其实，真实的诸葛亮没有《三国演义》那么多传奇故事，小说里安在诸葛亮身上的等智谋故事几乎都属虚构，在《三国志》中完全找不到记录。

那么，诸葛亮到底给刘备集团创造了什么价值？

鉴于本书主要涉及中平元年（184 年）至建安二十五年（220 年）这段"准三国"历史，撇开诸葛亮在章武三年（223 年）刘备驾崩后以丞相身份执掌蜀国大政、重启"孙刘联盟"、七擒孟获和北伐中原的功绩，其对刘备集团的主要贡献有四：

战略规划：以"隆中对"指明以"孙刘联盟"抗曹、立足荆州、夺取益州从而实现"三分天下"的战略方向，并借赤壁之战首次付诸实践；

后勤支援：在赤壁战后安定后方、征税供粮，为刘备集团补足后勤和管理上的诸多短板；

协取益州：率领张飞、赵云等从荆州出发，配合先入川的刘备大军夺取成都，拿下益州；

统管内政：刘备夺取益州后，诸葛亮以股肱大臣身份全面处理内政，在刘备外出时镇守成都。

与上述四个贡献对应的，是刘备对诸葛亮价值认识和关系亲疏的几个阶段：

一、蜜月阶段：建安十二年（207 年）—建安十三年（208 年）；

二、历练阶段：建安十三年（208 年）—建安十六年（211 年）；

三、股肱阶段：建安十六年（211 年）—建安二十四年（219 年）；

四、隔阂阶段：建安二十四年（219 年）—蜀章武二年（222 年）；

五、重估阶段：章武二年（222 年）—蜀章武三年（223 年）。

蜜月阶段：三顾茅庐、联孙抗曹

在刘备与诸葛亮的关系史上，三顾茅庐、隆中对、联孙抗曹是几个脍炙人口、千古流传的段子。关于刘备三顾茅庐、邀请诸葛亮出山加盟的情节，《三国演义》描述十分详尽。作者罗贯中使用各种先抑后扬、曲径通幽的技巧，特意不让刘备打听诸葛亮的详情，更不让刘备轻易见到他，经诸葛亮的好友水镜先生（司马徽）、徐庶、崔州平、孟公威以及诸葛亮岳父黄承彦等人层层铺垫、重重渲染，经过三次拜访（三顾），最后才见到真人。仿佛金庸小说的绝世武林高手，到最后一刻才带着神功现身。

但三顾茅庐的故事并不完全是虚构，至少有几点是真的：

诸葛亮确实是徐庶推荐的；

刘备确实拜访诸葛亮三次才见到他；

诸葛亮确实发表了著名的《隆中对》。

回归正史，刘备驻扎新野时，颇受他器重的徐庶一次与他闲聊，不

经意间提及好友诸葛亮，问刘备有没有打算用他的意思。此时刘备在荆州已待了六七年，可能早就听过诸葛亮的大名、见过他本人，但觉得他一不是可上马杀敌的猛将，二比自己小二十岁，有点轻看。于是，面对徐庶的推荐，刘备不以为然，让他通知诸葛亮来面试。徐庶当时就急了，说诸葛亮可是大才，你得主动上门去请才行。

刘备这才想起之前水镜先生司马徽也曾向他打包推荐过伏龙（诸葛亮）和凤雏（庞统）两位高级人才，觉得自己刚刚有点唐突，于是采纳徐庶建议，决定亲自上门拜访诸葛亮，前后见了三次，总算见着了。（由是先主遂诣亮，凡三往，乃见——《三国志·蜀书·诸葛亮传》）为什么要"三往"？当时通信不发达，不能提前预约，诸葛亮又喜欢到处云游，刘备去两次见不着应属正常。但无论如何，"三往"还是体现了刘备的诚意。

诸葛亮应该早就留意刘备多年，"芳心暗许"，花了很长时间精心准备一篇后世称为《隆中对》的求职演说，刘备一来，诸葛亮立即和盘托出：

自董卓已来，豪杰并起，跨州连郡者不可胜数。曹操比於袁绍，则名微而众寡，然操遂能克绍，以弱为强者，非惟天时，抑亦人谋也。今操已拥百万之众，挟天子而令诸侯，此诚不可与争锋。孙权据有江东，已历三世，国险而民附，贤能为之用，此可以为援而不可图也。荆州北据汉、沔，利尽南海，东连吴会，西通巴、蜀，此用武之国，而其主不能守，此殆天所以资将军，将军岂有意乎？益州险塞，沃野千里，天府之土，高祖因之以成帝业。刘璋闇弱，张鲁在北，民殷国富而不知存恤，智能之士思得明君。将军既帝室之胄，信义著于四海，总揽英雄，思贤如渴，若跨有荆、益，保其岩阻，西和诸戎，南抚夷越，外结好孙权，内修政理；天下有变，则命一上将将荆州之军以向宛、洛，将军身率益州之众出于秦川，百姓孰敢不箪食壶浆以迎将军者乎？诚如是，则霸业可成，汉室可兴矣。

这是《三国志》版的《隆中对》，与《三国演义》版相比，除个别字句略有不同外，内容大致相同，二者最大的区别是刘备听后的反应。《三国演义》中，刘备听完诸葛亮为他所做的整体战略规划，如醍醐灌顶一般，避席拱手谢曰："先生之言，顿开茅塞，使备如拨云雾而睹青天。"但在《三国志》中，刘备只简单回复："好啊！"（先主曰："善！"）

这说明什么呢？说明在真实历史中，刘备当时确实被诸葛亮的战略高度和远见卓识给震住了，但一则他正处于人生最低谷，深度不自信，不相信自己此生还能成霸业、兴汉室；二则以他的见识高度，当时可能并没有完全消化、理解诸葛亮的战略思想；三则他与诸葛亮可能是初次见面，不完全相信这位比自己小二十岁的乡村青年真的能实现如此宏大的规划。刘备答"善"，很可能只是一种礼节性的赞赏，心里不免嘀咕：孔明小老弟，你说的靠谱吗？

关于诸葛亮的加盟，也有一种说法认为，不是刘备主动三顾茅庐，而是诸葛亮毛遂自荐，主动从卧龙岗进城参加刘备举办的一次沙龙，一番独特的高谈阔论，引起了刘备的注意，觉得他是个人才，这才决心三顾茅庐。不管哪一种情况，三顾茅庐都是真的。诸葛亮（字孔明）加盟刘备集团，对屡战屡败、看不到希望的刘备集团来说，确实不亚于一盏"明"灯，点"亮"了刘备前进的方向。所以《三国志》里说："备从其计，故众遂强。"因为听从诸葛亮的建议和谋划，刘备集团渐渐强大起来。

诸葛亮加盟之时，正是刘备集团最危险的时刻。不久，曹操就率兵南下，进击荆州，刘表在忧惧中病死，二子刘琮继任荆州牧，在不通知刘备的情况投降曹操。面对曹操几十万大军，刘备望风而逃。刚加盟的诸葛亮才智再高，也不可能仓促间力挽狂澜。诸葛亮没有"火烧博望坡"，也没打算跟刘备一块投靠苍梧太守，而是边逃跑边思考怎么把隆中对的战略思想落到实处，化"危"为"机"，帮刘备翻盘。隆中对的核心思想之一是"联孙抗曹",眼下不就最佳时机吗？诸葛亮随刘备一口气跑到夏口，与刘表长子刘琦汇合后，正式对刘备表达了向孙权求救、联孙抗曹的意思，并自请出使江东游说孙权。

正好鲁肃也来荆州寻找同盟，于是诸葛亮与他一同回柴桑见孙权，一番游说，改变了"准三国"的历史走向。赤壁之战是一个转折点——刘备不用再像以前一样逃亡，孙权不用再像刘琮一样投降，而曹操，也结束了自官渡之战以来屡战屡胜的辉煌。

诸葛亮未出茅庐就预知三分天下，并为刘备集团制定宏大、长运且实用的发展战略，这份远见，确实是一般人不及。赤壁之战的惊天翻盘，更是让刘备大开眼界：原来战略和谋略的作用如此神奇，原来仗还可以这么打，原来这个名叫诸葛亮的小伙子身上，有这么大的能量！赤壁之战前后，刘备与诸葛亮的关系确实相当好（与亮情好日密），虽然两人没有像刘关张三人一样"寝则同床，恩若兄弟"，但已亲密到了让"床友"关羽和张飞吃醋的地步。

"联孙抗曹"，短短四个字，既是战略，也是战术；知易行难，始易终难。在建安十三年（208 年）刘备被曹操追得无处可逃这一时间点，是"战术"；而在刘备以为起点，跨有荆、益，谋划中原时，则是"战略"，或者说"基本国策"。可惜，刘备只采纳了诸葛亮的战术，而在荆州站稳脚跟后，因为主观轻视，慢慢背离了这个战略。

让我们将镜头拉回到建安十三年（208 年）。当年七月，曹操在消灭袁绍的残余势力、统一北方后，率大军南征，兵锋直指荆州治所襄阳城。八月，重病在身的刘表惊惧而亡。江东集团重要谋士鲁肃听说这一消息，立即沿长江西上。鲁肃此行的目的，借"吊丧"刘表之机，察看能否与荆州集团结盟抗曹。谁知他还没赶到襄阳，就听到刘琮投降的消息，暗暗叫苦。联合刘表那一家抗曹不可能，但还有一个"刘"可选择，那就是刘备。鲁肃灵机一动，立即改变主意，冒着被曹操大军捕获的风险去见刘备。

　　鲁肃与在江东集团工作的诸葛亮大哥诸葛瑾私交一向非常好，此次他来见刘备，不可能不见诸葛亮。说不定，鲁肃还带了一封他大哥的亲笔信。当然，这只是揣测。两人都是有大格局的智者，又因为诸葛瑾这个社交桥梁，诸葛亮与鲁肃一见如故，一席畅谈后，立即达成"孙刘联盟，共抗曹操"的共识。为了实现战略，双方必须"易主而劝"——诸葛亮请鲁肃帮他说服刘备不要去投靠交州苍梧郡（今广西梧州）太守吴巨，而鲁肃则请诸葛亮随他回柴桑（今江西九江），说服孙权坚定联刘抗曹的决心。

　　诸葛亮与孙权年龄相当，少年气盛，不好好说话，一在柴桑见面就互使"激将法"。大致过程是诸葛亮上来就劝孙权投降曹操，孙权很生气，反问你老板怎么不投降，诸葛亮答我老板是堂堂汉室宗亲，天潢贵胄，怎么能降曹？孙权于是上当，说我决心抗曹，可是你们有什么本事抵抗？诸葛亮接着吹牛，说我老板刘备虽然刚刚在当阳长阪打了败仗，但实力并不弱，与刘表长子刘琦合起来有两万人，然后又说曹操其实没那么可怕。原因有四方面：一是北方之人，不习水战；二是很多士兵生病；三是疲兵远战，"强弩之末，势不能穿鲁缟"；四是荆州士民并不服曹操。这四条决定，曹操并不难打。

　　孙权年少有为，心高气傲，原本就不打算投降曹操，但心里只有"六成"胜算，被鲁肃支持后，胜算变成"七成"；再被诸葛亮支持，胜算增成"八成"；后来周瑜也明确表示了与诸葛亮相同的观点，胜算升至"九成"，孙权于是坚定联刘抗曹的决心，拔剑削案为誓。于是，有了后来赤壁之战的胜利。当然，这里也要特别强调一点：与官渡之战一样，赤壁之战也有"广义"和"狭义"两个概念。"广义赤壁之战"代表孙刘抗曹战争，其实不止一场战役，而是多场。而"狭义赤壁之战"就是周瑜与曹操在赤壁段长江的一场激战。

　　"孙刘联盟"虽然更多是江东集团发动的，刘备集团只是统一服从周瑜调遣的配角，但诸葛亮的作用仍然不可忽视。没有他，刘备可能像一只没头苍蝇一样继续逃亡去苍梧，彻底被边缘化，"隆中对"规划彻底泡汤，而孙权也可能因为缺乏外力支持，真的像刘琮一样投降（毕竟这一年孙权不过二十七岁），三国历史由此改写。诸葛亮难能可贵的地方，在于他既高瞻远瞩，又知行合一，他的"隆中对"并非为了拿个高Offer 信口忽悠、随便说说，而是真的深思熟虑过其可行性，并在后来一点一点将"联孙抗曹"的战略付诸于实践、指导实践。赤壁之战只是一个开端，后来的借荆州、娶孙妹、划江分荆州、刘备死后重新修复被破坏的结盟关系，都是这个战略的重要体现。

历练阶段：实习临烝，主抓后勤

但令人惊讶的是，赤壁战后的三年（208—211 年），诸葛亮不是像《三国演义》所描述的，随时在身边问计，而是一下子从刘备身边淡出了。刘备得荆州后，任命诸葛亮为军师中郎将（军师中郎将是一个军职，不是我们通常所理解的谋士），命他"督零陵、桂阳、长沙三郡"，但不是像周瑜那样有军权的大都督，其主要工作是征税，为刘备集团提供后勤支援。按照《零陵先贤传》的说法，诸葛亮当时驻扎在临烝（今湖南衡阳市）。（先主遂收江南，以亮为军师中郎将，使督零陵、桂阳、长沙三郡，调其赋税，以充军实。《零陵先贤传》云：亮时住临烝。——《三国志·蜀书·诸葛亮传》）

诸葛亮是以"总设计师"的身份加盟刘备集团的，在赤壁之战中厥功甚伟，为什么战后没有成为刘备的重要谋士，而是变成一个"后方税官"，几年不在刘备身边出谋划策？刘备对他到底是怎么定位的？

第一个原因诸葛亮其实是一个"战略型"而非"战术型"人才，擅长内政而非外战。史学界公认诸葛亮"长于治国"而"短于奇谋"，善于战略规划，一生勤恳谨慎，但在战术奇谋上并不擅长（刘备死后北伐中原多年无大战果就是证明）。赤壁之战主要是由周瑜打的，诸葛亮的贡献跟鲁肃一样，主要是促成孙刘结盟，并没有真的领兵打过仗。他在刘备集团的位置，更像汉高祖刘邦的萧何，主要负责内政和后勤工作。赤壁之战后，曹操还军邺城面壁思过，东边的孙权是盟友，无仗可打，西边的刘璋没什么野心，相安无事，刘备这几年的重要工作不是"马上打天下"，而是"马下治天下"，而治理的一个重要工作就是理政、安民、劝农、收税。这些恰恰都是诸葛亮的长项。刘备这样用他，并无不妥。

第二个可能的原因是刘备集团上上下下对诸葛亮的排斥。刘备集团是刘、关、张三个合伙人联合创业而起，三人都是尚勇崇义、重武轻文之人，对智谋、思想和战术这类东西向来不够重视，团队文化更是轻视、排斥读书人。所以刘备集团创业二十三年来，智谋之士奇缺，反过来，又因为智谋氛围不足，造成优秀智谋之士难以加盟或铁心追随（比如陈登）的恶性循环，就像当今社会一个不重视信息技术的公司很难招到优秀程序员一样。我们大胆猜测，刘备在荆州获得的第一个谋士徐庶，其离职原因，除了其母被曹操所掳，还不乏被内部排斥的因素。徐庶力荐好友诸葛亮，说不定还有让自己顺利脱身的考虑。

这样说有证据吗？当然有。即便是百般神化诸葛亮的《三国演义》，也提到了关羽和张飞一开始并不服他。诸葛亮是靠出山第一仗"火烧博望坡"的成功，才证明自己的能力，才让"关、张下马拜伏于车前"。（见《三国演义》第三十九回"荆州城公子三求计　博望坡军师初用兵"）可惜真实历史中并没有诸葛亮火烧博望坡和火烧新野这类奇谋故事，这就意味着，真实的诸葛亮在最初加盟刘备集团时，除了"联孙抗曹"这一战略，并没有贡献多少战术性奇谋，包括关、张在内的高管都会以一种怀疑的目光看待他，搞不懂老大刘备为什么这么重用他这么一个荆州"小屁孩"。因为对"联孙抗曹"这种宏大的战略，武人关羽和张飞从骨子里轻视，认为这玩意太虚，不如马上迎敌、真刀真枪拼杀那么实在。后来关羽大意失荆州，正是这种轻视的直接体现。

在赤壁之战大获全胜,"孙刘联盟"这个战略初具雏形后,诸葛亮突然变得无所事事,有点尴尬了。怎么办呢?像郭嘉那样随军设谋献计,诸葛亮不擅长;像荀彧那样给刘备做大管家,关、张等合伙人都不服,诸葛亮活不好干。把义气看得比天还大的刘备,不可能不顾及关、张二人的意见,所以赤壁之战后,怎么用好诸葛亮,怎么摆平他和其他创业元老的关系,刘备应该很是头疼。

诸葛亮是聪明人,何尝不知道自己的短板和职场的敌意?为了证明自己,他只能从基层做起、从实事做起、从自己真正擅长的事做起。诸葛亮觉得自己既年轻,资历尚浅,又不善于打仗,还是在后方多做一些基层工作为好,所以不排除主动请缨去临烝的可能。

第三个原因是后来庞统的加盟,及时填补了刘备战术谋略的不足,身边更不需要诸葛亮。

庞统与诸葛亮属互补型人才。诸葛亮善于战略和治国,而庞统擅长战术和奇谋。赤壁战后,刘备既需要诸葛亮,也需要庞统,就随军打仗献策而言,庞统比诸葛亮更合适。庞统原是周瑜部下,建安十五年(210年)周瑜病亡后,庞统改投刘备,因为个性问题,一开始并未获刘备重用。

诸葛亮一看刘备闲置人才,再次力荐庞统,刘备这才与他见面。一番详谈后,刘备对庞统相见恨晚,非常器重,开始把他当成随身心腹。(先主见与善谭,大器之,以为治中从事——《三国志·蜀书·庞统法正传》)后来刘备入川,第一谋士就是庞统,第二是法正,是庞统和法正帮助刘备完成了取益州的决策和战术。如果说诸葛亮是刘备的荀彧,庞统就是刘备的郭嘉。若不是意外丧生,庞统原本可以与诸葛亮一块搭档(正如荀彧郭嘉搭档一样),在刘备集团发挥更大的作用。庞统死时年仅三十六岁,英年早逝的故事跟郭嘉(死时三十八岁)一样。当然,庞统加盟时,诸葛亮已来到临烝两年。所以,庞统加盟不是诸葛亮遇冷的主要原因。

股肱阶段：统兵攻城，执掌内政

诸葛亮在临烝一干三年，这三年正是刘备以荆州为大本营，积蓄力量积极备战的三年。建安十六年（211 年），法正受益州牧刘璋的派遣前来荆州，隆重邀请刘备入川打张鲁。与刘备一块讨论此事的主谋是庞统，身在外地的诸葛亮应该没怎么参与，至少史书没记载他现场参与。刘备决定入川后，将庞统提升为军师中郎将。

刘备以庞统为随军谋士入川，诸葛亮与关羽、张飞、赵云等留守荆州。建安十七年（212 年），刘备与刘璋正式反目，先拿下涪城，然后攻打雒城。谁知庞统中冷箭身亡，刘备失去主心骨，不得不令诸葛亮从荆州率张飞和赵云增援，与刘备合围成都。

诸葛亮抓住出山以来第一次领兵机会，快速证明自己。建安十九年（214 年）夏，刘备拿下成都，论功行赏，其中功劳最大的是诸葛亮、法正、张飞和关羽，刘备任命法正为蜀郡太守，加封诸葛亮为军师将军兼益州郡太守。

也就是说，直到刘备拿下益州、当上益州牧，诸葛亮才真正成为他的股肱之臣。只不过，诸葛亮的职责偏内政，谋略方面，因为庞统已死，刘备依赖的是法正。（*先主复领益州牧，诸葛亮为股肱，法正为谋主*——《三国志·蜀书·先主传》）

诸葛亮凭什么做刘备的股肱？

除了他高瞻远瞩的战略思维，更因为他给刘备集团带来了大量人才和治理经验。诸葛亮不是一个人在战斗。正如荀彧加盟曹操集团为其带去大量颖川系人才一样，诸葛亮加盟刘备集团，也为其带来了大量荆襄系人才，如庞统、黄忠、魏延、马良、马谡、杨仪、刘巴、邓芝等。荆襄人才，从此进入刘备彀中。这是诸葛亮年仅四十就能官居蜀汉丞相的一个重要基础。

那么，诸葛亮又是靠什么笼络这些人才的？社交与通婚。诸葛亮不仅是荆州牧刘表的亲戚，还是荆州上流朋友圈的核心人物。东汉、三国乃至后来两晋时代，混朋友圈是要看门第出身的，此所谓"门阀时代"，干啥都不是看才华能力，而是看家族身份。一般来说，出身寒族，再有本事也是狗屎；出身士族，再差也有机会。"门阀政治"在东晋时达到巅峰，再有权有钱的"暴发户"都被严重鄙视，想与士族通婚都频频被拒。

诸葛亮虽是从徐州琅琊郡来到荆州投奔的"外来户"，但因为叔叔诸葛玄打下的社交基础，以及自身的才华，诸葛家与荆襄一带"庞黄蒯习蔡"五大家族，基本上都沾亲带戚。诸葛亮是黄承彦的女婿，而黄承彦又是荆州大族蔡讽的女婿，蔡讽的另一个女婿就是刘表。也就是，刘表和黄承彦跟孙策和周瑜一样，是"连襟"。蔡讽是谁？刘表创业合伙人蔡瑁他爹。

再比如，蒯家的蒯良和蒯越的侄子蒯祺娶了诸葛亮的大姐，也就是说蒯祺是诸葛亮的大姐夫；庞家名人庞德公的儿子庞山民娶了诸葛亮的二姐，庞山民成了诸葛亮的二姐夫，而赫赫有名的庞统，乃庞德公的侄子；习家中习祯的妹妹嫁给了庞统的胞弟庞林。"庞黄蒯习蔡"五大家族连络有亲，遮饰照应，一荣皆荣，一损俱损，与《红楼梦》的"贾史王薛"四大家族一模一样。

知道这些关系，就不难理解，水镜先生司马徽为什么大肆包装诸葛亮和庞统，徐庶为什么在投曹前向刘备推荐诸葛亮，诸葛亮出山后又为什么向刘备力荐庞统。因为他们都是一个圈子的。

诸葛亮借助荆襄系朋友圈，为刘备稳据荆州、夺取益州立下了重大功劳。在诸葛亮及其众多荆州系属僚加盟及执掌高位前，刘备集团一直是一个"小作坊"，或者说一位"跛足巨人"，管理非常粗放，只会打天下，不会治天下。横向比较，建安十九年（214年）初得益州的刘备集团，其内部管理的精细程度，既不如建安五年（200年）孙策被暗杀时的江东集团，也不如建安元年（196年）曹操刚刚"挟天子以令诸侯"时的曹氏集团。但孙氏集团通过父子三人十年间的两次传承和迅速迭代，到孙权接任掌门人位置时，因为张纮、张昭、周瑜、鲁肃等人的加盟和献策，尤其是"转战江东"的战略，各项短板被迅速补齐，孙坚时代的"小作坊"快速演变成孙权时代的"正规大公司"。曹操更不用说，且不论荀攸、郭嘉等超级谋士以及荀彧背后颖川士族优秀人才的加盟，光是"挟天子以令诸侯"和"屯田"这两个大手笔，就将曹操集团直接提升到"准政府军"的高位，将各地方诸侯远远甩在身后，曹操集团在战略、战术、人力、财力、管理等方面实在领先太多。

差距就是机会。诸葛亮紧紧抓住机会，凭借强大的人才队伍和出色运营能力，渐渐将自己历练成为刘备集团的COO，这就是他在入益州后，能成为刘备股肱的重要原因。

隔阂阶段：法正上位，战略分歧

从职位上看，刘备似乎更看重诸葛亮；但从私交上看，刘备明显与法正更近。

庞统死后，刘备随军谋士出现空缺，填补这一空缺的不是诸葛亮，而是法正。刘备占据成都后，开始谋划汉中，几乎都是法正在主谋。建安二十二年（217年），刘备听从法正建议，出兵汉中，法正以谋士身份随军。诸葛亮留守成都，负责粮草、军械等后勤工作。建安二十四年（219年），在法正的谋划下，刘备大破夏侯渊，夏侯惇被黄忠斩杀，震惊曹操。

接下来的事就更让人震惊了。刘备自封为汉中王，大赏群臣，以法正为尚书令兼护军将军。作为此战的总后勤部长，诸葛亮居然没有得到任何封赏，还在军师将军这个位置上原地踏步。

尚书令是个什么职务？既可理解为汉中王国的丞相（此时刘备尚未设丞相之职），也可以理解为刘备的贴身秘书长。当年曹操启用荀彧时，就是任他为尚书令，长期驻守许县，处理各种政务，并负责帮曹操联络他与汉献帝和朝中诸臣的关系，属于心腹中的心腹、铁杆中的铁杆。法正和诸葛亮在刘备心目中的位置，由此可见一斑。

可惜，法正担任尚书令的第二年就病亡了。刘备痛哭流涕，其伤心的程度直追曹操痛失郭嘉。刘备对法正的信任、器重和私交可想而知。

这样一来，诸葛亮难免失落。但这还不是诸葛亮最失落的。诸葛亮最大的失落，是刘备在跨有荆、益两州后，志大意骄，越来越轻视孙权和江东集团，逐渐背叛"联孙抗曹"战略，抛弃"孙刘联盟"，而这本质上是对诸葛亮智慧的否认。

章武元年（221 年），称帝后的刘备为给关羽报仇，兴军东下。蜀军在夷陵大败后，远在成都的诸葛亮感叹道："若法正还在世，则一定能劝阻皇上东征孙吴；就算不能制止皇上东征，也不至于败成这样。"（亮叹曰："法孝直若在，则能制主上，令不东行；就复东行，必不倾危矣。"——《三国志·蜀书·庞统法正传》）

诸葛亮这句话信息量实在太大了，既是感叹，也是抱怨；既有夸赞，也含醋味。

综上，我们大致可以得出这样一个结论：诸葛亮明知刘备大举进伐孙权，公然违背了他用心血铸就的"孙刘联盟"战略，此时身居丞相高位，却因为种种难言之隐不敢进言劝阻刘备，眼睁睁看见蜀国遭受前所未有的重创，这是一种多么深的伤痛、失落和无奈。这说明，此时的备、亮关系，不仅不复"鱼水情"，而且存在一定隔阂。

那么，刘备为什么在战术谋略上更器重法正而不怎么信任诸葛亮？为什么诸葛亮明知刘备此行可能落败却不敢劝？

有四个方面的原因。

一是能力有异。诸葛亮是个稳重型 COO（首席运营官），擅长整体战略和内政管理，不擅长战术和奇谋。诸葛亮确实是个大才，但就对人性认识的深刻性这一点而言，他似乎不如郭嘉、庞统和法正等人，而一切奇谋均建立在洞悉人性幽微和奇妙反转的基础上。这些"幽微"和"反转"在《三国演义》里的"诸葛亮"和《三国志》的郭嘉身上比比皆是，而在《三国志》里的诸葛亮身上却几乎见不到。这里没有丝毫否定诸葛亮的意思，俗话说"将治大者不治细，成大功者不成小"，不擅长战术并不影响其在战略和治国上的卓越才华。

所以，撇开《三国演义》带给我们的惯性思维，可以认为，从诸葛亮出山（约 207 年）到刘备去世（223 年）这十六年，除了赤壁之战前后的短暂时光，诸葛亮其实一直不是刘备的贴心谋士，刘备似乎也不认为他适合当战术谋士，所以赤壁之战结束后，就将他派到临烝搞后勤。这一点，诸葛亮本人也非常有自知之明，知道自己不如法正，常常好奇法正脑子里那么多奇思妙想是怎么来的，（亮每奇正智术——《三国志·蜀书·庞统法正传》）所以在战术和谋略上非常敬佩法正。

二是性格不合。刘备等人崇尚江湖义气，更喜欢带有草莽性质、江湖气重、个性强、有点小毛病的人（法正和庞统均属此类），而诸葛亮出生世家大族，身上流着贵族的血液，且读书多、修养高，崇尚淡泊明志、宁静致远，接近一个道德完人。他凡事讲道义讲规则，正气有余，而邪气（或江湖气）不足，不像庞统和法正那样喜欢在战术上创新和冒险。诸葛亮与法正，也因为"三观"不合，只维持着基本的职场礼仪和社交关系，私交似乎也一般。（诸葛亮与正，虽好尚不同，以公义相取——《三国志·蜀书·庞统法正传》）

三是理念悬殊。诸葛亮作为刘氏集团的后来者，旁观者清，一直认为刘弱孙强，所以必须把"联孙抗曹"作为一项长期坚持的基本国策，才能使刘氏集团立于不败之地。可惜，刘备一世英雄，一直看不上孙权这个后辈小生，尤其在他汉中大败曹操后，更认为自己不输曹操，越发轻视孙权。所以，对诸葛亮一直叨叨的"孙刘联盟"，刘备一开始可能还有耐心听，慢慢就烦了，尤其在建安二十四年（219 年）孙权偷袭荆州杀害关羽、并导致张飞意外被害后，他对孙权日渐厌憎，在内心深处已彻底抛弃"孙刘联盟"。这个时候,谁劝刘备别打东吴,谁倒霉。

四是利益冲突。诸葛亮当年能与鲁肃一见如故,火速促成孙刘联盟,共抗曹操,与他大哥诸葛瑾在江东集团当高管且与鲁肃私交甚好有关。这既是好事,也是坏事。在孙刘两家亲如一家时,是好事;当两家闹掰后,就是坏事。当整个刘备集团都视江东集团为仇敌,都知道诸葛亮大哥诸葛瑾曾协助吕蒙袭杀关羽时,诸葛亮若再强行坚持把孙权当朋友,反对刘备为关羽和张飞报仇,反对很多出身荆州的将士重夺荆州,别人就会质疑他:"孔明,你到底算哪头的?你是不是被孙权收买了?"尤其考虑到孙权一直想挖他,诸葛亮的行为动机就更容易被刘备集团怀疑。

赤壁之战前,诸葛亮奉命出使江东游说孙权,被江东集团元老张昭一眼相中,欲劝他跳槽,与大哥诸葛瑾一块辅佐孙权。诸葛亮婉言谢绝,问及原因,诸葛亮答曰:"孙将军可谓一代人主,但我觉得他气度格局有限,能用我,却不能最大程度发挥我的潜力,所以我没法留在江东啊。"(孙将军可谓人主,然观其度,能贤亮而不能尽亮,吾是以不留——《三国志·蜀书·诸葛亮传》)这句话一半是婉拒邀约,一半是撇清嫌疑。其听众与其说是张昭和孙权,不如说是包含刘、关、张三人在内的刘备集团高管,核心思想是向刘备表忠心。

这样说,是不是有点"阴谋论"的味道?有"鱼水之欢"的刘备和诸葛亮,怎么可能有隔阂和嫌隙呢?

其实有隔阂和嫌隙再正常不过。我们看待历史人物的关系,一定不能局限于某一种固定模式,而要从相当长的时间河流,以更高的"分辨率"来观察。这世上没有从未闪念离婚的夫妻,也没有从没起过冲突的君臣。在专制社会,大臣是君王的"私产",不能轻易跳槽换老板,几十年日夜相处,审美疲劳,这种冲突的可能性更大。君臣关系时好时坏、时远时近、时爱时厌,都是人之常情。只是因为诸葛亮和刘备被过度神化,重度粉丝不允许别人轻易说他们有什么不好。

所以，还原历史现场，从正常人性出发，我们可以认为，一是诸葛亮对刘备逐渐偏离"孙刘联盟"战略、长期重用法正有"保留意见"，私下还可能抱怨过；二是刘备对丞相诸葛亮在孙权夺取荆州后仍死守"孙刘联盟"战略不放，开始有点不满，考虑到诸葛亮的荆州系部属势力坐大，刘备渐生冷落甚至猜忌之心，也不是没有可能。这迫使诸葛亮不得不选择韬光养晦，在刘备讨伐东吴这种关键大事上，只能无奈地选择闭嘴。别忘了，诸葛亮和刘备都是人，是人就一定有缺点，不可能是被《三国演义》极度美化的"神"和道德完人。

重估阶段：反思升华，郑重托孤

蜀汉章武元年（221 年），刘备在外缺战将、内无谋士的背景下，出于义愤兴大军讨伐东吴，于章武二年（222 年）兵败夷陵，死伤数万将士，不得不退守白帝城。刘备一病不起，自知来日无多，火速召丞相诸葛亮从成都来白帝城。章武三年（223 年），刘备临终前对诸葛亮托孤，说了一句近两千年来让后代史学家想破脑袋的话："君才十倍曹丕，必能安国，终定大事。若嗣子可辅，辅之；如其不才，君可自取。"（《三国志·蜀书·诸葛亮传》）

刘备这句话，N 种解读。常规解读是："丞相，你的才华十倍于魏帝曹丕，必能安邦定国。如果我的儿子成器，你就辅佐他；如果他不成器，你就取而代之。"有人认为刘备这是露骨地猜忌、敲打和试探，把诸葛亮吓坏了，所以他立即哭着表态："臣一定竭尽全力做好辅佐大臣，忠贞不二，死而后已。"（臣敢竭股肱之力，效忠贞之节，继之以死。）刘备这才让儿子刘禅以"相父"事诸葛亮，放心去死。

另一种对"自取"的主流解读，是刘备授予诸葛亮将来行"废立之事"的权力。如果刘禅这个皇帝当得好，就接着让他当；如果他不合格，诸葛亮就换刘备其他的两个儿子当。这种说法似乎更为合理。

在我看来，刘备的临终遗言，应该没什么猜忌、敲打和试探，充满了真诚。如果还有什么，那就是后悔。因为此时的刘备百感交集，悔、愧、痛、憾、忧五味杂陈，其中"悔愧"之意当头。

悔什么？

——后悔轻视孙权，没有遵守"孙刘联盟"国策，因为一时义气，贸然发动伐吴战争。

愧什么？

——愧疚一度冷淡、低估乃至猜忌诸葛亮（私通东吴或拥权自重），没有在伐吴这种重大国是上征求他的意见。

痛什么？

——痛感数万将士用生命为自己的错误买单。

憾什么？

——遗憾此生再无灭曹平吴、统一天下、延续汉祚的可能。

忧什么？

——对蜀汉的未来安危忧心忡忡。

为什么说刘备这句话"真诚"成分更多？为什么说他对诸葛亮充满"悔愧"之意？这个说法不是与此前说的备、亮关系逐渐冷淡、刘备猜忌诸葛亮日重相矛盾吗？是的，夷陵之战前，"备亮关系"热度跌至历史最低点。但物极必反，历史正如电影，充满人性的觉悟和艺术的反转。夷陵之战，彻底将刘备打醒了，刘备再次觉悟和升华。

刘备觉悟和升华的证据是什么？

就是刘备的托孤之语。很多人只注意后半句的"如其不才，君可自取"，而没注意到前半句的"君才十倍曹丕，必能安国，终定大事"，这才是反映刘备真实人性的最紧要的话语。"君才十倍曹丕"，这是刘备临终前对诸葛亮的最高褒奖，其发自肺腑的程度只有刘备刚得到诸葛亮那句"孤之有孔明，犹鱼之有水也"才能相比。两句话前后相隔十六年，中间在史书上几乎没听到刘备对诸葛亮的其他赞赏。为什么刘备此时要说这句话？

因为刘备以巨大的代价，付出高昂学费和惨痛牺牲后，终于发现，诸葛亮的"联孙抗曹"战略是对的；终于发现，战略确实是一国之本，不能轻易更改；终于发现，诸葛亮确实是战略型人才，而之前自己对战略和战略型人才过于忽视了。刘备如此盛赞诸葛亮，某种程度上，是一种委婉道歉。真实的历史现场，刘备可能没说过"对不起，丞相，我错了"这句话，也有可能说了，但被史官自动忽略，但刘备的真实心态应该可以揣测的。

刘备这个人，天份虽然不高，但是真的爱学习反思，而且是真诚地反思。

学习这件事，不同的人分四种境界：生而知之、学而知之、困而学之、困而不学。孔老夫子认为，天生就啥都懂的，属于最牛掰的天才；学习后才知道，差一等；受挫折才知道要学习，又差一等；受了挫折还不学习，基本上属于废物。（子曰："生而知之者，上也；学而知之者，次也；困而学之，又其次也；困而不学，民斯为下矣。"——《论语·季氏》）三国群雄中，孙权属于"生而知之"，而曹操属于"学而知之"，而自小不爱读书的刘备属于"困而学之"，袁绍、袁术、吕布之流均属于"困而不学"。

刘备的一生，是流亡求存的一生，是挫折困顿的一生，也是学习悟道的一生。只不过，创业前半段的二十三年（184—207 年）忙于打仗和逃亡，缺乏高人指点，学习精进速度太慢，而后半段的十六年（207—223 年），经曹操、吕布、袁术、孙权等对手打击磨练，经诸葛亮、庞统、法正、鲁肃等高人指点后，脑洞渐开。饶是如此，如果悟性不够，中间还会有反复。尤其是一个人快速成功后，自信爆棚，容易抛弃老师，直到再撞一堵厚重的南墙，头破血流，奄奄一息，才会彻底觉悟。刘备就属于这种情况。

"君才十倍曹丕，必能安国，终定大事。若嗣子可辅，辅之；如其不才，君可自取。"反复重读这句话，我们就会发现，这是刘备对诸葛亮价值的终极发现，也是激励诸葛亮以"兴复汉室"为使命继续北伐的临终遗嘱。这是刘备一生第三次大的觉醒、升华和反转，比他十六年前三顾茅庐听到"隆中对"，以及十二年前被庞统和法正轮番撺掇取益州还要醍醐灌顶。"多么痛的领悟，你曾是我的全部。"诸葛亮是刘备一生最重要的朋友、同事和合伙人，而自己之前却对他的才华、忠心认识不够深刻。

刘备终于彻底"理解"诸葛亮了，可惜他再也没有时间去修正错误、与诸葛亮并肩战斗了。刘备此时心有多痛多悔多遗憾，他的领悟就有多深。"朝闻道，夕死可也。"这句话用在夷陵之战后的刘备，实在再合适不过了。在这里，刘备的感性大于理性，真诚大于猜忌，阴谋论，是最最站不住脚的。

事实证明，诸葛亮选择刘备，确实相当有远见。

孙权：失衡的盟友与短暂的妻兄

在刘备一生中，他一直想绕但始终无法绕开的一个人，就是孙权。刘备一生两次大仗（赤壁之战和夷陵之战），两次事业大转折，都与孙权有关。前一次，孙权"帮"了他，帮他成为了梦寐以求的荆州牧，并开启了连续十二年的事业大运；而后一次，孙权"败"了他，则把他送进了告别三国纷争乱世的白帝城。

在进一步讲述刘备与孙权的恩怨情仇之前，有必要先交待一个基本背景：刘备比孙权大二十一岁（刘备生于 161 年，孙权生于 182 年），套用当代流行说法，一个是六零后，一个是八零后，在当时完全可以算作两代人。为什么要特地交待这一点？因为年龄差在人际关系和社交网络中即便不是最重要的，也是相当重要的一个因素。

在派诸葛亮随鲁肃去见孙权之前，刘备与孙权以及孙坚、孙策都没什么大的交集，甚至都没见过，彼此不过停留在"久闻大名、如雷贯耳"这个层面。建安十三年（208 年），孙刘联合抗曹这一重要决议的达成，核心决策人物是四个：孙权、鲁肃、诸葛亮和周瑜。其中三位来自江东集团，只有诸葛亮一人来自刘备集团，充分说明两家实力如何不对等。孙权是典型的富二代、创三代，虽然其父孙坚早亡，但在其兄孙策时代迅猛发展，无论是土地、财力还是兵力，江东集团早已将刘备集团远远甩在后面，从骨子里，孙权有点轻视刘备这位"大叔"。

"孙刘联盟"原非刘备本意

有一个问题：刘备创业前二十四年（184—208 年），基本都在逃亡和投奔，既然如此，在曹操大举南侵、刘琮望风而降、自己兵败当阳后，刘备为什么不就近往东投靠孙权？

有彼此不熟的原因，但年龄差应该是第一因素。刘备乃闻名天下的英雄，头上有左将军、徐州牧、豫州牧、汉室宗亲这些高大上的头衔，投靠公孙瓒、陶谦、吕布、曹操、袁绍、刘表等长辈或同龄人还说得过去，怎么好意思在屡战屡败之后投靠一个比自己小二十一岁的晚辈？那样岂不是被天下群雄笑死？如果被孙权拒绝，以后哪还有脸在江湖上混？就算孙权接受、刘备能忍，关羽、张飞、赵云等将军也不能忍。于是刘备宁愿放弃实力强大的富庶江东，也要往南去偏僻的交州苍梧郡，所幸被诸葛亮及时阻止，带着忐忑不安的心情，等待诸葛亮见孙权的结果。

还原一下孙刘结盟的现场，便可知"忐忑不安"四字绝非虚言。从江夏（今湖北鄂州）到柴桑（今湖北九江），走水路最方便，一来一往至少需要几天。刘备刚被曹操打得满地找牙，一路奔逃，惊魂未定，曹操追兵随时可能杀到，而孙权是战是降？会不会同意与自己结盟？如果同意的话，什么时候能派兵？援兵什么时候到江夏？是就这样一直傻等，还是"一颗红心、两种准备"，重拾投奔苍梧的提议？所有的问题全部不确定，而这时重要智囊诸葛亮偏偏不在身边。想像当时刘备的心情，真的不止是热锅上的蚂蚁。

我们甚至可以大胆假设，在刘备度日如年的日子里，身边不乏小人这样"咬耳朵"："主公，诸葛亮是新人，还在试用期，忠诚度不高，他大哥诸葛瑾又是孙权的心腹，听说孙权在挖他，这小子迟迟不归，不会是投靠孙权、把我们卖了吧？曹操追兵马上就到，我们可不能在这坐以待毙，赶紧去苍梧吧！"

刘备选择了相信诸葛亮、相信孙权，而两人最后果然没有让他失望。这是刘备作为一个统帅的定力和人格魅力所在，也是他与孙权的缘分所在。如果不是孙权力排众议，果断联刘抗曹，刘备此生可能就此与荆州告别，老死苍梧，而这一切，是在刘备与孙权完全未曾谋面的情况下发生的。由此可见孙权知人之明、虑事之深、决策之果断，也说明孙权抗曹这个决定，与刘备的关系并不是特别大。客观上讲，是孙权帮刘备保住了其在荆州的立足之地。

赤壁大战后，原本属于刘表的荆州被曹、孙、刘三家瓜分，曹操退守到最北部的南阳郡（最早从张绣手中获得的），剩余荆州六郡被孙刘两家瓜分，孙权占据长江沿线的南郡和江夏郡两郡，而刘备获得长江南岸的长沙郡、武陵郡、桂阳郡、零陵郡四郡（几乎都在今湖南）。从面积上看，刘备手中四郡要大得多，但从经济实力、军事价值上看，孙权手里的两郡更重要。

从"战略合作"走向"战略竞争"

瓜分荆州，意味着赤壁之战的联手告一段落，孙刘两家开始由"战略合作"走向"战略竞争"。尤其是赤壁之战的第一功臣、著名鹰派周瑜认为，仗主要是江东集团打的，而刘备集团却抢了很大地盘，甚为不公。他强烈建议孙权尽早干掉刘备，全面夺取荆州，为夺取益州打基础。

但刘备这个人命就是好。偏偏孙权帐下有一个铁杆鸽派鲁肃,偏偏鲁肃与诸葛亮的大哥诸葛谨私交相当好,偏偏孙权还特别听鲁肃的。为了笼络刘备,孙权决定与之联姻,把妹妹嫁给他,把赫赫有名的"刘豫州"变成自己的妹夫。与此同时,还将荆州借给刘备,帮他完成取益州的大计。

这里先澄清一点,所谓"借荆州"这个说法,其实并不准确。前面说过,赤壁之战后,荆州立即被曹、孙、刘三家瓜分,刘备面积第一,既无可能也没必要借整个荆州。刘备要借的,是荆州七郡中被孙权占领的南郡,希望以南郡为跳板取西川(益州)。

刘备"借荆州"与"娶孙妹"这两件事谁先谁后?

在《三国演义》里,"借荆州"在先,"娶孙妹"在后。

根据《三国演义》第五十四回"吴国太佛寺看新郎 刘皇叔洞房续佳偶"的情节,孙权遣鲁肃要荆州未果,周瑜这才献计,建议孙权借口将妹嫁给刘备,以"美人计"将刘备秘密诓到江东,然后实行拘押,逼其吐还"荆州"。不成想此计被诸葛亮提前识破,诸葛亮假戏真做,将此事闹得满城皆知,孙权既无法拘押刘备,又不得不真嫁妹,最终"陪了夫人又折兵"。

而在《三国志》里,"娶孙妹"和"借荆州"谁在前谁在后,没有明确记载。

按照《三国志·蜀书》的说法,孙权决定嫁妹的另一个原因是害怕刘备。赤壁之战后,刘备攻打荆南四郡,武陵太守金旋、长沙太守韩玄、桂阳太守赵范、零陵太守刘度都望风而降。刘琦病死后,刘备被部下推举为荆州牧,孙权此时对刘备有一点点敬畏,希望结亲进一步巩固双方的战略联盟,(权稍畏之,进妹固好——《三国志·蜀书·先主传》)刘备这才来到江东集团新首都京口(今江苏镇江)第一次面见孙权,各种感恩和勾兑,正式提出借南郡。此时,刘备与孙妹是否已婚了呢?一说来相亲,一说是带新娘子回门,都有可能。

但这只是《三国志·蜀书》的说法,《三国志·吴书》并没有这么说。因为按照《三国志·吴书·周瑜鲁肃吕蒙传》的记载,刘备到京口求见孙权,"求都督荆州",所有人都反对,只有鸽派鲁肃一人建议孙权将南郡借给刘备,以减轻江东集团两线抵抗曹操的压力。

鹰派周瑜听说刘备要借南郡,气坏了,南郡是他拼着老命打下来的,为此还身负重伤、至今未愈,同时,南郡还是江东集团北上和西进的双重咽喉,怎么能平白让给有狼子野心的刘备?远在南郡当太守的他上书孙权,说刘备是当世枭雄,又有关羽、张飞等猛将辅佐,迟早会成大事,应该用美人计"娱其耳目",消磨其英雄志,将他与关、张二人分开。这可能就是《三国演义》周瑜美人计最原始的创意出处。

与周瑜英雄所见略同的,还有江东集团另一名重要谋士吕范,他也劝孙权将刘备扣押在京口。孙权反复权衡,考虑到眼前最大威胁还是曹操,此时应"广揽英雄",巩固战略同盟,同时也担心刘备不是那么容易拘禁,所以没有采纳周瑜和吕范的建议,最终拍板借给刘备南郡。远在许都的曹操听说孙权将南郡借给刘备,大惊失色,手中写字的笔掉在地上。(曹公闻权以土地业备,方作书,落笔于地。——《三国志·吴书·周瑜鲁肃吕蒙传》)

这个桥段简直可与刘备当年被曹操说破英雄、惊掉筷子相媲美。由此可见,"借南郡"的战略意义确实非同寻常。对于曹操来说,是致命性的;对于刘备的,是革命性的;而对于孙权,其大手笔程度则堪比二战后美国援助欧洲的"马歇尔计划"。

然而,"孙刘联盟"从一开始就存在重大隐患,这个隐患就是不平等。刘备作为协助方,在赤壁之战后的几年内受益最大,这一切都是拜孙权和鲁肃的战略格局所赐。至少在鲁肃掌军权的时代,孙权是发自内心地将"孙刘联盟"当作一项国策来执行,谋大不谋小,又是借地又是嫁妹,极尽笼络之势,显示出了与其年龄不相称的大度、从容和自信。

孙权的自信,源于年轻,源于天赋,也源于其父兄打下的良好事业基础以及由此带来的超强安全感。孙权有的，刘备都没有。所以，刘备感觉极度不安全。人一旦不安全感太强，动作就会变形，就会变得患得患失、急功近利，变成"重利轻别离"的"精致利己主义者"。在"孙刘联盟"中，作为孙权妹夫的刘备更多是坦然受惠，缺乏真诚，没有太多实质性付出，对孙权是利用多过帮助，对其妹则是敷衍多过爱慕，一门心思全在取益州这件事上。孙权要借道取益州，不行；孙权要讨回南郡，不还；孙权在合肥方向频频遭受曹操打击，不帮。赤壁战后的刘备，从一个曾经急人之所急、古道热肠的"四有青年"变成了一个"三不流氓"。

联盟渐渐走向破裂。

建安二十年（215 年），刘备平定益州后，孙权请刘备归还荆州中的长沙、零陵、桂阳三郡，被其拒绝。孙权大怒，派吕蒙率军来抢，长沙、桂阳二郡望风归附，刘备亲自引兵五万从成都赶回公安坐镇，派关羽率军三万争夺三郡。双方僵持不下，曹操一看有机会，立即率兵进攻汉中，刘备害怕失去益州，只好跟孙权讲和。双方议定，以湘水为界平分荆州。江夏、长沙、桂阳三郡属孙权，南郡、武陵、零陵三郡属刘备。双方虽暂时休兵罢战，但"孙刘联盟"已遭受重创。

老大刘备不重视"孙刘联盟"，作为联合创始人、驻守荆州的关羽自然也会受传染，对孙权更是各种鄙视。孙权曾派人为自己的儿子向关羽的女儿求婚，想与他结亲。关羽不仅拒绝结亲，还将来使骂了个狗血淋头，让孙权十分恼恨。关羽的傲慢，一半因为性格或刘备的纵容，一半源于对"孙刘联盟"重要性的无知。建安二十二年（217 年），"孙刘联盟"的缔造者、江东著名鸽派鲁肃去世，新鹰派吕蒙接任大都督。吕蒙一上来就推翻了鲁肃的"联孙抗曹"战略，立劝孙权夺取荆州，再夺取益州、汉中，未来从汉中、荆州和合肥三个方向对曹操形成包围圈。这简直就是"周瑜再世"。孙刘联盟走向破裂的"拐点"终于来临了。

从"联刘抗曹"到"联曹抗刘"

建安二十四年（219年），刘备率军在汉中大败曹军，极大鼓舞了刘备集团的士气，也让东线驻守荆州的关羽手痒难耐。尤其是刘备自封汉中王，封赏群臣，将关羽、张飞、马超、黄忠并列为"四方将军"后，关羽深以与斩杀夏侯渊的黄忠并列为耻，立功的愿望更为迫切，于同年率军向樊城的曹仁发起进攻。曹操派大将于禁率军援救襄樊。八月，连日天降大雨，汉水暴涨，关羽掘堤以大水灌于禁军，于禁七军被淹，只好投降。庞德寡不敌众，被关羽所擒，关羽劝降未遂，将庞德斩首，乘胜对樊城发起猛攻，关羽一时威震华夏。

曹操听说关羽围困樊城、襄阳，也十分担心，他召集群臣商议，甚至考虑将许都北迁以避关羽锋芒。谋士蒋济建议曹操，趁"孙刘联盟"脆弱时派人游说孙权，以"事成之后将江南割让给他为条件"诱惑他偷袭关羽后方，樊城之围自然迎刃而解。曹操欣然采纳这个建议。数次被刘备所伤的孙权收到曹操来信，不再犹豫，决定撕毁"孙刘联盟"，变"联刘抗曹"为"联曹抗刘"。

孙权从根上转变外交国策的时间，就发生在关羽水淹于禁、围曹仁于樊城这个节点。孙权给曹操回信，说将率兵西上，偷袭关羽后方大本营江陵和公安。只要搞定这两座城池，关羽自然无心再围樊城，必然退兵。孙权最后特意叮嘱曹操对此行动保密，以防关羽提前准备。曹操向群臣征求意见，大家都说当然要保密，唯独老谋深算的董昭主张泄密，故意让关羽知道。

董昭的逻辑是这样的：孙权的目的是夺取荆州，而我们的目的是吓唬关羽，让他退兵。吓唬的方式有两种，一种是以（江陵、公安被占）事实结果吓唬，二是以可能的预期吓唬。预期更比结果更快，更容易实现（因孙权未能打下江陵和公安），提前泄密更有利于曹军。曹操采纳董昭建议，将孙权偷袭的消息同时以箭射入关羽的军营之中，关羽得知信息，立即撤军，但为时已晚。荆州江陵和公安相继沦陷，关羽无家可归，败走麦城，与其子关平一块被孙权军所杀。

孙权"联曹抗刘"是三国多边外交关系史的重大转折性事件，它至少说明两点：一是刘备一度很强大。建安二十四年（219年）的刘备，不再是那个寄人篱下、靠人施舍的"雇佣军"，而是横跨荆、益两州，同时威胁曹、孙两方的一方霸主。因为蜀国在三国中面积最小、灭亡最早，潜意识中我们总以为，刘备集团在三方最弱，从没强过。是的，赤壁之战前，刘备很弱，甚至在夺取益州之前，刘备也很弱，但是，219年时的刘备，真的相当厉害，厉害到逼曹操差点迁都，厉害到孙权不得不抛弃实施十一年之久的"联刘抗曹"，转而"联曹抗刘"。

二是刘备的"强"非常脆弱，缺乏持续性。孙权和曹操一联手，刘备集团就在短短三年内发生丢失荆州、关张两将被杀、夷陵大败这一连串重大挫折，说明刘备集团的强大相当"虚幻"，类似"伟哥效应"，不具备长期持续性。失去"孙刘联盟"这个基础，刘备很快就不行了。可见，在孙刘联盟中，孙权确实比刘备更重要、更理性、更包容，处处示弱、退让、后发制人的孙权，才是真的强。谁最先背叛了孙刘联盟？答案不言自明。

刘备因为孙权得到了荆州，最终也因为孙权失去了荆州，真可谓"成也孙权，败也孙权"。

刘璋：暗弱的贵人

刘备生命中有一个仅次于公孙瓒、陶谦和孙权的贵人，他就是益州牧刘璋。刘备一生先后挂过四个州牧头衔：徐州牧、豫州牧、荆州牧、益州牧，前三个都是"临时工"，最后一个才是有名有实的全职。徐州牧是陶谦送的，因为吕布捣乱，没坐多久；豫州牧这顶帽子是曹操从吕布手中夺取徐州后给刘备颁发的"安慰奖",刘备可能一天都没去豫州治所上任过,只是投靠袁绍、刘表等人时当"名片"用;荆州牧倒比较实,但终其一生,刘备不仅没有攻占荆州全境,而且因为关羽的疏忽大意,很快丢掉了荆州;比较而言,只有益州牧这个帽子最实在,刘备能封王称帝,全是靠益州这个大本营源源不断提供人、财、物。从这个角度说,原益州牧刘璋可能是刘备后半生最重要的贵人。

张松、法正引狼入室

刘备得益州,既容易又不容易。

说容易,是因为它是自动送上门来的,天下掉块大馅饼,不偏不倚,正好砸刘备头上,不要白不要。说不容易,是刘备得益州,使出了浑身解数,甚至逼着自己完成了一个有生以来的性格转变,把大半生积累的"人品信用卡"全部刷爆,还透支了。

刘备得徐州,靠德靠让;得荆州,靠战靠骗;得益州呢,"德、骗、战、让"四字几乎占全。只因为,他遇到了一个"暗弱"的对手刘璋。益州牧刘璋是前益州牧刘焉的儿子,是"准三国"乱世诸多州牧中唯一顺利接班、且长期执政的"牧二代"。相比之下,原冀州牧韩馥、原幽州牧刘虞、原徐州牧陶谦、原荆州牧刘表等人的儿子,要么悄悄被杀,要么很快投降,大多寂寂无名。而刘璋,由于身处蜀地这个易守难攻的世外桃源,被战火波及时间相对滞后,故而在州牧的位置上的时间较长。

在建安十六年(211年)前,益州还是一方净土。汉末群雄争天下,肯定是挑好打的、位置近且重要的地方打,等冀州、幽州、并州、青州、豫州、徐州、扬州、荆州和司隶校尉部等州部都被瓜分完毕,自然就轮到益州了。在建安十六年(211年)这个时间节点,三国群雄只剩曹操、刘备、孙权、张鲁、韩遂、马超等。所有人都觉得益州是一块大肥肉,都要咬一口。

其实，早在赤壁之战结束后不久、周瑜尚在世时，孙权就提出借道荆州西取益州，被刘备以各种方式撒泼耍赖拒绝。建安十五年（210 年），周瑜再提取西川，孙权答应，却因周瑜突然病亡而终止。刘备不让孙权取益州，不是因为他对刘璋有多好，而是自建安十二年（207 年）听诸葛亮说"隆中对"，刘备就惦记上了——益州是自己嘴边的肥肉，岂能让于他人？碍于同为汉室宗亲，刘备不方便在没有合理由头的情况下，贸然对刘璋下手。所以客观上，刘备帮刘璋挡了几年子弹，延长了几年快乐日子。

但到了建安十六年（211 年），刘璋的好日子终于到头了。赤壁大败的曹操暂时奈何不了孙权和刘备这两个"硬柿子"，只好把目光投向西部的"软柿子"张鲁，以及"软柿子"背后的"烂柿子"刘璋。刘璋听说曹操将派兵到汉中征讨张鲁，心中大为恐惧。因为他与张鲁是唇亡齿寒的关系，张鲁完了，益州北方门户洞开，末日就不远了。一向"暗弱"的刘璋，一反常态，开始未雨绸缪。

"我们唯一恐惧的，就是恐惧本身。"富兰克林·罗斯福这句话用在刘璋身上，可能还有另一重意思："不要对你的敌人流露恐惧，否则你将迎来新的恐惧。"刘璋的忧愁，被一个有心人发现了，他就是别驾（副州长）张松。

张松是刘璋的心腹大秘，刘璋遇到各种难事、坏事、愁事，自然第一个找他商量。可惜张松名为心腹，实为叛臣。张松长期跟随刘璋，发现他胸无大志，懦弱多疑，从其父亲手中继承益州之后，日渐失去掌控力。比如汉中的张鲁，原本就是他父亲刘焉的部下，但为人骄纵，不听号令，刘璋杀张鲁的母亲和弟弟之后，双方成为仇敌。眼看益州不保，张松意识到：在这个弱肉强食的乱世，绝不能眼睁睁看着自己和家人为刘璋陪葬，必须为益州也为自己寻找新的主人。

放眼望去，合适的新主人相当有限，有实力且挨得近的无非曹操和刘备。建安十三年（208 年）赤壁之战前夕，张松奉刘璋之命出访来到荆州地界的曹操。曹操见张松长相猥琐、獐头鼠目、放荡不羁，打心里讨厌他，接待时非常怠慢。张松受了冷落，于是对曹操心怀怨恨。这是一方面。另一方面，张松也通过此次出访看到了曹操的强大。如果哪天益州真被他灭了，自己一个益州旧臣哪还有好日子过？

曹操被 PASS，就只剩刘备这一个选项了。张松回到益州，极力劝说刘璋同曹操断绝关系，跟刘备结盟。可能因为内部有反对声音，或者刘璋本人还没有拿定主意，张松当时说完，刘璋没有马上响应，此事暂时没有下文。

赤壁之战，孙刘联军破天荒大胜曹操，天下格局随之大变。建安十六年（211 年），曹操将袭张鲁的消息传来，张松乐坏了，再次对刘璋提出引刘备入川打张鲁的建议。张松说，刘备是主公您的宗亲，又是曹操的仇人，且非常善于用兵，让他帮着打张鲁，必然取胜。张鲁完了，益州自然固若金汤，曹操再来也就不怕了。这一次，刘璋终于采纳建议，先派法正率数千兵马支援刘备，后又派法正去荆州隆重地迎接刘备入川。

刘璋哪里知道，法正与张松穿一条裤子。两人早就不满刘璋的昏庸无能，密谋把益州拱手送与刘备，以换取下半辈子的荣华富贵。两人既然在玩"引狼入室"的阴谋，就必须把戏做真。于是，张松推荐法正，法正假装不愿意去荆州，迫于刘璋的命令，这才"不得不"前往。

刘备早就有取西川的打算，一听有这等好事，与法正、庞统之人详细"勾兑"后，以庞统为军师，从江陵率数万兵马赶到涪城。刘璋率领步、骑兵三万多人前往迎接。当年刘表在荆州迎接刘备的一幕又重现了。刘备和刘璋两方数万人欢聚宴饮百余日之后，刘璋以大批物资供助刘备，让他去讨伐北边的张鲁，争取赶在曹操之前拿下汉中。

但刘备入川驻扎葭萌后，忙于收买人心，将近一年没跟张鲁动手。刘璋着急，不好催，只好硬等。建安十七年（212 年），张松的哥哥张肃无意间发现了张松"投备卖璋"的阴谋，担心自己受牵连，大义灭亲，对刘璋举报了弟弟张松。刘璋大怒，将张松收捕处死，下令所有关隘的守卫部队封锁道路。刘备依庞统提出的计谋，斩杀刘璋部将杨怀，吞并其部队，并率军南下，往成都方向进攻。

双方战争历时近三年，刘备以牺牲张松和军师庞统两位"取西川总设计师"的代价，终于在建安十九年（214 年）拿下成都，刘璋看大势已去，只好出城投降。

刘璋的"暗弱" —— 被刘备的历史形象所骗

刘璋的历史形象，主要是两个字：暗弱。

刘璋引狼入室，引刘备进驻益州，短短几年内，就将老爸给他遗留的家业败得干干净净。说他暗弱，一点都不过分。何谓"暗弱"？"暗"指"不知人"，见识不行，"弱"指"不敌人"，本事不行，合起来就是"昏庸无能"。

"暗"（不知人）有两大坏处，第一个坏处是不分忠奸，看不出谁是忠臣，谁是奸臣；谁是能臣，谁在混日子。久而久之，刘璋周围必然被"群小"包围，牧府必须出现"劣币驱逐良币"的现象。"不知人"的第二大坏处是容易上当：既上敌人的当，也上自己人的当。比如请刘备入川这件事，刘璋首先是被张松和法正所骗。两人明明已与他不一条心，属于地地道道的"爱国贼"，还化装成"爱国者"，以一副帮老板解忧的面孔帮刘璋出谋划策，结果把可怜的刘璋带入了大坑。

不知人，自然就没有既能干又忠心的部下帮忙，刘璋当然就"弱"（不敌人）。刘璋跟晚年的刘表一样，不思进取、缺乏斗志，对外自守中立，坐观别人争斗，对内心慈手软，搞不定那些拥兵自重的地方大员，最终让那些有危机感和进取心的能臣寒心。

但刘璋再暗弱，还原现场，刘璋请刘备帮忙打张鲁这件事，有诸多匪夷所思之处。首先，建安十六年（211 年）时，距离刘备"三顾茅庐"、诸葛亮发表"隆中对"已过去好几年，满世界都知道诸葛亮为刘备所谋划的"跨有荆、益两州夺取天下"战略，现在刘备得到荆州，下一步肯定要拿下益州，脑子稍微正常一点的人都应该明白刘备入川的危险。退一万步说，就算刘璋不看书、不读奏章，没听说过"三顾茅庐"和"隆中对"的故事，部下面对面的反对总能听得懂吧？

刘璋正式决定派法正前往迎接刘备时，主簿黄权就极力劝阻："刘备有骁勇的名声，现在要是以部下的身份对待他，就没法满足他的心愿；要是以宾客的身份对待他，一国不容二主，这不是使自己安全的办法。"刘璋不听。从事王累将自己倒吊在益州城门上"死谏"，刘璋也不予以采纳。

为什么在邀请刘备这件事上，刘璋像中邪一样，执意不听劝阻？

与其说刘璋是被张松和法正所骗，不如说他是被刘备所骗，或者说被刘备的"历史形象"所骗。

在刘璋看来，刘备是一个以信义著称，急人之所急，经常帮人守门户、干脏活、挡子弹的好人。刘备先后替公孙瓒、陶谦、吕布、曹操、袁绍和刘表干过这些事。谁看了刘备的履历、听过他的故事，都会下意识认为刘备是一个非常忠实的"雇佣军"，可招之即来、挥之即去。面对曹操经关中继而取汉中、继而取益州的图谋，请刘备入川，让他守北面的汉中，难道不是一个英明决策吗？

可惜，刘璋错了。

刘璋错就错在没有看到刘备的成长和变化。刘备上述完美履历都发生在建安十三年（208年）以前，或者更进一步发生在建安六年（201年）初到荆州前。荆州七年的痛苦煎熬和反省，赤壁大战的胜利，已使刘备的思想发生天翻地覆的变化，而这一切，刘璋完全没有觉察。

具体来说，刘璋没有注意到刘备的三个重大变化。

变化一：刘备占据荆州后，实力和信心大振，胃口大开，上下同欲，有强烈的扩张动力。

　　刘备集团自下海创业以来，一直是饥一顿饱一顿，吃了上顿没下顿。像丧家犬一样流浪，常常被人打得满地找牙。"资金链"断绝是常事，最惨时甚至到了士兵相食的地步。赤壁之战前的二十四年创业生涯，刘备军力最多时也不过上万，最惨时只有几百人，寄寓荆州讨饭吃时，日子压抑而痛苦。突然在赤壁憋出一场大胜利，捡到荆州这个大便宜，好比一个人打麻将，一晚上一直在输，都准备认输散场了，突然手气翻转，胡了一把巨大的牌，心情、信心可想而知。刘备入西川带的有数万人，加上荆州留守部队，总军力应该将近十万。鸟枪换炮，实力大增，自信爆棚，贪欲也就上来了。刘备就是本人碍于道德以及刘璋的宗亲关系不取益州，下面的将士都不答应。

　　变化二：刘备三顾茅庐请出诸葛亮，谋略力量和水平大增，战略方向感、目的性和执行力比以前要强得多。诸葛亮在"隆中对"明确指出夺取益州，跨有荆、益的战略。一件事一旦成为战略，有了方向，落地执行就相对容易。尤其是庞统加盟后，力劝刘备西取益州。刘备担心"失信义于天下"，不肯答应，庞统继续做思想工作："做大事要讲究权变，不能死脑筋。大不了事成之后，以高爵厚禄优待刘璋，何谈失信？今日我们不取，日后益州也将落于他人之手！"刘备这才下决心取益州。完全可以说，诸葛亮和庞统加盟前后的刘备，是"两个人"。而刘璋还把他当信义著于四海、急人所急的"道德完人"。

　　变化三：建安十七年（211 年），刘备已五十一岁，在汉朝已算绝对的老年人。与他七八年前来荆州时相比，刘备事业紧迫感大增，必须尽快把个人信用"变现"。刘备借赤壁之战大翻身，终于可以大展身手。时不我待，刘备必须尽快借赤壁之战的东风，尽快让事业更上层楼。曹操已独霸北方，东南有孙权，西北有韩遂、马超和张鲁，剩下的地盘已不多，只要是可以抢、可以夺的地盘，一概不能放过。益州是最后的机会，错过这个机会，刘备集团恐怕要全军覆没。刘备已没有时间再无谓地积累信用，而必须尽快把信用变现。

一个老实人的谎言和骗局，其杀伤力要比骗子强百倍。可惜，当刘璋明白这个道理、看清刘备的真面目时，一切都已经晚了。

刘璋的"明智"：顺应大势，投降保民

因为"暗"，刘璋被张松、法正和刘备等人合伙欺骗。因为"弱"，刘璋打不过刘备，主动投降。当时城中有三万精良部队，粮食够支持一年，官吏百姓都反抗投降，要誓死抵抗。刘璋却说："我父子在益州二十多年，没有给百姓施加恩德，却打了三年仗，许多人死在荒郊野地，都是因为我的缘故。我怎么能够安心！"于是打开城门，出城投降，部下哭倒一片。

刘璋此举，其实很有大智慧。如果明知打不过还要硬着头皮打，除了死伤更多百姓军士，还要搭上自己全家的性命和前程，何苦？不如投降。在汉末，投降一来不丢脸，二来投降结局比死战好。"准三国"群雄中，不投降的公孙瓒、袁绍、袁术、吕布、韩遂都被灭了（吕布是想投降被拒），而投降的张绣、刘琮、马超日子都很好。张绣投降曹操，官至破羌将军，封宣威侯；刘琮投降曹操，封为青州刺史，后迁谏议大夫，爵封列侯；马超投降刘备，官至骠骑将军、斄乡侯，都混得不错。为什么不投降？

从争霸一方的诸侯角度看，刘璋确实是弱了点，但从个人道德看，刘璋是一个比刘备更仁厚、更真诚的人，是一个真正"以人为本"的老板。刘备刚入川时，刘璋送给刘备米二十万斛，骑兵一千，以及包括战车一千辆在内的诸多军用物资。建安十七年（212年），刘备大军进攻成都时，刘璋部下郑度曾对其献"坚壁清野"之计，建议焚烧刘备进军路上的一切房舍和物资，以驱民、挠民、伤民为代价饿死刘备大军。刘备一听大惊，赶紧问计法正。法正说："我了解刘璋，他一定不会采用郑度的计策，放心吧。"事实果如法正所言，仁厚的刘璋拒绝了郑度的

建议，理由是："吾闻拒敌以安民，未闻动民以避敌也。"就是说，我
只听说通过抵抗敌人以安民，没听说以扰民来避敌的。

只是，仁厚和真诚的人，在弱肉强食的汉末乱世，是难以生存的。
刘璋本色出演到底，而刘备完成了"自我进化"，所以他赢了。刘璋虽
然失去了益州，但靠着他的仁厚，终于保全了自己。刘璋投降后，刘备
把他迁至公安，并将财物归还于他。东吴孙权杀关羽夺荆州后，以刘璋
为益州牧，驻于秭归，不久病死。

"合伙人"关羽和张飞

如果说在三国时代，有所谓的合伙人制，可能"刘关张"在形式上
最为接近。"桃源三结义"这个故事告诉我们，刘备、关羽和张飞为了
共同大业，结为生死兄弟。可惜"桃源三结义"的故事在正史里没有记
载，虚构成分很大。但他们不是兄弟，胜似兄弟。按照《三国志·蜀书·关
张马黄赵传》的记载，刘关张三人"寝则同床，恩若兄弟"。若不是一
般的情投"义"合，不可能好到天天同床的地步。事实上，关张二人也
确实为刘备的江山立下了汗马功劳。

注意刚刚的用词，是情投"义"合，而不是情投意合。为什么要换
成"义"字？因为义气，乃是刘备集团最大的核心竞争力。

因为对兄弟讲义气，刘备很好地聚合了关羽和张飞两员猛将，后来
又吸引了赵云等新人的加盟，即使屡经挫折，关、张、赵等核心高管都
不离不弃，在创业最低潮时有效维护了核心团队的稳定；因为对朋友讲
义气，刘备在自己力量尚且非常弱小的情况，数次救从未谋面的孔融和
陶谦于危难之中，从而在江湖上树立起"仁义"的招牌。刘备在人生的
两个关键转折点，都是因为他的"仁义"招牌，得到别人的巨大回报。
得徐州是这样，得益州也是这样。

　　刘、关、张因"义"而聚，加上关、张都是万人敌，给刘备集团带来了极大的优势。刘备半生创业，数次被都打得连底裤都没有，核心团队基本没散，即使关羽一度被曹操所俘，还能再回投刘备，这都是义的力量所在。同时代诸多竞争者如吕布、张绣、张邈等烟消云散了，刘备集团还能顽强地存在。可以说，没有义气，刘备内无团队、外无品牌。

　　但义气又是一柄双刃剑，有利有弊，它在给刘备集团短期带来巨大价值时，中长期也带来了致命伤害。如果我们以汉末黄巾军对标，那么，刘备团队已足够优秀；但是，如果我们的标杆是曹操集团和江东集团，那么，刘备团队就略显草莽、甚至某些方面带有浓烈的"作坊气"，而这，与刘备集团过于重义大有关系。具体地说就是，刘备简单地将"义气"作为集团文化和核心价值观，将他与关、张二人的兄弟情置于整个集团利益之上，既长时间阻碍了集团的发展，又在巅峰期将集团带入了歧路。

重义单纯的关羽

　　关羽就是义气的化身。因为讲义气，关羽死后声誉甚高，自唐宋后，逐渐被人神化，地位火速上升，开始享受世人祭祀和香火供奉，被后世尊称为关公、武圣人和关帝爷。

　　关羽的义气体现在什么地方？

　　经典事件是投降曹操之后再回归刘备。

　　先说一下小说版"关羽投降"。在《三国演义》里第二十五回"屯土山关公约三事　救白马曹操解重围"，刘备被曹操打得落花流水，不得不扔下老婆孩子，远走青州投奔袁绍。关羽为保护刘备妻小，死守孤城下邳。曹操派与关羽有私交的张辽前去游说，说他有"三宗罪"，关羽好奇，问哪三宗罪，张辽这才说："当初刘使君与兄结义之时，誓同生死；今使君方败，而兄即战死，倘使君复出，欲求兄相助，而不可复得，岂不负当年之盟誓乎？其罪一也。刘使君以家眷付托于兄，兄今战死，二夫人无所依赖，却使君负依托之重。其罪二也。兄武艺超群，兼通经史，不思共使君匡扶汉室，徒欲赴汤蹈火，以成匹夫之勇，安得为义？其罪三也。兄有此三罪，弟不得不告。"

这三条，与其说是"三大罪状"，不如说是递给关羽的"三个台阶"——先投降再说，将来有机会再让你回归。于是关羽顺着台阶下，投降了曹操。

真实历史是什么情况？建安四年（199 年），刘备逃离许县，干掉曹操新委派的徐州刺史车胄，重夺徐州。此时正是曹袁二军在官渡前线对决的紧要时刻，刘备原以为曹操腾不出空来打他，谁知道眨眼之间曹军就杀过来了。刘备多年习惯打败仗，自知不是曹操对手，率张飞等几十人弃下邳城而逃，北上投奔袁绍。于是曹操把他的部众全部变成俘虏，这里面既有刘备的老婆孩子，也有关羽。（曹公尽收其众，虏先主妻子，并禽关羽以归——《三国志·蜀书·先主传》）曹操收降关羽后，封他为偏将军，对他非常好。

由此可见，正史里没有关羽与张辽"约三事"的记载。这个也能理解，败军之将，不可言勇，哪里还有资格谈条件？所以，关羽投降的"约定"极可能是虚构的。但关羽不打算在曹营久待确是事实。曹操欣赏关羽的为人，但很快就发现他没有在曹营久留的意思，（曹公壮羽为人，而察其心神无久留之意）于是让张辽去试探。

关羽听说张辽来意后叹道："我非常明白曹公待我很好，可是我受刘将军（刘备）厚恩，誓共生死，不能背叛他。我终究还是要走，不过走之前，我会想办法报答曹公。"张辽一开始还担心若如实将关羽这番话转告曹操，曹操会杀了关羽。但想了想，还是如实说了。曹操感慨关羽的义气，大度地同意了。

关羽说到做到。在曹操与袁绍官渡大战前的白马之战中，关羽斩杀袁绍大将颜良，为鼓舞曹操士气做出了巨大的贡献。曹操从关羽力斩颜良这件事看出了其离去的决心，也言而有信，厚赏关羽，准予其离开。关羽尽封其所赐，留下书信告辞，前往袁绍营中投奔刘备。曹营众将听说关羽真要走，欲追截，被曹操阻止："他这是各为其主，别追了。"

关羽如此仗义，本质是因为刘备仗义在先。讲义气的人，最怕欠别人，最怕对不起别人，这于个人品质是一个极大的优点。越是忠义之人，越看重领袖的个人品格。能让关羽如此死心塌地，刘备没几把刷子是不可能的。当然，成全关羽义气的曹操更是格局超高的牛人。

物以类聚，人以群分。刘备、关羽如此尚义，张飞当然不可能不是义气之辈。

郭嘉就曾对曹操说："备有雄才而甚得众心。张飞、关羽者，皆万人之敌也，为之死用。"张飞也很讲义气，除了成日与关羽一道侍奉刘备，不离左右外，最著名的桥段莫过于《三国演义》中的"义释严颜"。

史料与《三国演义》的描述大致相同：张飞率兵进攻益州，在江州（今重庆）生擒刘璋的巴郡太守严颜。张飞呵斥严颜："我大军到，为什么拒不投降？"严颜答："你们这帮人，无端侵我州郡，我州只有断头将军，没有降将。"张飞大怒，喝令左右将严颜拖出去斩了，严颜面不改色道："砍头便砍头，瞎嚷嚷什么？"张飞觉得严颜是条汉子，于是当场把他释放，引为宾客。

因为"三观"相近，义气相投，"义"成了刘备集团最大的、可能也是唯一的凝合剂。同样是讲义气，为什么刘备能做大哥，而关羽和张飞只能做小弟？因为刘备不只是讲"义"，还讲"仁"。比如刘备在力量弱小时，不计安危勇救孔融和陶谦；比如刘备当阳大败被曹操穷追时，宁愿冒险被逮仍不舍百姓；比如赤壁之战前夕拒绝部下趁乱劫持刘琮、夺取荆州的建议；再比如，刘备夺刘璋益州的犹豫不忍。这都是"仁"。

义是有局限的。"义"只能吸引、团结、聚拢一部分与自己脾气相投或受过自己直接恩惠的熟人（比如《水浒传》里的晁盖、宋江），而

"仁"却能包容、征服很多与自己性格脾气不同、完全没有社会交集的陌生人（比如唐僧），通俗地说就是，"仁"比"义"具有更大的普惠性和感召力。所以，在当时，刘备的品牌知名度、美誉度和号召力，远高于关羽和张飞。

与刘备长板很长、短板不短相比，关羽长板很长、短板很短。用《三国志》作者陈寿的话说就是，关羽对底层士兵很好而瞧不起贵族和读书人。（羽善待卒伍而骄于士大夫——《三国志·蜀书·关张马黄赵传》）如果他只是刘备帐下一员普通大将，只负责行军打仗，算不上什么缺点。问题在于，他是刘备集团的联合创始人、重要合伙人，关系好到睡一张床，后期更做到负责一州安危之封疆大吏，在刘备集团拥有相当的发言权和影响力，他这种性格就很有问题。

关羽这种性格，往轻了说，会排斥读书人和比他强的人，影响集团引进高级人才和智谋之士；往重了说，会因个人的喜好，使集团的重要战略执行上出现重大偏差，带来严重的后果，比如"失荆州"。关羽败亡荆州不是单纯的军事问题，而是一个战略认识和执行问题，从源头上说是思想问题。与其说他是一时疏忽"大意失荆州"，不如说是因为其性格、才智和见识上的短板，使得其"必定失荆州"。

关羽到底因为什么失荆州？原因有四。

一是对孙刘联盟的战略高度和重要意义缺乏清醒的认识。关羽不懂谋略，崇尚武力，从一开始就看不上诸葛亮，自然也看不上"隆中对"和孙刘联盟。他从骨子里轻视后辈孙权和江东集团，加上不善于外交，在他独守荆州时期，严重恶化了孙刘两家的同盟关系。当然，这事主要责任也不在关羽，而在刘备。归根到底，是刘备本人不够重视孙刘联盟，而重义的关羽唯大哥马首是瞻，不加思考地执行了刘备冷对联盟的策略。

二是为人自视过高，孤傲自大，既瞧不起孙权这种依靠父兄起家的"创二代"，也严重轻视吕蒙和陆逊等后生小辈和白面书生，对恶化同盟的后果缺乏正确的评估。关羽拒绝鲁肃讨要荆州三郡的要求，居然还理所当然地认为江东集团还会跟他和好。后来吕蒙称病，陆逊临时接替，以谦卑之词麻痹他，他居然相信了，认为江东集团还是"好朋友"，不会在他打襄阳和樊城时背后捅刀子。于是在刘备全力打汉中战役时，将重心全部压向襄樊战线，导致江陵空虚，轻易被吕蒙拿下。

三是没能处理好部下关系，导致关键时刻，守卫江陵和公安两大据点的部将傅士仁和糜芳反水投降。糜芳是谁？刘备的妻舅、重要心腹糜竺的弟弟。糜芳与其兄糜竺原为陶谦部下，两人在陶谦病亡后推戴刘备为徐州牧，在吕布袭取徐州刘备无家可归时倾家相助，对刘备集团恩同再造。但关羽可能是鄙视糜芳没什么战功、全凭裙带关系当南郡太守，与其关系一般。建安二十四年（219年），关羽北伐襄樊，命糜芳和傅士仁供给军资，因两人未完成任务，关羽放话说要收拾他们。两人在恐惧中，先后投降吕蒙。江陵和公安一失，关羽彻底断绝归路。

最后一条，关羽为人太单纯，不懂人性的复杂。讲义气的人思想相对单纯，认为自己施之以义，别人必然也会报之以义。比如他投降曹操后，请求回归刘营，那时的曹操也很单纯尚义，被他的义气感动，在曹袁对决的关键时刻放他回去投奔曾背叛过自己的刘备。建安二十四年（219年），关羽在围攻曹仁时，曹操派徐晃救援。关羽与徐晃关系很好，两人在对阵时聊天叙旧。聊着聊着，徐晃突然高声对部卜说："谁能取关羽首级，赏金千斤！"关羽见徐晃陡然翻脸，大吃一惊："老兄你神马意思？"徐晃道："这是国事。"（羽惊怖，谓晃曰："大兄，是何言邪？"晃曰："此国之事耳。"——《三国志·蜀书·关张马黄赵传》）意思是说，叙旧是私交，杀你是国事，不能以私交妨害国事。

关羽的吃惊，说明他是真的很单纯。他不知道，当年曹操义释他，是因为那时的曹操还处在艰苦创业阶段，需要投资人心以树立个人品牌，十九年后的今天，群雄逐鹿已进入你死我活的白热化阶段，此时曹操已急于变现给子孙留遗产，连你老大刘备都想杀，岂能再大度放过你关羽？

在复杂残酷的对手面前，作为荆州最高统帅，关羽如此单纯地把人往好处想，一点防人之心都没有，怎么能不往坑里掉？

吃软不吃硬的张飞

再说张飞。

关羽的问题是"善待卒伍而骄于士大夫"，而张飞的问题是"爱敬君子而不恤小人"。通俗地说，就是爱憎分明，对好人好，对坏人坏，最终因为得罪小人而丢命。张飞一生犯过两个大错，一是在关羽失荆州前，一个在关羽失荆州之后。

张飞犯的第一个大错就是发生在刘备第一次失去徐州时。《三国志·蜀书·先主传》引《英雄记》的记载说，建安元年（196 年），刘备刚刚从陶谦手中获得徐州时，立足未稳，就立即招致袁术的进攻，刘备留张飞守下邳，引兵与袁术大战于淮阴，互有胜负，双方相持不下。在这个关键时刻，下邳内部出问题了。

此时的下邳城，是徐州的新治所。前面说过，刘备继任徐州牧之后，怕搞不定陶谦的几个老部下，特意将徐州的治所从原来东海郡的郯城搬到下邳国的下邳城。但下邳城也不是世外桃源，那里有陶谦的另一个老部下曹豹。曹豹是一员猛将，见诺大的徐州居然落到名不见经传的刘备身上，本就不服，心里有怨气，偏偏刘备让他与张飞一块守下邳，难免有摩擦。

张飞"爱敬君子而不恤小人"，吃软不吃硬。越是遇到脾气不好的人，他的脾气就越暴躁。他与曹豹自然是干柴烈火，一碰就着。刘备率大军在淮阴抵抗袁术期间，两人不知道什么事起了冲突，张飞一怒之下，要杀曹豹。曹豹是徐州的地头蛇，岂甘心死于张飞刀下？他于是联合此前投靠刘备、此时驻扎在小沛的吕布，约他一块进攻下邳。

吕布是有奶便是娘的反复小人，与曹豹一拍即合。张飞当然不是吕布和曹豹的对手，大败出城。刘备听到消息时，下邳城以及老婆孩子统统落入吕布手中。刘备在徐州牧这个位置上屁股还没坐热，就飞快地失守。

刘备第一次失去徐州，张飞的失职渎职、关键时刻掉链子是直接原因。张飞的性格缺陷，注定了他只适合冲锋陷阵，适合打天下，而非守城池，尤其是守那种统治基础不牢靠、敌友不明、需要动脑子讲政治去守的城池。刘备失去徐州的地盘和徐州牧，不得不重复以前辗转流亡、寄人篱下的岁月，再获得一州、成为州牧时，已是十二年后的建安十三年（208年）。高管短板对创业的损失由此可见一斑。

张飞后一个大错则是直接丢掉自己的性命。蜀汉章武元年（221年），刘备在完成称帝建国大业后，欲兴军讨伐东吴，为关羽报仇。按照计划，张飞应该率领一万兵马，与刘备在江州会合。谁知临出发前，张飞被部将张达和范强杀害了。两人割下他的头颅，投奔江东找孙权邀功去了。

张飞遭暗算，可能是孙权雇人所为。这一点不奇怪，奇怪的是，作为刘备集团左右手的两员当世名将，关羽和张飞为什么都死于自己亲信的倒戈？这说明什么？至少说明，他们两人情商和政治水平不高，笼络部下的人格魅力有限。一个人如果再成功，如果身边人不认可、不团结甚至怀有仇恨，那么卧榻之侧，皆是陷阱。

合伙人制的利与弊

对两位重要合伙人关羽、张飞的致命缺陷，刘备不知道吗？

当然知道。比如刘备就经常告诫张飞："你杀伐过于厉害，每天都鞭打手下的士卒，可事情又靠这些人去做。这是取祸的源头啊。"（先主常戒之曰："卿刑杀既过差，又日鞭挝健儿，而令在左右，此取祸之道也。"——《三国志·蜀书·关张马黄赵传》）张飞根本听不进去，于是刘备一语成谶，张飞果然死于自己人之手。

刘备改变不了关、张，固然是因为江山易改、本性难移，但也与刘备创业的"合伙人制"大有关系。这里不妨拿曹操对比。曹操起兵时，军事上主要依靠曹洪、曹仁、夏侯惇、夏侯渊这些本家兄弟，但后来却能吸引于禁、乐进、李典、徐晃、张郃、张辽、庞德等各路不亚于上述"诸夏侯曹"的名将加盟，原因在于从一开始，曹操引进人才时，不必看他们的脸色。因为他与"诸夏侯曹"是老板与部下的关系，而非平等的合伙人关系。

是部下，就可以敲打、教育甚至训斥，在战略和重大人才安排上，就可以不完全听他们的意见。而对重要合伙人，就不能这样，必须处处给予尊重，顾及对方面子，重大事项均需开会讨论、共同决策。刘备引进高级人才，如果关羽和张飞强烈反对，或者加盟者意识到刘、关、张实行"三人团"集体决策制，或特别害怕将来因关羽和张飞嫉妒而给自己"穿小鞋"，就很可能望而却步。这就是刘备起兵二十年，迟迟难有优秀人才加盟的重要原因之一。与其说他们不喜欢刘备，不如说他们"害怕"站在刘备身后的关张。

除此之外，刘备弘毅宽厚、仗义包容的性格，客观上也纵容了关羽和张飞的缺点，使他们缺乏反省和改正的动力。刘备明知关羽和张飞的缺点，一是不能说重话，二是对方不改，自己没办法，三是自己并不特别在乎，能改更好，不改也无所谓。究其原因，一是刘备读书少、见识短、不善管理（先主不甚乐读书，喜狗马、音乐、美衣服），二是刘备本人天分不如曹操和孙权，眼界、格局和智谋确实相对不足。若不是他在荆州闲待七八年，成天与荆襄一带的高人智士朝夕相处，耳濡目染，率先意识到人才和谋略是本集团重大短板，痛下决心引进高端人才，不惜屈身以"左将军"的身份三顾茅庐，确实很难吸引诸葛亮等荆襄人才的集体加盟。

就这样，关羽和张飞还对诸葛亮狂吃醋，非常不高兴他入伙，刘备不再纵容关张，一反常态不客气地道："我得孔明，好比鱼之有水。拜托你们不要再叽叽歪歪了。"关羽和张飞这才闭嘴。(关羽、张飞等不悦,先主解之曰:"孤之有孔明,犹鱼之有水也。原诸君勿复言。"羽、飞乃止——《三国志·蜀书·诸葛亮传》)后来,马超、黄忠等大将的加盟封爵,都使关羽很不舒服,两次大发脾气。可见,在诸葛亮之前,刘备集团引进新人、高人有多困难,过度迁就关羽和张飞两位合伙人的负面作用有多大。

这样说,绝非贬低关张或刘备的合伙人制。事实上,在三国群雄中,如董卓、袁绍、袁术、吕布之类,均为"大独裁者",真正将合伙人制贯彻比较好的,除了刘备,还有曹操、孙权和刘表。只是后三者的合伙人势力更强大,制度更完善,因而竞争力相对强大、持久。曹操的合伙人是汉献帝,玩的是"挟天子以令诸侯",很高级也有很多后遗症。孙权和刘表的合伙人,分别是江东和荆州的世家大族,孙权的江东和刘表的荆州,事实上是与他们共有的。比起单枪匹马、草根起家的关羽和张飞,他们厉害多了,这样的合伙人,真的是可遇不可求。没有关、张二人的患难与共和生死追随,出身草根的刘备集团早就散摊了。以刘备的家底和身份,在起兵之初,就能找到"皆万人之敌"的关、张合伙,已属相当幸运。这或许就是民间舆论如此热赞"桃园三结义"的原因。

刘备画像:坚韧的价值与狭义的局限

刘备是一个大器晚成的英雄,在相当长时间里一直处于一种有名有势却无地无实的尴尬境地。

刘备集团不乏爆发力,真发狠时也能把敌人打怕,只是因为草根出身,事业起点低,因为尚武崇义,长期缺乏大财团和智力资源的支持,缺乏可持续发展能力。能得人,却不善用人;能得城,却不善守城。致使事业每有小成，就必遭遇大挫折，第一桶金、第二桶金动不动就丢。

那么，刘备最终晚成，主要靠什么？野史说他主要靠"哭"，动不动就哭，终于把人给哭动哭软哭傻，然后刘备乘机渔利。这种说法太"野史"了。真实的刘备性格，既有弘毅包容之量，也有刚直嫉恶之快，跟《三国演义》里那个爱哭的形象差距甚大。刘备成功，主要靠勇、靠德、靠义，靠武力和信用，这些都是众所周知的事实。但这还不足以解释他为什么能以一支独立力量笑到最后，为什么能成就三国之一国。

"坚"才能持久，"韧"才不会放弃

刘备成功的最重要或者说最稀缺的品质，是坚韧。

刘备的坚韧，主要体现在他接连面对失败，从不气馁。几十年如一日地打落牙齿和血吞，哪里跌倒哪里爬起来，哪怕是数次掉入同一个坑，也百折不挠、无怨无悔。一个典型例子就是"三失徐州"和"三回徐州"，比《三国演义》里的"三让徐州"还要精彩。

"三让徐州"和"三失徐州"我们已经说过，"三回徐州"是怎么回事？

刘备被吕布夺了徐州牧的位置，四处流亡、"官军相食"时还要坚持创业，不惜反过来屈身投靠仇人吕布，被吕布安排驻守徐州西面小城小沛，这是"一回徐州"；之后因为发展太快，刘备被嫉妒眼红的吕布打得满地找牙，不得已投靠昔日对手曹操，又被曹操派回来驻守小沛，这是"二回徐州"；然后，投靠曹操的刘备又再次被吕布打败。曹操兴军救援刘备，杀吕布夺徐州后，随曹操回许县的刘备又趁他不注意，杀死新任徐州刺史，重夺徐州治所下邳，这是"三回徐州"。可惜，不久刘备又被曹操打败，这才依依不舍地离开徐州北上投靠袁绍（如果加上这一次，刘备就是"四失徐州"）。这个过程前后大概历时五六年，来回拉锯 N 回，可见刘备对创业来之不易的"第一桶金"徐州感情之深，对事业之执著和坚韧。

刘备的坚韧，有两个层次：一是坚持打拼，二是坚持创业。

第一层次相对容易，创业不成解散团队投靠大老板，彻底回归"打工仔"就是，毕竟"上班"是获得收入最快最便捷的方式。但坚持创业就难多了。在缺乏资金、粮食和装备支持的不利情况下，刘备为了维护团队稳定，不得不采取一脚水里一脚岸、边打工边创业的模式，先后投靠公孙瓒、陶谦、吕布、曹操、袁绍、刘表等人。这是一种更高级、更灵活的韧性。坚韧的另一个面是"脸皮厚"，或者说"不要脸"——你们爱怎么说怎么说，我先活下来再说。放弃虽然一时痛快，却可能后悔终生。

坚韧的可贵之处在于，"坚"才能持久，"韧"才不会放弃。三国时的很多一开始很牛的英雄，比如袁绍、袁术、刘璋，一经挫折，就灰心丧气、一蹶不振，就是坚韧度不够的表现。论韧性，其实曹操也不如刘备。曹操在与吕布争夺兖州、与袁绍打官渡之战时，都曾经因不自信而想放弃，是郭嘉和荀彧等心腹谋士再三劝说，曹操这才坚持下来，最终战胜吕布和袁绍。

刘备是一个晚成英雄，但同时还是一个速败英雄。他用三十七年(184—221 年)积累的家业和财富，只一两年(221—222 年)时间，就败了一大半，自己气急之下，一病不起，最终在悔愧交加中撒手人寰。这中间发生了什么？

乱世重义乃不得已的选项

刘备的晚成和速败，都是出于同一个原因：义气的局限。

过度讲义气，将义气作为合伙人制度的主要价值观，是刘备发展的最大短板。义气是一柄双刃剑。作为个人行为，义气是一种美德。作为一个创业团队高管，过度讲义气，越往后，负作用越大。

因为对朋友过度讲义气，刘备当上徐州牧后不久，就被前来投奔的吕布赶出了徐州，白白丢失创业第一桶大金，浪费了近十二年创业时间；

因为对兄弟过度讲义气，刘备长期以来对关羽和张飞两个核心高管的重大缺点一直采取默许纵容的态度，分别导致了"失荆州"和"失徐州"两个严重后果；

因为对团队过度讲义气，致使刘备集团历经二十几年创业，在诸葛亮等荆州系人才加盟前，团队一直停留在"小作坊"的发展模式，难以吸引有别于刘、关、张三人及类型风格迥异的智力型人才。某种程度上，关羽和张飞是刘备集团的人才天花板。

插一句闲话：刘备等乱世英雄为什么那么重义？

因为乱世才有的阶层大洗牌，是草根超越权贵的最好机会，而义气是草根闯荡江湖、结交朋友的通行证。

义气是草莽英雄征服别人的常用手段。在汉末乱世，没受过教育的草根阶层，手头没有别的东西与人交换，要扬名成事，要获取粉丝流量和权贵支持，获得脱离自身阶层的"宇宙加速度"，只能靠人品，靠出让个人利益，以换取小圈子的口碑，这就是"义"。权贵阶层不那么看重义气，是因为他们可以权力、财富和名望来跟别人作交换，比如袁绍、袁术就一点不讲义气，同样可以收获无数顶"高帽子"。这是横向比较。

纵向比较，比如孙家三父子：孙坚出身最草根，所以最讲义气；到了长子孙策，已是官二代、侯二代，起点高、见识广、人脉多，虽然也重义，但分量稍轻，比较而言，战略和智谋的成分在上升；到了二子孙权，更加淡化个人义气，将智谋、规则、文化以及社会公义放在第一位。所以我们看到，讲述草根造反的《水浒传》，核心主题就一个"义"字，而描绘权贵生活的《红楼梦》，通篇只说"情"。

义气在创业初期很重要。乱世打天下，最初成事的关键资源是武力和钱粮，而越往后，尤其在打下大城池、成为"正规军"之后，必须"打天下"与"治天下"并重，越需要战略规划和后勤管理，越需要"文武双驱动"，这时最重要的是思想、谋略和规则，核心是智力资源或者说人才。这个时候，还一味地以小圈子义气为最高组织原则，以合伙人和高管的利益优先，过度照顾他们的情绪，义气就由动力变成了阻力，成为人力引进、事业进步和战略升级的最大障碍。

义气的反面不是"不义"，而是缺乏情怀、轻视智力、否认规则，分不清轻重缓急。有情怀的领袖，往往能跳出"狭义"，而走向"公义"。对核心高管和部众，私下里，偶尔"义气用事"，但公开场合，仍然以公心和规则治天下。这个时候，领袖的情怀和灵活性就得特别重要。这方面，"准三国"时代的最佳表率是曹操，其次是孙权。义气是创业的必要条件，但不是充分条件。重要的是能否像孙氏三父子和曹操一样，实现自身综合素质的快速迭代，实现自我升级。

"狭义"与"公义"

曹操在年轻时虽然有"宁我负人，毋人负我"的恶名，但他其实非常讲义气、富血性、有担当。灵帝熹平三年（174年），二十岁的曹操刚刚担任洛阳北部尉，就敢于棒杀违反宵禁制度的当朝宦官蹇硕之叔；光和三年（180年），二十六岁的曹操担任议郎时，敢冒着被划为"党人"的风险，为被宦官陷害的大将军窦武和太傅陈蕃上书汉灵帝；初平元年（190年），三十六岁的曹操参与讨董联盟时，为保护朋友张邈，拒不执行袁绍暗杀他的指令，虽然实力明显弱于董卓，敢独自奋勇进军。

上述义气行为，曹操都自费买单，付出了丢官和损兵的惨重代价，可见其年轻时义气不输刘、关、张。只是到了后来，曹操经过挫折反思，加上程昱、荀彧、郭嘉等高人指点，逐渐开悟，意识到靠匹夫之勇、江湖义气难成大事，逐渐放弃"狭义"，而转向"公义"——在壮大曹操集团的同时，尽可能实现社会稳定、经济发展，为天下苍生谋福利，最大可能实现二者的共赢。曹操个人素质的重大转折，应该发生在兖州失陷又复得之后，时间在兴平二年（195 年），此时曹操已四十一岁。四十不惑的曹操，终于走向成熟，变得非常实用和理性，个人义气行为开始变得稀少。

而刘备乃至刘备集团在得到诸葛亮、庞统和法正之后，虽然在智谋上有进步，但始终没有参破"义"字，从更高的战略格局来规划集团的发展。可以说刘备集团，成也义气，败也义气，而关羽和张飞是刘备性格中"义"这一维度的两面镜子。后来刘备出于为关羽、张飞报仇的小义，置蜀汉集团十数万员工以及益州近百万人民的利益于不顾，悍然发动伐吴之战，以致惨败。以个人道德衡量，刘备非常仗义，可以打"十分"，但作为一个集团领袖、蜀汉新王朝的开国皇帝，刘备此举，确实是相当地冲动和不负责任。

后世把"蜀中无大将，廖化作先锋"这一人才匮乏局面完全归于诸葛亮，其实并不公平。严格地说，蜀汉人才危机的伏笔，早在刘备创业初期决定与关张合伙、将义气作为最高企业文化时，就已深深埋下。这一点，体会最深而又有苦难言的，当数诸葛亮。

当然，总体评价，刘备确实是三国"创一代"难得的英雄。曹操虽然有点看不上他，也不得不将他视为天下唯一可以与自己相提并论的英雄。如果刘备家世起点再高点，年轻时再多读点书，没准他就是另一个曹操。

第 5 章　剑客吕布

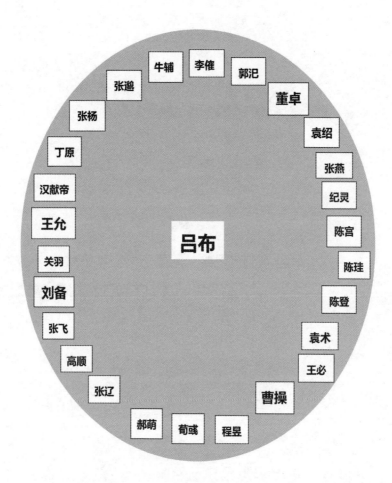

吕布的朋友圈

吕布闻名天下，是因为三个脍炙人口的段子。一是"吕布戏貂蝉"，二是"三英战吕布"，三是"辕门射戟"。可惜，前两个故事都是假的，都是《三国演义》为提高艺术性和趣味性而特意杜撰的。吕布没有调戏过貂蝉，因为历史上压根就没有貂蝉这个美女；"三英"没有战过吕布，也是因为刘、关、张三人参与反董联盟时，身份低微，根本没有跟大名鼎鼎的吕布同阵过招的机会。唯一真实的是吕布为帮刘备和袁术劝和而临时起意的"辕门射戟"，《三国演义》里的描述与史实基本一致。

　　但吕布的骁勇却是真的。三国里能在这方面与他相提并论的有两人，一是董卓，二是孙坚。换句话说，在三国群雄中，就打仗这件事而言，吕布真心钦服的，只有董、孙二人。让人遗憾的是，在三国群雄中，最早告别历史舞台的牛人，恰恰就是他们三人：孙坚和董卓均死于初平三年（192年）四月，吕布死于建安三年（198年）十二月。相反，比他们窝囊的袁术（死于199年）、袁绍（死于202年）、刘表（死于 208 年），反而死在后面。这是一种偶然，还是因为——淹死的都是会水的？

无论如何，在"准三国"时代的第一阶段（184—196 年），吕布是一个重要主角。他的一生虽然短暂，但是干了不少惊天动地、前后矛盾的大事：投董卓而又杀董卓，过兖州而又夺兖州，叛刘备而又救刘备，联袁术而又反袁术，都是三国里耳熟能详的故事。

因为反复无常，吕布死后被盖棺定论为"翻覆"小人，属于有勇无谋的"剑客之雄"，算不上大英雄，《三国演义》里曹操与刘备"煮酒论英雄"时，两人都只字不提他。

关于吕布在洛阳杀董卓的故事，我们在董卓那一章已详细叙述，这一章我们只说说他从亡命洛阳到被曹操绞杀这六年（192—198 年）的故事。吕布逃离洛阳后，先后投靠什么人？他为什么要像刘备一样四处寄人篱下？吕布为什么要"辕门射戟"帮刘备对付袁术？为什么同样是"边打工边创业"，刘备能成功而吕布不能？吕布最后被曹操所擒时，真的打算投靠吗？是谁在关键时刻以丁原和董卓的教训提醒曹操务必杀了吕布，除了"大耳贼"刘备落井下石，当时在场的还有没有其他"黑手"？

盘点吕布的朋友圈，最重要的"朋友"无非丁原、董卓、王允、袁绍、张邈、陈宫、曹操、刘备、袁术、陈登。关于丁原、董卓、王允、张邈和刘备，我们在前面章节已经详细说过，不再重复，这里重点说说其他人。

流浪收容所：袁术、张杨、袁绍

从初平三年（192 年）董卓被杀开始，汉末乱世的群雄逐鹿行为从多打一的"斗地主模式"进入多对多的"群殴模式"。董卓旧部李催和郭汜率数万军队杀入长安，吕布不敌，将董卓的头颅系在马鞍上，率数百骑兵杀出武关，开启了属于他的逃亡生涯（乃将数百骑，以卓头系马鞍，走出武关，奔南阳——《后汉书·刘焉袁术吕布列传》）。

吕布的逃亡，与曹操、袁绍、袁术等人的逃亡有所不同。曹操、袁绍和袁术毕竟是官二代、富二代，在地方上有人脉、有根基。洛阳混不下去，回老家或投奔朋友就是。吕布不同。他出身于并州草根，在地方上没有太强的根基，只是借着丁原这块"垫脚石"投靠董卓，才骤登高位。可是，他在杀董卓之前已经把丁原这块"垫脚石"撤掉了。董卓一死，他由凉州系的同伙（还算不上朋友），变成了敌人，李傕和郭汜掌权后，吕布成了通缉犯。

说起来吕布挺冤的。他杀丁原投靠董卓后，看似地位十分尊贵，其实只是董卓的干儿子兼保镖，身份贵重，关系亲密，但董卓并没有授予他太大的兵权。董卓死后，吕布被王允封为奋武将军和温侯，又是"假节"又是"仪比三司"，表面上看无比风光，其实全是虚衔，一无实职，二无兵权，说白了就是一个没有城池的光杆司令。在冷兵器时代，没有城池就没有根据地，更不可能有人马、税收和钱粮。本质上他就是跟刘备一样的草根和游击队，难怪只率数百骑兵逃亡，开始"边打工边创业"的寄人篱下生涯。

提着董卓头颅见袁术

吕布离开长安，第一个投靠的牛人便是袁术。为什么第一站投靠袁术？这有两个原因。一是袁术此时地盘在荆州的南阳郡一带，离长安较近；二是吕布认为自己是袁术的"大恩人"。当年袁绍和袁术兄弟组建反董联盟，董卓一气之下，把袁术的叔叔袁隗、大哥袁基合家全杀了。如此血海深仇，袁绍和袁术两兄弟碍于实力，迟迟未能找董卓报仇。吕布心想：不管我杀董卓的主观动机是什么，客观上我都帮你袁家报了大仇，你袁术作为袁家的嫡子，难道不应该好好招待我、报答我吗？要不我带董卓的头干吗?

那么,袁术是怎么接待吕布的?史上有两种不同说法。一种说法是袁术待吕布很好,天天好吃好喝招待;(袁术待之甚厚——《后汉书·刘焉袁术吕布列传》)而另一种说法,是袁术非常讨厌吕布的反复无常,根本不鸟他。(术恶其反覆,拒而不受——《三国志·魏书·吕布臧洪传》)

从袁术的性格看,《三国志》的说法似乎更准确。袁术虽然出身名门,资源多、人脉广、创业快,却为人任性、自私、骄横,是一个缺乏担当、缺乏领袖气质的纨绔子弟。袁术向来以袁家嫡子自居,漠视亲情,看不起同父异母兄袁绍,跟叔叔袁隗和同父同母的大哥袁基等家人感情也一般,故而袁隗和袁基等人被董卓所杀,袁术报仇的动力并不强烈。一个证据是,初平元年(190年),部下孙坚帮他打仇人董卓,他反而不供应粮草,让孙坚极度寒心。

但《后汉书》的记载也不无道理。袁术好歹是贵族,讲排场、好面子,把一个不远数百里、带着仇人董卓的头颅远道而来、有恩于自己的朝廷名将拒之门外,传出去自己名声不好听,拉不下脸,所以最初他热情招待吕布,也极有可能。当然,更合理的解释是,袁术表面上隆重接待吕布,但对武艺高强和反复无常的吕布非常忌惮,表面上强作欢颜、小心翼翼地接待,但内心想的是"伴布如伴虎",害怕丁原和董卓的事情在自己身上重演,只收留,不重用。

但吕布不是一个人来的,更不是来旅游的。他们一行虽然只有数百人,但大多出身边塞、为人彪悍野蛮,又在京城洛阳见过大世面,体验过锦衣玉食的日子。他们投奔袁术,是要地盘、要粮食、要财宝、要女人,要求肯定不低,而且马上就要。总而言之,他们是几百个来自京城长安、特别难侍候的大爷。

问题是,袁术此时刚刚在南阳郡站稳脚跟,与日后雄据淮南、兵精粮足的巅峰时期相比,家底并不算强大,所以他既不可能、也不情愿满足吕布和他那帮兄弟的无理要求。吕布一直把自己当袁术的大恩人看,见袁术如此不给面，于是放纵自己的手下在南阳打家劫舍，生生逼得袁术给他下逐客令。

吕布被袁术赶走时，心里应该是洼凉洼凉的，他没有想到，自己帮袁家、帮群雄、帮全天下士人做了一件谁也不敢做、不能做的大事，最后居然是这么一个下场。你们平时所说的仁义道德哪去了？吕布此时才发现，自己在江湖上混这么多年，其实没什么朋友。失败啊！吕布一声长叹，离开了南阳。

差点成为好朋友张杨刀下之鬼

离开南阳，下一步去哪呢？难道天下之大，竟然没有杀董英雄吕布容身之处？吕布盘算了半天，终于想起来一个人。他就是驻扎在河内郡的好友张杨。

张杨是吕布的老同事兼好哥们儿，两人早年同在并州刺史丁原手下任职。吕布随丁原进京后，张杨奉何进之命回并州招兵买马，以对付何太后和宦官。等张杨返回时，何进已被诛，洛阳已变成董卓的天下。董卓对张杨也不错，封他为建义将军兼司隶校尉部河内郡太守。反董联盟成立时，张杨并未积极参与。或是感激董卓，或是为了自保。总之，他从此在河内郡扎下去了。

张杨这个人很念旧，见老友吕布来投，热情接待。但是，不久就出问题了。因为此时的朝廷成了李傕和郭汜的天下，与吕布一块联合刺杀董卓的王允，已被李傕和郭汜咔嚓。两人自封车骑将军和后将军，挟持年幼的汉献帝，把持朝政，以朝廷的名义悬赏捉拿吕布。

很快通缉令就来到河内郡。张杨上下将官全知道这个消息，准备拿吕布的人头换取富贵。吕布虽然是员猛将，但粗中有细，心想道：如果张杨是别人，跟我吕布交情一般，早就砍下我的人头领赏去了。张杨没有这样做，而且应该也下令部下不许这样做，我才活到现在，说明他重朋友情谊。可是，再好的交情也阻止不了利益的诱惑啊。时间长了，他不动手，他的部下也会动手。

吕布应该怎么办？按常理，他有两个选项：

偷偷溜走，避免与张杨和他的部下摊牌，给彼此留一个台阶和念想；

先下手为强，杀死张杨，接管他的人马和地盘，就像《水浒传》里来投靠的晁盖等人干掉王伦夺取水泊梁山一样。

出人意料的是，吕布放弃了这两个选项，而采取了第三个办法。吕布压抑住内心的恐惧，以淡定的口吻对张杨说："你我是同州老乡，你若杀了我，对你并没有什么好处，不如把我活着交给李傕和郭汜二人，跟他们要一点富贵。"张杨认为有道理，放吕布离开了。《三国志》引《英雄记》的记载，说李傕和郭汜因为害怕吕布，封他为颍川太守，不足为信。

吕布不杀张杨，也许是实力不够，也许他是厌倦了无休止的背叛和杀戮，但最大理由却是：张杨是整个"准三国时代"与吕布友谊最深、对他最好的人，是真正的好朋友（杨素与吕布善）。证据之一是后来吕布北上改投袁绍，混不下去了，再度南下，在兖州与张邈短暂会晤后，再投张杨（此时李傕和郭汜的通缉令可能已作废，或者他们可能早把吕布忘了）。证据之二是建安三年（198 年）冬，吕布被曹操大军围困于下邳。张杨闻讯想出兵相救，可是实力有限，解不了下邳之围。情急之下，张杨出兵东市，试图以"围魏救赵"的办法遥为呼应，可惜以失败告终。吕布临死前，最感谢的朋友，应该就是张杨。

帮袁绍打黑山军

吕布离开张杨，继续北上。这一次目标是袁家另一个代表人物——袁绍。

袁绍的口碑比袁术好，实力比袁术强。吕布在袁术和张杨两处"求职"失败，有各方面原因，但最重要的一条，是袁术和张杨不过一郡之老大，池子太浅，容不下吕布这条真龙。而袁绍不同，在吕布逃亡这一年，袁绍已占据冀州，成为冀州牧，且大败过公孙瓒，刚刚成为北方一颗冉冉上升的诸侯新星。跟自私任性、小肚鸡肠的小弟袁术比，大哥袁绍有折节下士、宽仁好贤的美名，正是四海招揽人才的时期。

果然袁绍比袁术厚道多了，各种热情招待，让吕布大呼受宠若惊。袁绍收留吕布，当然不排除感谢他杀仇人董卓的成分，但更多是出于现实需求：眼下袁绍与北面的公孙瓒激战正酣，难以大胜，而境内有数目不小的黑山军帮公孙瓒捣乱，致使他总不敢放开手脚大干。吕布乃天下名将，借他的威名对付黑山军那些小毛贼，不是绰绰有余的事吗？

黑山军是什么来头？为什么让袁绍这么头疼？

黑山军简而言之，就是冀州本土农民起义军。中平元年（184年），冀州钜鹿人张角以"苍天已死，黄天当立，岁在甲子，天下大吉"为口号，率众发动起义，因为众信徒都头绑黄巾为记号，所以他的队伍称"黄巾军"。虽然张角本人不久即病死，但黄巾军却呈燎原之势，各地农民纷纷揭竿响应，这里头就有冀州黑山地区的农民军，他们就叫"黑山军"，首领名叫张燕。

黑山军的活动区域主要是中山、常山、赵郡、上党、河内等地，在太行山脉的诸山谷之中，山高林密，地形复杂，为黑山军的生存提供了较为便利的条件；再则，黑山军数量庞大，最多时人数近百万，他们呼啸山林，占山为主，很难被正规军消灭，汉灵帝在世时也奈何不了他们，冀州诸郡深受其苦。

袁绍之所以拼命要剿灭黑山军，因为他们是"内忧"，而曹操、公孙瓒、陶谦等人不过是"外患"。自古打天下，向来是内忧重于外患，攘外必先安内。《三国演义》看多了，我们有时会产生一种错觉，以为汉末乱世就是曹操、刘备、袁绍、袁术、孙氏三父子等群雄相互打来打去，其实事实并非如此。很多时候，他们要腾出大量时间、精力来对付本土"内忧"。这既是生存立足的需要，也是发展壮大的捷径。

因为农民军比各地诸侯正规军好打，每胜一场，既能鼓舞士气，又能变相扩军，何乐而不为？比如曹操，就是靠消灭兖州境内的黄巾军迅速发展起来、当上兖州牧的；再比如孙权，也是靠消灭江南地区越部落占山为王的"山越"，才在继位初期迅速立威、坐稳江东集团统帅位置的。黑山军、黄巾军和山越，属于汉末三国时期著名的三大编外势力和群雄强身"滋补品"。

吕布领命，骑着他驰城飞堑的"赤菟"马，率手下猛将开始攻打张燕。张燕手下精兵万余，骑兵数千，吕布多少人？不过几十骑兵。就这样，吕布还每天战斗三四回，每次都有斩获。连续打了十几天，终于打败了张燕的军队。

读史至此，甚感怪异。张燕手下精兵万余，骑兵数千，为什么吕布只带数十骑兵去打？是袁绍不肯给他增派人手，还是吕布婉言谢绝，觉得他这几十人就够了？几十人打数万人，这是真打仗还是"过家家"？如果张燕这么好打，袁绍数万兵马，为什么打不过他？如果张燕不好打，吕布凭区区几十骑兵，怎么能这么容易就大破燕军？唯一合理的解释是，吕布这几十人不过是先锋，袁绍有几万大军在后面做支援——说白了，袁绍就是把吕布当枪使。既想用他，又不想使之壮大。考虑到后来袁绍对刘备也是这种态度，前面的"合理解释"可能性相当大。

吕布打了一阵黑山，也发现不对，在大破张燕后开始提条件，要求增援人手，被断然拒绝。吕布没想到大名鼎鼎的袁绍居然跟袁术一样耍无赖，对新人忌恨到这种程度。于是，发生在袁术身上的一幕又在袁绍身上重演了。吕布放纵手下那几十号人在袁绍地盘上打家劫舍，袁绍不悦，说了一些难听的话。吕布感觉不安，主动请辞，顺便请袁绍帮他在洛阳安排一个差使。

但外表宽仁的袁绍比袁术更不地道。他假意答应给吕布安排一个"司隶校尉"的高官，暗中却决定除掉他。

这天晚上，袁绍派一支三十人的卫队来给吕布送行。吕布是刀枪堆里滚过来的人，一眼看卫队的装束神情，就觉得不对。这哪是卫队，分明是杀手啊。吕布不动声色，命人好酒好肉招待这些卫士，一面招呼乐师在自己的大帐内弹古筝。那三十名杀手是带着任务来的，自然时时关注吕布动静，见吕布大帐灯火通明、乐声不停，以为吕布一直在喝酒听曲，只好干等着。

好不容易等到后半夜，乐声终于停了，杀手们以为吕布睡熟，于是冲进吕布大帐一通乱砍，发现里面是空的。原来吕布以古筝布疑，早就溜了。袁绍担心吕布回师报复，再次派兵追杀，可惜杀手们惧怕吕布的名头，都不敢追。吕布与袁绍就这样"友尽"了。

袁绍、袁术兄弟因为各种原因与吕布擦肩而过，虽然不乏袁绍和袁术两人的问题，但根本原因还在吕布自己身上——当老板，没实力；想打工，没纪律。眼高手低，总想捞快钱。当然，从吕布两次从张杨和袁绍营中逃生的经历看，吕布还是充满江湖阅历和人生智慧的。说吕布有勇无谋，真的是《三国演义》的偏见。

曹操：投不了的明主

在《枭雄曹操》那一章，我们简要说过兴平元年（194 年），吕布在张邈和陈宫的力邀下，抢夺曹操的兖州一事，但没有说详细的过程。在这件事中，张邈是引子兼内应，陈宫是说客兼主谋，而吕布则是具体干脏活的雇佣军。吕布欣然答应，一是他没有羞耻感，从不以干脏活为耻，二来，他与曹操之间也没什么交集，夺他的兖州，没有什么道德负担。陈宫撺掇张邈力邀吕布加盟，确实选对了人。

濮阳大战：武力占优而谋略不足

这次谋反，分为两个阶段：

第一个阶段：吕、张、陈三人趁曹操东征徐州，以迅雷不及掩耳之势夺占兖州，只差三城就将整个兖州全部拿下；

第二个阶段：曹操得知兖州出事，火速从徐州回师，为重夺兖州发动"濮阳大战"。

第一阶段我们已在前面说过，这里重点说说濮阳大战。从濮阳大战我们可以清晰地看到，相对曹操，吕布武力占优而谋略不足。

话说曹操第二次征伐徐州，眼看就要干掉陶谦，听说兖州有失，立即回师，入驻鄄城。曹操平叛心切，引军攻打占据濮阳的吕布。曹操的主力是青州兵，打日暮西山的陶谦没问题，但打吕布的铁骑就显得吃力。吕布曾以数十铁骑对付冀州境内张燕上万黑山军，虽然有夸张的成分，但战斗力绝对是杠杠滴。曹操的青州兵不是对手，面对吕布的铁骑，望风而逃，曹操随乱军冲进火中，从马上掉下来，左手手掌被烧伤。

关于濮阳大战，《献帝春秋》上有一个段子，说吕布在乱军中抓住曹操，但不认识他，问他："曹操在哪？"曹操天性机敏，往前一指："那个骑黄马逃跑的就是。"吕布于是放开曹操，去追骑黄马的人，曹操由此逃过一劫。之所以说这是段子，是因为吕布早年应该见过曹操，不可能不认识他。

曹操与吕布这一仗打了三四个月，从兴平元年（194年）一直打到兴平二年（195年）。正好这一年兖州发生了蝗灾，双方没有军粮，只好暂时罢兵，各自回城。这次蝗灾有多严重呢？严重到人吃人的地步（大饥，人相食）。曹操万般无奈，只得向老朋友袁绍求救。

袁绍倒是答应帮忙，但提了一个条件，要曹操把家眷送往邺城当人质。曹操思前想后，居然动心了，可见当时他已山穷水尽到什么程度。

是程昱强烈反对，回家用"人肉干"充军粮，才帮曹操度过难关。

兴平二年（195 年），从饥荒中缓过气来的曹操与吕布展开大决战，终于大败吕布，将他赶出了兖州。兖州保卫战，是曹操这一生中最惊险、最生死攸关的一幕，其惊险程度远胜其初平二年（190 年）最初在酸枣起兵讨伐董卓时的荥阳之败。因为那是曹操是"光脚"的，败了大不了从头再来，但现在不同，此时的曹操，是"穿鞋"的，而且穿的是一双昂贵无比的皮靴，家大业大，实在是输不起。

其实，吕布本来是可以拿下整个兖州的。曹操刚从徐州回到兖州后，就立即发现吕布谋略上的不足，他说："吕布差不多拿下整个兖州，却不能据东平，切断亢父、泰山之间的道路，利用险要攻击我军，而是选择屯兵濮阳，我感觉他成不了什么大事。"吕布的这一重大失误，使曹操有机会回到鄄城，与荀彧等人会师，从而夺回濮阳。

曹操为什么会遭遇兖州危机？吕布是外因，张邈和陈宫才是内因。打个比方，好比一个人创业，小有成就后，想开连锁店，刚刚完成旗舰店（兖州店），结果却因开第二家分店（徐州店），扩张太快，管理不善，加上高管反水和资金链断裂等因素，结果"徐州店"没开起来，"兖州店"反而差点先倒了。曹操重新收复兖州，相当于他保住了旗舰店，最重要的根据地失而复得，意义非凡。

濮阳之战，是曹操和吕布第一次对决。三年后，曹操与吕布再次相逢徐州。这一次，吕布终于死在曹操手上。

命丧下邳：落井下石的不只是刘备

吕布被打跑，南下徐州，去投奔刚刚继承徐州的刘备，然后鸠占鹊巢，两次把刘备赶跑，害得刘备不得不投靠曹操。曹操把刘备派回徐州，又被吕布打得满地找牙，曹操一看这样下去不行，下定决心收拾吕布。曹操与吕布再次见面，已是建安三年（198 年）。

曹操为什么要等到三年后才来收拾吕布？一是因为曹操当时实力确实不如吕布，二是这些年他顾不上吕布。挟天子以令诸侯，数征张绣，讨伐袁术，很多正事要做，且曹氏集团发展过快，与原来的盟友和老上司袁绍闹掰了，委实有点忙不过来。曹操决定灭吕布，主要是考虑与袁绍大战不可避免，在北上征袁之前，必须把身边的猛虎兼仇人吕布给灭了。

建安三年（198 年）九月，曹操从许县出发，正式东征吕布。这一次，曹、吕二人的实力完全逆转。当年十月，曹操拿下彭城，然后进至下邳，在城外大破吕布。吕布欲投降，被陈宫反对，数次错过投降机会。曹操围困下邳三个月，最后采纳荀攸和郭嘉的计策，决水淹城。吕布部下侯成、宋宪、魏续见大势已去，偷偷将吕布和陈宫绑了投降。

吕布被曹操逮住后，主动请降："明公最担心的人，不过是我吕布，今我已被打服，从此天下没有什么可害怕的人。明公带步军，我带骑兵，我们联手，则天下传檄可定。"曹操一向爱才，听到这句话，正在犹疑（太祖有疑色），一向仁厚的刘备落井下石道："明公不见吕布是怎么对待丁建阳（丁原）和董太师（董卓）的吗？"曹操点头赞许，决心杀掉吕布。吕布大怒，指着刘备说："你这小子最是不可信的！"最终吕布被缢杀，然后枭首。

而按照《献帝春秋》的说法，当时劝曹操杀吕布的还另有其人，他就是曾代表曹操、冒着生命危险前往长安朝见汉献帝的王必。王必此时已从"从事"（秘书）升任"主簿"（办公厅主任），是曹操铁杆心腹。王必上前，悄悄对曹操说："吕布勃虎也。其众近在外，不可宽也。"王必的意思是说，吕布可是一个强敌，他的部下就在附近，不能饶了他啊。

曹操想想有道理，无奈对吕布说："我本欲饶过你，可是我的主簿不听，怎么办？"曹操终于下令绞杀吕布。吕布大概只认识刘备，不认识王必，这才把杀他的责任推到刘备身上。

吕布死后,其两位死忠粉陈宫和高顺拒绝投降,被曹操处死。曹操下令将吕布、陈宫、高顺的首级送往许都表功,然后下葬。而其将部张辽则投降,成为曹操后来的"异姓五虎上将"之一。这可能是曹操灭吕布除了得徐州之外的第二大收获。

曹操真的想过用吕布吗?

在刘备落井下石之前,曹操到底想不想用吕布?

答案是:想。

为什么?难道曹操不恨吕布吗?

当然恨。

吕布这厮,毛病确实很多。用现代话语表达,不是到处剽窃人家知识产权、山寨别人产品的投机分子,就是凭着手里有点小资金,通过资本市场用杠杆收割别人股权,抢占别人公司的"强盗、妖精、害人精"。丁原、董卓、刘备全吃过他的大亏。但上述原因,并不足以让曹操杀吕布,真正原因有三:

首先,吕布有武艺、有才华。

吕布人品是不好,但要说他完全是"有勇无谋之辈",似乎也不成立。其实吕布之谋,不乏闪光点。比如当年在长安时他建议王允重赏将士和安抚李傕和郭汜等董卓凉州军的态度,就颇有远见和谋略;比如他得知张杨部下将取他人头、领取朝廷赏金,淡定游说张杨,全身而退,就非常从容;再比如他提前觉察袁绍欲暗杀他,设计从袁绍营中逃脱,就非常智慧。

其次,吕布在觉醒、可调教。

吕布在历史上的形象那么差,不只是因为他前半生表现太差,更是因为他谢幕太早,没有改过自新、从头再来的机会。假如吕布多活几年,也许会还天下一次"惊艳反转"。吕布是一个"晚熟"者,帐下谋士不如曹操，但悟性并不差，尤其是经过数年逃亡生涯后，渐渐觉醒，处理事情渐渐有大将风范。

比如他在第一次打跑刘备、刘备返身来投后，居然接受刘备的投降，让他驻扎在小沛；比如袁术要灭刘备时，吕布居然以"辕门射戟"的方式，成功将袁术大将纪灵劝退，再次拯救刘备；再比如他明知陈宫与部将郝萌串通谋反要杀他，却睁一只眼闭一只眼，没有严厉处罚陈宫。徐州时期的吕布，与洛阳、长安、兖州时期的吕布相比，进步还是很大的。

最后一条，是曹操心胸广、真爱才。

曹操擒获吕布时，正是事业快速发展期，是他十二年大运的起步期。这个时期的曹操，敌人还很多（尤其是劲敌袁绍尚在），求贤若渴，但凡有本事的人，来者不拒。像张绣这种杀过他儿子和侄子的人，他都能纳降，何况与他并无深仇大恨的吕布。且吕布之威名、武艺远在张绣身上。得一吕布，实不亚于同时得到三四员猛将。

据说曹操逮住吕布后，两人曾有一段闲聊，颇能反映两人性格与性情，也从侧面证明，曹操最初并不想杀吕布。

吕布为活命，故作淡定地跟曹操套磁："明公好久不见，你怎么瘦了？"曹操奇道："你见过我？"吕布道："当年在洛阳温氏园的一次Party上，我们见过，你忘了？"曹操道："哦，想起来了。我早忘了。我之所以瘦，是因为想早点见到你，思念所致啊。"这哪像仇敌，分明是一对互相爱慕的"好基友"啊。

曹操确实爱才，但还有一个优点兼缺点，就是反应快。因为刘备和王必两人的进谏，曹操坚定杀吕布之心。杀人这种事，反应太快，就没有退路了。说不定吕布一死，曹操就后悔了呢，就像《三国演义》里的"曹操"中周瑜的反间计，火速斩杀蔡瑁、张允一样。只是后悔这种事通常是不会写在正史上的。

陈登：四易老板的"卧底"

吕布一生最恨的人是谁？"大耳贼"刘备吗？非也。吕布一生最恨的，可能要数两个内奸：陈珪和陈登父子，尤其是陈登。作为吕布重要幕僚，陈登明帮吕布，暗通曹操，当着吕布的面玩"无间道"，最后下邳城破，老板吕布身死，陈珪、陈登父子二人却摇身一变，成了曹操的上宾，朝廷的高官。

陈珪、陈登父子与吕布的恩怨，要从刘备当徐州牧说起。话说兴平二年（195 年）与建安元年（196 年）间，原徐州牧陶谦临终前，将徐州让给德才兼备的刘备，刘备担心不服众，死活不肯接。在这个过程中，有几个人出头力挺他上位。除了前面说的徐州牧陶谦和别驾从事、本地富豪麋竺，另一人就是陈登。

拥戴刘备，但并不铁心追随

陈登系徐州土著兼高官，他为什么要帮背景实力一般的外来客刘备说话？

因为他希望借助刘备干一番事业。陈登学识渊博，智谋过人，身怀扶世济民之志，二十五岁时，举孝廉，任东阳县长。陈登虽然年轻，但重视民生，体察民情，救弱抚孤，深得百姓敬重。徐州牧陶谦因此提拔他为典农校尉（相当于农业厅厅长），主管一州农业生产。其间，他开发水利，大力灌溉，为解决战时饥荒做出重大贡献，属于一个心怀苍生、知行合一的好官。都说陶谦年老昏庸，不会用人，但从他用陈登这件事看，还是有两把刷子的。

但是，陶谦的身体、野心和能力承载不了陈登的理想。陶谦虽然用了陈登，但他把徐州治理得一塌糊涂，摆不平境内各种割据势力，且因为重大失误，使曹操之父惨死在徐州境内，致使曹操两次东征，血洗数城，数万黎民百姓遭殃。一个有情怀、有才华、有大志的人，绝对希望一个年轻有为、仁厚爱民的英雄做自己的上司，做家乡徐州的一州之长，以保境安民，使徐州境内类似陈家这样的世家大族免受战火祸害。

鉴于人品性格上的接近，刘备客居徐州期间，应该与陈登一见如故，交谈甚多，话题之一便是谁来接任陶谦的徐州牧之职。陶谦此时 63 岁，在当时已属高寿，加上重病在身，被曹操数度惊吓后，油尽灯枯，撒手人寰只是时间问题。徐州牧继任者不定或选不好，徐州必然内乱。

陈登极其看好刘备。鉴于此前救孔融、救徐州的两次壮举，陈登对刘备的德行无比钦服，觉得他来接任，一来可以避免徐州境内各势力内战；二来可以很好安抚徐州的世家大族；三来可以给自己提供一个施展才华的大舞台，说不定还可以混一个郡太守当当。于是在听说陶谦将徐州让给刘备、而刘备自谦拒绝后，极力劝说他接任。

刘备不想要徐州吗？这个问题，就像当今社会问一个屡屡失败的创业者，想不想以大股东身份接管某上市公司。但问题是，想做是一回事，能不能坐稳是另一回事。刘备不说接，也不说不接，只顾左右而言它："袁术就在寿春，离徐州很近。他家四世五公，海内闻名，民心所向，你可以把徐州让给他嘛。"陈登以袁术"骄豪，非治乱之主"为由，将他否了，在场的北海相孔融也说袁术是"冢中枯骨"，成不了事，齐劝刘备就任徐州牧，刘备这才答应。

《献帝春秋》上的说法更夸张：陈登为了解除刘备接任徐州牧的后顾之忧，不远千里派人到冀州袁绍，请他出面"站台"，支持刘备。这事跟袁绍有什么关系？当然有。一则刘备在公孙瓒手下打工时，曾帮公孙瓒打过袁绍，害怕他当徐州牧之后，立即挨袁绍之揍；二则袁绍当时是天下第一诸侯，有他"背书"，刘备这个徐州牧才当得正，当得稳。

要说袁绍为人就是厚道，他不计前嫌，大度回复：刘备为人弘毅雅量，为人又有信义，被徐州这多人衷心拥戴，实在是徐州牧的最佳人选啊。（绍答曰："刘玄德弘雅有信义，今徐州乐戴之，诚副所望也。"——《三国志·蜀书·先主传》)也就是说,袁绍卖了陈登和刘备一个大大的人情,全力支持。

陈登拥戴刘备,并非完全发自内心,而是带有一定的投机性质——一半是支持刘备,一半是为了保护自己的官位和整个家族在徐州的利益。刘备在徐州牧这个位置上屁股还没坐热,就被前来投奔的吕布给一锅端了。陈登没有逃亡,也没有反抗,而是立即从刘备的部属变成了吕布的部下。也就是说,陈登给自己的定义一直是"打工者",而非"创业者"——你刘备干得好,我就跟你干;干得不好或者要离开,对不起,我不跟你走。

这一点陈登与同是陶谦部下的糜竺、糜芳兄弟大不同。糜氏兄弟自支持刘备上位后,就誓死跟随,同甘共苦,跟着刘备流亡徐州、冀州、荆州。在刘备最惨时,身为徐州亿万富豪的糜竺把全家财富和僮仆送给刘备,全力支持。当然,我们不能就此认为陈登有什么不对。创业与打工,本就是两种人生选择,因人而异。陈登在徐州有家有业,属于既得利益阶层,不跟刘备走,未必就是看不上刘备,无可厚非。

一年左右的时间,徐州换了三任老板。作为世家大族的陈家,该考虑未来何去何从了。陈登与父亲陈珪开始紧急商议对策。陈珪乃名门之后、官宦之家,祖父陈亹做过益州广汉郡太守,叔叔陈球官至汉朝三公之一的太尉,自己也曾官至沛国国相,目前虽然退休在家,怎么会服吕布这种反复小人?但陈珪家在下邳,是徐州城的治所,身逢战火纷飞的乱世,又无处可搬迁。吕布这种人,惹不起也躲不起,只能硬着头皮合作,忍辱负重,然后寻求机会干掉吕布,给徐州再换一个新主人。

曹操和吕布的"无间道"

机会说来就来。吕布占领徐州后,与曹操和袁术相邻,为了守住徐州,吕布制定了"联术抗曹"的发展战略。这个战略原本是没问题的,放眼天下，吕布打过交道的英雄豪杰，不是提前完蛋了（董卓、李傕、郭汜、张邈），就是与其闹翻了（袁绍、曹操、刘备），眼下勉强能结盟的人，好像只有袁术。毕竟，吕布得徐州，袁术出了不少力。

谁知道，吕布占徐州不久，袁术下了一招臭棋——称帝。在汉献帝还活着时称帝，袁术此举严重挑战了整个汉朝廷的底线，成为人人得而诛之的过街老鼠。老部下孙策听说此事，劝说无效后，公开与他决裂。袁术一看没人捧场不行啊，决定与吕布深度捆绑——袁术向吕布求亲，愿以儿子娶吕布之女为妻。吕布看不到"政治不正确"行为的严重危害性，当场拍板同意。袁术大喜，派心腹韩胤为使节出使徐州，一则通报自己称帝事宜；二是前去迎接吕布的女儿回来与自己的儿子完婚。

吕布一旦与袁术成功结盟，势力必涨，必将长时间占据徐州，于国家也不是什么好事。这是陈珪和陈登父子极不愿看到的局面。同时，袁术称帝时，曾以陈珪的另一个儿子陈应为人质，逼迫当年在洛阳一块长大的发小陈珪为其"站台"。陈珪是铁杆汉臣，怎么会站这种台？他回信袁术，苦口婆心地劝道：汉朝现在虽然不咋地，但还没有秦朝的"苛暴之乱"。此时，袁术应勇敢站出来，戮力同心，匡扶汉室，而不是"阴谋不轨，以身试祸"。陈珪反对袁术称帝，劝他迷途知返。陈珪这封信，大大得罪了袁术，也极可能得罪吕布。一旦袁术和吕布成为亲家，家在徐州的陈珪、陈登父子再无好日子过。

怎么办？最好的办法自然是离间吕布和袁术，然后再找机会各个击破。

找谁离间？又找谁来击破？当然是刚刚奉迎天子于许县、根红苗正、忠君爱国的曹操。

陈珪、陈登父子经商议，决定果断出手。陈珪此时与袁术已翻脸，无法游说他，只好游说吕布："曹公奉迎天子，辅佐朝政，威震天下，将征四海，而将军您应与他合作，以取得天下安宁。如果您与袁术成了亲家，将担上不义之名，将来局势必将危如累卵。"陈珪此番言论，说白了就是劝吕布远离称帝的袁术，向挟天子以令诸侯的曹操靠拢。

什么？投靠曹操？吕布初听到这个提议，应该是五雷轰顶，觉得这是一个不可能完成的任务。因为吕布两年前刚刚在兖州与曹操结下梁子，差点把曹操的老巢给端了，曹操能不记仇吗？再则，我用不着。我在兖州白手起家把曹操打得满地找牙，差点就占据兖州全境，他根本就不是我对手。现在我有了徐州，还怕他吗？不行，不行，绝对不行！这世上我可以投靠任何一人，绝对不能降曹！我就是跟袁术一块死，也不向曹操投降！

陈珪最后用什么理由说服吕布投降曹操的，史书上没有明载，但想来无非以下两条：一是袁术自从宣布称帝，手下第一大将孙策已公然与他反目，彻底沦为孤家寡人，必须与他尽快划清界限，确保"政治正确"；二是举世皆知曹氏集团有当今天子的"干股"，投降曹操，就是投降当今皇上，就会获得体制内的认可，不仅不丢人，还能加官进爵，可以一边享受体制内的待遇，一边创业。吕布被陈珪说动，决定撕毁与袁术的婚约。可是女儿已被袁术特使韩胤带走，吕布立即派人将女儿和韩胤追了回来。

陈珪见吕布中招，于是乘胜追击，建议他将韩胤作为投降曹操和皇上的"投名状"，还说如果需要，可以就派他儿子陈登亲自押送韩胤到许都，向曹操表达结盟之意。吕布内心狐疑，加上可能有别的谋士（比如陈宫）反对，于是这一次拒绝了陈珪的提议，派别人去了许都。

球终于踢到曹操这儿来了。要知道，因为兖州事，曹操此时正恨吕布，但鉴于眼下的心腹之患是北面的袁绍和南面的张绣，曹操决定暂时搁置与吕布的恩怨，以吕布这一颗棋子牵制袁术和刘备这双雄，促进他们三方内斗，以坐收渔翁之利。建安二年（197年）五月，为了拉拢吕布，打破"布术联盟"，曹操不计前嫌，上奏汉献帝刘协，加封吕布为金印紫绶的左将军（左将军属于"四方将军"，品级相当高，仅次于大将军、骠骑将军、车骑将军、卫将军）。战时物资稀缺，宫中找不到紫绶带，曹操亲自把自己金印上的紫绶带解下来给吕布用，以示笼络，还写了一封亲笔信，专门对此事进行了说明。

目光短浅、极容易被眼前利益收买的吕布，被曹操博大的胸怀感动得稀里哗啦，态度立即来了一个大转弯，立即派陈珪的儿子陈登启程到许都谢恩。当然，陈登此行还有重大任务，那就是——请曹操正式以朝廷的名义封吕布为徐州牧，毕竟，眼下的徐州牧是吕布自封的，权威不够，成色不足。

陈登终于盼到了以特使身份面见曹操的机会。他一到许都，立即就把吕布卖了。陈登对曹操极力陈说徐州的重要性，劝曹操尽快拿下，又说吕布有勇无谋、反复无常，根本不是治理徐州的材料，希望曹操早日兴兵除掉他。曹操一番晤对，发现陈登是个大才，大喜，以朝廷名义任命他为徐州广陵郡（今江苏省扬州市）太守，回徐州当"卧底"，等他日后伐吕时起兵响应。与此同时，对吕布要求的徐州牧这一官帽，曹操却置之不理。

吕布见陈登出趟差，就赚了郡守的官帽，而自己的徐州牧愿望却落空，大怒，拔戟砍翻陈登面前的几案："你父亲劝我与曹公合作，我才撕毁袁术的婚约；而现在我一无所获，你们父子俩反倒地位显贵、加官晋爵，我被你们出卖了！你倒说说看，你在曹公面前替我说了些什么？"

陈登面不改色，打了一个比方："我见曹公时说：'对待吕将军这样的人，要像对待猛虎，应当经常喂肉，让他吃饱；如果吃不饱，他会吃人的。'曹公却说：'非也。对吕将军得像养鹰一样，饿时可以利用，要是让他吃饱了，他就飞走了。'当时的谈话内容就是这样。"吕布一听曹操如此高看他，又看到曹操写的一款言辞极为谦卑的信，转怒为喜，放陈登去广陵做太守，他当然不知道，被曹操发展成为"间谍"的陈登，很快将给他致命一击。

建安三年（198 年）冬，曹操在搞定南边的张绣后，这才放心大胆率军向东进剿吕布。卧底陈登揭竿而起，从广陵郡出发，率兵会师曹操，合围吕布于下邳城。吕布以陈登三位弟弟作人质求和，被陈登拒绝，反而将下邳城围得更紧。吕布下属害怕被连累，趁夜将陈登三弟放出。最终下邳被水淹，吕布投降不成，被曹操绞死，而陈登因功被加封伏波将军。

最识货的老板也有遗憾

陈登历经陶谦、刘备、吕布、曹操四任老板，终于实现了自己的郡太守理想，殊为坎坷。陈登虽是读书人，却用兵强悍，将广陵郡治理得很好，甚得民心，于是渐有染指江东、与孙策孙权兄弟 PK 的心思。

为什么帐下有陈登这样杰出的人才，而吕布浑然不知呢？因为吕布一介武夫，人生字典里没有道义和爱民这样的字眼。他最多只知道被陈登骗了，而不知道陈登为什么要背叛他、欺骗他、抛弃他，为什么就不能与他和衷共济、共守徐州。真正知道陈登价值的人，是刘备和曹操。

陈登没有随刘备逃亡，但刘备对他在徐州时的倾力支持一直感佩于心。后来，刘备寄寓荆州时，曾在刘表举办的一次高端沙龙上与一个叫许汜的嘉宾谈论陈登。许汜认为陈登骄狂，"毫无客主之礼，很久也不搭理我，自顾自地上大床高卧，而让客人们坐在下床"。一向注重口德的刘备当着刘表的面将许汜一通臭贬，深情道："像陈登这样文武双全、胆志兼备的豪杰，只能在古代寻求。当今之世，恐怕很难有人望其项背。"这句话，既反映了刘备的仁德，也说明陈登确实是个大才。

曹操比刘备更怀念陈登。陈登离任广陵后，广陵郡不久即落入孙权之手。这件事意义非同寻常。因为广陵在长江之北，占据广陵，意味着"孙权遂跨有江外"，意味着江东集团在长江天险之外又在北岸多了一个对抗曹氏集团的战略据点，在增强防御能力的同时，大大提高了威胁曹操腹地的能力。这对于曹操是一个恶梦。从此曹操和曹丕父子消灭江东集团的难度直线上升，以至在东线征战江东二十七年（199—226 年），都没什么大的进展。

一个人的重要性，有时只有在失去之后才会懂得。曹操每次率军讨伐东吴无果，站在长江边上感叹，都后悔不用陈登之计，早一点对江东集团用兵，以致孙策、孙权兄弟在江南养精蓄锐、快速坐大。（太祖每临大江而叹，恨不早用陈元龙计，而令封豕养其爪牙——《三国志·魏书·吕布臧洪传》）能让曹操和刘备汉末"唯二英雄"如此刮目相看、推崇备至，陈登当真是不虚此生。

陈宫：最后的谋士

在吕布一生中，其实有一个特别重要的朋友兼谋士，那就是拉他一块儿在兖州起事的陈宫。

前面说过，兴平元年（194 年），陈宫借曹操讨伐徐州牧陶谦之机，联合陈留太守张邈，共迎吕布为兖州牧。可惜最后吕布被曹操打败，陈宫从此就跟在他身边，成为他的重要谋士。吕布被抓时，陈宫誓死不降曹操，英勇就义。

陈、吕、曹三人间到底有什么恩怨？为什么陈宫要背叛曹操而投奔吕布？陈宫与吕布合作融洽吗？他誓死不投降曹操，是因为他对吕布的"忠"，还是因为他对曹操的"恨"？

先反好友曹操

陈宫其实是曹操早期的部下兼好友。曹操那句"宁教我负天下人，休教天下人负我"的名言，就与陈宫有关。《三国演义》版的故事是：董卓进京后，曹操因为刺董未遂，逃出洛阳，被朝廷到处通缉。路经中牟县时，曹操被守关军士拿住去见县令。这个县令就是陈宫。陈宫听说曹操要回老家招兵买马，与天下诸侯共诛董卓，深为其志向所折服，于是弃官不做，与曹操一同逃亡。

两人来到曹操父亲的结义兄弟吕伯奢家，半夜听见屋后磨刀声，曹操以为要杀他，就先下手为强，杀了吕伯奢一家八口，杀完才知道发现吕伯奢的家人只是杀猪招待他；逃亡路上遇到吕伯奢，又把他杀了。陈宫质问曹操为什么明知吕伯奢是冤枉的，还要再杀他，曹操答："宁教我负天下人，休教天下人负我。"陈宫见曹操如此残暴无耻，大怒，本欲杀他，转念一想，没必要，于是与他绝交。

《三国演义》是"演义"，当然不能全信，但其中透露的信息值得关注。那就是陈宫与曹操是"三观"不同甚至严重对立的人，这可能是他觉得曹操不可追随的一个重要原因。再牛掰的人，也不可能得到所有人的拥戴，尤其在他创业早期、权威未立时。所以，再牛掰的人，也会有敌人，也会有很多跟他死磕到底的反对者。

按照《三国志》的记载，陈宫是兖州东郡人。初平二年（191年）曹操任东郡太守时，陈宫就已经追随他，成为其帐下重要谋士。初平三年（192年），兖州刺史刘岱被青州黄巾军杀死，兖州最高长官职位空缺，陈宫及时对曹操表态，愿意动用其在兖州的人脉资源，将曹操送上兖州牧的宝座。陈宫言出必行，说服包括别驾（副州长）在内的一干兖州实力派人物，一同前往曹操创业大本营东郡，隆重拥立曹操为兖州牧。

应该说，在曹操创业历程中，陈宫为其"霸王之业"打了一个非常重要的基础，厥功甚伟，其功之大不亚于荀彧、郭嘉等核心成员。曹操早期对他也是感激并信任，这才会在外出征战中，让陈宫留守兖州大本营东郡。

那为什么陈宫这么快就主动反水了？

一种说法是，陈宫厌恶曹操的残暴。曹操两次东征徐州，为父报仇，心中仇恨太大，没逮住陶谦，于是拿无辜百姓出气，杀了很多人。这让为人正直的陈宫极度不满。可能陈宫劝过他不要这样，而曹操不听他，所以两人闹翻了。

另一种说法则认为陈、曹反目，是因为曹操杀了陈宫的好友边让。曹操当上兖州牧之后，为了坐稳位置，搞恐怖政策，杀了很多人。其中就有名士边让。边让也是兖州陈留郡人，与陈宫和张邈都应该有私交。因为擅长辩论和辞赋，边让年轻时便声名在外。孔融和王朗等名人都主动请求加其为"微信好友"，可见其名气之大。

中平六年（189年），边让被朝廷任命为扬州九江郡太守，两年后，弃官回到老家陈留郡。第二年，曹操进入兖州，自领兖州刺史。边让恃才自傲，不把曹操放在眼里，多次轻视和贬低曹操。后被人诬陷，曹操一怒之下，把边让连同他的妻儿全给杀了。此举让陈宫和张邈都甚为寒心。

不管哪一种原因，都只是表面现象。深层的原因，是陈宫在拥戴曹操为兖州牧这件事上出过大力，视自己为曹操的恩人、贵人，认为自己能左右曹操的言行。一旦碰壁，就觉得曹操忘恩负义，从而与之绝交甚至反目。说白了，是没有摆正自己的位置。陈宫找张邈反曹，结果张邈引进了吕布，然后吕布和陈宫成了反曹主力，而张邈后来反而慢慢淡出。陈宫没有退路，只能一条道走到黑。于是，他从此成为吕布的人，随他从兖州亡命徐州。投刘备而夺徐州，可能就是陈宫的主意。

再反老板吕布

陈宫是个聪明人，在与吕布短暂磨合后，便发现吕布实在不是成大事的料，尤其在陈宫给吕布献过很多妙计，不被吕布采用之后。

吕布与陈宫后期关系紧张，怀疑为他不忠，有点像曹操与荀彧后期的关系，连情节都相当接近，明知有人暗杀老板，知情不报：荀彧是明知伏皇后父女要阴谋暗杀曹操，不参与但知情不报，陈宫则是直接参与了吕布的部将郝萌的叛乱行动，性质恶劣程度相当。

话说建安元年（196年）六月的一个半夜，吕布部将、河内郡人氏郝萌在袁术的怂恿下发动叛乱，率部攻打吕布所在的下邳城。吕布在府中看见乱兵闯入，知道有人叛乱，但不知道叛乱的人是谁，情急之下，与老婆赤裸上身，跑进茅房，然后从茅房撞墙而出，逃往另一部将高顺的营寨。

高顺问吕布：“将军知道叛乱的人是谁不？”吕布答：“好像是河内人的声音。”高顺道：“那肯定是郝萌。”

高顺于是率部平叛，郝萌败逃。后来，郝萌的部将曹性又造反，与郝萌对战。郝萌刺伤曹性，而曹性则斩断了郝萌的一条臂膀，高顺乘势斩下郝萌的首级，然后带曹性见吕布。吕布向曹性调查叛乱和主谋，曹性说郝萌是受到袁术的鼓动，吕布又问同谋的还有谁，曹性答还有陈宫。当时陈宫就坐在吕布旁白，脸红耳赤，没有做任何解释，旁边的都察觉到了。吕布因为陈宫是大将，且属唯一有份量的谋士，不予追究，（时宫在坐上，面赤，傍人悉觉之。布以宫大将，不问也——《三国志·魏书·吕布臧洪传》）但之前的信任关系，已荡然无存。

陈宫极力反对吕布投降曹操。曹操围住下邳后，写信劝降吕布。吕布看后，有点心动，却被陈宫立即阻止。

陈宫给他献上“持久战”的建议：“曹公远道而来，坚持不了多久，不如将军用步兵和骑兵驻守城外，我率领其余人马在内守城门。曹操如果向将军进攻，我带领部队从后面进攻曹军；要是曹操只是攻城，将军就从外面救援。用不了一个月，曹军粮尽，我们再发起进攻，就一定可以打败曹操。”吕布是个没主见的人，觉得他说得有理，于是同意陈宫的观点，决定不降。

但陈宫能说服吕布，却不能阻止其他将士。最终，吕布部下侯成、宋宪、魏续偷偷将吕布和陈宫绑了，投降曹操。

陈宫被俘后，心如死灰，没有像吕布那样求生，而是神色自若，只求速死。这一方面是因为愧疚，一方面是因为绝望。曹操问他：“你还想不想让你母亲和女儿活了？”陈宫答：“我听说以孝治天下的人，不会杀害别人的双亲；仁播四海者，不会灭绝别人的后代。我母亲的死活，不在我，而在你。"曹操承诺照顾他的母亲和孩子，然后杀了陈宫。

吕布画像："升级版"董卓与"变异版"刘备

吕布在历史上的名声很臭，缺点毛病一大堆：比如有勇无谋、反复无常；比如做人没有底线，有奶便是娘；再比如忘恩负义，恩将仇报；再比如急功近利，随时随地出卖朋友；再比如猜忌部下，缺乏凝聚力。上述说法都对。吕布是三国故事的配角，三十六年的"准三国历史"，他连中点都没混到，就提前离场了。本书所列八位英雄（董卓、袁绍、曹操、刘备、袁术、孙权、刘表、吕布），吕布是除了董卓之外死得最早的，可见其在"准三国"口碑差，朋友圈之弱。

然而，如果我们跳出《三国演义》的固定形象，跳出反复无常、三姓家奴这种粗浅认识，从《三国志》的记载还原吕布，就会发现，吕布身上其实还是有不少闪光点。这些闪光点，就是吕布在短短六年（192—198年）的打拼中，一直在努力与三国主流朋友圈融合，做了很多改变。

电影理论上有一个术语，叫"人物弧线"，即人物在故事发展过程中的性格变化，或由善变恶，或由恶变善。三国诸侯中，袁绍、袁术、孙坚、孙策、刘璋没什么变化（早死是原因之一），曹操、刘备、孙权、刘表、吕布均有"人物弧线"，其中吕布最为明显。

吕布是升级版的董卓，变异版的刘备。

升级版董卓

为什么说吕布是升级版的董卓？董卓直到死，他的人物弧线一直是平的，除了在洛阳时大大封赏刘氏宗亲和世家大族这一亮点之外，其他作为与他在进京前没有任何区别：杀人、掠财、享乐。而吕布不同，虽然他也有勇无谋、好武嗜杀，但是吕布在耳濡目染帝都文化后，在一点点觉醒，一点点地往智谋之士靠拢。

吕布一生，有几次重大向善之举。一是帮王允刺杀董卓；二是在杀董卓后，诏抚凉州系其他军阀，和平解决"刺董政变"；三是将刘备从下邳赶跑后反过来收留；四是听从陈登父子的建议，拒绝与僭越称帝的袁术结为儿女亲家；五在袁术攻打刘备时，以"辕门射戟"帮刘备解难。

五件事，吕布虽然不乏自私的成分，但深入分析后，我们发现，吕布还是有所转变。早期的吕布，只是为了生存，有奶便是娘，杀丁原就是典型行为。投靠董卓后，衣食问题倒是解决了，谁知成为千夫所指，还被人戴了"三姓家奴"的帽子。

可能是在王允等仁人智士的教育下，吕布开始反省，决定刺杀董卓。这事表面上看与刺杀丁原没有任何区别，但是，本质完全不同。如果说"杀丁原"是过错，那么"杀董卓"就是将功补过，或者立功赎罪。杀董卓是他的"肖申克式救赎"，一个告别幼稚、迈向成熟的重要节点。

可惜，无论是他的朋友圈和主流舆论，还是后来的史官，几乎都有意或无意地忽略了吕布这一重大变化，仍旧把他当成有勇无谋的草莽英雄。

证据之一是王允。一方面，他承认吕布的功劳，在杀董后劝汉献帝重赏他，给他戴了很多高帽，但另一方面，王允对吕布的诸多正确建议充耳不闻，致使凉州系二次变乱，继毁灭洛阳之后再次毁灭长安。就这件事而言，吕布见识的高度，在王允之上。

证据之二是吕布后来与袁术、张杨、袁绍打交道的态度。吕布本可以像以前杀董卓那样，与他们大拼一场，即便是势单力薄，不能与袁绍、袁术拼，至少可以杀张杨，夺了张杨的部队。但吕布没有这样做，而是以"走为上"的方式，尽可能与他们和平解决。

但吕布的向善是不彻底的，中间反反复复。吕布人生最后几年，一直处于"夺地盘"与"交朋友"的矛盾心态。因为凉州系的传统发展道路，是一种"三光式掠夺"、吞没一切的黑洞模式。吕布想尽量摆脱这种模式，寻找一种共生模式。他先后投奔袁术、张杨和袁绍，试图与他们交朋友，结果失败了。

在强力诱惑下，吕布又回到夺地盘的模式。在陈宫和张邈的极力鼓动下，吕布冲锋陷阵，发起兖州打劫战，失败后，又南下来到徐州，发动徐州打劫战，这一次，他赢了。吕布的狼性再度复发，又变回"董卓模式"。

先后得罪曹操和刘备两大英雄，吕布还能有好？他的死法与董卓也一样——死于身边亲信的背叛。吕布虽然是董卓的升级版，但内核还是董卓——破坏性大于建设性，负能量大于正能量。

变异版刘备

为什么说吕布是"变异版刘备"？

从人品和性格角度，吕布与刘备可谓两个极端：刘备仁义厚德，吕布凶残嗜杀；刘备诚信稳重，吕布反复无常。但有一件事，两人却非常相像，那就是两人都因为没有地盘、实力不够，不停地投靠大佬，边打工边创业。刘备先后投靠过公孙瓒、陶谦、吕布、曹操、袁绍和刘表，吕布呢，则先后投靠过董卓、袁术、张杨、张邈、袁绍和刘备。两人投靠的次数差不多，投靠的人有交集，甚至还相互投靠过。为什么刘备能被曹操赞为英雄，最终成就一番帝业，而吕布却早早死于曹操之手？同样是不停投奔人，吕布跟刘备的差别是什么？

其一是敬业精神天壤之别。刘备这个人理想远大，非常敬业，虽然是边打工边创业，但打工时兢兢业业，对老板负责，大多数时候能认真甚至超额完成老板交办的事（对曹操这个老板除外，因为曹操要杀他），先照顾好老板的利益，再在打工中求发展。而吕布呢，帮老板打工时三心二意，不怎么尊重老板，动不动在老板地盘抢劫财物，弄得天怒人怨、鸡犬不宁，这样的人口碑很差，到哪都不会受欢迎。

其二，两人人品差距太大。刘备这个人有人格魅力，待人宽厚，有远大理想，有主见，不贪财。而吕布正好相反，既无远大理想，得过且过，又重利轻义，没什么主见，被人一忽悠就背叛老板，名声很臭，最后落得个众叛亲离的结局。曹操活捉他后，原本还想用他，但经刘备提醒，不要忘了丁原和董卓的教训，曹操这才下决心杀死吕布。

其三，刘备是帅才，而吕布只是将才。吕布是一个"汉末版项羽"，有小谋无大谋，有欲望无理想，草莽匹夫，虽有反省能力，但缺乏长远规划。而刘备学习力极强，经常自我反省，努力补偿自己的短板。在投靠刘表期间，意识到自己多年没大长进，是因为缺少重量级谋士，不惜屈身请诸葛亮出山，从而一举翻身。而吕布一直迷信自己的武力，对谋士缺乏尊重，既不引进谋士，对身边特别忠诚的谋士陈宫的计策也不怎么听，屡屡犯错，最终成为孤家寡人，困守下邳，为曹操所擒。

为什么吕布难逃一死？如果我们将吕布视为一个反派，可以套用这样一个"反派定律"：反派最危险最脆弱的时刻，不是他一直作恶时，而是他浪子回头、逐步向善时。因为这个时候他面临三重危机：一是他停止作恶，进攻性和防守力都开始下降；二是好人出于惯性，还继续认定他是坏人，还要继续攻击他；三是同伙认为他已变化，不帮他甚至开始背叛他。弃恶从善的反派，如果宣传工作和自我保护不到位，往往死得比顽抗到底的坏人还要早、还要惨。

这样说起来，吕布临死前的遗憾，应该是"准三国"群雄中最深最重的，因为他的转折还没有完成，还有太多的愿望没有实现。

第6章　骄横袁术

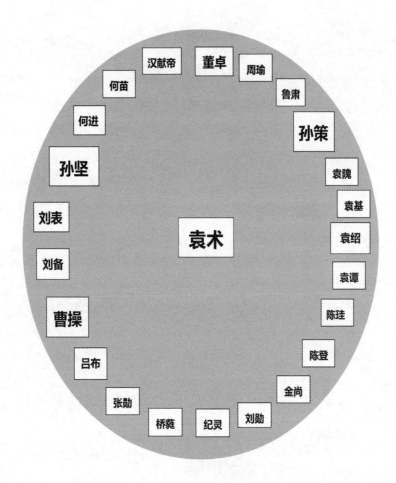

袁术的朋友圈

在汉末群雄中，袁术是一个奇葩的存在。之所以说他是奇葩，是因为他身上存在几个让人难以置信的矛盾：

他是受朝廷之恩最深的（很早就当上了后将军），却是背叛汉朝最彻底的（称帝）；

他是各路诸侯中最初实力仅次于其兄袁绍的第二集团，却是较早败亡的（199 年）；

他最早帐下人才济济，最后却众叛亲离；

他伤大哥袁绍最深，在最后绝望时，最想投奔的人居然也是袁绍。

袁术是谁？

《三国演义》里曹操口中吹弹可破的"冢中枯骨"，《后汉书》中"天性骄肆"的骄横之徒，《三国志》里"以侠气闻"的侠义之士。这三种相互矛盾的描述，是如何集中在袁术身上的？

袁术是袁绍同父异母的弟弟，虽然不是老大，但因为是嫡子，所以在袁家地位很高。出生名门，袁术年轻时以"侠气"闻名，经常与一帮纨绔子弟田猎游

271

玩、飞鹰走狗，但这不妨碍他被举为"孝廉"（三好学生兼四有青年）和"郎中"（宫中近侍，东汉很多豪门子弟的第一份职业），后来又做到折冲校尉和虎贲中郎将。作为袁家重点培育对象，袁术占尽优质资源和发展机会，年轻时顺风顺水。大将军何进掌握朝政大权，袁术和袁绍同时被何进重用，"西园八校尉"，袁家占了两席。

同袁绍、曹操这些圈中人一样，袁术的变故也始于中平六年（189年）的"何进事变"。何进被"十常侍"等宦官杀死后，袁术率众攻进皇宫，屠杀宦官，帮何进报了仇。董卓进京后，袁术因为身份显贵、年轻有为，成为董卓的重点拉拢对象，被封为"后将军"（四方将军，地位很高）。袁术挺有自知之明，不肯与董卓同流合污，怕继续待在京城出事，于是逃往荆州的南阳郡（治所宛县，今河南南阳市）。

袁术就这样登上了汉末雄群争霸的舞台。虽然南阳只是他的一个临时中转站，却是他事业成功的最重要一站。在这里他遇到了他一生最重要的一个盟友——孙坚。他的故事就这样开始了。

"借贷人"孙坚

孙坚和孙策是孙权的父兄，理应放到孙权那一章，为什么要放在袁术这一章来说？

因为在孙坚和孙策短暂的一生中，他们与袁术所打的交道、相处的时间、发生的故事，远远多过与孙权的交集。他们是孙权的父兄，却是袁术朋友圈两个最重要的"朋友"。

孙坚是与曹操和刘备同时代的人。他与曹操一样，生于155年，都比刘备大六岁。同刘备一样，孙坚是一个纯草根创业者，他们的起兵时间大致相当，都是借中平元年（184年）的黄巾军起义，揭竿而起。

但在黄巾军起义前，身为县吏的孙坚露出了梁山好汉的峥嵘和天生的枭雄底子。十七岁那年，孙坚随父一起乘船去钱塘，途中遇到海盗抢劫，在岸边分赃。路过的商旅行人都吓坏了，一动不敢动，唯独孙坚提刀大步奔向岸边，一面走，一面用手向东向西指挥着，假装正分派部署部众对海盗进行包围。海盗们也认为官兵来缉捕他们，惊慌失措，扔掉财货，四散奔逃。孙坚不肯罢休，追杀一海盗而回，其父亲大惊。孙坚却因此声名大振，郡府里召他代理校尉之职，人称"江东猛虎"。

因为身在官场心在野，孙坚做梦都在盼望天下大乱，越乱越好混水摸鱼。所以，黄巾军一起义，孙坚的机会就来了。因为作战悍猛、将生死置之度外，几场仗打下来，孙坚因功被封为荆州长沙郡太守。此时是中平四年（187 年）。这一年，董卓还没进京，曹操、袁绍、袁术等还在朝中当官，刘备起事才三年，刚做到县尉。要论革命资历，孙坚绝对是前辈中的前辈。

顺利结盟袁术

中平六年（189 年），汉灵帝驾崩，群雄纷纷兴兵付伐董卓，孙坚也参与其事。他先是逼死荆州刺史王睿，后又借口没有及时供粮杀掉南阳太守张咨。孙坚的威名迅即传遍荆州大地。

孙坚怒杀南阳太守张咨，乃性格使然，但此事也促使他反思，粮食是自己的最大掣肘，不能只靠杀人，必须尽快想一个长远办法解决这个问题。

孙坚的答案是驻扎在南阳郡鲁阳县的一方诸侯袁术。

袁术得罪董卓逃离洛阳后，第一站就是鲁阳。可能因为声名狼藉，袁术在史书的篇幅上远不如其兄袁绍，其从洛阳逃亡到占据南阳这段历史，甚是含糊，很多关键事件都没有交待。大致猜测：因为袁术是四世三公的袁家嫡子，地方人脉资源雄厚，所以很快占稳脚跟。可能袁术离家带有巨额财富，可能他得到了南阳世家大族在人财物等多方面的赞助，刚刚下海创业的袁术兵精粮足，势头一开始甚至压过了同样从洛阳下海、异地创业的大哥袁绍和曹操。袁术虽然有钱，但勇将不足，急需一猛将帮他守护南阳这块地盘，同时帮他开疆拓土，杀死荆州刺史王睿和南阳太守张咨两位荆州父母官的孙坚，成了他的最佳人选。

不知是孙坚主动找袁术，还是袁术主动约孙坚，总之，他们在鲁阳进行正式会晤，就共同关心的天下形势交换了意见，之后签定了一个战略合作框架。核心条款是：在名义上，孙坚正式投靠袁术阵营，接受袁术的统一指挥和调度。作为交换，袁术表奏孙坚为"假中郎将"，为孙坚提供粮草支援。孙坚与袁术的合作，不能称为投靠，而是更接近一种松散联盟，或者说孙坚是袁术的"加盟店"，类似曹操初起兵时与袁绍的关系。

袁术与孙坚本质是"三观"悬殊的两种人：一个是贵族，一个是草根；一个爱投机，一个极踏实；一个懦弱守成，一个积极进取。这种差异决定了他们的合作是脆弱的、短暂的、貌合神离的。孙坚能有今天，一是勇敢不怕死，绝不当缩头乌龟；二是性子直，不讲谋略，不玩套路；三是非常接地气，简单、粗暴、务实，说干就干，为人做事讲原则，特别有担当，正是锐不可挡的年龄。而袁术是一个保守、不思进取、贪图享受，此时已暮气很重。本质上他跟老兄袁绍一样，都属于眼高手低、智小谋人、外宽内忌的人。因为"外宽"，所以袁术特别想拉拢利用孙坚；因为"内忌"，一旦近距离接触，袁术感觉无法驾驭这小子，对他不得不防。这两点，与其兄袁绍特别相似。

拒绝结亲董卓

合作之后，孙坚将他打下的南阳郡交给袁术，自己在鲁阳休整部队，厉兵秣马，准备进军讨伐董卓。没多久，两人的分歧就出来了。

初平元年（190年）正月，群雄纷起，在兖州陈留郡酸枣县组成讨董联盟。袁术因为兵多粮广，且又是名门袁家嫡子，也被邀入伙，但他只待在鲁阳县，并没有去酸枣县集合，这一点也与他大哥非常相似，都喜欢"假打邀名"，出名不出力。这可把真心创业的孙坚惹怒了，他坚决要出兵。

袁术拗不过孙坚，只好说，要去你去，别指望我帮你。初平二年（191 年）二月，孙坚率军打洛阳，不料被董卓部将徐荣包围，全军溃败。孙坚与十几个骑兵突围，但被追兵死死咬住。眼看就要被董军"包饺子"，孙坚心生一计，脱下平日常戴的一顶红头巾，让亲信部将祖茂戴上，借以吸引敌人。

董军以为戴红头巾的是孙坚，于是纷纷前来追捕祖茂。孙坚逃脱了，祖茂却被董军追得狼奔豕突。无路可走之际，祖茂又拿红头巾做文章，将它挂在一座坟前的一根烧柱上，自己躲在草丛中不动；董军重重包围，发现上当，离去，祖茂这才得以逃脱。

孙坚收拾残兵打进太谷的阳人城（今河南汝州市西），以此小城为根据地，对抗董卓。董卓决定乘胜追击，派胡轸、吕布两员大将以及华雄等部将攻击阳人城。哪知道胡轸和吕布两人不和，互相拆台，吕布令人传谣，说孙坚率城中将士乘夜来袭，黑夜中董军不明真假，丢盔弃甲。孙坚乘势出城追击，胡轸全军溃败，部将华雄也被斩杀。

孙坚在阳人城斩杀华雄，声名鹊起。袁术吃醋了。身边人看出袁术其实难容孙坚，于是对他挑拨离间，大意是如果孙坚拿下洛阳，以后无法制约，岂不是除却一狼（董卓），又增一虎（孙坚）？袁术坐不住了。原本他就感觉有点 HOLD 不住孙坚这野小子，听了别人的挑拨，开始起疑，于是下令不再为孙坚提供粮草。

孙坚正对董卓打得起劲，一下子军中无粮，焦虑万分，连夜狂奔一百多里赶到袁术驻地，痛斥他："我之所以如此献身不顾，上为国家讨伐逆贼，下为将军报家门私仇。我孙坚与董卓并无刻骨仇恨，而将军您却听信小人拨弄之言，居然对我起怀疑！"袁术被训服，愧疚不安，这才下令给孙坚拨粮。

阳人城大胜后，孙坚威满天下，原本一直不把关东联军放在眼里的董卓，开始对孙坚另眼相看。他做了一重要而艰难的决定，派部将李傕为使者，前去孙坚大营表达与之结为姻亲的良好愿望，同时对孙坚说，你孙家谁是做刺史、郡守材料的，吱一声，你随便开单子，我随时可以保举他们。

董卓之举，可谓结之以亲、诱之以利，诚意满满。换作一般人，可能就答应了。可是孙坚不是一般人，他义正辞严地对李傕说："董卓大逆不道，覆灭汉室，如果不诛其三族，昭示四海，我孙坚死不瞑目，怎么还能与他和亲？"（坚曰："卓逆天无道，荡覆王室，今不夷汝三族，县示四海，则吾死不瞑目，岂将与乃和亲邪？"——《三国志·吴书·孙破虏讨逆传》）董卓碰一鼻子灰，感慨其英雄气概，将他与袁绍、袁术、刘表三人相提并论："只要杀掉二袁、刘表、孙坚，天下自然会服从我！"要知道，此时的袁绍、袁术和刘表都是兵精粮足、霸占一方的诸侯。

董卓劝降联姻失败，看见孙坚离洛阳只有九十里，于是亲自率军与其交战，再次失败。早在前一年（190年），董卓早已逼汉献帝刘协迁往长安，于是他就坡下驴，留下牛辅、李傕、郭汜、张济、董越等将驻守在三辅各地，阻止孙坚西进，自己率军西迁长安。

在所有汉末非凉州系群雄中，孙坚是为数不多真心抗董的人（另一人是曹操），是唯一与董卓及胡轸、吕布、华雄、李傕等众多部将交过手、且取得胜利的人，也是最早打进帝都洛阳的人。可以说，在董卓称群的时代，孙坚是唯一能与董卓并驾齐驱的英豪。

孙坚之死

孙坚来到洛阳，发现原本繁华富庶的帝都已变成一片废墟，几百里没有一点烟火气，惆怅流涕，黯然神伤。当然，孙坚的勇猛抗卓行为还是得到了老天的奖赏——他在无意间得到了汉帝遗落的玉玺，这在人人想当皇帝的乱世，可是一件大宝贝。孙坚对皇帝心怀敬意，修复被董卓和吕布挖掘的汉室陵墓，然后引兵回到鲁阳，向"准老板"袁术汇报工作。

董卓西去长安后，反董联盟作"鸟兽散"，群雄开始内斗，争夺洛阳以东的各州郡，进入一个全面混战的时代。孙坚也不例外，开始帮袁术四处征战，包括与袁绍和曹操争夺豫州。袁术南面的荆州牧刘表一看孙坚在北面作战，于是趁机北上，欲袭取南阳。

袁术在南阳一看，哇，刘表这小子居然跟我抢荆州，太可恨了！命令孙坚掉转枪头征讨荆州，攻打刘表。刘表派手下得力干将黄祖迎战，孙坚击败黄祖，乘胜追击，包围襄阳城。刘表闭门不战，派黄祖乘夜出城调集兵士。黄祖带兵归来，孙坚复与大战。黄祖败走，逃到岘山之中，孙坚追击。黄祖部将从竹林间发射暗箭，孙坚中箭身亡，将星就此陨落，年仅三十八岁。

孙坚猝死，不仅是孙氏集团的重大损失，也是袁术集团的重大损失。袁术手下没什么猛将，全靠一个"加盟店总经理"孙坚披坚执锐、开疆辟土。这也是袁术来荆州时间比刘表早，却只能困守南阳一郡的一个重要原因。虽然孙坚与袁术只是一种松散联盟，孙坚还是对袁术的事业做出了巨大贡献。但是，我们在史书上看不到任何关于他对孙坚惜悼之词，对他的长子孙策，也不见任何抚恤行为。取而代之的，是袁术将孙坚的部队交其侄孙贲（孙坚同母兄孙羌之子）统率，还表奏孙贲为豫州刺史。

如果孙坚没有儿子，或者其儿子特别脓包，不再有创业能力，那么，孙氏集团必将重复公孙瓒集团、陶谦集团、吕布集团和刘表集团的故事，流星一般划过东汉末年的天空，一闪而过，消失在历史的长河中。幸运的是，孙坚的儿子极其优秀，而且不止一个。

不久，袁术就迎来了一个新的加盟店总经理，他的名字叫孙策。如果说孙坚是给袁术"放贷"的，那么其长子孙策就是向袁术"讨债"的。孙坚在袁术身上所有的付出，都在孙策时代讨了回来，而且他讨回的，远大于其父之前付出的。

"讨债人"孙策

孙坚生了一堆儿子，其中特别"类父"的长子孙策长年跟在他身边打仗，一样神勇无敌，一样喜欢冲锋陷阵，是一个理想的接班人。

初平三年（192年），年仅十八岁的孙策将父亲的灵柩从荆州运回老家扬州吴郡，葬于曲阿县（今江苏丹阳县），安顿好母亲和孙权等诸弟妹后，开始为父亲守孝。

但孙策显然心里憋着两口气。一是对刘表和黄祖杀父的怒气。对于一个血性男儿来说，杀父之仇不报，无法苟活天地间；二是对袁术刻薄寡恩的怨气。袁术过度压榨父亲，长年驱使其孤军奋战，而在后勤和援军方面抠抠索索，孙坚在襄阳被黄祖暗箭射杀，袁术或多或少有一定责任。孙策心道：我父亲辛辛苦苦为你袁术打拼几年，没有功劳也有苦劳，他死后你袁术对我没有任何抚恤也就罢了，居然把他的老部下全给了我堂兄孙贲，什么意思？是瞧不起我孙策，还是想促使我们兄弟俩内斗以坐收渔翁之利？

以孙策的性格为人，应该立即就为父亲报仇。但是，眼下他只有十八岁，一无兵将，二无谋士，三无钱粮，四无投资人（赞助人），想立即东山再起，谈何容易？孙策只能等。一等自己长大，二等贵人出现。所以，我们在史书上看到的结果，是孙策踏踏实实为父亲守了两三年孝。

贵人张纮

孙策确实没闲着，在守孝期间，他结识了一位贵人。他就是后世与东吴名臣张昭合称"二张"的谋士张纮。张纮是徐州人，年轻时读千卷书、行万里路，曾游学帝都洛阳，跟大将军何进、太尉朱儁和司空荀爽等牛人混搭过，阅历丰富，后看破世事，辞官避乱江东。孙策闻张纮大名，决定抛出自己的"二次创业计划书"，请他把关指点，视情况邀请他出山帮忙。

考虑到孙策短暂六年（194—200 年）的创业故事主要发生在扬州，这里简单说一下扬州的地理状况。东汉末年时扬州刺史部下设六郡，分别是九江郡（治所寿春在今安徽寿县）、庐江郡（治所舒县在今安徽庐江桂元西）、丹阳郡（治所宛陵在今安徽宣州）、吴郡（治所吴县在今江苏苏州）、会稽郡（治所山阴在今浙江绍兴）和豫章郡（治所南昌在今江西南昌），也就是说，东汉末年时的扬州横跨今天安徽、江苏、浙江和江西四省，面积相当大，大部分在"江东"，即长江之东（长江从江西九江到江苏南京这一段是西南—东北流向，所以"江东"又称"江南"，"江西"又称"江北"。这四个词在三国历史中均同时出现）。

孙策二次创业的计划是，先去驻扎在九江郡寿春的袁术要回父亲旧部，然后投靠在丹阳郡当太守的舅舅吴景，收集扬州各地散兵游勇，攻占吴郡和会稽郡，发展壮大，然后再为父报仇，成为一方诸侯。（"欲从袁扬州求先君余兵，就舅氏于丹杨，收合流散，东据吴会，报仇雪耻，为朝廷外藩。"——《三国志·吴书·孙破虏讨逆传》）我们浏览一下地图，就会发现，吴郡和会稽郡大部在"江东"。也就是说，孙策的二次创业不是重复父亲远离扬州西进打荆州的路线，而是东渡长江，在长江之东另辟战场，待站稳脚跟、发展壮大后，再往西进击驻扎在荆州江夏郡的黄祖，为父报仇。

张纮比孙策大二十二岁，原本不想帮他这个初出茅庐的"小屁孩"，便以自己也在守孝为由，拒绝孙策的盛情邀请。孙策不放弃，再次请求，一番试探后，张纮发现孙策初生牛犊不怕虎，言辞慷慨，二次创业决心坚定，有行动有想法，是块难得的创业材料，便决心帮他。张纮充分肯定了孙策东渡、开辟江东领地的战略创新，正式加盟。鉴于其父单枪匹马逞能导致英年早逝的教训，张纮郑重劝谏孙策，以后不要再轻率行动，为小寇所伤。可惜，孙策没有听进去，以致几年后就重复父亲的悲剧。看来，张纮早就发现孙策十分"类父"。

兴平元年（194 年），结束守孝期的孙策跑到寿春找袁术讨回父亲部曲，着手孙氏集团的二次创业。袁术对待孙策讨兵一事什么态度？史书上有两种说法。一种说法认为，袁术惊讶于孙策的胆识，立即将孙坚的部曲交给他。而另一种说法认为，袁术耍滑头，死活不给孙策兵马，只建议孙策去丹阳郡投奔他的舅父吴景和堂兄孙贲。孙策接受建议，前去投奔舅父，只募集数百人，中间遇袭，一度将几百人打光，只好返回寿春再求袁术，以父亲留下的玉玺抵押，袁术这才给了孙策一千多人。这一千多人就是孙策的最初创业力量。江东集团后来的数万、甚至十数万兵马就是从这一千多人发展起来的。

孙策此举，本质上是孙家事业的升级和快速迭代。放眼东汉末年的群雄争霸，这是唯一的特例。其他的"创二代"，在父亲败亡后，要么玉石俱焚，要么举手投降，只有孙家的儿子如此强大、生生不息。考虑到孙策的创业时不过虚岁二十，就更值得为其点赞。袁术听说孙策从头再来，暗自惊讶。他直觉这小子也许能成事，又担心如果支持太大，他马上自立，对自己构成威胁。

袁术扶持孙策，批准他到江东独立发展，可能是他此生最大的错误。他原以为，孙策要么成不了什么事，给他一千人，不过还其父孙坚一个人情。如果孙策真成了事，那么，他就是又一个孙坚，还可以帮自己开创新天地。父子两代帮自己卖命，自己坐享其成，岂不快哉？可惜袁术低估了孙策，低估了孙家创二代的迭代速度和创新能力。

二次创业的四大优势

相对于父亲孙坚，孙策二次创业的最大变化是什么？除了环境的变化，孙策有四大优势：

其一，孙坚是完全崛起于草莽，赤手空拳打天下，各方面短板较多，不得不依附袁术这样的名门土豪；而孙策因为站在父亲的肩膀上创业，相对从容，自立空间大得多。从孙坚与袁术短暂的交往史上看，孙坚其实非常看不起袁术的为人，但因为粮草这一关键掣肘，孙坚又不得不与他结盟，为他攻城掠地。这就是草根创业的代价。这个问题，在孙策初期创业同样存在，但随着周瑜、鲁肃等名门富户子弟的加盟，孙策的后勤负担相对较轻，团队也较为成形，相对其父，脱离袁术自立的客观条件较为成熟。

其二，孙策创业时虽然兵马等"有形资产"不多，但"无形资产"很强大，这些无形资产就是孙坚的爵位。

孙坚死前，因功被朝廷封爵为乌程侯。乌程是"县侯"（以扬州吴郡乌程县为封邑），是侯爵的最高等级，比乡侯、亭侯级别都要高。爵位这东西虽然没有州牧、州刺史、郡太守这些官职实在，但它是一个重要的名誉和无形资产。在乱世，州牧、州刺史、郡太守这些东西可以随便"表奏"。所谓表奏，就是某某假装写封信给朝廷，帮朋友要一个官帽，至于朝廷是否收到信，是否盖章认可，表奏方和被表奏方根本不管，表奏完就将官名印在名片上四处散发。而爵位要比官职贵重得多，其含金量和稀缺性，体现在必须经朝廷加封而不能私自表奏或私相授受。

孙坚自中平元年（184 年）起兵，短短数年，在中平六年前就被封为"县侯"，足见他的事业贡献被朝廷深度认可。比较而言，袁绍于建安元年（196 年）才由"乡侯"（邟乡侯）进封为"县侯"（邺县侯），刘备到建安元年才被封为"亭侯"（宜城亭侯），而堂堂关羽，到建安二十四年被杀都只是一个"亭侯"（汉寿亭侯）。

因为父亲的冒死打拼，孙策成了不折不扣的官二代、将二代、侯二代，经济实力、朋友圈与他父亲大不一样，事业起点不可同日而语。年少时，他父亲在外杀敌，他随母亲等住在寿春（袁术的大本营），类似周瑜这样的铁杆发小兼日后连襟，就是这时候交下的。初平三年（192年）孙坚死后，孙策主动将乌程侯爵位让给四弟孙匡，周围人愈加高看他。建安二年（197年），因为袁术僭越称帝，孙策与其决裂，投靠曹操。曹操这才于同年夏下诏命他袭父爵乌程侯，后改封吴侯。是不是侯爵，身位地位大不同。

其三，骨干团队还在，且非常忠诚。

江东集团之所以人才济济，是历三代之积累。孙策从孙坚手中继承的人才主要是武将，大名鼎鼎的有程普、黄盖、韩当、祖茂等。将不在多，而在精和忠。只有"精忠"，才能"报国"。孙坚死后，程普、黄盖还能忠心追随其后人孙策，一见孙坚结交部下之恩深，二见孙策人格魅力之强大。

其四，因为各方面基础较好，读过不少书，孙策开始重视谋略，有战略思维。放弃已经被人瓜分得差不多的荆州和豫州，跨越长江，往江东发展，就是这个战略的重大突破。

孙策是孙坚生命的延续，从母亲吴氏身上吸取了优秀基因（关于吴氏，孙权那一章我们再说她），一定程度弥补了其父重武轻谋的基因和性格缺陷。与父亲相比，孙策时代的孙氏集团的最大进步，就是不再像父亲孙坚那样一味逞强斗勇、孤军奋强，转而谋略与武力并重，注重对根据地的占有和守护。孙策在二次创业前，先搞定张纮，后又吸引张昭和周瑜这"一个半"谋士加盟（周瑜是文武全才，至少可算半个谋士），极大提高了江东集团的谋略水平。

孙策上述四大优势，尤其是本人的快速"进化"，袁术也感觉到了。孙策出道不久，就搞定了袁术手下两大将乔蕤、张勋，两人对其"皆倾心敬焉"。袁术羡慕嫉妒恨，常常感叹："要是我袁术有儿子能像孙郎这样，死复何恨？"

在谋臣武将的拥戴下，孙策明面上对袁术仍奉行"加盟店"模式，但实质上，一开始就朝着"自营店"道路猛进。从兴平元年（194年）开始，孙策开始对除袁术所在九江郡之外的扬州其他五郡庐江郡、丹阳郡、吴郡、会稽郡和豫章郡发起攻击。到建安元年，上述五郡基本平定，连朝廷任命的扬州刺史刘繇也大败西逃。孙策从豫章郡分拆出庐陵郡（即扬州六郡变七郡），把上述郡的长官全换成自己人，孙策自己兼任会稽太守，舅舅吴景为丹阳太守，堂兄孙贲为豫章太守，孙贲之弟孙辅为庐陵太守，朱治为吴郡太守。其实九江郡和庐江郡原本也应该是孙策的。袁术最初为激励孙策，许诺他如拿下九江，就让他当九江太守，后来却改用丹阳人陈纪。孙策打庐江，袁术又许诺他庐江郡太守，事后又用他的老部下刘勋当了庐江太守。这是袁术的失信和鸡贼之处。

在武力和谋略之外，孙策个人魅力也在他打江东的过程中发挥了奇效。他既年轻又长得帅，加上性格开朗，很有幽默感，特别爱讲笑话，善于用人，社交界面特别好。所以从士人到普通百姓，都非常喜欢他，都愿意为他效劳。（策为人，美姿颜，好笑语，性阔达听受，善于用人，是以士民见者，莫不尽心，乐为致死）江东郡县的人都亲切地管他叫"孙郎"。

这一点特别重要。

要知道，乱世征战，以外来者身份夺人城池，是一件特别招人恨的事。不得民心，政治根基必然不稳。董卓失洛阳，曹操失兖州，刘备失徐州，都是因为同一个原因——作为一个"外来客"，不懂城市治理，不懂得如何安抚士民之心，被本地人仇视、造反。而孙策作为二十出头的青年，很早就懂得"军民团结一家亲"的重要意义，说明他也很有政治家的潜质。当然，话说回来，孙策在攻占这些城池过程中，大肆杀伐，不可避免地得罪了原有既得利益者（官员和士人），从而为他后来的杀身之祸埋下了伏笔。

绝裂袁术，自主发展

此时的孙策，无论是从地盘还是实力，其实已超过袁术。经济基础决定上层建筑。在张纮、张昭等谋士的建议下，孙策的目光开始跳出袁术集团狭小的社交圈，投向更广阔的汉天下，尤其是被曹操操控的许都临时政府。

建安元年，孙策平定江东后，遣使拜谒许都，向朝廷进贡礼物，名义上投靠汉献帝，实质向曹操靠拢。建安三年，孙策再次遣使朝贡，朝廷封孙策为讨逆将军，爵封吴侯。这是孙氏集团（此时已可称"江东集团"）作为一个地方诸侯，再次得到朝廷的正式承认。

孙策在江东高歌猛进这几年，作为准老板的袁术事业却原地踏步，没什么进展，两人的关系可想而知。袁术知道自己驾驭不了孙策，他似乎也不想驾驭孙策，而是专注自己的大事——称帝。孙策本来就想脱离袁术，正愁找不到借口，见袁术称帝，暗自大喜。他给袁术写了一封信，苦口婆心劝他不要称帝，被拒，于是与他公开决裂。

孙策的倒戈，是袁术集团的一个重大事件。因为袁术虽然号称兵精粮足，其实集团灵魂人物只有孙策一人。袁术称帝在建安二年，自此陷入四面楚歌，东面的孙策、北面的曹操、西面的益州牧刘璋联合起来，对付袁术。两年后，袁术在绝望中病死。

为什么一度拥有孙坚和孙策父子两代猛人的袁术这么快就谢幕？

在"准三国"时代的"起"这个阶段（184—196年），袁术无疑是一个可与董卓和袁绍相媲美的牛人，孙坚和孙策父子都不得不向他低头、与他结盟。但袁术的牛是一种"虚牛"，跟其兄袁绍一样，都是靠着祖上的福荫和四世三公的光环，靠吃袁家老本在乱世混事，但两人的个人能力都不行，故而有其"势"而无其"实"。无论是孙坚，还是孙策，都没有真正钦服过袁术。如果孙坚不是英年早逝，"脱袁自立"这一幕大戏，早就提前上演。

袁术死后，集团鸟散，孙策欲抓住这个机会，完成对被袁术控制的扬州剩余两郡（九江郡和庐江郡）的最后收割。袁术长史杨弘、大将张勋等携带部下和财宝欲投奔孙策，不料被庐江郡太守刘勋截击，将士全体被俘，所有财物全归了刘勋。

刘勋是谁？就是当年夺了孙策初出茅庐时特别看重的庐江郡太守一职的人。孙策假装与刘勋结盟，然后忽悠他打豫章郡的上缭城，刘勋中计，率军离开，孙策趁夜夺取了庐江郡县。此前，袁术的老婆孩子曾投靠刘勋，刘勋失去庐江郡后，投靠曹操，袁术的家眷全部落入孙策手中。后袁术的女儿嫁给孙权，孙女嫁给孙权的儿子。也就是说，袁术死后，居然意外成了孙权的岳父，成了老伙计孙坚的亲家。

袁术与孙氏父子的恩怨就此了结。袁术在孙坚时代对孙家所欠下的债，终于在孙策时代，统统偿还甚至加 N 倍偿还。客观地说，如果没有袁术这块跳板，孙策的事业起点要低得多，虽然他最后还会成功，但速度可能要慢一些。

袁术死于建安四年（199 年），第二年，也就是建安五年孙策就重复父亲的悲剧，被人暗杀。虽然孙坚和孙策在"准三国"舞台上的表演时间甚短，但能量大、戏份足、成就高，没有这二位朋友的映衬，袁术的一生和他的"朋友圈"恐怕要无趣、单薄、黯淡得多。

谁杀死了孙策？

孙策二次创业，短短六年间拳打江东六郡，脚踢荆州刘表，决裂袁术，结盟曹操，建立了远高于其父的功绩，但同时也得罪了太多对手。曹操表面欣赏，但心里恨得牙痒痒，无奈此时他的大敌是北边的袁绍，对孙策只能睁一只眼、闭一只眼，稳字当头，维和至上。曹操把弟弟的女儿许配孙策的弟弟孙匡，又让自己的三子曹彰娶孙贲（孙坚同母兄长孙羌之子，孙策和孙权的堂兄）的女儿，以"双保险"的方式笼络孙策，希望他不要在自己与袁绍决战时在后背捅刀子。当然，这两桩婚姻后，曹操与孙策间的辈分有点乱。从弟弟孙匡角度，孙策比曹操矮一辈；而从堂侄女的角度，两人又成了同辈。

虽然暂时和亲，孙策心知肚明，他与曹操迟早有一战。于是明面与曹操结盟，暗地里打算乘官渡之战前北上袭击许都，将汉献帝劫到自己的地盘，重演曹操"挟天子以令诸侯"故事。但他忘了，"螳螂捕蝉，黄雀在后"，"你站在桥上看风景，看风景的人在楼上看你"。

孙策一心筹划偷袭许都时，也有人在筹划暗杀他。比如被孙策所杀的前吴郡太守许贡，其门客为了帮他报仇，就潜藏在民间，寻找机会。因为他们知道，孙策跟他父亲一样，也是个好斗逞勇的个人英雄主义者，平时又喜欢打猎，不注重个人保护，有机可趁。

建安五年四月，孙策在山中打猎，一骑绝尘，将护卫远远甩在后面，突然碰到三人。孙策问："你们是什么人？"三人回答说："我们是韩当的士兵，在这里射鹿。"孙策说："韩当的士兵我全部认识，从没见过你们。"说完向其中一个射箭，那个人随着弓弦的声音而倒下。余下二人非常恐慌，当即弯弓搭箭，向孙策射来，孙策面颊中箭，当场栽于马下。

孙策死于许贡门客的暗杀，这个结论没什么争议。但史学界还有一种更具争议的阴谋论：许贡门客受雇于曹操集团，暗杀是由郭嘉策划的。因为在官渡对峙过程中，曹操集团一直担心腹背受敌，听到孙策欲袭许都，曹营将士都很担心。这时有曹操神算之称的郭嘉说了："孙策刚刚在吴并江东数郡，杀的全是英雄豪杰，这些人下面有很多死士。偏偏孙策这个人又喜欢不带保镖轻骑出行，就算他有百万部下，无异于一个人在中原打仗。只要派一个刺客，就可以搞定他。以我预测，孙策必死于刺客之手。"（嘉料之曰："策新并江东，所诛皆英豪雄杰，能得人死力者也。然策轻而无备，虽有百万之众，无异于独行中原也。若刺客伏起，一人之敌耳。以吾观之，必死于匹夫之手。"——《三国志·魏书·程郭董刘蒋刘传》）郭嘉说完没多久，孙策就死了。是郭嘉料事太神，还是曹操采纳郭嘉建议立即付诸实施？

我认为前者可能性更大。官渡之战，关乎曹操事业成败和团队身家性命，全力以赴尚且难有必胜把握，以曹操的性格，自然不愿意这时周边再生任何意外，再树任何新敌。孙策将袭许都，只是一种传言，真假未定，说不定是袁绍放的风，目的是动摇曹操军心。如果曹操真的行刺孙策，很可能招致孙吴集团更大的报复。曹操刚与孙策和亲，突然来这么一手，不符合他重大局、讲谋略、重诚信的决策风格。郭嘉预料的巧合，只能说明郭嘉对人性分析得非常透彻，情报掌握得特别及时。

汉献帝：袁术的"偶像"

谁杀死了袁术？

从根本上说，袁术属于"自杀"——从他不顾部下和朋友圈的集体反对，从悍然决定称帝那一刻起，败亡结局就已注定。一千七百一十七年后，另一位袁氏牛人袁世凯重复他的悲剧，仅仅称帝八十三天，就在千夫所指和悔愧交加中病逝。

帝王这顶帽子太重，没有一定的底子和斤两，身体会被压垮的。

但袁术称帝，并非一时心血来潮，而是经过深思熟虑的结果，有大势所趋的外因，有强大的心理内因，也有十分碰巧的直接诱因。

皇帝情结："代汉者当涂高"

袁术称帝的外因，当然是汉献帝刘协的落难和生死未卜。

刘协是董卓所立，得位不正，一开始并不被很多重臣所承认。初平二年（191 年），刘协被董卓从洛阳劫持到长安时，韩馥和袁绍就干过类似的事，拥戴汉室宗亲、幽州牧刘虞。虽然拥戴未遂，但也从侧面证明，当时大家对刘协还能否平安返回帝都洛阳这件事，普遍持悲观态度。初平三年，董卓被杀，刘协又落到李傕和郭汜手里，诸侯们更加悲观了。

兴平二年（195 年），李傕杀樊稠而与郭汜在长安城中各自拥兵相攻。汉献帝趁乱逃往曹阳，生死未卜，消息传到袁术的大本营寿春，深深触动了他。他觉得刘协这次恐怕在劫难逃，汉朝将不可避免地灭亡，新朝已在孕育中，时我不待，必须尽快行动，第一个称帝，否则错过这个村，就没下个店了。

袁术称帝的内因，是因为心中有一种强烈的皇帝情结。

早在创业初期，还在荆州南阳郡打拼时，袁术的皇帝梦就有了。当时有一部谶书，上面写道："代汉者当涂高"，就这一句，把袁术给忽悠住了。什么叫"谶书"？简而言之，就是"记载预言应验的书"。比如二十世纪末，全世界流传一本讲述"玛雅人五大预言"的谶书，说前面四条全应验了，最后一条预言——2012 年 12 月 21 日太阳落山后，世界将毁灭——也必将应验，当时把很多人给吓坏了。由此还催生出一部好莱坞灾难大片《2012》。我们常说"一语成谶"，意思就是随便说什么坏事，结果就应验了。

袁术一看谶书有这么一句话，且惊且喜，逢人就自吹："涂高就是我，我，就是涂高。"为什么呢？因为袁术名"术"字"公路"，"术"原意为"城邑内的道路"，"公路"也是路，名和字都对应"途"，通"涂"。这么一通牵强附会的解释，袁术认为，"涂高"就是他要当皇帝。再则，根据朝代"五行终始论"，各朝代都有"五行"属性，按照"木生火、火生土、土生金、金生水、水生木"这个顺序传承。汉朝属"火"德，那么取代它的下一代朝就一定是"土德"。正好"袁姓"属于"土"德，必定取代刘汉江山。我们今天看着这通理论，觉得十分扯淡，但袁术却信以为真，非常痴迷。

狄德罗效应：为玉玺配一位皇帝

袁术称帝的直接诱因，是他手里有始于秦始皇、代表最高权力的传国玉玺，这让他感觉这是天命所归。

袁术的玉玺来自孙坚。按照《三国演义》里的情节是这样的：话说董卓逼汉献帝迁都长安时，放火烧毁洛阳皇宫、劫走皇帝后，孙坚率军进宫救火，无意在殿南的一口井发现"五色毫光"，打捞上来，才知是藏有玉玺的朱红小匣。袁绍以反董联盟盟主的身份逼孙坚交出玉玺，孙坚不给，并对天发誓，若私藏玉玺，他日不得善终，死于刀箭之下。后果然应验。孙坚死后，玉玺落到儿子孙策手中。后来孙坚长子孙策二次创业，怕袁术不肯借兵，这才以玉玺为质押。于是，玉玺就这样神奇地到了袁术手中。

正史上关于孙坚得到玉玺的过程略有不同。按照《三国志·吴书·孙破虏讨逆传》的记载，当初张让等宦官杀何进被追杀，劫汉献帝刘协出逃，宫中的掌玺太监与众人走散，携玉玺投长安城南井中，因夜间发光五色，被孙坚的部下发现，献给孙坚。

袁术从孙坚手中得到玉玺的方式，也有两个版本。版本一是孙策创业，因袁术不愿帮忙，为不得不以玉玺为抵押找袁术借兵。版本二是袁术欲称帝时（比版本一晚几年），以孙坚老婆为人质从孙家硬抢的。

心理学有一个著名的"配套效应"，又叫"狄德罗效应"，核心思想是因"小得到"引发"大贪婪"，得到越容易越不满足。比如，因为别人送的一个漂亮精美的沙发套，一时冲动换掉沙发乃至家里的所有家具；因为一双漂亮的高跟鞋，结果买了一套晚礼服，甚至一怒之下将衣柜鞋柜全换了。可怜的袁术自得到玉玺，开始被"狄德罗效应"折磨得夜不能寐，成天琢磨是不是得做点什么，才配得上这件宝贝。

做点什么呢？只能当皇帝。只有皇帝才能正儿八经、名正言顺地使用这颗玉玺，不让它闲着。

于是在某天，袁术召集重要部属，以天下大乱、刘氏微弱，而袁家四世三公、天下归心为由，首透称帝之意。此言一出，群下面面相觑，不知道该怎么应对。（众莫敢对——《三国志·魏书·董二袁刘传》）

袁术在这件事上一开始就犯了一个低级错误。错在哪？不该由自己来说这件事。真正的高明人士，如曹操后来逼汉献帝加封他为魏公、魏王，曹丕篡汉建魏，都是让亲信在前面上奏章、吹喇叭、抬轿子，自己躲在幕后做"好人"，一而再、再而三地拒绝谦让，实在推辞不掉才"不得不"接受。这样做不完全是出于虚伪，而是出于安全考虑，为了给自己留退路——将来要是出了事，全是手下人干的，可以找他们当替罪羊，拿他们开刀。比如袁绍，就曾经这么干过。在当朝皇帝还健在的情况下，悍然称帝，绝对是冒天下之大不韪，很容易授人以柄、被群起而攻。如果让别人提议，一旦遇到全面反对，还可以栽赃嫁祸；自己亲口提议，那就一点退路也没有了。

袁术这样做，要么是过于自信，事先没跟任何亲信商量；要么是习惯了集团内部一言堂，事先跟亲信商量过，亲信反对无效；要么是被群小包围，亲信一致赞同，但没有人能帮忙操作这件大事，只好赤膊上阵。主簿（袁术的秘书长）阎象不客气地表示反对，说老板您虽牛，还没牛到周文王的程度，当今皇上虽不咋地，但还没差到商纣王的程度。中心思想就是，袁术想取代刘协当皇帝，还差十万八千里。

袁术不甘心。称帝这种大事，必须有几个"当朝大V"来站台。袁术第一个看上的大V，是原沛国国相陈珪。陈珪是原汉朝太尉陈球的弟弟的儿子，典型官二代，两人从小在洛阳就有交往。袁术写信给陈珪，将当今形势与秦末相比，改朝换代势在必行，希望他做自己的臂膀，在新朝廷担任要职。当时，陈珪的一个儿子（不是陈登）正被袁术扣留在下邳作人质，但陈珪没被吓唬住，而是回复说，眼下不能跟秦末暴政相比，天下终究会太平。看在旧交情的份上，真诚希望你勠力同心，匡扶汉室，不要作图谋不轨的傻事，否则我就是死也不会答应。

除了陈珪，袁术还想拉另一个"大V"金尚给自己站台。金尚原是朝廷任命的兖州刺史，而被曹操打败，南下扬州依附袁术。袁术觉得金尚做过封疆大吏，资历足够，自己又帮过他，想让他做新朝的太尉，他应该给这个面子吧。袁术毕竟亏心，底气不足，不敢对金尚明说，托人含蓄暗示。果然，金尚不给面子，袁术碰了一鼻子灰，不敢强迫他，后借口金尚逃跑把他杀了。

这些人不同意袁术称帝，关系不大。有一个人强烈反对，后果很严重。他就是在江东日渐成气候的孙策。孙策苦口婆心规劝袁术别误判形势，不要把当今皇上当成亡国的桀、纣之君，逆天而动。可惜袁术成天与玉玺朝夕相伴，被"狄德罗效应"弄得走火入魔，内心早已以皇帝自居，拒绝孙策的忠言，于建安二年（197 年）正式称帝，自称"仲家"。这是一个莫名其妙的称号，充分说明此时的袁术脑子已极度不清醒。

袁术称帝，正赶上江淮一带大旱，粮食颗粒无收。可袁术称帝后第一件事，就是选几百名美女充斥后宫，日夜淫乱。至于士兵又冻又饿，百姓流离失所，治下"人民相食"，一律视而不见，充耳不闻。袁术为巩固新朝，决定与赶走刘备以"徐州牧"自居的吕布结亲，却被陈珪和陈登父子成功离间破坏，迎亲使者被押到许县被曹操处死。袁术大怒，派大将张勋和桥蕤攻打吕布，大败而还，后袁术再败于曹操，帝王事业遭受沉重打击。

袁术的"皇帝情结"是怎样炼成的？

袁术个人悲剧最让人无法理解的是，他为什么要在地盘狭小、实力孱弱、四面楚歌的时候，不顾反对悍然称帝？难道他不知道，在小小的寿春城外，群狼环伺、强敌如林？还是他觉得，只要一称帝，天下就干戈自灭、群雄自动臣服？袁术的"皇帝情结"是怎样炼成的？

第一个原因，袁术外宽内忌，刚愎自用，没什么重量级谋士，特别容易被小人蒙蔽和利用。

　　袁术称帝，受益的不只是他个人，还包括他下面的一些目光短浅、急功近利的小人。乱世造反如同当代创业，老大开国称帝，就跟现在的创业公司成功 IPO，去纳斯达克敲钟一个道理。至于企业实力，比如销售额、净利润、市场占有率、研发能力、可持续发展能力是否达标，反而没人在乎。而且，最希望老大当皇帝的，不一定是老大本人（比如曹操、刘备和孙权，对称帝这件事就非常克制），而是下面一帮文臣武将，因为老大当皇帝，他们一则可以获得封赏，二则可以"开国功臣"之名永垂史册。至于后面是否会迎来敌人、承受更多打击，主要是皇帝考虑的事。谁让坐在龙椅上的人是他？

　　所以，袁术一吹称帝风，下面有人就癫狂了。袁术这个人水平不行，骄横奢迷，外宽内忌，目光短浅，下面应该没有智谋水平特别高的人（有也走光了），自然全力拥护，尤其是儿子们。民国时袁世凯的长子袁克定为了制造一种全国人民支持袁世凯当皇帝的假象，尽快把老爹忽悠"称帝"，不惜专门为他"克隆"了一份《顺天时报》——与真正的报纸反对其称帝不同，克隆版《顺天时报》上面全是一边倒支持袁世凯的新闻。袁世凯当上皇帝之后知道真相，可惜为时已晚，一病呜呼。当皇帝的魔力由此可见一斑。袁术出于激励将士、凝聚人心的目的，顺水推舟，应该也是一个重要原因。

　　袁术着急称帝的第二个原因，是其面对群雄争霸，内心绝望，想"过把瘾就死"。

　　袁术是一个自视甚高的人，在创业前半程（196 年前），应该是顺风顺水的。尤其是占据寿春后，很是得意。但是，后来慢慢感觉有点不对。那些他曾经看不上的人，这几年都混得很好，而且渐有赶超自己之势。刘表那老小子单枪匹马来荆州创业，不过几年时间，就搞定了荆州六郡；曹操在拿下兖州之后居然成功"挟天子以令诸侯"；刘备那小子居然兵不血刃就把徐州骗到手，我想抢还抢不回来；想跟吕布结一个儿女亲家，居然被这厮给拒了；孙坚那小子过了江东，一下子就搞定了扬州四郡。至于袁术最看不上的袁家"奴仆"、大哥袁绍，几年间居然占据了冀、并、青、幽四州，比曹操还牛掰。我不过占据扬州在江北的两郡，可怎么活啊？

投降？不行！我袁术出身名门，堂堂"四世三公"之后，怎么能投降给这么一帮低等人？我袁术天命在身，宁死不降。要死，也要先过一把皇帝瘾！于是，不可思议的一幕发生了。袁术真地过了一把皇帝瘾，也真地很快死在皇帝这件事上。

袁术称帝，是一种典型的"鸵鸟主义"——不管遇到什么困难或是危险，都把头埋沙子里，只要看不见，就是不存在。埋头一当鸵鸟，岁月从此静好。然而，敌人会允许你"岁月静好"吗？

曹操：一张无形的网

袁术称帝作死，是内因。从外因上看，是谁杀死了袁术？或者换句话说，在导致袁术覆灭这件事上，谁的功劳最大？

孙策？不，是曹操。

给人感觉，在汉末诸群雄中，直接与曹操打交道最少的人，要属袁术；反之亦然，在袁术的这几位朋友中，打交道的最少也属曹操。凭什么说是曹操杀死了袁术？

因为上述感觉并不正确。

曹操应该跟袁术很熟，他们都是"官 N 代"，都同处帝都洛阳的上流社交圈，无论如何都同赴过饭局，说不定还为同一个美女争风吃醋过。曹操与袁绍是发小，可能打穿开裆裤时就在一块儿玩，不可能没与袁绍的同父异母弟袁术打过交道，尽管袁绍袁术两兄弟的关系非常一般。

袁术很少跟曹操打交道？

我们之所以感觉曹操与袁术交道少，源于两人分别创业后缺乏长期的、系统性的交锋。这个首先是地理上的原因。曹操主要在北方发展，除了初平元年（190年）被董卓军大败后去扬州丹阳招过一次兵，此后一生基本没有跨过长江；而袁术呢，虽然初创业时，大本营是荆州南阳郡，但他几年后就将大本营迁往扬州，以寿春（今安徽寿县）为根据地。寿春在淮河以南，故此后袁术就被人称作"淮南袁术"。曹操与袁术一南一北独立发展，在曹操决定最后消灭袁术之前，两人确实没什么交集。

当然，袁术太闲而曹操太忙，一个爱独处，一个爱社交，也是一个重要原因。袁术这个人成功较早，很早就有了稳定的地盘，不用像刘备、吕布两人一样满世界流窜，到处投奔。真正的巨富和成功人士都不怎么喜欢社交，袁术跟刘表一样，满足于寿春这个花花世界，不思进取，在初平四年第一次占据豫州的尝试失败后，就不再想往北扩展。

而曹操身处四战之地，敌人太多，打不过来，所以他只能拣重要的、能马上给他带来威胁的打，在曹操占领豫州和徐州之前，还顾不上跟淮南袁术打交道。

最后一条，是袁术告别"准三国"这出大戏太早。建安四年（199年），称帝两年后的袁术，四面楚歌，走投无路，他原本想北上投奔在冀州的老兄袁绍，可惜半道被曹操派去的刘备拦住，只得掉头往南。还没等曹操亲率重兵围剿，袁术就死翘翘了。别的对手，从开打到结束战斗，怎么也得 N 个回合。袁术与曹操几乎没怎么交手就完蛋了。以曹操为主角的《三国志》，袁术的戏份自然就比袁绍、刘备、吕布和孙权这些曹操老对手弱多了。在建安四年这个时间点，曹操还在与袁绍对峙，官渡之战还没发生；孙策正处在人生巅峰阶段，尚未遇刺，孙权还是一个需要他四处关照的小弟；刘备还没遇到刘表，赤壁之战更是九年后的事。袁术的谢幕实在有点早。

但双方交往少，并不代表曹操不关注袁术。《三国演义》里的曹操在与刘备煮酒论英雄时说袁术是"冢中枯骨，吾早晚必擒之"，虽是虚构，却与事实大致相当。确有人说过袁术是"冢中枯骨"，不过不是曹操，而是时任青州北海国国相的孔融，时间在兴平元年（194 年）。孔融都把袁术鄙视成这样，以天下第一英雄自居的曹操，会把他放在眼里吗？

曹操与袁术的正式交手，始于初平四年（193 年），缘由是袁术欲弃南阳北上，开拓新的根据地。

从南阳到淮南

袁术在荆州南阳待得好好的，为什么要放弃？

因为刘表和孙坚。刘表于初平元年（190 年）孤身一人入荆州，与荆州几位世家大族的朋友一道，只一年时间，就打下荆州大半江山。袁术眼红了，气坏了，命手下第一猛将孙坚攻打刘表，没想到孙坚居然在初平三年（192 年）四月被刘表部将黄祖射杀。孙坚是袁术攻城掠地的顶梁柱，相当于刘备的关羽、孙权的周瑜，他一死，袁术不仅南扩荆州战略终止，能不能守住南阳都成为一个大问题。

初平四年刘表大肆反扑，派人截断袁术的粮道，袁术无奈之下，只得放弃南阳北上，进入兖州陈留郡的封丘县，派部将刘详驻匡亭。当时，袁术还有部分黑山军和匈奴首领於夫罗的支援。陈留郡是什么地方？曹操当年逃离洛阳后第一个创业的地方，往高了说是曹操的"龙兴之地"，岂能让外人染指？曹操联合袁绍，从匡亭东北方向的兖州东郡鄄城发兵攻打刘详，袁术派兵救援，遭惨失败，退守封丘。曹操随后又围攻封丘，将袁术一路从襄邑、太寿、宁陵撵到九江郡，袁术就这样阴差阳错来到了扬州。袁术与曹操间的这场大仗，史称"封丘之战"，也称"匡亭之战"。

袁术杀扬州刺史陈温（一说陈温系病死），取而代之，同时兼称"徐州伯"。"徐州伯"这个说法有点怪,既非徐州刺史,也不是徐州牧,而是袁术自创的新名词,意思大概是自己将成徐州未来的主人。这说明袁术非常善于创新,常常鼓捣一些别人闻所未闻的新概念,比如称帝时自称"仲家",这是袁术的性情和可爱之处。

袁术能这么快在寿春站稳脚跟,源于这一带当时还没有大的割据势力。袁术走到寿春,彻底安顿下来,决定哪也不去了。寿春虽小,乃是一座名城,战国时楚国最后一任首都,西汉时更是赫赫有名的淮南王刘安的国都,是一个不乏王者之气、适合开国称霸的好地方。饱暖思淫欲,袁术闲来无事,动了称帝的心思。

曹操的 C 形包围圈

称帝这件事谁都可以原谅,唯独曹操不能,因为它大大触动了曹操的"战略奶酪"。曹操不辞千辛万苦,冒着自己人都吃不饱肚子的风险,奉迎、供养天子和群臣这么一大帮闲人于许县,目的不止是"挟天子以令诸侯",还包括以朝廷的无形资产入股曹氏集团,为自己背书、站台、增信。刘协于建安元年(196 年)到许县,不过一年,袁术就称帝。他当皇帝,置当朝皇帝刘协于何地?曹操如果不能推护刘协的权威,又靠什么"以令诸侯"?

但曹操并没有马上讨伐袁术,非不为也,而不能也。让我们看看建安二年二月袁术刚称帝时,其周边是什么形势,袁术邻近几位三国"大V"都在忙什么:

西北面曹操:刚把汉献帝从洛阳迎到许县不久,去袁术的老巢荆州南阳郡跟"新地主"张绣打下一仗,其长子和侄子都被张绣杀了;

西面刘表:正忙着拉拢张绣,一块对付曹操;

东北面吕布:从"恩人"刘备手中夺取徐州,成为徐州牧,欲拉拢袁术对付曹操;

北面刘备：被吕布赶出徐州，又不得不投靠吕布，被安置在小沛；

东面孙策：跨过长江，平定江东四郡，在江东站稳脚跟，宣布与称帝的袁术决裂。

不得不说，袁术称帝，时机选择得还可以。因为曹操、刘表、刘备、吕布等人都处于自顾不暇的阶段。在这种情况下，曹操应该怎么办？直接打袁术？即使不考虑实力因素，地理上也有难处。曹操所在的许县（属豫州）与袁术所在的寿春（属扬州）基本是西北—东南对角线关系，并不直接相邻，中间被荆州和徐州所阻隔。曹操要往南打袁术，须从荆州借道；往东打袁术，须从徐州借道。而荆州主要是刘表的地盘，徐州在吕布手里。曹操欲灭袁术，要么先灭刘表，要么先灭吕布，或者同时灭了这两位。

建安二年的曹操，要灭袁术很难。虽然抢在袁绍前面以大手笔"挟天子以令诸侯"，其实实力一般，而且面临随时被强敌袁绍吞并的危险，论兵力，他可能还没有刘表和袁术多，属于典型的"有势无实"。他既要供奉汉献帝和满朝文武大臣，还要腾出兵力防范北面的袁绍和西面韩遂、马超等凉州系军阀，打起仗来实在捉襟见肘。面对满朝逼他出兵声讨袁术的压力，曹操只能分而化之，多管齐下。尤其是进一步分化袁术的两位重要盟友孙策和吕布，使其成为孤家寡人。

袁术正式称帝后的几个月内，曹操做了如下动作：

动作一：策反并拉拢孙策，借力打力。

建安二年夏，曹操在获悉孙策反对袁术称帝后，下诏书给孙策，要孙策讨伐袁术，任命他为骑都尉，袭父爵乌程侯，兼任会稽太守，后曹操又奏许朝廷任命孙策为"讨逆将军"，并封为"吴侯"。孙策开始掉转枪头打袁术。

动作二：加速拉拢吕布，全面兑现之前未兑现的承诺。

建安二年五月，曹操一反之前对吕布的冷落，上奏汉献帝，加封吕布为左将军，并把自己金印上的紫绶带解下来给吕布。在这之前，吕布本打算答应袁术的结亲要求，与他结为儿女亲家，此事因陈珪的挑拨，吕布反水，将袁术的迎亲大使送到许县，被曹操所杀。考虑到陈珪之子陈登后来被曹操发展为"卧底"，他们与曹操应该早就有勾结。

动作三：灭吕布。

建安三年率兵攻打吕布，并于当年年底将其绞杀。曹操杀吕布而得徐州，对袁术是双重打击。一方面，吕布是袁术放眼天下唯一可以倚为外援的人。吕布一死，袁术彻底孤立；另一方面，徐州变成曹操的地盘，曹操终于与袁术成为"近邻"，随时可以对其发起攻击。

曹操上述动作，都密集发生在袁术称帝后不久，绝非巧合，而是对袁术赤裸裸的 C 型包括和渐进围剿。两年后，形势大变。曹操对袁术周围的朋友动手，对袁术的包围圈日渐缩小。袁术发现寿春成为孤城，不行了，这才率兵北上。曹操岂能放过他？刘备此时正在许都如坐针毡，立即以拦截袁术为借口，率兵离开许县，袁术最终被小小的刘备封死在淮南。

袁术不得已，只好原路折返回寿春，六月，退军至江亭。此时，袁军已树倒猢狲散，部下或死或逃，军粮将尽，仅有麦屑三十斛可吃。当时正是盛夏，袁术口干舌燥，管部下要蜜浆解渴，兵荒马乱穷途末路之际，上哪找蜜去？袁哀叹道："我袁术怎么会混到这个地步？！"袁术一气之下，重病不起，最后呕血而死。

历经十年创业，一代强人袁术彻底谢幕。袁术其实死于曹操之手，死于曹操看似漫不经心、实质步步为营的全盘围剿。

袁绍：患难兄弟情

看了袁术的故事，我们忍不住要问，袁术一生有过真正的朋友吗？极少。

袁术的一生，可以用"高开低走"四字来形容。在他离开洛阳来南阳创业，袁家数代积累的门生故吏都来捧场，有钱的捧个钱场，没钱的捧个人场，万众点赞，八方支援，所以袁术事业能迅速壮大。

但不怕不识货，就怕货比货。随着众多竞争者的不断崛起，随着袁术各种缺点的不断暴露，尤其是随着其称帝野心公开并践行于天下，袁术各种人脉开始断线，朋友开始流失，到最后成为一个地地道道的孤家寡人。病死时已惨到没朋友。

然而有一个人，却与他人不一样。他与袁术说友非友，说敌非敌。在袁术最风光的时候，他们互相鄙视；在袁术落难的时候，这个人却一反常态想着帮他一把。他不是别人，正是袁术的同父异母兄袁绍。

远甚《红楼梦》的嫡庶之争

关于袁绍，我们在第二章已经花了相当大的篇幅探讨他的朋友圈，唯独没有详细介绍他与袁术的关系。一是因为袁绍的朋友圈要比袁术大得多，二是因为袁绍在袁术心目中的地位，比袁术之于袁绍要"高"。这样说，不是因为袁术爱袁绍胜过袁绍爱他，而是他更"在乎"袁绍。这里的"在乎"，相当大程度上可以解释为鄙视、嫉妒与仇恨。

袁氏兄弟的恩怨情仇，从他们还在娘肚子里时就开始了。袁术与袁绍同父异母，袁绍虽然是他大哥，但袁术一向瞧不起他。因为袁绍是袁家的"庶子"，而袁术他是"嫡子"。"庶"与"嫡"相对，指非正妻（大老婆）所生之子。袁绍的母亲连小老婆都不是，只是一个袁府卑微的奴婢，所以合府人都冷落他、鄙视他。袁术更从骨子里瞧不起他。

袁术一方面鄙视袁绍的出身，另一方面又因为袁绍长得英俊帅气、甚得父亲袁逢、叔叔袁隗的喜爱而心生嫉妒，总之，他横竖看袁绍不顺眼，处处排挤打压甚至羞辱他。袁绍被父亲过继给去世的伯父为嗣、承接香火，既是源于家庭内部、尤其是袁术母亲的打压，也是父亲无奈中的一种保护。

嫡长子继承制是中国古代宗法制度最基本的一项原则，该制度源起于商周之间。具体规定为"立嫡以长不以贤，立子以贵不以长"，即爵位和财产必须优先由嫡长子继承，如"嫡"与"长"不能兼得，"嫡子"优先于"长子"。袁术是"嫡子"非"长子"，而袁绍虽比袁术大，但既非"嫡子"又非"长子"，两人间难免各种PK。长子与嫡子争斗是常态，比如康熙皇帝的皇长子胤禔与嫡子兼太子胤礽之间就争斗了几十年，最后两败俱伤，让既非长子也非嫡子的老四胤禛渔翁得利，成为后来的雍正皇帝。

袁逢为什么要袁绍过继出去呢？他心里的算盘可能是这样的：袁绍待在自己家，可能什么也得不到，还处处受排挤，而过继给大哥袁成，成为袁成的嫡子，就可以名正言顺地继承袁成的财产、爵位和社会资源。袁成乃是东汉末年的官场社交达人，身为"左中郎将"的他，性格开朗，知识广博，自大将军梁冀以下都非常喜欢他，言无不从。洛阳坊间甚至传言"事不谐，问文开"（袁成字"文开"），意思就是说，谁有搞不定的事，尽管找袁成，堪比后来的"曲有误，周郎顾"。袁绍过继给他，比在自己家跟其他兄弟争风吃醋不是强多了吗？所以，袁绍过继给伯父袁成，表面上看是被"扫地出门"，实际上是沾光了。

袁绍少年受辱，成熟较早，经过自己的一番运作，尤其在六年守孝时，一面坚忍等待时机，一面广结社会名流，在叔父袁隗的帮助下，终于搭上何进这条线，被何进倚为心腹，从而火速升迁，跃升为"西园八校尉"中排名第二的"中军校尉"，一举超过了老弟袁术。

袁术这下心理更不平衡了。

袁术的事业起点远比袁绍高。身为兄长，袁绍出道的第一个职位，只是兖州的县长，一个地方芝麻官，而老弟袁术很早就被推举为"孝廉"（孝廉属极度稀缺资源，跟今天"北大清华保送生"差不多），年纪轻轻就做到河南尹、虎贲中郎将（相当于中央警备团团长，后来袁绍攀上大将军何进的关系后才做到这个职位）这样的高官。董卓进京后，更是授予他"后将军"（四方将军）之职，这就是嫡子和庶子的巨大区别。毕竟，袁绍的嫡父袁成早已去世，很多人脉关系都已作废，生父袁逢和叔叔袁隗的各种重要资源，必然优先往袁基和袁术等嫡子身上倾斜。人，生而不平等。即使是同一个爹生的，也还要拼妈。

袁绍后发制人，长袖善舞，借助自己的社交技能，结交了曹操、许攸、张邈这样的发小，以及后来卧底在董卓身边、帮他过大忙的周毖、伍琼、何颙等名士，朋友圈强大，等攀上了大将军何进这棵大树后，立即迸发出巨大能量，为何进特别倚重。何进很多重要谋略，比如诛杀全部宦官、急召外将进京等，都是袁绍在后面出谋划策，没袁术什么事。袁术没能进入何进的核心决策圈。

袁术本就是任性、狭隘、骄横之人，一看素来被他鄙视到地底下的袁绍在大将军府这么风光得宠，嫉妒心大犯，两人关系应该越发冷淡。袁术真正参与政变，是后来何进被张让等所杀之后，袁术与何进部下吴匡率军攻打宫门，与中黄门对攻半天，到晚上，袁术烧南宫九龙门及东西宫，威胁交出张让。张让携何太后、皇帝刘辩及陈留王刘协出逃。后来进宫杀死两千多太监的，是袁绍及其叔袁隗，没看到袁术的身影。

也就是说，汉末历史进入何进时代后，一度落后的庶子袁绍在事业上开始反超嫡子袁术。中平六年（189 年），董卓挟天子篡政后，依附于何进的袁家开始失势。袁绍因为董卓擅自废立皇帝，对他一通怒怼，过完嘴瘾立即亡命冀州。袁术有没有怒怼过董卓，不见记载，但他与董卓的关系应该也好不哪去。证据是，当时一名太史官夜观天象，通过天人感应，断言朝中有重要大臣将受天谴而死。董卓听完后，怕这事应在自己身上，于是派人诬陷卫尉张温与袁术交往，然后在公开场合用棍棒将张温活活打死，让他做应天象的替死鬼（以塞天变）。"与袁术交往"居然成为一种重罪，说明他早就上了董卓的黑名单。

袁氏兄弟翻脸四部曲

跟大哥袁绍一样，袁术不得不选择逃离洛阳。袁绍北往冀州，而袁术南下荆州，目的地为南阳郡的鲁阳县。逃难时都不往一个地方逃，说明袁术与大哥袁绍在事业乃至朋友圈上确实交集不大。

但是，两人既然都选择了下海创业，而且身份地位这么高、事业摊子这么大，就不可能不继续打交道。几番交道下来，袁术与袁绍关系不但不见好，反而矛盾越来越深。具体地说，袁氏兄弟翻脸，中间有几个重要时间节点。

节点一：袁绍被尊为反董联盟盟主，让一向自视甚高、觊觎此位的袁术非常没面子。

初平元年（190 年），十三路义军于酸枣组建反董联盟时，袁绍在本人缺席的情况下，被遥奉为"盟主"。袁术见盟主之位花落袁绍，大伤自尊，对群雄破口大骂："你们这帮小人，怎么不推我做盟主，反倒跟随我的家奴？！"（术怒曰："群竖不吾从，而从吾家奴乎！"——《后汉书·刘焉袁术吕布列传》）

这句话，最真实地反映了袁绍在袁术心目中的地位，也彻底暴露了袁术的素质。你不喜欢袁绍，骂他一个人就是了，何必把雄群拉上，身犯众怒？这说明袁术骄横跋扈、目中无人不是一两天，而是已形成稳定的性格。袁术骂完，觉得不过瘾，又写信给北方的公孙瓒，说袁绍不是袁氏子孙，只是奴婢所生的家奴。想想看，袁绍听到这话，将作何感想；包括曹操在内的其他各路诸侯，听到袁术这话时，又是什么心情？他们只会更加高看袁绍，而贬低袁术。从此时起，袁术开始在朋友圈急剧掉粉。

后来董卓迁怒袁绍和袁术兄弟，在洛阳杀掉其叔袁隗、袁基全家，两人谁也不张罗报仇，仿佛死的不是他们袁家人。袁绍是觉得自己实力不行，躲在黄河以北的河内郡，就是不南下黄河，而袁术觉得此祸系袁绍所惹——谁让他是盟主来着？——与自己无关，猫在南阳不北上。

　　节点二：袁绍欲拉袁术一块立新皇帝，被袁术否决。

　　初平二年，鉴于汉献帝及群臣已被董卓掳到长安，沦为人质，身为渤海郡太守的袁绍跟在冀州刺史韩馥后面，欲立汉宗室亲、幽州牧刘虞为帝。这可是继中平六年（189 年）董卓废立皇帝之后的又一桩废立大事，必须得到更多实力派支持，否则难以成功。放眼四海，眼下实力比较强的，除了徐州牧陶谦、益州牧刘焉，可能就数老弟袁术了（曹操、刘备、孙策、吕布、刘表等还弱得很）。袁绍于是放下此前的过节，写信给袁术，希望他附议。

　　袁术能同意吗？当然不能。有一种观点认为，袁术早就心怀异志，骨子里是个"皇帝迷"，不愿拥戴新皇帝，这个说法稍稍有点牵强。袁术称帝是六年以后的事，在这个当口，袁术就算有这样的心思，应该还不强。

　　袁术拒绝袁绍的真实理由有二。其一，拥立新皇帝，收益很高，但风险极大。成了，大哥袁绍受益最大，自己远在荆州南阳郡，离幽州数千里，连汤都喝不到；败了，就是满门抄斩的大罪。这笔买卖太不划算。其二，袁术认为，自己与袁绍已彻底翻脸，没必要跟他搅和到一起。袁术对袁绍说了一番冠冕堂皇的话，将袁绍提议否了。兄弟两人彻底翻脸。

　　节点三：两人为争夺豫州大打出手，各自表奏一人为豫州刺史。

　　袁绍、袁术兄弟俩分头创业后，各自跑马圈地，地盘势力越来越大，慢慢地，在物理空间上产生了冲突。初平二年，袁术与孙坚结盟后，表奏他为豫州刺史，让他去打豫州，并告诉他，打下来你就是实打实的豫州牧。袁绍这时候也惦记豫州，于是也表奏部下周喁为豫州刺史，于是周喁就与孙坚开打，争夺豫州。

　　孙坚一边打周喁，一边感慨袁氏兄弟的窝里斗："大家一起举义兵，是为了拯救大汉江山社稷。讨伐逆贼董卓的事还没怎么着，就开始自相残杀，我该与谁勠力同心呢？"说完，怆然涕下。此时，袁绍正与公孙瓒打架。敌人的敌人就是朋友。于是，袁术又与公孙瓒结盟。公孙瓒派堂弟公孙越支援袁术，与孙坚一块打周喁，结果被乱箭射死。公孙瓒将这笔账算到袁绍头上，两人从此成为死敌。周喁最后败给孙坚。豫州争夺战，袁术大胜袁绍。这一仗下来，标志着两兄弟正式从"陌生人"变成"敌人"。

节点四：孙坚之死。

袁术数次跟自己对着干，让袁绍觉得很没面子，于是袁绍抛开兄弟情，联合袁术南边的荆州牧刘表，欲南北夹击，置袁术于死地。袁术早就对荆州几郡垂涎三尺，于初平三年令孙坚掉转枪头，南下攻打刘表。不成想孙坚被射杀。表面上看，孙坚是死于刘表和黄祖之手，但往深了说，此事还有袁绍一份功劳。

送玺未遂，病逝寿春

初平四年，袁术在封丘之战中被曹操和袁绍联军打败，不得不南下，来到扬州寿春。再后来，袁术皇帝梦发作，于建安二年在寿春称帝，成为众矢之的，接连遭到孙策、吕布、曹操三方的轮番打击，彻底成为孤家寡人。袁术皇帝梦醒了，后悔了。无路可走时，他想到去投奔一个人，一个他从来都没正眼瞧过的人——大哥袁绍。

建安四年（199 年），当了两年皇帝的袁术决定将皇帝玉玺连同帝号一块让给大哥袁绍。他写信给袁绍说："天命离开汉室已经很久了，靠天下人扶持，政权出自私门。英雄豪杰争夺追逐，分割地盘。这同周朝末年的七国没有两样，只有强大的一方吞并他方。袁氏禀受天命应当统治天下，符命祥瑞粲然昭著。现在您拥有四个州，户口达百万人，论势力谁都不可能同您争强，论地位谁都不可能比您高。曹操虽然想扶助衰弱的朝廷，怎么能够将断掉的天命重新接上，将已经灭亡的朝廷重新振兴呢？我恭敬地将天命送给您，希望您使它振兴。"

袁绍收到信什么态度？对袁术的建议不屑一顾，拒收玉玺？让人大

感外的是，袁绍居然暗地表示同意。（绍阴然之——《三国志·魏书·董二袁刘传》）

比起之前袁术称袁绍为"家奴"，将他贬到地下，这一次，袁术将袁绍捧到了天上。这可是袁绍、袁术兄弟关系的一个重大拐点。说明二人历经多年争斗，终于和解。袁术在众叛亲离之后，发现这世上唯一可信任、可求助之人，只有大哥袁绍，毕竟血浓于水。这也从侧面证明，袁绍为人确实远比袁术宽厚。袁术将代表帝位的玉玺让给大哥，纯属不得已，属于顺水人情，表面上是帮他成就帝王之梦，其实是害他。

但袁绍似乎没看出这中间的险恶，没有从老弟称帝这件事上吸取教训，居然"阴然之"。可见他们真的是一家人。也难怪，这时的袁绍，事业正如日中天，信心满满地筹划与南边"挟天子以令诸侯"三年之久的曹操决战，他也许暗地在想：袁术比我差太远，他做不成的事，可不代表我袁绍也做不成。玉玺才是天命所归，有了玉玺，曹操就是有天子在手，又有什么可怕的？

可是，历史给了袁绍、袁术和解的机会，却没能让他们团聚。袁术收到大哥回信后，百感交集，涕泪滂沱中仓皇北上，投奔袁绍长子、时任青州刺史的袁谭。结果路上被曹操派来的刘备、朱灵军拦截，不得不悲催掉头南下，最后病死寿春，最终没能见上袁绍一面。不知袁绍听到袁术的死讯，对这位与自己暗掐半生、明斗十年的老弟作何感想？

袁术画像：悲观享乐、众叛亲离的"巨婴"

《三国演义》里的曹操和《三国志》里的孔融，都将袁术称为"冢中枯骨"，意思是，自从袁术冒险称帝、住进寿春小皇宫那一刻起，他就是一个"活死人"。"有的人活着，可他已经死了"，指的就是袁术这种人。

袁术是被谁打败的？这个问题不难回答：他自己。真正值得认真探讨的问题是：他为什么会败得这么快？为什么他在创业势头极其良好的同时，很快被袁绍和曹操反超，沦落到只能跟反复无常的吕布为伍的可怜境地？

袁术之速败，原因是多方面的。

首先是骄横自私，失道寡助。

袁术的骄横自私我们已在前面的章节中见识过，对庶出的异母兄袁绍，他冷嘲热讽、各种贬低；对推戴袁绍为反董联盟盟主的群豪，他破口大骂；对杀害叔叔袁隗和大哥袁基的仇人董卓，他既无切骨之恨，也无报仇之心；对一心抗董的孙坚，他各种掣肘，当孙坚意外遇刺后，他对其子孙策，没有抚恤之意，对其二次创业，还各种讨价还价。所有一切，都充分说明袁术是一个被父母宠坏、极其没教养的"巨婴"。

"巨婴"没有成人思维，不懂对等付出，不懂相互尊重，不知道如何维护朋友圈，自然就没朋友。所以，虽然袁术从小跟袁绍和曹操一个圈子长大，但其朋友的数量和质量远不如袁绍和曹操。他创业初年的运势不是因为自己的能力，或人格魅力，而是源于他的袁家嫡子身份，源于祖上"四世三公"积攒的荫德、财富和人脉资源的惯性庇护。一旦上述资源消耗殆尽，一旦众人看清袁术的真面目，纷纷弃他而去，袁术就变成孤家寡人，不可避免地走向末路。

袁术快速致败的第二个原因，是格局太小、层次不高、识人不力、目光短浅。

格局有三个维度，高度、深度、远见。一个人只要某一个维度特别突出，就能称之为有格局的人。袁术的悲哀在于，他这三个维度集体缺失，既无高度，又无深度，更无远见，跟格局二字可谓格格不入。

何谓"高度"？群雄逐鹿，首先需要的是政治高度，最突出的表现就是对皇权的忠敬。作为"四世三公"的后人，祖祖辈辈享受朝廷俸禄，在天下大乱、皇上落难之时，袁术理应有更大的担当。遗憾的是，这一点他与其兄袁绍一样，虽然世受皇恩，忠诚度却非常一般。汉献帝自落入董卓之手、被挟持到长安再到回归洛阳这五六年时间，袁术的表现数次让汉献帝乃至天下群雄失望。他一是对讨伐董卓没兴趣；二是对奉迎天子不积极；三是对积极拯救皇帝的行为添乱。

汉献帝派在他身边当侍卫的刘虞儿子刘和去搬救兵，救他出长安。刘和途径南阳，居然是袁术给扣留了。袁术派遣别的使者去找刘虞，说要一起派兵西进去接汉献帝。刘虞于是派遣数千骑兵到袁术那儿，而袁术竟自己留下不予派遣。迎救行动失败。

有高度的人才看得远，才会更有担当，才会有敬畏心，才知道自律和克制的重要性。所以你看，在倒董时最积极、最胆大的三个人曹操、孙坚和刘备，后来在当皇帝这件事上最克制（孙权可以视作孙坚基因的延续），集团事业做得最大。曹操是打死不当皇帝，刘备是在曹操去世、曹丕篡汉（220 年）的第二年才当皇帝，而孙权更在刘备当皇帝八年之后才当皇帝。这三个人，综合素质远胜袁术，却视皇帝为难事、畏途，对皇权心存敬畏。曹操甚至在天下基本一统、皇帝基本成为摆设、权倾天下之时，仍然认为当皇帝是一件被架在火炉上烤的难事。这种认识高度，也是袁术难以企及的。

再说说袁术的深度。一个人有没有深度，就看他识不识人，尤其是能不能快速识别能人。袁术从南阳来到淮南，占据地利优势，因为这里人才济济。比如后来在孙吴集团挑大梁的周瑜和鲁肃，就曾在袁术的地盘上打过工。因为这时扬州还处于跑马圈地的状态，没什么特别牛的人，比较而言，从朝廷高官下海创业、出身豪门的袁术，算是背景、资历和实力都特别牛的人，故而扬州地界的人都慕名前来投奔他。可惜，无论是武将周瑜，还是谋士鲁肃，都感觉跟着袁术没意思、没前途，都想办法尽快逃离他，可见袁术识人用人的水平也不高。

袁术没有远见的典型表现是不讲信用，因为信用的本质，就是为了长远的大利益牺牲眼前的小利益。有远见的人通常极讲信用，而那些做一天和尚撞一天钟的人信用很差。袁术缺乏信用，充分体现在他对孙坚父子一直是"利用"而非坦诚相待、合作共赢上。孙坚以"加盟店"方式投靠袁术集团，以松散方式合作，目的就是看重了袁术的粮草和身份背书（帮他要官帽），所以才把他辛苦打下的南阳交给袁术。但事后袁术却出尔反尔，在孙坚拼命打董卓时，违背协议不提供粮草，以致于孙坚差点被董卓干掉。

孙策时代，袁术意识到孙策跟他爹一样，是一棵攻城略地的好苗子，指望他帮自己在江东再创辉煌。袁术许诺孙策，如果他打下九江郡，就任命他为九江太守。结果孙策打下九江后，袁术却出尔反尔，改用自己的亲信陈纪担任太守。接下来，袁术又派孙策打庐江郡，打完后，袁术又任用自己的部下刘勋为庐江郡太守。想想看，如果你是孙策，还会跟着袁术干吗？

袁术的创业是被动的、偶然的，因为名头大、创业时间早、且很快就占据南阳这块宝地，所以很快就起来了。但袁术事业稍有成就后，外不思进取，内不善治理，而是沉迷于个人享受，只顾眼前利齿益，只想及时行乐，跟吸毒的人一样，把"舒服一秒是一秒"作为人生最高追求。这一点他与董卓、公孙瓒好有一比。这样的人，只在乎感官刺激，不创业都是败家子，更何况带着一帮人打天下。在三国群雄中，袁术起点相对最高，失败相对最快，他被淘汰，悬念最小，毫无疑问。"冢中枯骨"乃是最形象的比喻。

第 7 章　明主孙权

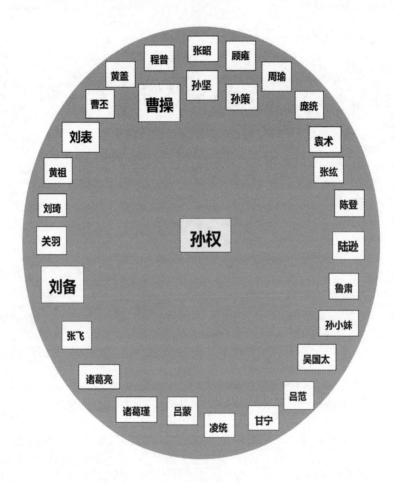

孙权（220年前）的朋友圈

在三国群雄中，孙权是一个异类创业者。诸如董卓、曹操、刘备、袁绍、袁术、吕布、刘表等人，均属于"创一代"。他们的后代，要么默默无闻，要么守成平庸，要么很快灰飞烟灭，在历史的长河中一闪而过。但孙权不同，在十九岁时骤然接过父兄大业，临危不乱，紧密团结父兄两代遗留下来的团队，开创了一番比肩曹操和刘备的基业，一度把两个"创一代"英雄曹操和刘备打得狼狈不堪。在创二代中，他是仅存的胜利硕果。

相对"创一代"，"创二代"或"创三代"的好处是起点高、资源多、团队强，坏处是奋斗动力小、内部纷争强、管理难度大，而孙权却很好地扬长避短，将父兄事业开拓到极致。

孙权乃历史上有名的"半生明主"——前半生奋发有为、知人善任，后半生刚愎自用、昏招迭出。碰巧，本书聚焦的是"准三国"（184—220年）这段历史，在这个时间段，正是孙权英明贤达、积极向上的时期，可说的故事甚多。那么，"明主"孙权到底

"明"在何处、牛在哪里？他是如何继承父兄二人的朋友圈的？赤壁之战前夜，他为何敢果断抗曹、赢得胜利？在他成长过程中，除了周瑜、鲁肃、黄盖、程普等三国名人，还有哪些朋友对于他最为重要？

周瑜：不是家人，胜似家人

建安十三年（208 年）九月，在江东集团政治中心京口（今江苏镇江市）议事大厅，孙权正召集张昭、周瑜、鲁肃等文武重臣，商议一件关乎江东集团生死存亡的大事。不久前，新任荆州牧、刘表的二儿子刘琮不战而降，拱手将整个荆州献给曹操。曹操得陇望蜀，给孙权下战书，说他将率八十万大军，与他"会猎于吴"。是战是降，孙权必须尽快做出决策。

孙权将曹操的战书遍示群臣，众人均惊吓得面无人色，唯有周瑜和鲁肃二人主战。周瑜此时正以中护军的身份兼任江夏太守，听说朝中一片降曹声，火速从江夏赶来声援孙权，基于"大数据"分析在议事大厅抛出了"曹操四败论"，得出了曹操必败、江东必胜这一有异常识的结论。

基于"大数据"的"曹操四败论"

周瑜这番言论，堪比当年曹操与袁绍对决前夜荀彧的"四胜论"和郭嘉的"十胜十败论"。正是因为荀彧和郭嘉的透彻分析，大大坚定了曹操抗袁的决心。周瑜在赤壁之战前夜的这番言论，对孙权也至关重要。可能因为孙吴系三国败亡国，周瑜在史书上的"语话权"相对弱势，包装度和传播力不如曹魏，其重要性被人大大忽略了。

周瑜的"曹操四败论"是这样的：

掣肘。曹操虽然灭了袁绍，但北方并未完全统一，马超、韩遂这些关西诸侯随时可以对他偷袭。曹操如果腹背受敌，难以专心对付我们。

水战。曹操的士兵都是北方人，擅长马上陆战，不擅长舟楫水战。水兵和水战对于他们来说，就是一个"新物种"，与我们吴越这些水兵打仗，不是他们所长。

天气。眼下马上进入寒冬，曹操马无草料，士缺寒衣，后勤准备不足，可能影响军心。

疾病。曹操率北方军兵来到我们江南江湖遍布之地，必然水土不服，将士必然会生疾病。

周瑜认为，曹操名为汉相，实为汉贼，而孙权以神武雄才和父兄两代的积累，地大物博，兵精粮足，足以横行天下，为汉朝廷清君侧。周瑜最后总结，上述四条都是"用兵之患"，而曹操冒险前来，必被孙权所擒。

周瑜说完，孙权大受鼓舞，认定周瑜是老天派来帮他的，决心抗曹，他拔刀砍掉案角，对群臣道："谁要是再敢说投降曹操，命同此案！"

周瑜的"曹操四败论"是在朝议时说的，既是说给孙权，也是说给朝中主降派大臣的，所以偏宏观，带有一定的忽悠成分。待孙权正式决定抗曹后，周瑜深夜再密见孙权，又补充一些重要"干货"。这就是我们前面提到的"大数据"分析。

周瑜说，曹操号称八十万兵力，水分极大，其实最多十五六万，而且是疲兵；荆州投降的七八万人，人心尚未归附，不会使全力，所以，曹操人虽多，并不可怕，给我五万精兵，就可以搞定他们。

至此，孙权彻底坚定抗曹决心，委任周瑜、程普为左右都督，各领一万精兵，全力抗曹。随后不久，发生了名扬史册、妇孺皆知的赤壁之战。

在曹操大败袁绍和刘表两个超级集团，连续十几年一直胜多败少、所向披靡时，为什么周瑜敢在江东集团一片降曹声中，独自发声抗曹？

周瑜并非一时心血来潮，而是少年英雄，天生自信，觉得以其武力和谋略，完全能支持其服务的江东集团在市场中生存，不可能被曹操这样的强势竞争对手打垮或并购。

在三国名人的知名度排行中，周瑜仅次于曹操、刘备、孙权，与诸葛亮并列第二梯队。一个例证是与周瑜相关的典故特别多，而且耳熟能详。比如"周瑜打黄盖——一个愿打，一个愿挨"，比如周瑜整诸葛亮的"草船借箭"，比如周瑜离间曹操的"群英会蒋干中计"，比如"诸葛亮三气周瑜"，再比如周瑜死后的"诸葛亮吊孝"。由此也衍生出"周郎妙计安天下，赔了夫人又折兵"以及"东风不与周郎便，铜雀春深锁二乔"（杜牧诗《赤壁》）等名句。

毫不夸张地说，周瑜是上天送给江东集团和孙策、孙权兄弟的大礼包。周瑜是孙策时代的创业元老，也是孙权时代的中流砥柱。从孙策与周瑜义结兄弟、升堂拜母，而后又分别娶大小乔这一对姐妹花这一系列动作看，孙策真的是把周瑜当成自己的兄弟。周瑜不只是一般意义上的创业元老，而是近乎江东集团"准合伙人"，其地位甚至高于程普、黄盖等孙坚时代的第一代创业元老。甚至有人说，若不是周瑜英年早逝，根本就没有"三国"，而是"两国"——曹操与孙权划江而治，而刘备可能早就被消灭了。

弃袁术而投孙策

在《三国演义》里，周瑜被描绘成一位心胸狭窄、嫉贤妒能的小人。这不意外，因为《三国演义》的核心宗旨就是"捧刘"，凡是刘备的敌人，包括曹操集团和江东集团的重要骨干，都要被抹黑或矮化。而事实正好相反，真实的周瑜文武双全，是一位有见识、有谋略、有担当、有情趣的"四有超级英雄"。

周瑜的故事，要从孙策时代说起。

周瑜是一个地道高富帅，其堂祖父周景、堂叔周忠，都做过汉朝三公之一的太尉，其父周异曾任洛阳令，也是位高权重的大官。也就是说，周瑜跟袁绍、袁术等一样，家世相当好。周瑜身材高大，长相俊美，被人唤作"周郎"，在老家绝对算一方人物。

初平元年（190 年），孙坚依附袁术打董卓时，可能是害怕家人被袁术当成人质，将包括孙策在内的家人安置在扬州庐江郡的舒县。周瑜就是舒县人，听说孙策大名，于是主动前去拜访。

周瑜与孙策一番海聊，两人发现不仅同龄（都生于 181 年），而且兴趣爱好等"三观"非常一致，一见如故。周瑜可能嫌孙家在舒县的临时住所有点寒碜，于是建议孙策将家人全部搬到他家住。周瑜让出自家最好的宅院，并隆重地搞了一个"升堂拜母"仪式。

所谓"升堂拜母"，乃古时的一种结拜仪式。友谊特别深厚的朋友，不是成天在外面胡吃海塞，搞酒肉之交，而是去对方家里造访，搞"升堂"仪式（摆酒焚香等），跪拜对方的母亲，表达一种两人亲如兄弟、视对方母亲为自己母亲的意思，本质是以母亲的名义起誓，义结金兰。"升堂拜母"没有《三国演义》里"刘关张桃园三结义"那么浪漫义气，但更庄重、更朴素、更富有人情味和血肉之亲——母亲是天然血肉纽带，是亲情的代言人，故而只拜母，不拜父，因而更可靠。周瑜和孙策的友谊就是这样结下的。当然，周瑜此时也应该一并认识了孙策之弟孙权。

好景不长，初平三年（192 年）孙坚遇刺，孙策离开舒县前往荆州，将父亲遗体接到扬州吴郡的曲阿县安葬，之后北渡长江，举家迁往徐州广陵郡的江都县。

周瑜哪去了？

去扬州丹阳郡找他叔叔周尚。

周尚此时是扬州丹阳郡守。周瑜找他的目的，很可能是想投奔叔叔"参加革命"，或劝他加盟孙策，因为此时孙策已拉起队伍二次创业。于是，周瑜带着人马粮食投奔孙策。孙策攻城拔寨，先后打败笮融、薛礼、刘繇等扬州地头蛇，势不可挡，很快就将队伍发展到数万人。为拿下丹阳郡，孙策将周瑜派回去做他叔叔周尚的思想工作，可能由于机密泄露，周尚丹阳郡守之职就被袁术的堂弟袁胤取代，无奈，周瑜与周尚只好回到寿春，即袁术的大本营。

袁术应该早就听说过周瑜的名声，想拜他为将，周瑜推掉将军一职，只请求袁术任命他为居巢县县长。周瑜这样做，不是真地要给袁术打工，而是打算趁上任之机顺路去江东投靠孙策。袁术不知有诈，答应他的请求，于是周瑜就从居巢来到江东，正式加盟孙策。这一年，周瑜二十四岁。

周瑜为什么弃事业有成的袁术而投刚刚创业、前途未卜的孙策？除了他与孙策是"发小"，是"总角之交"，还因为他一眼就能看到袁术的败亡结局，而孙策比起袁术，更有人格魅力，更值得追随，更值得赌未来。通俗地说，就是周瑜觉得跟孙策做事很爽很带劲，有精彩的未来期待。

三国是一个乱世，而乱世的特点"打破旧世界，建设新世界"，极缺人才，是一个"君择臣，臣亦择君"的时代。在经过短暂接触后，周瑜立即对袁术有了一个基本判断——"终无所成"，这与荀彧对袁绍的判断、贾诩对刘表的判断几乎一模一样，可见天下的牛人都是相似的，而愚蠢的老板各有各的不幸。人才对雇主的快速否定，从一个侧面上证明老板的不识人——当老板还不知道对方几斤几两、搞不清该开多高工资、犹豫给他什么职位时，对方已把你看透、拍屁股走人了。袁术留不住周瑜，客观上是达不到周瑜的见识高度，与他没有共同语言，能力上Hold不住他，而主观上，则是看不清周瑜对其事业的价值，因而缺乏足够的用人诚意和执着心——刘备三顾茅庐的故事，永远不可能发生在袁术身上。优秀人才的选择，本身是一个老板（集团）能否成功的风向标。完全可以说，孙策反超袁术，与周瑜的加盟大有关系。

当然，周瑜能成为孙策铁杆，另一个更重要原因，是结为"骨肉之亲"的连襟。建安四年（199年），孙策率周瑜等人攻破皖城，俘获袁术手下刘勋及部曲家眷，其中就有桥公的二个女儿大桥和小桥，两人皆国色天姿。孙策娶了大桥，将小桥让给周瑜，并对周瑜调侃道："桥公两个漂亮女儿原本是要在战乱中流离失所的，得到我们两个做女婿，实在是中大奖了。"（策从容戏瑜曰："桥公二女虽流离，得吾二人作婿，亦足为欢。"）

周瑜这种特殊身份，使得他从一开始，在孙策心目中的地位就异于程普和黄盖等诸将。程普和黄盖只是孙坚的部下，而周瑜不只是孙策的部下，还是他的结义兄弟（升堂拜母）兼连襟，孙策、孙权之母吴氏，一直是将周瑜视为自己的干儿子，很多重要大事，都会私下听取他的意见才作决定。如果不是孙、周两人均英年早逝，周瑜在江东集团前途不可限量。

孙权的事业"中件间"

建安五年（200 年）四月，孙策遇刺，给孙权留下的遗产，除了诸大的基业，还有周瑜这一股肱之臣。周瑜是江东集团承上启下的重要"中件间"，是孙策二次创业的核心骨干和平定江东数郡的重要功臣，更是江东集团从草根平台转向精英部落的重要推动者和见证人。周瑜对于孙权同样重要，至少在三个重要节点给予孙权极大帮助。

一是在孙权最初执掌江东集团、威信未立时，周瑜主动表率，帮助树立孙权的权威。

孙权执掌江东集团时，年龄尚小，才十九岁，其面临的形势要比孙策险恶。

作为新任 CEO，孙权必须尽快摆平内部三股势力，否则即使不被曹操这样的外敌所灭，也会被内敌干掉。这三股势力，一是遍布会稽、吴郡、丹阳、豫章、庐陵等郡县的江东反对派；二是随孙策从江北（即江西）投奔过来的"宾旅寄寓之士"，即孙坚和孙策最早创业的旧部；三是在"深险之地犹未尽从"的本土黑社会——山越。孙策在世时尚需特别小心，调和"江北强龙"与"江东地头蛇"间的平衡，极力防范本地山越的偷袭，孙权年纪轻轻，又不是那种擅长"与天下争衡"的进攻性武将，权威不立，将士不服，"未有君臣之固"，坐稳江东集团第一把交椅，难度不是一般的大。

周瑜在这个时候起了关键性的表率作用。孙权毕竟年幼，加上头上只有一个普通将军名号，手下的将领和幕僚与他打交道时，礼节都很随便，缺乏"仪式感"，说白了就是没把他当正式老大。周瑜一看，这不行啊，没有"仪式感"就没有"尊重感"和"权威感"，没有尊重和权威，孙权这个老大还怎么当？于是，大孙权七岁的周瑜，第一个对他行君臣跪拜之礼。周瑜是二代元老，首席战将，尚如此尊重孙权，别人谁还敢不敬？孙权的权威就这样慢慢立起来了。这是周瑜对孙权的第一大贡献。

周瑜的第二大贡献，当然就是以"赤壁之战"为核心的抗曹战争。

赤壁之战只是建安十三年（208年）曹孙对战数次战役的一场，参与此战役的也只是曹、孙、刘部分兵力，也就是说赤壁之战并非当时刘孙联合抗曹的全部战事。《三国演义》为赤壁之战编了很多谋略故事，大多安在诸葛亮身上，其实，赤壁之战的谋略，只有"诈降"和"火攻"是真的，而这两大谋略，都是周瑜主导的，与诸葛亮无关。当时的情形是，曹操率军从长江上游往下游进发，与率军从下游往上游"诈降"的黄盖在赤壁这个地方碰上了。一场大火，胜负就基本定形了。

周瑜对孙权的第三大贡献，是以"鹰派"首领身份，反对江东集团过度在意"孙刘联盟"，而建议其奉行独立自主的发展战略，时时提醒孙权不要被刘备欺骗和利用。赤壁之战开启了孙刘联盟、合抗曹操的新时代，之后，鲁肃一直建议孙权将"联刘抗曹"奉为基本国策，长期坚持。但周瑜对此一直持有异议。

周瑜认为，刘备集团的实力与江东集团完全不在一个数量级，他打心里轻视刘备，赤壁之战刘备出力甚少而收获巨大，投入产出完全不对等，之后反而得寸进尺、变本加厉，又是借南郡，又是娶孙妹，便宜占尽，这种只知索取、不思回报的同盟不要也罢。周瑜认为，赤壁之战的胜利表明，江东集团完全有能力、有信心、有实力独自对抗曹操，不需要过度倚重刘备这个所谓的外援。

周瑜轻视刘备，在赤壁之战前就表现得淋漓尽致。战前，诸葛亮随鲁肃来到柴桑谈定结盟事后，周瑜率军西进，与刘备主力会合。焦虑不安的刘备见援兵终于到来，派人去周瑜的船上慰问。周瑜不肯下船，而是要求资历、头衔（刘备此时是左将军）、声望远高于他的刘备来拜见他。刘备无奈，只好屈尊拜访周瑜，把他以及刘琦（刘表长子）手里的一两万兵马全部交由周瑜统一指挥。

周瑜一方面轻视刘备，另一方面又觉得刘备迟早是江东祸患，必须尽早除掉。于是在刘备前来京口借南郡时，建议孙权动手，但被孙权否决。鲁肃做大都督的时代，孙权一直奉行"刘联联盟"，但这并不表明周瑜就是错误的。真正的领袖，身边应该既有左派，也有右派；既有鸽派，也有鹰派，而不是完全只重用某一派。他的抽屉里应该有好几套不同甚至完全对立的方案，视情势不同采纳。从这个角度说，年轻的孙权算得上真正的领袖——即使是在赞同鲁肃的外交政策时，仍然重用周瑜；即使在重用鲁肃时，仍然不忘提拔与其意见相左的吕蒙。

从后来的局势发展看，刘备的强大和出尔反尔证明周瑜有其正确和远见的一面。鲁肃去世后，接任的吕蒙适时调整战略，完全否定鲁肃的"联刘抗曹"路线，提倡"同抗曹刘"乃至"联曹抗刘"。这也佐证了周瑜对刘备其人判断非常准确。孙权在建安十五年（210 年），也一度采用其建议，同意他取益州、攻张鲁、夺汉中，从三方合围曹操的战略构想。可惜，周瑜还没机会执行，就于半道病逝。失去周瑜这员进攻型战将，孙权只能将他的战略构想放进抽屉，将原本已塞进抽屉的鲁肃战略重新拿出来。

蒋干挖过周瑜，但没有盗书

周瑜武能统兵，文能献谋；既能干，又忠诚。这样的人，汉末乱世极其稀缺，在哪都被抢着要。一向爱才的曹操就动过挖他的心思。《三国演义》有一个著名的"群英会"故事，说赤壁之战前夕，曹操派蒋干去江东劝降老同学周瑜，结果反中了周瑜的计，成为黄盖诈降计的神助攻。这个故事半真半假。蒋干这个人是真的，曹操派他去劝降周瑜这件事也是真的，但没有《三国演义》里的蒋干这么多花花肠子。

真实的蒋干不像《三国演义》没有上面描写的那么猥琐，而是长得又帅，辩才超常，在长江和淮河一带几乎找不到对手。蒋干一来，周瑜就先下手为强，说他是"说客"，把蒋干的嘴堵住，然后海吃聊天听音乐，参观时装秀、珠宝展和军营。最后，周瑜对蒋干说："丈夫处世，遇知己之主，外托君臣之义，内结骨肉之恩，言行计从，祸福共之，假使苏张更生，郦叟复出，犹抚其背而折其辞，岂足下幼生所能移乎？"（《三国志·吴书·周瑜鲁肃吕蒙传》）蒋干始终没说话。回去后向曹操大赞周瑜气度恢宏、雅量高致，不是几句话就让他跳槽的，曹操只好作罢。

曹操想挖周瑜，刘备对周瑜是什么态度呢？离间他与孙权的关系。前面说过，刘备在赤壁之战前曾被周瑜挤兑、鄙视过，心里难免疙疙瘩瘩。后来，刘备前去京口找孙权借南郡，与孙权单独聊天时，曾明捧暗间："公瑾（周瑜的字）文韬武略，样样精通，乃是万里挑一的大英雄。我观其器量宏阔，恐怕不是能久为臣下之人。"意思就是提醒孙权小心周瑜谋反。你看刘备多损。

曹操呢，挖周瑜不成，也由"捧"变"黑"。赤壁之战后，曹操写信给孙权说："赤壁之战，其实我不是被周瑜打败，而是因为军中有疫病，我不得不主动烧船撤兵，这才使周瑜捡个大便宜，轻松获一个虚名。"

这些话，想来孙权听到的有一箩筐。何况，来自对手的诋毁本身就是一种变相夸赞,所以孙权对周瑜的器重依旧。周瑜生前,孙权视为其"王佐之才",赏给周瑜很多衣服,待遇远超其他将领。可见周瑜是个真正的贵族,不只是一个"曲有误、周郎顾"的超级音乐迷,还是一个爱打扮的时尚潮人。后来孙权称帝,对满朝文武说:"要不是因为周瑜,我当不了这个皇帝。"(后权称尊号,谓公卿曰:"孤非周公瑾,不帝矣。"——《三国志·吴书·周瑜鲁肃吕蒙传》)

周瑜是孙策的重臣兼连襟,从血缘上讲,他是孙权大嫂的妹夫。同时周瑜与孙策有过"升堂拜母"之交,孙母一直将周瑜当成"干儿子",让孙权把周瑜当成大哥看待,所以周瑜其实近乎孙权的家人。建安七年(202年),曹操在官渡大败袁绍后,要求孙权送人质到许都。孙权召群臣会商,张昭等重臣犹豫不决。孙权本意不想质曹,但又害怕曹操此时南侵,难以抵挡,是以不敢决断,于是带周瑜一人前往母亲住处商议。孙母也表示赞同,孙权这才下决心拒绝曹操的人质要求。

周瑜英年早逝,对孙权乃至江东集团都是巨大损失,一是取益州战略不得不中止,二是江东集团重要人才的流失,比如著名谋士庞统。周瑜在世时,庞统曾是他的部下。周瑜病故后,庞统将他的灵枢送到江东后,估计没人答理他,于是回到荆州,经好友诸葛亮介绍,转投刘备集团。庞统后来协助刘备夺取益州,立下大功。

周瑜为江东集团立下大功,被吴国太母子视为"家人",可惜孙权却没有把他的后人当"家人"。周瑜死后,子女最后境况一般。其女虽然嫁给孙权太子孙登,可惜孙登还没登基,就先崩了,周瑜之女没有当皇后的福份。长子周循娶了孙权之女孙鲁班,官至骑都尉,可惜自己却早逝了。次子周胤娶了孙家宗室,后因小事被降罪被贬,发配庐陵郡。后经诸葛瑾、步骘等重臣求情,孙权这才决定赦免他,可是诏书未发,而周胤已去世。真不知道,是周瑜一家福祉太浅,还是孙权晚年对朋友太薄?

"忘年交"曹操：生子当如孙仲谋

"准三国"时代，曹操真正欣赏的人，除了刘备，就是孙权。如果说曹操与刘备的关系，是一种朋友间的相爱相杀，那么，曹操与孙权的关系，就是一种父子般的欣赏与叛逆。"今天下英雄，唯使君与操耳"，这是曹操的"煮酒论英雄1.0版"，那时英雄只有曹操和刘备两个；"生子当如孙仲谋"，这是曹操的"煮酒论英雄2.0版"，此时英雄只剩孙权一个。在曹操看来，在"准三国"诸多"创二代"中，真正的英雄只有一人，那就是孙权。其他诸如刘备、刘表、袁绍、袁术、吕布、刘焉的儿子，甚至包括曹操自己的儿子（曹丕、曹彰、曹植等）、孙坚的其他儿子（孙策、孙翊、孙匡等），通通被孙权比下去了。

曹操为何如此高看孙权？他到底欣赏孙权什么？

魏蜀吴三国，实际建国人是曹操、刘备和孙权。曹操与刘备是同属"创一代"的同龄人，而孙权是"创二代"，分别比曹操和刘备小二十七岁和二十一岁。虽然年龄小，孙权在与曹操和刘备打交道时所表现出来的成熟、稳健和谋略，一点不输曹、刘二人，实在不像一个后辈小生。有人可能会说，孙权是站在父兄基业的基础上，起点高啊，这话只说对了一半。袁绍、袁术、刘璋等人的事业起点可比孙权高多了，不照样失败了？父兄基业既是财富，也是负担。光是摆平那些创业元老、让他们听命于自己，团结起来为共同目标奋斗，很多"创二代""皇二代"就做不到，更不用说在父兄事业基础上创新战略、整合团队、开疆拓土，直至成就一方帝业，成为中华有史以来在蛮荒偏远的淮南地区称帝第一人，人称"淮南始皇"。即孙权之"牛"，绝不是"吹"的。

曹操与孙权的友谊，可认为"准三国"历史中仅次于曹操和刘备、第二重要的社交关系。曹操对孙权的认识，经历了一个先藐视、再惊讶、后欣赏的过程。

200—208 年：赤壁之战前的藐视

让我们回到赤壁之战前。

在建安十三年（208 年）七月前，曹操无暇顾及江南，除了刘表和在荆州避难的刘备，江南也没太多老朋友。自官渡之战开始，曹操用八九年时间剿灭袁氏及其周边势力，荡平北方，然后挥师南下，分分钟搞定荆州，且喜且惊。喜的是手里又多了一个州部，惊的是，荆州居然这么快就打下来了。

冷兵器打仗，不像现代战争时长按天或按小时计，那时候打仗，筹备周期久、行军速度慢、攻城时间长，一场战争短则数月，长则数年。曹操是建安十三年（208 年）七月从冀州大本营邺城出发，九月才到荆州的新野。按曹操的想法，刘表英雄一世，下面军队十数万，加上有刘备助阵，这场仗怎么着也要打几个月吧，弄不好要一两年才能搞定荆州。也就是说，出兵荆州前，江东集团并没有纳入曹操这场仗的规划。野心再大的曹操，也知道荆州和扬州是两块肥肉，得分两顿吃。

谁知道，整个荆州居然几乎没做任何抵抗，望风而降。曹操愣在那儿，得意之余开始琢磨，新打造的武器还没试用，新兵还没怎么练手，粮草后勤还没怎么消耗，才出来两三个月，就班师回邺城，给人感觉像是出来公费旅游，是不是有点太浪费？接下来要不要再干点啥？对，打孙权！

曹操临时决定进攻江东集团，谋士什么反应？前面说过，赤壁之战前夜的曹操，身边缺失两大著名谋士，郭嘉已去世，而荀彧则因离心离德，已经被曹操边缘化。当时随军的谋士主要是谁呢？《三国演义》里说曹操主要带着程昱和荀攸。当时庞统献连环计，曹操大喜，而程昱提醒曹操对方用火攻，却被曹操以当时无东南风否决，孙权方若用火攻，只会自己烧自己，于是诸将拜服，一同拍曹操的马屁："丞相高见，众人不及。"

真实历史中，此次随曹操南下荆州的谋士主要是贾诩、程昱等人。其中，贾诩对曹操进伐江东含蓄地表达了反对，他的原话是这样的："老板您刚搞定袁绍，如今又收服汉南（指荆州），盛名远播，军威强势。不如借助荆楚之丰饶，一面奖赏官员士人，一面安抚普通百姓，使上上下下都安居乐业，那么，不用兴师动众就可使孙权的江东集团臣服。"（"明公昔破袁氏，今收汉南，威名远著，军势既大；若乘旧楚之饶，以飨吏士，抚安百姓，使安土乐业，则可不劳众而江东稽服矣。"——《三国志·魏书·荀彧荀攸贾诩传》）

贾诩是汉末仅次于荀彧和郭嘉的"甲 A 级谋士"，识势相人那是相当精准，常常以高屋建瓴之奇，献出神入化之策。贾诩此次献计，与以往风格大不同，不是从"术"（即战术和人性）、而是从"道"（即政治和教化）的角度，劝曹操休养生息、养精蓄锐，待教化荆州、人心归附后，再图谋孙权，方能有较大胜算。

可惜，曹操刚刚在前一年彻底消灭袁绍集团，从邺城出发前又干了一件消灭"三公"、恢复丞相制的大事。身为一人之下、万人之上的丞相，曹操正在巅峰自信阶段，大意轻敌，加上希望尽快搞定江东，再打西北的韩遂和马超，于是不听贾诩和程昱的建议。曹操牛逼哄哄地给孙权写了一道"宣战书"。

曹操认为，孙坚的小儿子孙权，可能跟刘表的小儿子刘琮差不多，江东集团也会像荆州一样望风而降。从首席文官张昭力主投降的事实看，当时江东集团的投降氛围不是一般的浓，很多高官甚至在热切地期待即将到来的"和平统一"，投入皇帝（汉献帝）的怀抱。

但是赤壁之战改变了这一切。曹操出道以来，征战无数，赤壁之战是他继初平元年（190 年）荥阳之战（打董卓，差点丧命）和建安二年（197 年）宛城之战（打张绣，儿子侄子丧命）之后最耻辱的一场失败。他的对手，既不是凉州老牌军阀董卓，也不是凉州系新秀张绣，而是小他二十七岁的后辈孙权。

　　赤壁之战后，曹操的十二年黄金大运期结束，事业上升速度开始降低，虽然攻城略地的势头还在延续，但事业成长速度开始放缓。

　　曹操后悔轻敌，后悔自己对孙权太过藐视，但是，以曹操的奸诈，绝不能表现自己的真实心态。他一方面写信给孙权，为自己辩解，说赤壁之战他压根儿就没有败，只是因为军中有疫病，自己主动烧船退兵，才白白让周瑜侥幸获胜；另一方面，他又把失败归咎于谋士郭嘉的早逝，要是他在，绝不会有此败。

　　孙权这次抗曹，总体是防守战，但防守里也有进攻。周瑜是从夏口（今湖北武汉市）出发，沿长江逆流而上，在赤壁这个地方与从江陵（今湖北荆州市）顺流而下的曹操主力发生遭遇，先小胜一场，然后再以诈降发起火攻。曹操此前的胜利一直在北方取得的，主力士兵来自北方，不善水战，而新投降的荆州水军人心尚未归附，战术磨合也没那么快，不可能这么快就被用于主力，这就好比当年汉高祖刘邦第一次深入雪地，就被匈奴冒顿单于重重围困一样。孙权的"水"，就是冒顿的"雪"。对曹操而言，年轻的孙权和陌生的水战，都是"新物种"。长江后浪推前浪，前浪死在沙滩上。曹操当年剿黄巾、打山越、战陶谦、灭吕布、降张绣、破袁术、败袁绍、擒刘琮那些招式，在年轻的孙权身上，统统失灵了。

208—217 年：从藐视到平视

　　赤壁之战前，荆州是刘表的。在西面战线，一直是刘表在帮孙权挡曹操的子弹，而孙权吃的一直是刘表的子弹。比较而言，刘表的子弹还是比曹操绵软一点、杀伤力小一点。刘表儿子刘琮降曹后，孙权与曹操西、北两线接壤，再加上内部山越时不时兴风作浪，三方受力，委实有点吃不消。

　　赤壁之战后，尤其是建安十五年（210 年）周瑜病亡、鲁肃执掌军事大权后，孙权的进攻路线变了：从"重点向西"变成"重点向北"。因为荆州方向不再是敌人（刘表），而是盟友（刘备）。既然从荆州南郡方向进攻曹操的重任已交给刘备，那么，江东集团的主要任务就是从淮南合肥方向抗曹。从赤壁之战开始，轰轰烈烈、持续十年之久的曹孙对抗掀开了大幕。

建安十三年十二月，曹操刚刚兵败，孙权立即趁曹操所封的扬州刺史刘馥新死之机，率大军围攻合肥，"北伐"正式打响。但合肥城池高固，战备充实，防守严密，孙权未能有所作为。建安十六年，孙权为配合北上攻曹战略，做了一件大事，将大本营从京口往上游搬迁至秣陵（今江苏南京），后改名建业。孙权目标直指九江郡和庐江郡。拿下这两郡，扬州六郡就全部属于江东集团了！

曹操万没想到，自己从荆州西攻孙权遇阻，反而东部战线又屡遭孙权挑衅，孙仲谋小子，你这不是得寸进尺吗？建安十七年冬，曹操新仇旧恨一起算，率军十五万（号称四十万）直奔淮南，孙权调集七万精兵迎敌。此时，周瑜已故去两年，鲁肃虽然名义上接替他的职务，但他并不擅长临阵对敌，加上吕蒙等新人虽崭露头角，但尚不能独当大任，抗曹重担就落在了孙权本人身上。

与赤壁之战前江东集团因为"恐曹"、一边倒悲观主降不同，此次江东集团却因为"轻曹"而一派盲目乐观。众人皆醉，唯小将吕蒙独醒。他认为不可轻敌，力主在长江西侧、巢湖东测的濡须水（今安徽含山县）抢修工事，构筑长江前面的第一道防线，这道防线就是后来著名的"濡须坞"。建安十八年春，曹操大军抵达巢湖，孙权以水军围曹，俘虏三千余人，曹军淹死的还有数千人。孙权数次挑战，曹操坚守不出。

这是曹操与孙权第一次近距离的接触。曹操见孙权治军严谨，船器整肃，实在是无懈可击，感觉这次出兵恐将无功而返，于是喟然长叹，说出那句名言："生儿子就应该像孙权这样的，像刘表的那些儿子，简

直就跟猪狗一样！"（生子当如孙仲谋，刘景升儿子若豚犬耳！——《三国志·吴书·吴主传》）

孙权觉得这么打下去，也不是个事儿，于是主动给曹操写信。注意，这是曹孙之间第三次书信往来。第一次是赤壁之战前是曹操发给孙权的宣战书，第二次是曹操为自己赤壁战败辩解，这一次，一向被动的孙权突然变得主动了。孙权的信就八个字："春水方生，公宜速去。"意思就是说，春天来了，马上要涨水，这仗没法打了，曹公您还是撤军吧。曹操看完，正会心一笑，觉得孙权这小子诚会玩，又见信后面附着一张小纸片，上面还有八个字："足下不死，孤不得安。"曹公你要是不死，我孙权实在活不安生。曹操看完，对众将哈哈大笑："孙权说的都是实话，没骗我。"于是宣布退兵。

曹操这么着急回去，孙权难打不是唯一原因，还有一个重要原因，是他正在为抓权篡汉做各种铺垫——国事繁剧，内斗不止，杀机四伏，不容他在外带兵太久。建安十八年五月，曹操实行行政区划大改革，恢复"九州制"，将东汉的十三州改为九州，同时被汉献帝册封（实为逼汉献帝封他）为"魏公"，加九锡、建魏国，定国都于邺城。魏国拥有冀州十郡之地，置丞相、太尉、大将军等百官。如此落袋为安的"套现"大事，比苦哈哈地征孙权自然重要多了。

如果说赤壁之战前的孙权在曹操眼里，还是一个软柿子、瓜娃子，那么，五年后的孙权已变成一个值得欣赏和尊敬的对手。这一年，曹操五十九岁，孙权三十二岁。孙权看曹操，也由"仰视"逐渐转向"平视"，一开始恐惧到不敢、不知道怎么回信，现在可以主动写信"调戏"曹操。支撑这一变化的是什么？在孙权方面，是成长带来的成熟和自信；在曹操方面，则是爱才和惜才，以及因衰老引发的"套现"心理。如果孙权只是朋友、不是敌人，曹操真想认他做干儿子（曹操一生收养三个干儿子，待他们都很好），将平生所学倾囊相授。

濡须之战，是孙权继赤壁之战之后的第二次胜利。除了杀敌外，还得到十数万人口。扬州庐江、九江两郡以及徐州广陵郡等地百姓因为害怕战乱,纷纷投奔江东,江西只剩合肥一座孤城,江东集团士气再次高涨。

建安十九年五月,在吕蒙的建议下,孙权趁热打铁,对曹营发起了"皖城战役"。吕蒙借大雨从三方攻城,在张辽率兵从合肥增援前,攻破皖城(今安徽省安庆市潜山市),俘获包括庐江郡太守朱光在内的数万人。

孙权拿下皖城,意义非同寻常。皖城跟濡须口一样,都在江西(北),孙权占据这里,等于把战线推进到江北,在原本属于曹操的江北地盘打入两颗钉子,从两个方向威胁曹营。七月,在皖城失陷不久,曹操亲率大军前往合肥。但这一仗似乎更多是象征意义,曹操还没怎么打,就于当年十月回到邺城。

曹操为什么突然退兵?

一个重要的原因是刘备攻陷成都、夺取益州。为了避免刘备独霸益州、汉中和关中,曹操不得不将重心转向西部战场,西征张鲁,只留七千人守合肥。临行前,曹操授给守将张辽、乐禁、李典等一个"锦囊妙计",让他们等孙权进攻时再打开。果然,孙权见曹操离去,立即发动了"第二次合肥战争"。张辽等依计而行,果然在曹操缺席的情况下,率领仅八百人的敢死队抗击东吴十万大军,一直冲杀到主帅旗下,大败孙权,甚至差点俘虏了他本人。

为什么曹操在时孙权能胜,曹操不在时孙权反败?原因跟曹操赤壁之战和濡须口战役一样:轻敌。此时的孙权,对曹操和曹军已不复有恐惧心理,取而代之的是轻视。加上合肥只有七千守军,更让孙权觉得这一次破合肥如探囊取物、易如反掌,一轻敌,就容易中招。

建安二十一年十月,曹操顺利完成征讨张鲁、晋封魏王两件大事后,再次征伐孙权,于次年二月再次在濡须口对阵。"第二次濡须口"战争跟"第一次合肥战争"一样,曹操只是打了一个花胡哨,就很快退军。原因在于曹操自感时日无多,将主要精力放在"夺权"和"立储"两件政治大事上,对外用兵,此时已相对次要。而孙权在与曹操的多次对仗中，以"一败多胜"的成绩，将其在江东集团的权威推向了一个无上的高度。孙权与曹操，在汉末群雄中的实力和地位已近乎平起平座。

217—220 年：从平视到盟友

建安二十二年（217 年），无论是对孙权的江东集团，还是对曹操的中央军，都是具有转折意义的一年。这一年，江东集团的顶梁柱、鸽派领袖鲁肃病逝了，他所倡导的"联刘抗曹"外交政策被接任新鹰派吕蒙推翻，力主夺取荆州，从荆州南郡方向对曹操发起打击。孙权也因为此前刘备集团数次要赖，对其忍耐达到极限，对吕蒙的建议完全赞同。

曹操方面变化更大。在多年征战、身心俱疲之后，曹操奋力将曹氏篡汉的大业再次推近一步——建安二十二年冬十月，汉献帝赐予曹操"冕十有二旒，乘金根车，驾六马，设五时副车"等一系列超常政治待遇，曹操不是皇帝，胜似皇帝。同年，曹操立曹丕为魏国太子。这两件事，都与权力交接有关：三十七岁的汉献帝刘协无奈目睹汉家天下日落西山，不得不向曹氏交权；而六十三岁的曹操也悲哀地发现自己暮年已至，伤痛发作，体力不支，不得不向儿子交权。结构松动已三十三年、大厦将倾的汉家天下，正处在前所未有的大变局前夜，"准三国"时代走近尾声，"真三国"时代呼之欲出。

孙权此时才三十六岁，他还年轻，还有很多事要做。虽然他被大哥孙策定位为"防守型统帅"，但他心有不甘，要趁曹操和刘备老去、新人未立这个黄金空档，用永不停止的进攻证明自己。早在这年春天，孙权与吕蒙商议，准备伺机收回荆州，同时派使拜会曹操，请求归降。曹操顺水推舟，同意修好，并重结为姻亲。

建安二十四年，刘备在汉中大胜曹军，封汉中王。荆州方向的关羽水淹曹军，武震华夏。曹操此时已处于生命倒计时的第二年，无力远征，也意识到此生已无法消灭孙权，儿子曹丕可能更不是他的对手。既然打不过，那让我们做朋友吧。曹操及时向孙权伸来橄榄枝，倡导"曹孙和好，共抗刘备"的战略新思维和世界新秩序。孙权心领神会，顺水推舟，在曹操的配合下，启用新人吕蒙偷袭荆州，关羽败走，曹操在樊城之围得解。

十月，孙权对曹操"上书称臣"，对曹操晋封魏王表示祝贺，同时"称说天命"，意思是让曹操当皇帝。曹操此时已在病中，脑子却异常清醒，收到孙权来信，遍示群臣道："孙权这小子又开始使坏了，居然想把我架在火上烤。"（是儿欲踞吾著炉火上邪！——《三国志·魏书·武帝纪》）曹操虽然对汉献帝步步紧逼，先封"魏公"，再封"魏王"，位在诸侯王上，实际地位近乎皇帝，但他就是坚持"不称帝"，绝不犯袁术曾犯过的低级错误。尽管此时他的地盘和实力，已远超袁术称帝时的水平。

同年十二月，关羽败走麦城，被害，孙权将首级献与曹操。曹操以汉献帝名义封孙权为骠骑将军、假节、领荆州牧、南昌侯。骠骑将军是仅将于大将军的最高将军封号，比孙坚、孙策和孙权三人之前所封的破虏将军、讨逆将军、讨虏将军这些杂牌将军名号高多了。孙权受封，怎么回报呢？他也放下昔日恩怨，遣使进贡，放还俘虏的庐江郡太守朱光等人。

这一阶段的孙权，表面上对曹操俯首称臣，其实质上已开始藐视并玩弄曹操。越是自信的人，越喜欢卑下，越喜欢把自己放在一个较低的位置上。"上书称臣，称说天命"，这八个字，看似平淡，其实背后的权谋极深。孙权深知，曹操已时日无多，不妨大度地送他一顶高帽。他若采纳，真的篡汉称帝，必将掉进被周围汉朝"死忠粉"围攻甚至暗杀的危险境地；他若不采纳，自己的一片诚意和忠心已表达，算是提前送给曹操和他的继任者曹丕的一个大礼包。

在袭杀关羽、与刘备暂时无法和解的背景下，孙权此举无疑是一箭双雕的妙策。而曹操一眼看穿孙权所思所想，大叹"是儿欲踞吾著炉火上邪"，曹操说这句话，既对孙权才华的赞叹，也是对此生无法战胜对方的无奈。必须承认，在三国群雄中，曹操与孙权才是智商和情商都排名前两位的超级领袖。

第二年，即建安二十五年（220年）正月，曹操病逝，其子曹丕袭位，成为新的魏王。十月，曹丕代汉称帝，建国号"魏"，史称曹魏。孙权终于送走了曹操这个此生最强对手，三年后，又以一场夷陵之战将另一位英雄刘备打趴下，成为"准三国时代"笑到最后的人。

最铁的铁杆鲁肃

周瑜的突然病世，对于刘备和曹操来说绝对是好消息，对于孙权，则是重大损失。周瑜文武双全，且承上启下，在江东集团的地位非常高，如遇重大战事，孙权第一个想到要用的人，就是周瑜。

周瑜去世，面临一个谁来接班的问题。周瑜推荐了谁？与他鹰派立场不同的鸽派鲁肃，而孙权也表示欣然同意。由此可见周瑜的器局胸怀，也可见孙权在用人上的不拘一格。

同周瑜一样，鲁肃在《三国演义》也被贬得一塌糊涂。作为孙刘联盟战略的首倡者，作为江东集团的首席外交大臣，"演义版"鲁肃的形象是懦弱、无能、卑躬屈膝，无论是跟刘备，还是跟诸葛亮和关羽打交道，他处处被动，其摇头叹息的时候居多，常常被刘备等人挤兑得哑口无言，灰溜溜地滚回江东，然后又被孙权和周瑜批评"你总是心太软"。有时候我们甚至怀疑：鲁肃到底是一个窝囊废，还是刘备集团安插在孙权身边的一个卧底？

事实上，鲁肃不仅不是卧底，而且是孙权的第一战略型谋士，是江东集团中最受孙权信任的高级幕僚。在某些方面，其受重用的程度甚至超过了周瑜，堪称孙权的重要铁杆。

鲁肃版"隆中对"

鲁肃凭什么同时获得孙权和周瑜的器重？

凭他与周瑜和孙权非同一般的交情。

社交圈有一个定律：你与某人的关系，有时候不仅取决于双方的职位、能力和性格，还取决于双方认识的渠道和场合，即在什么场合通过谁介绍认识，其中介绍人最为重要。鲁肃是怎么认识孙权的呢？通过周瑜。鲁肃先是周瑜的朋友，然后才成为孙权的朋友。

就出身而言，鲁肃不如周瑜门弟高，但出生在一个土豪家庭。鲁肃体格壮、性豪爽、喜读书、好骑射，仗义疏财，深得朋友圈敬重。当时在庐江郡居巢当县长的周瑜慕名而来，向鲁肃借粮。鲁肃跟周瑜是初次见面，与他并无交情，却二话不说就将三千斛粮食慷慨送给周瑜，周瑜由此与大他三岁的鲁肃成为至交。袁术听说这件事后，也给鲁肃封了一个县长的官（东城长）。在名义上，周瑜和鲁肃一度都曾是袁术的部下。

鲁肃跟周瑜一样，觉得袁术这个人成不了什么事，干脆带着家人投奔周瑜，后又与周瑜一同渡江，投靠孙策。孙策与鲁肃一番会谈后，觉得鲁肃是一个有雅量且不同寻常的人。不久，鲁肃因祖母去世回老家奔丧，处理完丧事，本打算往北另投他人，却发现周瑜早已将其母亲等"接"到江东，只好再回江东。此时，孙策已亡，周瑜又将他推荐给孙权。

这个过程说明什么？

说明鲁肃当初与孙策谈得并不好，或孙策虽然觉得鲁肃是个人才，还没想好怎么用他。更为重要的是鲁肃对孙策的态度，史书上什么也没说，说明鲁肃与孙策相互并不感冒。

为什么这么说？证据有二。

一是鲁肃此去投奔，事后并没有在孙策帐下担任任何职务（与鲁肃祖母去世没关系）；二是鲁肃办完祖母的丧事后，居然要弃孙策另投他人，是周瑜以其母为"质"，鲁肃才不得不重回江东。光是这两条，就足以说明，要么孙策对鲁肃是表面礼敬，实质拒绝，要么是鲁肃觉得孙策根本没把自己当回事，在他手下难有大作为，于是拒绝了孙策的任命，就像他此前拒绝袁术一样。总而言之，鲁肃与孙策第一次见面，不怎么对脾气。如果孙策还有时间再谈，也许结果不一样。可惜，孙策很快就遇刺了。

孙权上任后，周瑜再次隆重推荐鲁肃。

身为孙策第一亲信的周瑜两番推荐，孙权新官上任，正是用人之际，焉能不见鲁肃？鲁肃与孙权的第一次见面时间，大概在建安五年（200年），比刘备见诸葛亮早了七年。他说了对孙权乃至整个东吴政权特别重要的一席话，后人称之为"鲁肃版隆中对"。

孙权一见面，就像后来刘备见诸葛亮一样，急迫地问鲁肃有何良策，鲁肃的回答与诸葛亮也很像："鲁肃我私下以为，汉朝廷已不可复兴，曹操也不可能一下子就被干掉。为孙将军考虑，只有鼎足江东，以观天下形势变化。"鲁肃建议孙权借北方多事之秋，"先剿除刘表大将黄祖，进而灭掉刘表，占领荆州和长江沿线，然后称帝，再进而夺取天下，成就汉高祖一样的大业"！（"肃窃料之，汉室不可复兴，曹操不可卒除。为将军计，惟有鼎足江东，以观天下之衅。规模如此，亦自无嫌。何者？北方诚多务也。因其多务，剿除黄祖，进伐刘表，竟长江所极，据而有之，然后建号帝王以图天下，此高帝之业也。"——《三国志·吴书·周瑜鲁肃吕蒙传》）

鲁肃这席话很牛，直追诸葛亮的"隆中对"。

为什么这么说？

鲁肃说这番话时，正是曹操与袁绍鏖战官渡时，北方形势尚未有定局，鲁肃就断定，"汉室不可复兴"，汉朝气数已尽，既不可能、也没必要打"拥汉牌"。这个战略判断为后来孙权对汉室和曹操"时而顺从时而背叛、表面顺从实质独立"的外交战略，打下了一个重要的理论基础。这比诸葛亮对刘备描绘的"霸业可成，汉室可兴"蓝图更务实。

诸葛亮在"隆中对"中,先是分析当前形势,从曹操不可争锋和孙权可以为援,说到等天下有变,命一上将出秦川这个战略,最后的落角点却是"汉室可兴",而事实证明,这与天下大势严重相背。已兴过一次的汉室(从西汉到东汉),要永远谢幕了。后来的"蜀汉"不过是四百年汉朝的一点余烬罢了,后世很少有人把它当作"汉",而是当"蜀"。

当然,有人可能会说,诸葛亮可能是为了照顾刘备这个汉室宗亲的面子,把"复兴汉室"当幌子,"打左灯向右转",说的与做的不是一回事。其实不然。诸葛亮在刘备死后,一直是以复兴汉室而不是以国家强大、人民幸福为目标,十数年如一日地折腾,直至把人口不足一百万的小小蜀国的微薄家底折腾光为止。对比之下,鲁肃这个战略焉能说不高明?

其次,"曹操很难一下被干掉"(曹操不可卒除)这个战略判断也很重要。不可卒除,就意味着与强大敌人打交道时,不到万不得已不要与他闹翻,要学会打"持久战",别逞一时之意气。从公开记录看,孙权此时与曹操应该还没见过面,几乎没什么私交,但与曹操政权的关系却一直是斗而不破。曹操牛掰时,孙权就联合刘备打曹操;刘备要流氓时,孙权就联合曹操收拾刘备,可谓左右逢源、务实应对、按需外交。反之,刘备虽然与曹操早年有过交情,惺惺相惜,但一旦翻脸,与曹操的关系就再没缓过来。

为什么刘备与孙权的差距这么大呢?

因为刘备自从将曹操定位为誓不两立的"汉贼"后,就将"灭操兴汉"这个"政治正确"的理念作为毫不动摇的基本外交政策,从来没有发生"联曹斗吴"这种战术性事件。诸葛亮在出山前说曹操"诚不可与争锋",在刘备死后却坚定执行"灭操兴汉"这个国策,如此前后不一,可能是迫于刘备的政治遗嘱,也可能是自身对曹魏难灭这个事实缺乏清醒的认识,而鲁肃终其一生,"联刘抗曹"的战略是一以贯之的。这就是鲁肃比诸葛亮谋略高明或清醒的地方。

其三，鲁肃对孙权指明了建国方略，总结起来就是"防守反击"。"鼎足江东，以观天下之衅"，这是防守，意即以江东为大本营，稳扎稳打，先站稳脚跟再观察天下格局之变，伺机而动；"剿除黄祖，进伐刘表，竟长江所极，据而有之"，这是进攻。守在前，攻在后，所以说是防守反击。

孙权最初听到鲁肃这番宏论后，不是像刘备听到隆中对后直接点赞，说了一个"善"字，然后道："我还是希望以一己之力辅佐汉室，你刚才说的不是我能做到的。"

孙权咋这么谦虚？

因为鲁肃说的太大、太远了，不是刚执掌江东集团的青年孙权所能消化和承担的。孙权没有立即让鲁肃担任高职，但也没有放他走，而是让他留在身边当"顾问"，吃吃饭、喝喝酒、聊聊天，随时参赞谋划，并对他厚加赏赐，厚到让孙策时代的创业元老张昭都眼红的程度。张昭于是经常在孙权面前诋毁鲁肃年少粗疏，不可重用，而孙权根本不答理他。为什么？孙权不能只用父兄留下来的元老，急需建立纯属自己一手栽培的亲信。鲁肃就是其中一位重要成员。这是鲁肃比周瑜幸运的地方。

从鲁肃为江东集团鞠躬尽瘁、死而后已这个事实看，他与孙权之间的合作非常默契。当然，跟周瑜相比，鲁肃也有短板。鲁肃性格粗犷豪阔，是一个战略型谋士，骨子里是一个和平主义者，擅长战略规划而不擅长具体战术，这一点与诸葛亮类似。七年后鲁肃和诸葛亮两人因为曹操南侵、孙刘联盟一事相遇时，一见如故，成为促进联盟的重要搭档。当然，鲁肃与诸葛亮的大哥诸葛瑾私交好也是一个重要背景。

与鹰派周瑜的战略分歧

在加盟江东集团的头七年，鲁肃几乎默默无闻，多数时候是在幕后支持孙权和周瑜。赤壁之战是鲁肃第一次正式光彩亮相，其大功，主要是在战略和外交。赤壁之战的胜利，是战略和战术双重正确的结果。"战略"就是拒绝投降，代之以联刘抗曹，功劳主要属于鲁肃和周瑜；"战术"就是诈降和火攻，功劳主要属于周瑜、黄盖等人。在建安十三年（208年）这个时间节点，周瑜的功劳、地位、威望远高于鲁肃。

按周瑜所想，赤壁之战其实根本不需要刘备帮忙，仅靠东吴的力量就足够对付曹操。所以赤壁战后，鲁肃与周瑜的分歧慢慢加重，其中最大的争议是要不要继续奉行"联刘抗曹"这一基本外交国策，要不要把南郡借给刘备。鲁肃认为必须长期坚持，而周瑜认为没必要。

前面说过，赤壁之战后，原本属于刘表的荆州七郡被曹、孙、刘三家瓜分。曹操占南阳郡，孙权占长江沿线的南郡和江夏郡两郡，而刘备得了长江南岸的长沙郡、武陵郡、桂阳郡、零陵郡四郡，面积比孙权的南郡和江夏郡还大。周瑜舍大求小，既非能力不行，也非粗心大意，而是精心策划并执行的结果。南郡和江夏郡东邻江东集团，西连益州，北接荆州南郡和扬州。未来江东集团要想在西、北两个方向同时发力，南郡和江夏郡是不可或缺的重要跳板，是必占之地。在周瑜看来，宁愿丢掉长沙郡等四郡，也不能失去这两郡，尤其南郡更为重要。

赤壁战后，周瑜亲自兼任南郡太守，长期驻守南郡，目的只有一个，就是乘胜追击，西取益州（涉及今川、陕、云、贵四省），将来从益州、荆州和扬州三个方向对身处以豫州为大本营（许县在豫州）的曹操集团实施 C 型包围。这个方案比鲁肃的"竟长江所极，据而有之"要大胆、激进得多，同时风险也更大。

因为益州自古易守难攻，刘备后来成功取得益州，系刘璋主动邀请入川，外加张松和法正等人做内应，是以"内部政变"而不是"外部强攻"的方式取得的，类似孙悟空钻进铁扇公主肚子里。此外，孙策二次创业主要在江东，此后的孙氏集团军队与孙坚时代风格略有不同，擅长水军，而不是陆军。攻打益州，然后从益州出发打曹操，恐非江东集团所长。

因此，周瑜从荆州硬取益州，成功概率很难说。真取了益州，江东集团的战线一下子拉长至数千里，防守也是一个问题。如果曹操强夺荆州，从中间将益州和扬州隔开，即便江东无碍，益州丢失的概率也非常大。周瑜费力取益州，很可能是为别人（如刘备）做嫁衣裳。章武二年（222年），陆逊在夷陵大败刘备、刘备病危时，依然没有乘胜追击，进击蜀国，反而主动向蜀国求和，就证明江东集团一直存在腹背受曹操侵袭的隐忧，攻占益州非正确选项。

这可能就是鲁肃对西进益州、干掉刘璋完全无感的原因，与诸葛亮对东进扬州、找江东集团 PK 完全无感心有灵犀，有异曲同工之妙。鲁肃力推孙刘联盟，他认为，江东集团取益州不仅不符合自身利益，还会大大伤害刘备集团的感情，破坏孙刘联盟，给自己找麻烦。这可是鲁肃与周瑜这对好友第一个重大治国理念的冲突。

当周瑜和鲁肃两位心腹发生理念冲突时，孙权毫无悬念地选择了挺鲁肃。为什么？其一，周瑜长期驻守南郡，与孙权远隔千里，而鲁肃近在身边，近水楼台先得月，更容易影响孙权；其二，周瑜毕竟是孙策时代的老人，老人有贡献、有能力，但是相对难驾驭，不如自己亲手培养出来的人用得顺手；其三，孙权慢慢接受了鲁肃在八年前提出的"江东版隆中对"，只愿占荆州，"竟长江所极"，不愿拉长战线，深入西蜀。

如果加上赤壁之战前是否要联刘抗曹的分歧，这已经是周瑜与鲁肃第二个回合的冲突，也是周瑜与孙权间的一次严重冲突。

与此同时，随着赤壁之战大胜，鲁肃渐有后来居上、取代周瑜成为江东集团首席谋士之势。

周瑜虽然是性情中人，但是顾全大局，可能没有跟鲁肃翻脸（翻脸了史书也未必会记载），但他很可能对孙权说了一些"重话"。"重"到什么程度？重到孙权一反常态，主动妥协，同意周瑜取西川。周瑜火速从江东赶往南郡，筹备进伐益州事宜。不料，半道突发急病，病亡了。周瑜好雅量，临终前他推荐与自己有异见的鲁肃接任，孙权同意。

孙权先任鲁肃为奋武校尉，接管周瑜的四千部属，但周瑜的另一重要职务南郡太守，却没有给鲁肃，而是给了程普。

鲁肃天生豪阔，走马上任后，威恩并施，很快就得到部属拥戴，部下增长至万余人。孙权这下放心了，正式拜鲁肃为偏将军兼新设的汉昌郡太守。"偏将军"这一军职系杂号将军之末（大致可理解为将军助理），在曹操阵营中不算什么，在孙吴这儿此时却非常稀缺，周瑜也是打赢赤壁之战才获得这个奖赏，并终生止步这个封号。从这个角度说，孙权对鲁肃绝对属破格重用。建安十九年（214年），鲁肃随孙权大破皖城，被封横江将军。

周瑜死后，刘备再次对孙权提出借南郡，怕孙权不答应，同时提出以自己所占长沙郡的东北部给江东集团作为交换或者抵押。关键时刻，鸽派鲁肃再次表态。他对孙权说："您虽然神武盖世，但眼下曹操势力确实太强，我们刚刚占有荆州，恩德未施，信义未立，如果把南郡借给刘备，让他去安抚百姓，帮我们抵抗曹军，曹操就多了一个敌人，而我们多了一个朋友，这才是上上之策。"孙权权衡得失，终于决定将南郡借给刘备。刘备划给江东集团的长沙郡东北部，后来成为鲁肃担任太守的汉昌郡。

"借南郡"到底对不对？

"联刘抗曹"和"借南郡"鲁肃一生最重要的两大谋略，前者舆论一致认为非常正确（周瑜除外），而后者却毁誉参半。在《三国演义》里，鲁肃被描绘成一个时时处处帮刘备集团说话、反被挤兑羞辱的窝囊废，这是对鲁肃最大的不公。

事实上，鲁肃是改变孙权乃至整个江东集团命运的一个重要贵人。

建安十三年（208年），曹操由荆州东侵，江东集团大部分高管都表示要降曹。因为比他们还要强大的荆州集团刚刚也不战而降了，江东集团靠什么拿鸡蛋碰石头？有什么理由不降？所以在当时，投降是常识、常态、常理，对抗才是最大的"非共识"，是一种极度不负责的冒险举动。鲁肃劝孙权主战，需要非凡的胆识和智慧。

孙权感恩鲁肃的见识，赤壁战后亲自为他"持鞍下马相迎"，足显礼遇。建安二十二年，鲁肃病逝，享年四十六岁。十二年后的黄龙元年（229年），孙权在称帝时，登上高坛祭天，环顾四野，再次感慨鲁肃的远见，对公卿们说："很久以前鲁子敬（鲁肃字子敬）就预言有这一天，可谓高瞻远瞩、明断大势啊。"（权称尊号，临坛，顾谓公卿曰："昔鲁子敬尝道此，可谓明于事势矣。"——《三国志·吴书·周瑜鲁肃吕蒙传》）

只有站在孙权这个位置思考，才知道鲁肃这样的谋臣有多重要。对于孙权来说，鲁肃和周瑜各有所长，赤壁之战中他更倚重周瑜，而赤壁之战之后，孙权明显偏袒鲁肃。原因就在于前面提到的，孙权不能一直用父亲、大哥留下来的老人，而必须建立完全属于自己的骨干。如果说周瑜是孙策的手足和影子，那么鲁肃就是孙权的手足和影子。孙权为了证明自己不亚于大哥孙策，就一定要用完全是自己培养出来的人，哪怕他局部能力不如周瑜。这无关政治，而是人性和不服输的英雄气概使然。

孙权在鲁肃去世后与陆逊一块儿谈论周瑜、鲁肃和吕蒙三人时，再次对鲁肃给予高度评价："他献计决策，立意高远，布局宏大，比战国时玩合纵连横的张仪和苏秦强多了。虽然劝我借刘备南郡这件事，是他的短处，但这一个短处，不足以损害他的另两个大长处。"孙权认为，鲁肃在吴国的地位，可比作东汉的开国功臣、汉光武帝刘秀的心腹爱将邓禹。（"其决计策，意出张苏远矣；后虽劝吾借玄德地，是其一短，不足以损其二长也。周公不求备于一人，故孤忘其短而贵其长，常以方邓禹也。"——《三国志·吴书·吕蒙传》）

孙权这段话主旨是夸赞鲁肃，但也在新一代鹰派陆逊面前含蓄表明，当年借刘备南郡是鲁肃的一个"短处"，是一个战略误判。那么，在一千八百年后，我们回溯这件事，鲁肃对错几分？

从客观结果上，这事确实错了，因为后来刘备有借无还，失言要赖了。

借了南郡，刘备不仅没有兑现承诺打曹操，反而去取益州；取了益州之后，也不按时归还，反而对前来要南郡的大恩人鲁肃耍流氓，说等取了凉州之后再还。后来关羽守荆州时，也是这么对鲁肃甚至孙权的。刘备这么做，有多恶劣？

鲁肃就这样被刘备给坑惨了。孙权怪罪，也有情可原。周瑜的怪罪应该更深，只是见诸《三国演义》，而不是《三国志》。真实历史中，周瑜对鲁肃不可能没有抱怨甚至指责。因为这是原则性极强的国家大事，不能用私人友谊和稀泥。

看错了刘备，还是太相信诸葛亮？

那么，再多问一句：鲁肃为什么会犯这个"错误"？

内在原因，是鲁肃为人器宇宏阔、不拘小节，再加上出生在富贵家庭，喜欢算大账，出手阔绰惯了，喜欢先付出再考虑回报。想当年，从未谋面的周瑜找他借粮时，鲁肃一手指，三千斛粮食就归了周瑜。鲁肃这样做，表面上是不加思考，其实这样做，是快速思考和本能决策（算法深嵌大脑，无需计算时间）的结果——鲁肃一眼就认定，周瑜这个朋友比三千斛粮食值钱。后来事实证明，正是周瑜把他引见给孙策、孙权兄弟，成为江东集团的核心高管。

出于同样的逻辑，鲁肃认为，把南郡借给刘备，是一笔极其划算的买卖。在他看来，南郡跟他家的三千斛粮食一样，本质上都是"杠杆"，是"筹码"，将来必将获得更大的回报。刘备也会像周瑜一样，感恩自己和老板孙权当年的雪中送炭，将来必定顾全大局，归还南郡。可惜，鲁肃对刘备看走眼了。鲁肃跟好友诸葛亮一样，长于战略而短于战术，长于识势而短于识人。与战术型人才（典型如郭嘉和法正）思维诡异缜密，更关注细节和人性的恶，但对宏观和大节的东西往往忽视不同，战略型人才相对单纯（比如荀彧和诸葛亮），目光高远，追求真善美，在小处容易被人欺骗。鲁肃站得高、看得远、胸怀天下，喜欢仰望星空，却常常忘了注意脚下的深坑。鲁肃比周瑜更豪气、大气，但在战术和识人层面，他确实不如周瑜。

鲁肃对刘备最大的误判在于：他没有想到刘备在赤壁之战后，品行变化会那么大，从一个讲诚信、重道德的情怀理想主义政治家，一夜之间变成一个玩诈术、出尔反尔的政治流氓。借南郡是刘备个人信用最后的、也是最大的一次变现或透支，从此之后，刘备成了一个"精致的利己主义者"。

当然，还有一种可能，鲁肃劝孙权出借南郡，是看在诸葛亮的份上，以诸葛亮的人格作担保，是一种典型的"信用贷"。他真正信任的人不是刘备，而是诸葛亮。只是他没想到，刘备与诸葛亮间的"鱼水之欢"只是一种短暂假象。

有一件事是确定无疑的，在孙刘联盟中，孙权的真诚度远大于刘备，你可以说孙权年轻幼稚，上了刘备和诸葛亮的当，也可以说他自信洒脱，坚信"千金散尽还复来"。孙权后来对借南郡之事耿耿于怀，也许并非责备鲁肃，而是对刘备这个大自己二十一岁、负恩负义的"老妹夫"的一种变相抱怨。

"新鹰派"吕蒙和"中间派"陆逊

短短七年内，周瑜和鲁肃两根顶梁柱相继折损，对江东集团这座新大厦冲击巨大。如果没有新人接任，江东集团危矣。

孙权和他的江东集团很幸运，每到"至暗时刻"，江东集团就有新人涌现，而且新人还非常团结，珠联璧合。赤壁大战时，有周瑜和鲁肃搭档；合肥大战时，有鲁肃和吕蒙配合；夷陵之战，更是由吕蒙和陆逊联袂出演，上述四人，个个文武双全——鲁肃和陆逊偏文，而周瑜和吕蒙偏武。赤壁大胜是周瑜和鲁肃联手的产物，而白衣渡江、偷袭荆州、斩杀关羽，砍掉刘备集团从荆州方向北伐的一支重要力量，则是吕蒙和陆逊联手的结果。

接下来我们说说孙权的另外两个重要朋友：吕蒙与陆逊。

吕蒙的殊荣：孙策挖掘，孙权调教

吕蒙是谁？"士别三日，当刮目相看"和"非昔日吴下阿蒙"这两句名言的故事出处和主角。吕蒙小时候，原是一个血气方刚、没读过什么书的莽撞少年。刚出道时吕蒙在姐夫邓当手下当兵，因为这种裙带关系，他经常被邓当属下官兵背地里嘲笑："吕蒙那小子有什么能耐？不过是拿自己喂老虎而已。"后又当面羞辱他。吕蒙大怒，当场拔刀杀了这个人，然后逃亡。孙策觉得他是个人才，将他召回，让他做自己的随从。（策召见奇之，引置左右——《三国志·吴书·吕蒙传》）

孙策欣赏吕蒙，是因为他有血性、有胆气、敢作敢当，与孙策属同类人。在乱世打天下，要的就是这种人。孙策遇刺后，孙权执掌军队，在一次检阅中再次发现吕蒙的军事天才，更加以重用。

吕蒙走向舞台中央，为世人所熟知，是在鲁肃病逝后，与陆逊一块打关羽、夺荆州。其实，这只是吕蒙人生大戏最高潮的一幕，并非其全部。这世上没有谁是随随便便成功的。每个名人，在他成名之前，就已经付出了超常的努力，取得了不俗成绩，只等运势袭来，铸就一次惊艳亮相，才为大众所知。吕蒙的战绩，一是早年跟孙权打黄祖；二是打山越（东吴本地黑社会）；三是赤壁之战期间随周瑜打曹操，不仅作战勇猛，而且颇有见地，很受孙权欣赏。

从吕蒙的成长史我们可以看出，孙氏兄弟在识人上都很有天赋。但光是识人还不够，还要学会用人。

　　一个会用人的老板，既会用现成的牛人，也会留心发掘、调教和培养那些有特长但也有缺点的潜力股。这样的人，一是要求低，所以使用成本低；二是因为被自己塑造过、磨合过，用起来顺手；三是因为感恩，所以忠诚度较高。在用人的风格上，孙权有点像汉武帝刘彻，虽然跟后者的差距很大。

　　孙权发现吕蒙是棵打仗的好苗子，有良好的军事天赋，但书读得太少，天赋没有被充分挖掘，成长空间有限，于是决定好好调教调教他。某一天孙权与吕蒙闲聊，突然漫不经心地说："阿蒙啊，你如今是当涂（县）掌事，不能不读书学习啊。"吕蒙道："军务繁忙，哪有空读书？"孙权道："我又不是让你钻进纸堆里研究儒家经典、做学识渊博的博士，只要粗略地涉猎历史，知道以史为鉴就好。你说你没时间读书，难道你比我还忙？"孙权说完，给吕蒙开了一个书单。

　　吕蒙被孙权那句"难道你比我还忙"反问给震住了，醍醐灌顶，于是开始狂读书，越读越上瘾，手不释卷，博览群书，几年下来，知识量把很多儒生都给比下去了。（蒙始就学，笃志不倦，其所览见，旧儒不胜——《三国志·吴书·周瑜鲁肃吕蒙传》）三军统帅给手下尚不知名的将领开书单、劝读书，这样的励志美谈，在汉末三国时期也就孙权和吕蒙独一份。这说明孙权这个人本身也爱读书、爱学习，其读书态度有点像诸葛亮，属于"观其大略"型，强调的是"知行合一"、活学活用，而不是像酸文人一样抠字眼、掉书袋，越读越傻。

　　吕蒙的书没有白读。建安十五年（210年），周瑜病死，鲁肃接任，赴任途中路过吕蒙驻地。鲁肃比吕蒙年长六岁，资历老、职位高，原不想去看吕蒙，经人提醒后才去拜访。谈及天下大势，吕蒙侃侃而谈，把鲁肃给震住了。鲁肃拍了拍吕蒙的背说："我原以为大兄弟你只知道打打杀杀，没想你今天的见识谋略高深到这个地步，非昔日吴下阿蒙！"吕蒙一点不谦虚："士别三日，就应该刮目相待。"鲁肃从此与吕蒙结为好友。这也从一个侧面说明，当时的江东集团朋友圈氛围相当好。

鸽派鲁肃谢幕，鹰派吕蒙登场

建安十八年（213年）正月，曹操亲率十万大军进攻孙权，进至濡须口，吕蒙随孙权统领七万部众迎敌。吕蒙身先士卒，作战勇猛，且屡献奇计——前面提到的"濡须坞"，就是吕蒙的贡献。曹操见孙权守军无懈可击，慨叹"生子当如孙仲谋"，很快退兵。建安十九年（214年），吕蒙建议孙权发起"皖城之战"，仅一顿饭时间，就将城攻破，擒获曹操派驻的庐江太守朱光，俘数万人。孙权大喜，任命吕蒙为庐江郡太守。这一年，吕蒙三十七岁。

至此，吕蒙成为孙权的高级将领，江东集团著名鹰派。皖城之战结束之时，正是刘备夺取益州之日。当年刘备借南郡时，曾承诺取得益州便还，如今刘备取得益州，按理该兑现承诺。建安二十年（215年），孙权派诸葛亮大哥诸葛瑾上门，让刘备归还荆州数郡，被其拒绝。孙权大怒，派吕蒙率军攻打荆州，长沙、桂阳二郡不敌，望风而降。刘备派关羽紧急增援，孙权也派鲁肃对抗。赤壁之战以来，孙刘两家第一次撕破脸兵戎相见。

鲁肃是鸽派，崇尚和平解决争端，于是找关羽谈判。谁知关羽也学刘备一样耍无赖，授意属下说："土地只有仁德之人才能占有，哪来一家永远占住不放的道理？"（"夫土地者，惟德所在耳，何常之有？"——《三国志·吴书·周瑜鲁肃吕蒙传》）鲁肃怒斥刘备集团贪图土地、背信弃义，必然招致祸事，把关羽骂得哑口无言。

谈判破裂，那就刀戈相见吧。刘备主力派往荆州，曹操见孙刘争端，立即率兵进攻汉中。刘备害怕益州失守，于是与孙权讲和。双方议定，以湘水为界，将荆州平分为东西两半。东边江夏、长沙、桂阳三郡属孙权，西边南郡、武陵、零陵三郡属刘备。孙、刘休兵罢战。

建安二十二年（217年）鲁肃去世，吕蒙毫无悬念地取代鲁肃，接管其所部人马万余人，统守荆州前线。吕蒙积极备战，准备伺机收回荆州，但他深知关羽之勇猛，荆州只可智取，不可硬夺。这个骨子里的鹰派居然对关羽大献殷勤，广施恩义，与其结好。建安二十四年（219年），刘备集团和孙权集团在西东两线同时向曹操发起进攻，刘备夺取汉中，孙权攻打合肥，曹操疲于防备，荆州这一中部中场反而疏于防守，镇守荆州的关羽抓住战机，大举北攻，水淹七军，俘于禁、斩庞德，把曹军打得屁滚尿流。

吕蒙觉得收复荆州的机会来了。他一面上书孙权乘虚袭取荆州，一面为麻痹关羽，假装重病，让孙权将他从荆州召回首都建业，并推荐陆逊临时接替他。孙权依计而行，关羽中计，逐渐把守备兵力调往樊城。陆逊至陆口，继续贯彻麻痹关羽的韬光养晦之策。陆逊利用关羽的骄傲自大、极度虚荣的心理，写信极度吹捧他，且表示绝不与关羽为敌。关羽看信后，轻视陆逊，愈发大意，完全丧失对东吴的警惕，把荆州防吴主力全部调至抗曹前线。

吕蒙觉得时机终于成熟。当年十一月，吕蒙将精锐士卒埋伏在伪装的商船中，令将士身穿白衣，化装成商人，募百姓摇橹划桨，昼夜兼程向江陵进发。驻守江防的蜀军士兵被伪装的吴军所骗，猝不及防，全部被俘，江陵城内空虚，陷入混乱，不久失陷。吕蒙将厚待关军诸将家属的信息，通报给关羽部属，诸将无心再战，关羽败走麦城，直至被杀。一世英名的关羽，居然败在新人吕蒙手下，想来真是让人唏嘘。

"家生驹"之死

江陵一战，吕蒙厥功甚伟，被孙权任命为南郡太守，封孱陵侯，赐钱一亿，黄金五百斤。南郡太守可是周瑜以前坐过的位置，属东吴将领最高殊荣，吕蒙感觉赏赐太重，固辞不受，被孙权拒绝。可惜封爵还未颁布，吕蒙就病倒了，就像周瑜打完赤壁之战不久即病重一样。

孙权急坏了。

跟周瑜相比，吕蒙是地道的"家生驹"，因为是自己亲自调养的，故而特别不舍。孙权把吕蒙接到身边，不惜一切代价招募境内最好的医生为吕蒙治病。吕蒙做针灸时，孙权跟着痛；吕蒙能吃东西，孙权就高兴，有说有笑；吕蒙吃不下饭，孙权就长吁短叹，夜不能寐；吕蒙病情略有好转，孙权就下达赦令，让群臣一同庆贺。孙权想多看看吕蒙，又怕他太过劳碌，于是命人在墙上凿一个孔偷看。后来，吕蒙病情加重，孙权亲自到床前探视，命道士为他祈祷。

史上如此详尽地描述这些细节，固然说明了孙权与吕蒙个人感情很深，但更重要的是吕蒙对于江东集团的重要性，其相对重要程度甚至超过了周瑜和鲁肃。

遗憾的是，孙权的一切努力没能挽留住吕蒙的性命，建安二十五年（220年），吕蒙最终在孙权内殿中去世，卒年四十三岁。

夷陵之战："至暗时刻"的大反转

章武元年（221年），刘备为给关羽报仇，兴兵伐吴。江东集团的又一个"至暗时刻"来了。因为此时的刘备，早已不是当年那个四处逃亡、寄人篱下的落难英雄，而是刚刚在汉中和荆州两条战线大胜曹操的实力英雄。刘备虽然接连折将（关羽、张飞被杀，黄忠病逝），但孙权方面，吕蒙也刚刚去世，当年在赤壁大战中展露雄风的老一代将帅周瑜、程普、鲁肃都已先后故去，军中缺乏特别有威望、能震慑住全军的统帅型人物，没有新人接任统帅，江东集团极可能败给刘备。

危难之际，孙权决定大胆起用之前在江陵之战与吕蒙搭档的白面书生陆逊。同年（221年），孙权任命陆逊为大都督，迎拒刘备。陆逊面对刘备的仇恨大军，顶住元老将士对他的怀疑，沉着冷静，在夷陵大败刘军，不仅帮江东集团保住了荆州，而且彻底打醒刘备，迫使其重新回到"联孙抗曹"的正确战略轨道。对于东吴来说,夷陵之战与赤壁之战同等重要。

接下来原本我们应该重点说一下陆逊。陆逊是孙吴历史上地位可与诸葛亮相比的重臣(《三国志·吴书》单独为其作传,也是诸葛亮在《三国志·蜀书》中享受的待遇),是孙权后半生一位极其重要的朋友。他的一生,几乎见证了孙权从一位优秀创业者变成一位开明皇帝,再从一位"明主"堕落成一位"昏君"的全过程。陆逊身上的故事太多,但鉴于本书的内容主要讲 184—220 年的"准三国"历史,而陆逊的故事,很多集中在 220 年以后,这里只简单交待一下他与孙权的恩怨历史。

陆逊原是孙家仇人。当年孙策开拓江东,攻打扬州庐江郡,庐江太守陆康坚守两年,城池陷落。兴平二年(195 年)陆康被孙策斩杀,陆氏宗族百余人死于战乱。作为陆康的侄孙,陆逊事先逃脱,得以幸免。建安八年(203 年),二十一岁的陆逊决定忘掉世仇,加入孙权幕府。因内政、军事才华双优,陆逊由都尉、校尉进而升为帐下右部督。建安二十四年(219 年)的攻袭荆州之战中,因病中吕蒙极力推荐,陆逊被孙权启用,以谦辞卑态极力麻痹关羽,为后来吕蒙白衣渡江成功偷袭做了重要铺垫。

孙吴黄武二年(222 年),陆逊再因夷陵之战大败刘备,一战成名,被孙权封为辅国将军,领荆州牧,成为孙权心腹重臣。黄龙元年(229 年),孙权称帝后,以陆逊为"上大将军"(比"大将军"地位还高,"三公"更不在话下),辅佐太子孙登并掌管陪都武昌事宜,统领荆州、扬州及豫章等州郡事务,主持吴军国大事。陆逊圣眷之隆,权力之大,远超之前的周瑜、鲁肃和吕蒙,其在东吴的地位,堪比担任丞相后的诸葛亮。

然而,前半生极其完美的孙权,后半生性情大变。在曹操和刘备两个劲敌故去后,孙权突然感觉没了可以匹敌的对手,智力和精力过剩,无处发泄,于是开始"创造"新的敌人,折腾自己人,包括他的儿女。陆逊因为重权在握，且属"双重外戚"身份，被孙权疑忌，不断遭受打压。

所谓"双重外戚"，是指早在陆逊助袭荆州之前，孙权就将侄女（孙策的女儿）许配给陆逊。孙权只比陆逊大一岁，有此姻亲，从辈份上论，陆逊就得管孙权叫叔叔。这是陆逊的第一重外戚身份。后来又多了一层：他的儿子陆抗与太子孙和是连襟，具体地说，太子孙和嫡妃张氏的妹妹嫁给了陆逊的儿子陆抗（两姐妹是东吴名臣张昭之孙女）。因为他的双重外戚身份，不可避免地卷入太子孙和与其他皇子的党争之中。

晚年的孙权由"明主"变成"昏君"，就像汉武帝发动两次"巫蛊之祸"、重伤重臣和家人一样，孙权也发起一个"校事吕壹事件"，先后牵连陆逊等军政重臣，以及几个儿女。孙权想换太子，遭到全力拥护太子孙和的陆逊的反对。孙权大怒，连续派遣几批特使到武昌，责备陆逊。陆逊当时正重病卧床，见孙权对自己如此忌恨，拒绝进食，于赤乌八年（245年）含恨而死。

本土利益至上的"中间派"陆逊

周瑜、吕蒙是主张攻刘的鹰派，鲁肃是主张联刘的鸽派，那么，陆逊是什么派？

中间派。或者说，既是鹰派，又是鸽派。

夷陵之战，陆逊以实际行动表明，自己是铁杆的对刘鹰派，但为什么之后陆逊没有像周瑜和吕蒙所想梦想的那样，乘胜追击，灭掉刚刚建立不久的蜀国，吞并益州呢？是孙权不打算这样做，还是陆逊不愿意？

二者都是。

孙权不愿意攻打益州，一是知道益州难攻，二是怕曹丕偷袭。陆逊不愿意攻打益州，是因为他迎战刘备的主要目的是"保江东"。一种观点认为，陆逊跟周瑜、鲁肃、吕蒙等人最大的不同是，他是地道的江东土著，而周瑜、鲁肃、吕蒙三人均是来自江西（江北）的"东漂"。周瑜、鲁肃、吕蒙四海为家，心怀天下，希望孙权的疆域越大越好，而陆逊身为江东士族兼土著，首先考虑的是保护江东本土不受侵犯，他们对征战全国、一统天下，没有太大兴趣。从这个角度说，陆逊是典型的"实用派"。

孙权能熬过"准三国"这段痛苦历史，建立三国之一国，成为"吴大帝"，与周瑜、鲁肃、吕蒙、陆逊这四大金刚前仆后继、源源不断提供军力和智力支持密不可分，这背后，主要是孙权前半生识人、用人、驭人术的高明，同时也说明江东膏腴之地人才之盛，江东集团企业文化之优。周瑜、鲁肃、吕蒙以最高军事统帅的身份服侍孙权的时间（不是全部打工时间）都不长，其中周瑜两年，鲁肃七年，吕蒙三年，而陆逊从黄武元年（222 年）接任大都督，到 245 年去世，担任江东集团的高管长达二十三年，差不多是周瑜、鲁肃和吕蒙三人总共时长（共十二年）的两倍。时间长有长的好处，但坏处是容易"审美疲劳"，"友谊的小船"难以经受岁月的摧残，说翻就翻，而背后是复杂的政治格局以及比政治更复杂的幽微人性。这些，我们留待以后再说。

三个"保姆"

孙权的成功是两代连续三次创业的结果。如果说老爸孙坚的贡献是"从零到一"，大哥孙策的贡献"从一到一百"，那么孙权的贡献就是从"一百到一万"。孙坚是江东集团的奠基者，其功劳主要是建团队、创品牌、挣官爵。孙策的主要贡献有二，一是东进建根据地，正式脱离袁术，自主创业；二是在江东（江南）站稳脚后，反过来夺取江北（江西），将与曹操的争霸战场推进到长江以北，极大强化了江东集团的防守体系和战略纵深。

孙坚和孙策父子的贡献不言而喻，但有一个问题：孙坚和孙策性格命运惊人相似，都在青壮年先后遇刺，而孙权活到 71 岁。为什么差距这么大？答案就在孙权的母亲吴国太身上。最可能的解释是：孙策遗传了父亲孙坚热情暴烈、单打独斗、善进攻不善防守的猛将性格，而孙权继承了母亲吴国太的沉稳大气和慧眼识人的基因，形成了用贤任能和攻防兼备的儒帅气质。这可能是孙权能够青出于蓝而胜于蓝，继承并超越父兄的原因。

孙权一生，得益于三个"保姆"，除了其母吴国太，另外两个"保姆"便是大哥孙策和老臣张昭。

"保姆"一：大哥孙策

先说"保姆"孙策。

关于孙坚、孙策生前的发家故事，我们在袁术那一章已详细介绍过。但那一章主要是从袁术的角度看孙坚和孙策，现在我们换一个角度，从孙权的视角重新审视孙策（因为孙坚死时孙权还很小，暂且略过），也许会有新的发现。

孙策、孙权关系中有一个特别值得关心的话题，那就是孙策为什么不搞"父死了继"而搞"兄终弟及"？他为什么不把事业传给儿子、而传给弟弟孙权？在孙策诸弟中，孙权又是如何胜出的？他是临终前即兴作的这个决定，还是早就有此念头？

话说建安五年（200 年）孙策中箭后，伤势日重，自知不久于人世，于是将大管家张昭等人唤来，托以后事："中原正在大乱之中，凭我们吴、越两地的兵力，以三江（指松江、钱塘江、浦阳江，代指江东）之险固，足以观别人之成败，成就一番大业。你们千万要好好辅佐我弟弟。"说完，孙策又叫来孙权，亲自给他配上印绶，说："率领江东兵众，同外敌对阵战场，与天下争霸，你不如我；但举贤任能，让他们各司其职，齐心保江东，我不如你。"（"举江东之众，决机于两阵之间，与天下争衡，卿不如我；举贤任能，各尽其心，以保江东，我不如卿。"——《三国志·吴书·孙破虏讨逆传》）交待完后事，孙策当夜过世，享年二十六岁。

孙策临终对弟弟孙权提到的"卿不如我"和"我不如卿"是什么意思？他为什么要特地强调这两句话？

孙策的临终遗言，字面的意思是将自己与孙权作一个对比：我孙策是一个擅长进攻和武战的将才，而孙权是一个擅长防守和用人的帅才。但实际上，这是孙策对自己及其父孙坚性格缺陷的一种反思。

一个人只有在临终前，才会出于对生命、家人和事业的留恋，发自肺腑地深刻反思自己的缺点。孙策有什么缺点？《三国志》作者陈寿对这对父子评价很高，说孙坚"勇挚刚毅"，"有忠壮之烈"，而孙策"英气杰济，猛锐冠世"，但他们都有"轻佻果躁"的重大缺点，所以"陨身致败"。所谓"轻佻果躁"，就是急躁轻浮，不够沉稳，迷信武力，喜欢好勇斗狠，孤身犯险，缺乏集团领导人应有的沉稳之气。孙策在二次创业前，谋士张纮就曾提醒这一点（见袁术那一章），可惜当时没听进去。

孙策临终前，决定亡羊补牢，不再过度强调 CEO "决机于两阵之间"的作用，而是把"举贤任能"作为选择下一任 CEO 的重要标准。换句话说，江东集团的下一任 CEO，不能只是一个擅长冲锋陷阵、"与天下争衡"的将才，而必须一个能"举贤任能"、懂谋略善管理的帅才。而这些，正是孙权的强项。

孙策二十六岁遽然离世，江东集团的权力交接是在仓促间发生的。但从史书上看，似乎孙策对孙权早就有心培养，将江东集团的老大位置传给他。按《三国志·吴书·吴主传》的记载，孙策在任时内部开战略战术研讨会，孙权每次献计献策，都让孙策刮目相看，自认为不如老弟。孙策每次大摆筵席，都指着众将对孙权说："在座诸君，将来都是你的将领。"（每请会宾客，常顾权曰："此诸君，汝之将也。"——《三国志·吴书·吴主传》）

孙策这句话有点令人费解。孙策年少有为，不可能提前预知早死，更不可能知道将来孙权要接自己的班。历来"兄终弟及"是封建王朝权力交接大忌，如果孙策是正常老死，接班人应该是他的儿子，因为孙权再厉害，也只是弟弟。孙权只小孙策七岁，等孙策老死时，他也差不多老了，他再能干，凭什么取代孙策之子接班？孙策凭什么预测将来是孙权、而非自己儿子接班呢？

三种可能：一是后来吴国史官为拍马屁而凭空杜撰，就像杀兄篡位的宋太宗赵光义即位后逼史官杜撰出一个"金匮之盟"，说大哥赵匡胤曾当着母亲的面答应将大位传给他，为自己的"兄终弟及"披上合法外衣；二是孙策酒后失言，信口乱说，就像西汉景帝刘启在家宴上当着老妈窦太后的面失言，要把帝位传给弟弟梁王刘武一样；三是孙策受过伤，冥冥之中预感到自己可能重复父亲早死的命运，所以提前预做安排。第三种情况概率最小，但也不是完全没有可能。

保姆二：母亲吴国太

为什么同是孙坚儿子，孙策和孙权兄弟差别那么大？

有先天因素，也有后天因素。

先天因素就是基因。"一母生儿子，九子各不同。"父母基因重组和基因突变等原因，兄弟之间的性格差异悬殊，再正常不过。孙策的性格更像父亲，而孙权更像其母吴国太。

后天因素则是教育。孙权与大哥孙策在后天教育上存在很大区别，孙策是长子，小时候家境差，受教育机会少，且出道早，压力大，完善自我的空间小。早年可能随父征战过，耳濡目染，有意无意中模仿了很多父亲的行为举止，包括好品质和坏习惯，全盘接收。

孙权呢，父亲孙坚遇刺时，他不过十岁，还是个孩子，没有随父征战的经历，受他的影响相对少一点。此外，由于孙坚和孙策打下的基础，孙权从小的成长环境非常优越，个人教育起点远高于父兄。作为老二，孙权大部分时间陪在母亲身边，生活上相对从容。他更多地受到母亲的影响。

那么，孙权的母亲吴国太有多牛？

特别要强调，我们说的吴国太，不是《三国演义》里被孙策和周瑜老丈人乔国老忽悠，主张将孙权妹妹嫁给刘备、胳膊肘向外拐的"小姨兼后妈"，那个吴国太纯属虚构，正史并无记载。我们这里所说的吴国太，乃孙坚的嫡妻、孙策和孙权如假包换的亲妈。吴国太是一个超强"女汉子"，智商超群，目光敏锐，先后帮助孙策和孙权笼络多个优秀人才，并帮助他们挺过多个危难关头。

吴国太的牛表现在三方面：嫁孙坚、训孙策、扶孙权。

吴国太是吴郡吴县（今江苏省苏州市）的大家闺秀，早年父母双亡，与弟吴景移居钱塘县（今浙江省杭州市）投靠吴氏亲戚。孙坚听说她才貌出众，前来求亲。吴氏亲戚嫌孙坚轻浮狡诈，要拒绝这门亲事，孙坚非常恼怒，意欲报复强来。吴小姐认为孙坚少年英雄，加上此前在亲戚家可能也比较受气，早就不想待了，于是道："干吗要因为我引祸上门？嫁就嫁吧，实在遇人不淑，也是命。"于是就嫁给孙坚，生四男一女。

吴国太不愿儿子重蹈丈夫的覆辙，常常教训孙策。有一个属下（功曹）魏腾因为什么事得罪孙策，孙策大怒要杀他。帐下幕僚忧心忡忡，手足无措。吴国太听说此事，于是靠在一大水井旁给孙策上课："你刚来到江南，立足未稳，正应该礼贤下士，记人好，忘人过。魏功曹忠心事主，你今天要是杀了他，明天所有人都会背叛你。我不想看见孙家引祸上身，还是先投井算了。"孙策大惊，立即释放魏腾。

孙策的左膀右臂周瑜和张昭，在他死后，还能一视同仁、忠心耿耿地侍奉其弟孙权，其中也不乏吴国太之力。因为周瑜和张昭一样，都是跟孙策搞过"升堂拜母"仪式的结义兄弟，与别的部属不同，是孙策嫡系之嫡系、铁杆之铁杆。

正因如此，周瑜与张昭才会在明明有能力跳槽曹操的情况下，坚守江东，忠心不贰，为孙权的帝业作出卓越的贡献。在孙权执事之初、经验欠缺、威望未立时，吴国太亲自参与一些重大决策。孙权初即位时，吴国太忧心忡忡，就曾向张昭和董袭征求意见，询问江东能否保全。建安七年（202 年），曹操要孙权送儿子来许都当人质，张昭、秦松等文臣犹豫不决，孙权只带周瑜一人去后堂与母亲商议。周瑜明确反对送人质，吴国太当场拍板："公瑾（周瑜）所言极是。公瑾与伯符（孙策）同年，只比他小一个月，我一向把他当自己的儿子，今天你一定要把他当大哥看。"在孙权执掌江东集团之初，吴国太维稳护位之功不可没，这一点也与汉武帝刘彻的母亲王娡很像。

"保姆"三："投降派"张昭

孙权第三个"保姆"，就是张昭。在孙权的朋友圈中，张昭是一个特殊的存在。因为《三国演义》的原因，张昭被塑造为一个"投降派"，遗臭 N 年。

话说曹操拿下荆州后，立即给孙权写了一封恐吓信，说带八十万大军，要与他"会猎于吴"。孙权将书信遍示群臣，群臣全吓尿了。除周瑜和鲁肃之外，所有人都赞同投降曹操。其中最大的投降派，就是张昭。

中国传统文化历来讲究民族气节，历代封建王朝，但凡主张投降外敌的人，都被打入投降派。而凡是主战的人，常常为视为民族英雄。那么，在曹操大军压境时，张昭力主投降到底对不对？

客观评价，张昭主降，不只是为自身富贵着想。他也是为孙氏集团、为孙权本人考虑。

首先，之前有荆州投降成功的先例，投降并不丢人。荆州集团投降曹操，从侧面凸显了曹操集团的威力——连拥有十几万水军和陆军、实力超强的荆州集团都打不过，不过几万水军的江东集团哪是曹操的对手？再则，荆州集团投降后，上至刘琮，下至荆州大小官吏，均有合理安排，可见投降并不是一个坏选择。在张昭等文官看来，投降的荆州集团、张绣集团都很好，不投降的袁绍集团、袁术集团全都完蛋了，荆州集团能降，我们江东集团也可以投降。

其次，张昭投降不完全是个人的意思，带有一定"奉旨"成分。

奉谁的旨？

孙策。

孙策临终前将弟弟孙权托付给张昭，说过一句特别重要的话，不是《三国演义》里那句脍炙人口的"倘内事不决，可问张昭；外事不决，可问周瑜"，而是这句："如果孙权（仲谋）不适合当 CEO，您看着办。如果实在在江东无法立足、待不下去，那就慢慢转移，回到江西（长江以西），也没什么关系。"（策谓昭曰："若仲谋不任事者，君便自取之。正复不克捷，缓步西归，亦无所虑。"——《三国志·吴书·张顾诸葛步传》）

"若仲谋不任事者，君便自取之。"这句话跟刘备托孤诸葛亮时所说的"如其不才，君可自取"类似，应该是孙策嘱咐张昭，如果孙权不适合当老大，张昭将来可换人。这里不作过多解读。我们只重点探讨一下后面那句："正复不克捷，缓步西归，亦无所虑"。这里的"西归"指什么？

前面说过，孙策二次创业时，是从驻守在寿春的袁术借兵，这才跨过长江，来到江东打天下。看看地图我们就知道，寿春在长江之西，包括张昭、周瑜等核心骨干在内的孙策起家团队，大多是江西人。江东对于他们来说，属异地打拼，江东的世家大族和既得利益者也视他们为外来的野蛮人，必欲驱之杀之而后快。

孙策虽然相信老弟孙权能干出一番事业，但也要做好最坏打算，万一江东集团再次失败怎么办。为了家族安全，为了留下革命的火种，孙策宽慰张昭，说"缓步西归，亦无所虑"，往高雅说是"暂时撤退到江西老家，也没什么关系"，往俗了说可比猪八戒的口头禅"散伙回高老庄"。

可能是因为孙策这句话垫底，可能是因为耳闻目睹孙坚和孙策父子壮年惨死的悲剧，张昭觉得保全孙家的血脉才是自己的第一要务。如果抗曹能胜，当然是好事，但胜利概率太小；降曹，结局次之，但胜算要大得多。

张昭反复权衡，认为投降是江东集团相对好点的结局。这才不顾被戴上"投降派"的帽子，主力投降。这里面有苦心，有大义。你可以说张昭保守，但任何一个创业团队，既需要周瑜这种狂踩油门的激进分子，也需要在关键时刻踩刹车、摇头说NO的保守派。

但是，张昭忽略了最重要的一点，那就是低估了孙权。孙权是一个不世出的英雄，是汉末最牛掰的"创二代"，是一个不亚于曹操和刘备"创一代"双雄的天才。英雄有很多重要特质，其中一条就是超自信、不认输。

那么，张昭是没战略眼光、不识势不识人的庸臣吗？

准确地说，张昭看事很准、看人不行，是一个非常执拗的人。

张昭跟周瑜一样，是江东集团承上启下的关键人物，两人都是孙策时代的重臣，都跟孙策有过"升堂拜母"之谊，孙策对张昭还执"师友之礼"。比较而言，张昭在江东集团的重要性，一开始在周瑜之上。

我们都倾向于认为张昭是一个文臣，其实这是一个误解。其实张昭跟周瑜一样，也是一个文武全才。早在孙策时代，张昭就身为长史、抚军中郎将。"长史"相当于江东集团办公厅主任兼孙策秘书长，这是文的方面，而抚军中郎将是一个军职。孙策所有内部大事均交付于张昭，对他特别信任，

张昭帮孙策平定江东，厥功甚伟，江西（北）的朋友纷纷来信夸他，张昭怕有通敌之嫌，感觉告诉孙策不是，不告诉也不是。孙策得知后，潇洒道："当年管仲为齐国国相，齐桓公开口仲父、闭口仲父，因此称霸诸侯。如今子布（张昭字）贤明而为我所用，他的成就难道不是我的成绩吗？"

孙策刚死时，孙权悲伤痛哭不止，被张昭喝止，说现在哪是哭的时

候？张昭帮孙权脱孝服换军装，扶上战马，检阅三军，在第一时间明确了孙权作为江东集团新任"三军总司令"的身份和地位，稳住了军队。这是张昭对孙权提供的第一次重要"保姆"服务。

张昭将孙权"扶上马"之后，还要再"送一程"。孙权最初上任江东集团 CEO 时，威信不足，不只是外敌强悍，内部人还谋图造反。这个过程，张昭做了很多安抚百姓、尤其是来自江北（西）"宾旅寄寓之士"的工作，带头拥戴孙权。孙权一开始出征，都留张昭镇守后方，后来，张昭也带兵上前参线，讨境内黄巾余党和其他反叛势力。这是张昭对孙权提供的第二次重要"保姆"服务。此后，孙权对张昭越发信赖倚重，仍旧任他为"长史"，后任命张昭为军师，把他当成第一谋士。

但慢慢地，孙权发现张昭这个老"保姆"有点跟不上形势。

变化始于甘宁加盟江东集团。

甘宁是益州巴郡人，最早原是益州牧刘焉部下，"少有气力，好游侠"，是个闯江湖的英雄好汉。兴平元年（194 年），刘焉死后，刘璋接任，甘宁反叛投靠刘表。甘宁来到荆州后，在黄祖帐下干了几年，建安八年（203 年）还帮黄祖射杀过孙权部将凌操（凌统的父亲）。可惜他虽立大功但不被重用，甘宁非常不开心，一怒之下又转投江东集团，成了孙权部将。

甘宁这种经历，决定了他是典型的鹰派。一到江东，甘宁劝孙权西伐黄祖，拿下荆州。孙权此时已当了几年 CEO，通过打黄祖、剿山越、平内乱这三件大事，逐渐掌握大权、树立权威，急欲夺荆州、报父仇，所以非常赞同甘宁的主意。

但张昭对此表示反对。张昭认为："江东现在自身难保，如果兴军西征，必然导致内乱。"甘宁反驳道："国家视你如萧何，将千斤重担交给您，而您却留守担心出乱子，用什么来追慕古人、建功立业呢？"孙权举杯向甘宁敬酒："兴霸（甘宁字兴霸），今年咱们就西进打黄祖。我敬你一杯，一切就拜托给你了。你尽管放开手脚制定作战方略，务必确保我们一仗打败黄祖。如果这样，你就是大功一件，何必计较张长史的话呢？"后孙权果然灭了黄祖。

孙权这番话，表面上鼓励甘宁，实质是对张昭保守思想的一种变相否定。孙权在长大，而张昭在老去，思想越来越守旧。他是一心在"守"，却不知道"最好的防守是进攻"这个道理。建安十三年（208年）冬曹操伐吴时，孙权二十七岁，刚刚灭了黄祖，正是年轻气盛、自信爆棚之时，这个时候你让他不加任何抵抗就向曹操投降，他能听得进去吗？

赤壁之战，以主战派的大胜告终，也标志着孙权正式自立，不再需要托孤大臣。自此，他武事不决问周瑜，文事不决问鲁肃，开始冷落老"保姆"张昭。张昭气得频频在孙权面前告鲁肃的黑状，孙权一笑而过，继续厚赏鲁肃。

张昭的黄金时代结束了。后来，孙权封王称帝，众臣以为张昭是丞相的必然人选，结果孙权选择了孙邵。孙邵去世后，百官再次推举七十岁的张昭出任丞相，孙权又撇开他，选择了顾雍。明面上的理由是张昭岁数太大，性情刚烈耿直，但其在赤壁之战的主降，是孙权心中永远挥之不去的阴影。

这是不是意味着张昭彻底靠边站了呢？也不是，张昭虽然不被重任，但没有自暴自弃，依旧就国家大事发表意见。尤其在孙权晚年变得昏聩后，张昭的直言，帮孙吴避免了一些重大错误。孙权虽然冷落他，但内心依然尊重他。这些都是"真三国"时代的故事，这里就不展开说了。

张昭的边缘化，乃是历史的必然。张昭比孙策大十七岁，比孙权大二十六岁，从年龄上看，他与孙氏兄弟属于两代人，因而张昭看待他们，有点父亲看孩子的味道，既有严厉的管教，也有慈父的呵护。孙权与张昭交往，时时感受到压力甚至压抑。在初上任时，年轻的孙权需要张昭当"保姆"，需要他的稳重和威信为他保驾护航，但他一旦坐稳 CEO 这个位置，就不那么需要张昭的稳重，甚至开始有点讨厌他的保守。从性格上看，稳重的张昭与急躁的孙策更互补，搭档更默契，而与天生稳重、喜欢权衡的孙权，互补性不够，因而孙权对他的依赖度不够。一朝天子一朝臣，从孙策决定选择与自己性格不同的孙权做新统帅时，就注定了张昭在江东集团的失落。

孙权画像：最有福运的"半生明主"

作为后辈，孙权在军力、经验、阅历等方面均不占优势的背景下，靠什么战胜曹操？孙权凭什么敢决定不降？凭什么敢仅凭手里的三万精兵对付曹操的三十万大军？他的胆气从哪来的？

孙权战胜曹操，更多靠的是人才、谋略和战术的三维升级，以"地利"和"人和"优势对冲全方位占优的曹操。鲁肃与诸葛亮的"联刘抗曹"战略创新，周瑜严谨的数据分析、诈降火攻的战术创新，都是孙权的秘密武器。在这群年轻人面前，曹操显然已经老了。

孙权的三维升级除了赤壁之战，还体现在后来的合肥之战和夷陵之战中。核心是人才的不断涌现，让对方摸不透你的套路和打法。这一点孙权也深得汉武帝刘彻的兵法精髓。汉武帝当年打匈奴，前十年主要靠卫青，后来因为卫青部下投降匈奴、漠北大战惨胜，就果断将还在壮年的卫青雪藏，让霍去病取而代之。

情商超高，驭人一流

作为孙氏集团的第三位 CEO，孙权能很快站稳脚跟，主要靠人才。江东集团人才辈出不是偶然现象，是孙权刻意经营的结果。孙权虽然年轻，却拥有一流的驭人术。所谓驭人术，就是指君王让有本事的文臣武将心悦诚服，发自内心地、最大程度地为其效劳的手段，翻译成现代话语，就是管理水平或人格魅力。孙权的驭人术，在周瑜、鲁肃、吕蒙、甘宁、周泰等将领身上表现得淋漓尽致。

赤壁大战前夜，孙权决定抗曹后，送周瑜上前线时对他说："你要是能打败曹操，就放心大胆去干。实在不行，就赶紧回来，让我来跟曹操决一死战。"（"卿能办之者诚决，邂逅不如意，便还就孤，孤当与孟德决之。"——《三国志·吴书·周瑜鲁肃吕蒙传》）这句跟孙策当年临终托孤张昭时说话的逻辑几乎一模一样，不是逼你死战（干），逼你搞"996工作制"，而是换位思考、给你留足退路。像周瑜这么有血性的人听到这话，还不鞠躬尽瘁、死而后已？这是孙家情商高的表现。这样的细节应该还有很多。后来曹操派蒋干挖周瑜，无功而返，就是这些细节作用的结果。

再比如周泰。建安二十二年（217年），周泰在濡须坞打退曹操进攻后，被拜为平虏将军，节制朱然和徐盛等将兵马。两人不服，孙权于是亲自前往濡须坞，宴请诸将。他亲自端酒到周泰跟前，让他解开衣服，指着他身上的每一道伤痕，问伤是怎么来的，周泰一一作答。然后孙权拉着周泰的胳膊痛哭道："幼平（周泰字），你冒死为我们兄弟征战，受伤几十处，身体就像被雕刻过一般，我怎能不视你为骨肉兄弟，委你以兵马之重？"孙权说完，重赏周泰，徐盛等人才拜服。换作你是周泰，会不会为孙权肝脑涂地？

赤壁大战胜利后，孙权派诸将亲自迎接鲁肃，并为其执鞭坠镫，以彰显其功劳；吕蒙尚未成名时，孙权亲自劝他读书，在他病重时接到宫里治疗，悉心关照；甘宁在刘表阵营时射杀江东大将凌操，投靠后，凌操之子凌统欲找他报仇，一次酒会差点干起来，孙权及时操刀挟盾，为之劝和。这些看起来微不足道的细节，都体现了孙权对人才的高度重视和"人本精神"，也凸显了其超高的人性洞察力和情商，充分证明了孙策对孙权临终遗言"举贤任能，各尽其心，以保江东，我不如卿"这句话的正确性。

孙权字仲谋，人如其名，其一生最大的亮点，就是一个"谋"字。

谋什么？战略。孙权前半生的成功，主要做对一件事：持之以恒地贯彻执行"孙刘联盟"。这件事，看起来很容易，实施一下也不难，但一直坚持下去却相当之难。尤其在江东集团综合实力明显优于刘备集团，身边不断涌现周瑜、吕蒙等文武双全的鹰派，接连取得赤壁大战、荆州之战和夷陵之战三场大战的胜利之后，孙权还能矢志不渝地坚持"孙刘联盟"，中间还能心甘情愿地借南郡，低三下四地嫁妹妹，委曲求全地跟关羽结亲，实属难得。因为坚持战略不动摇，除了对战略重要性的深刻认识，还需要广阔的心胸和强大的定力。比如刘备和关羽，就是因为对"孙刘联盟"重要性的认识不够，这才在夺取益州后，轻视孙权，招致荆州之失和夷陵之败。即使在取得夷陵大胜、蜀汉集团摇摇欲坠的时刻，孙权仍然主动示弱求和，其战略远见和政治智慧确实远在刘备之上。

运气极佳的"福帅"

孙权不仅是"准三国"群雄中唯一的"创二代"，最年轻的主帅，同时也是一名运气极佳的"福帅"。他的福气运气，除了体现于在最合适的年龄接手父兄遗留下来的江东集团遗产，以及接连遇到周瑜、鲁肃、吕蒙、陆逊四代文武双全的军事领头人，还体现在他上台后，因为各种原因没有与"准三国"时代最杰出的牛人正面冲突，从而客观上赢得了一个极好的时间窗口和物理空间。说孙权是上天的宠儿，一点不为过。

此话怎讲？

"准三国"时代最聪明的人都有谁？

曹操阵营：郭嘉、荀彧、贾诩、程昱、荀攸、司马懿；

刘备阵营：诸葛亮、庞统、法正。

这些人都碰巧对孙权"绕道走"，没有对他带来致命伤害。

曹操是建安十三年（208 年）冬才与江东集团正面冲突的。此前，三国甲 A 级郭嘉已病逝，而另一名甲 A 级谋士荀彧也因为政治异见、被曹操束之高阁，没能参与讨伐阵江东集团的献谋。此时，随军著名谋士贾诩和程昱，因建议含蓄委婉，被曹操置之不理。

谋略水平直追张良、陈平的荀攸，跟他的叔叔荀彧一样，主要驻守大后方，很少随军献谋，没有出现在赤壁大战的谋士群中。建安十九年，荀攸难得一次地随从曹操征讨孙权，却于半路病逝，曹操每每说起他来都泪流满面，怀念程度堪比郭嘉。

至于司马懿，虽然是一只老奸巨滑的老狐狸，却因为出道甚晚（208年才为曹操工作），且初期只是一个底层文官，直到建安二十年曹操征讨张鲁时，司马懿才随军献谋；建安二十四年，曹丕被立太子后，司马懿才执掌军权，此时，孙权已足够强大了。

再说刘备集团。诸葛亮是"孙刘联盟"的创始人，对江东集团属铁杆鸽派，从未与孙权动过手。蜀汉章武二年（222年），刘备称帝后兴兵伐吴，诸葛亮既不赞同，也不反对，除了后勤支持，几乎置身事外。庞统和法正都是特别有谋略的人，可惜都去世太早，亮相时间主要集中在夺取益州阶段。用诸葛亮的说法，刘备在夷陵之战中大败，与法正去世太早（220年）、无人为刘备随军献谋大有关系。

你可以说上述都是巧合。但运气这种事，不就是一个巧合连着一个巧合吗？

"准三国"时代的孙权，英明、睿智、大气，全力以赴对抗曹操和刘备，超常发挥，近乎完人，但在后半生，却犯了很多错误，以至被人称为"半生明主"。某种程度上，孙权有点像汉武帝刘彻，虽然两人文治武功差距很大。孙权跟刘彻一样，一是都属于管理型而非业务型统帅，长处在"用人"（请人做事）而非"做事"（亲自做事）；二是后半生性格大反转，走向反面，开始内部瞎折腾；三是在接班人问题上犯过大错，频频对亲人开刀。

第 8 章　儒帅刘表

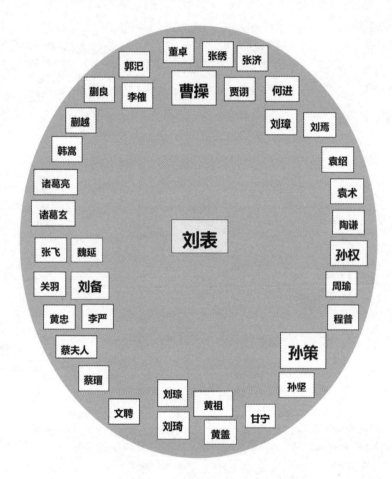

刘表的朋友圈

话说《三国演义》中，曹操与刘备煮酒论英雄。刘备提及当时实力最雄厚的袁绍和袁术，均被曹操否决，暗暗吃惊，于是小心翼翼问："有一人名称八俊，威镇九州：刘景升可为英雄？"

　　曹操不屑一顾道："刘表虚名无实，非英雄也。"

　　因为曹操这句话，刘表从此被戴上一顶"虚名无实"的帽子，被众多三国迷长期鄙视。其实这个结论并不符合实际。在汉末群雄的争斗史中，刘表绝对算得上一个另类传奇。严格地说，刘表跟刘备一样，是一个晚成英雄。

　　刘表生于142年，在汉末群雄中，是比曹操这个五〇后更老的四〇后，资历仅次于陶谦（生于132年）这个三〇后。因为年轻时陷入党锢之祸，折腾得太厉害，刘表几度沉浮，四十九岁才下海创业，单枪匹马从帝都洛阳来到派系林立、战火纷飞的荆州。短短两三年内，刘表借助荆州朋友圈的力量，打下荆州六郡，成为独霸一方的荆州牧，帐下人才济济，旗下水军陆军达十数万之众，其创业速度、力度和最高成就丝毫不亚于袁绍、曹操、袁术、刘备、孙坚、孙策等人。

那么，这么牛的刘表，为什么会被曹操如此鄙视？为什么曹操筹备已久、做好持久战的"荆州战役"没几天就打完了？为什么冀州牧袁绍的几个儿子这么能打，而刘表的儿子、新任荆州牧刘琮很快就投降？为什么刘表长期收留刘备，既不加害又不重用？为什么刘表不聘用治下牛人诸葛亮，而眼睁睁看着他投奔刘备？

简单回答上述问题，就一句话：因为刘表生得太早。董卓乱政时（189年），他已四十八岁；曹操挟天子时（196年），他已五十五岁；曹操兴军南下打荆州时（208年），他已六十七岁。"五十而知天命"。准三国的大戏开启时，刘表早已过了"知天命"的年龄，看淡一切世事纷争，权利富贵早已成浮云，自然雄心不再。但是，在刘表创业的巅峰期，他的朋友圈真的非常非常牛，其核心支撑力量有两个圈：凉州系和荆州系。别忘了，与刘备相比，刘表才是货真价实的汉室宗亲。

凉州系朋友：李傕、张绣、贾诩

如果说汉末天下大乱，黄巾军起义以及后来的董卓之乱，都源身党锢之祸的话，那么"准三国"时代的群雄中，真正参与并深度体验过党锢之祸的人，大概只有刘表。

跟前面提到的幽州牧刘虞、益州牧刘焉一样，生于汉顺帝汉安元年（142年）的刘表也是汉室宗亲。因为家境优越，加上少年英才，刘表从小就是知名人士。刘表天生高富帅（身长八尺余，姿貌温伟），成天香车宝马在洛阳城到处赶场，各种饭局应酬，指点江山，其声名风度，不亚于后来同为帅哥和社交达人的袁绍。《三国演义》里刘备说刘表"名称八俊，威镇九州"，基本符合事实。《后汉书·袁绍刘表列传》的说法是"八顾",《三国志·魏书·董二袁刘传》在"八顾"之外又多了"八交""八友"的说法,看着有点乱,但这恰恰说明,刘表在年轻时,就已名动江湖,声震朋友圈,这是其后来敢于创业的重要基础。

汉朝"八大杰出青年"

八俊、八顾、八交、八友这些说法是怎么来的?

按照《后汉书·党锢列传》上的解释,当时士人团结起来为对抗宦官,搞了各种小团体,给自己上了各种封号。这些小团体,最上等叫"三君"(圣人级),次一等叫"八俊"(意见领袖),再次一等叫"八顾"(道德模范),再次一等叫"八及"(士人偶像),最后一等叫"八厨"(慈善家)。"三君"就是党锢之祸三个士人领袖窦武、刘淑、陈蕃,刘表呢,一种说法把他列入"八及",另一种说法则说他是"八顾"。也就是说,刘表可能既是士人偶像,又是道德模范。"八俊"、"八顾"、"八交"这些说法,概括起来就是,刘表年轻时是"洛阳八少"、"洛阳八大社交达人"或"汉朝八大杰出青年"。

年轻时起点过高、事业顺风顺水的人,一般容易摔大跤。刘表好交友,又思想深刻,自然关心朝政,积极参加过太学生运动。受第二次党锢之祸牵连,刘表被迫逃亡,长年过着人不人、鬼不鬼的生活,直到汉灵帝光和七年(184年,这一年十二月改元为"中平元年")受大将军何进征召推荐,出任北军中候(帝都洛阳禁卫军长官),这才结束逃亡生涯,这一年刘表四十三岁。考虑到第二次党锢之祸发生在灵帝建宁元年(168年),刘表在野逃亡时间可能长达十六年。也就是说,优秀青年刘表中年极其不顺,其二十七到四十三岁这段人生黄金岁月,是在风声鹤唳、坎坷泥泞、碌碌无为中度过的。

理论上,刘表算是大将军何进的人。可能是因为何进的关系,或者其他人脉,刘表又认识了董卓。董卓行废立之事后,重用了很多名人,比如袁隗、袁绍、刘虞等。刘表既是刘氏宗亲，又是当年洛阳城的社交达人，自然要被董卓提拔重用。

孤身一人赴任荆州

初平元年（190 年），四十九岁的刘表迎来人生一个重大转折，被董卓封为荆州刺史。董卓是刘表创业以来的一个重要贵人，也是他在凉州系的一个重要朋友。

这对刘表是好事还是坏事？

既是好事，也是坏事。

好的一面，是刘表的创业起点非常高。刘表此前所任北军中候，级别不算高，而刺史名义上是堂堂一州之父母官，离州的最高长官"州牧"只有一步之遥。基本上，曹操、刘备、孙坚等牛人，都被表奏过州刺史，而且他们的刺史头衔是历经多年征战后，被上司作为一种战功奖赏表奏的——袁绍表奏曹操为兖州刺史，陶谦表奏刘备为豫州刺史，袁术表奏孙坚为豫州刺史。刘表呢，做荆州刺史前，只是一个禁卫军长官，之前没任何讨逆战功，一下子就将董卓封为汉朝最为富庶的荆州之州刺史，一则第一步起点非常高，二则权威性不一样，曹操、刘备、孙坚的刺史是被上司"表奏"（相当于发个朋友圈通报）的，而刘表是朝廷实封，含金量完全不同。

再说不好的一面。不好的一面有两点。

一是刺史只是虚衔，待遇并不高。"刺史"这个官职原意是为监察地方官，没什么实权，俸禄也不高（跟北军中候一样，也是六百石），而名义上比刺史级别低的郡太守俸禄却高至两千石，因为太守是真正手握军政大权的地方官，钱粮人土、司法刑狱全管，通俗地说，郡太守非常接地气，而刺史上不着天（不如州牧有实权），下不着地（没有郡太守的地盘和福利）。这是为什么汉末群雄打江山时，第一个争取的官职就是郡太守。或者换句话说，只有地方太守才有实力出来举事，比如组建反董联盟时，主力大多是郡太守，而州刺史多半是来打酱油、蹭热点的。

二是荆州乃一个是非之地，一般人压根不敢去。刘表能得荆州刺史这个空缺，是因为原荆州刺史王叡刚刚被孙坚所杀。当时的荆州十分不太平，黄巾军盛行，地方山头林立，长年混战不休。其中有三个比较难对付的人，一是当时实力排名第二的袁术，驻扎在荆州最北的南阳郡，兵精粮足；二是长沙郡太守苏代；三是华容县长贝羽，"各阻兵作乱"，外人很难插手荆州。这种情况下，刘表甚至没法堂而皇之、光明正大地带人从洛阳去荆州赴任。因为别人要是知道他新任刺史，跟自己来抢地盘，可能半道就把他"结果"了。

怎么办呢？刘表经过深思熟虑，做了"一个艰难的决定"：谁也不带，乔装改扮，只身一人去荆州赴任。

刘表放着洛阳城老婆孩子热炕头的舒服日子不过，孤身一人，冒着掉脑袋的危险，穿越 N 个战区，从繁华富庶的一线城市洛阳来到二线乱世荆州去创业，试问，在当朝的汉朝，有几个人能做到？在当今社会，又有几个人有这样的理想和胆气？就凭这一条，刘表足以称为英雄。

结盟李傕，转正州牧

刘表与以董卓为首的凉州系军阀关系非同一般。在董卓遇刺后，刘表继续与他的凉州系部下保持着非常好的往来。初平三年（192 年），李傕、郭汜、樊稠三人共同把持朝政。当年十月，刘表派使者入长安城进贡。这种贡奉与其说是献给汉献帝，不如是献给李傕和郭汜等人的。

李傕一看刘表这么懂事，大喜之下，前后给他奉送了几个含金量极高的大礼包：

加封刘表为镇南将军、荆州牧，封成武侯；

特许刘表"开府辟召掾属"的权力，仪同三公（享受国家领导人待遇）；

授予他"假节"之权（"节"代表皇帝的身份，持"节"意为皇帝亲临，大致相当后来的"授予尚方宝剑"，可先斩后奏）；

督交、扬、益三州军事（交州、扬州和益州三军区名义司令员），为后来刘表染指荆州南边的交州、东边的扬州和西边的益州提供了方便。

李傕如此厚结刘表，当然不是看重那点贡奉，而是希望引他作为地方外援，巩固自身在朝廷的地位，而刘表也顺水推舟，借李傕"挟天子"的权力，让自己的事业上了一个大台阶。刘表这位昔日有名无实的荆州刺史终于"转正"，变成实至名归的荆州牧，可谓地位空前、荣耀无比，大大的双赢。此时，距离刘表空手创业不过两年时间。其效率之高、其谋略之巧、其手笔之大，丝毫不亚于后来的曹操、袁绍等人——那一年曹操刚做到兖州牧，袁绍刚当上冀州牧。

杀不死的曹操，留不住的张绣

刘表坐稳荆州牧的位置后，继续南征北战。兴平元年（194年），刘表借益州牧刘焉病亡、其子刘璋即位之机，派人策反刘璋部将沈弥、娄发、甘宁（后投靠孙权，成为东吴名将），将他们网罗到帐下。建安元年（196年），凉州系另一著名军阀、骠骑将军张济因为缺粮，自关中南奔南阳，攻打南阳郡的穰城，结果中流箭而死。之后，其侄张绣接管了他的部队，收兵退出穰城。

荆州官员听说刘表居然把骠骑将军张济都打败了，纷纷向刘表祝贺。刘表却自谦道："张济因穷途末路而来，我作为主人却如此无礼，这并非我的本意，故我只受吊唁而不受祝贺。"之后，刘表又派人招降张济余部。张绣表示愿降，刘表于是安排张绣屯兵宛城，帮助抵御北方的敌人——刚刚奉迎汉献帝、渐成气候的曹操。

　　刘表与凉州系的缘分实在不浅。

　　但张绣毕竟年轻，有点心性未定、反复无常，把投降这种事当儿戏。建安二年（197 年），曹操在搞定挟天子以令诸侯大事之后，开始着手消除腹背之敌，率军南征张绣。张绣自觉不敌，于是背叛刘表投降曹操。

　　就在这时，剧情突然反转。曹操发现张绣的婶婶，也即张济的遗孀颇有姿色，于是强行霸占。张绣觉得自己受到了极大的侮辱，后悔投降，痛骂曹操。此事被曹操知道了，计划悄悄干掉张绣。谁知道，曹操的计划也泄密了，张绣先下手为强，对曹操发动偷袭。曹操大败，儿子曹昂和侄子曹安民在此役中被杀，曹操贴身保镖典韦也阵亡。张绣投降失败只得灰溜溜地恳求刘表原谅，再次与他联盟。

　　曹操当然不会善罢甘休。第二年三月，曹操再次南征张绣，将张绣据守的穰城团团包围，指望一次拿下。但不久，曹操就听说袁绍欲趁虚袭取许都，只好撤退。张绣率兵尾随追击，刘表也派荆州军协助切断曹军退路，曹操先胜后败，最后不得不挖地道才得以逃脱。

　　但是，谁都没有想到，建安四年（199 年），张绣再次向曹操投降。

　　这次投降出主意的是贾诩。贾诩对张绣说了三条理由，一是曹操"奉天子以令天下"，根正苗红；二是袁绍目前很强，我们这点人投靠，必不受重用，而曹操目前较弱，肯定会欢迎我们；三是曹操有霸王之志，胸怀天下，不计较个人恩怨。这三条明载于史册的理由都过于冠冕堂皇，不足以打消张绣的疑虑。私下揣测，贾诩应该也对张绣担保过，曹操绝不会杀他，张绣才敢放心投降。

　　事实上，曹操确实做到了。张绣到达曹营后，曹操牵着张绣的手，一起参加宴会，还决定让自己的儿子曹均娶张绣的女儿，并封张绣为扬武将军。当然，曹操不计较，不代表他的儿子也不计较。曹操死后，曹丕因大哥曹昂被杀之事对张绣不满，张绣不安，恐惧自杀（一说病死），他儿子张泉也因别人的谋反案牵连而被杀。

刘表与董卓、李傕、郭汜、张济、张绣等凉州系大佬均有私交，可是对贾诩这样牛的人，为什么刘表没有拉拢他，成为自己的人？

其实，贾诩与刘表打过交道。当初，就是他为刘表和张绣牵线，刘表对他也以礼相待。事后，贾诩给刘表下了一个结论："如果在和平年代，刘表是'三公'之才。但他没有看到天下正在剧变，为人多疑而缺乏决断，难以成大事。"（诩曰："表，平世三公才也；不见事变，多疑无决，无能为也。"——《三国志·魏书·荀彧荀攸贾诩传》）这个结论，是他坚决支持张绣脱离刘表的原因。也许刘表拉拢过贾诩，被贾诩拒绝，也许他根本就没发现贾诩是一位超级谋士。

可以看出，刘表的创业源起与袁绍和曹操因为害怕被董卓追杀不得不亡命天涯不同，也与刘备和孙坚等草根想趁乱世洗牌改变命运不同。刘表创业更主动，属于一种借助资源的主动创业模式，他的种子资源和最大靠山就是凉州系。因为创业晚，起点高，且身体条件不允许，刘表不可能像刘备、孙坚和曹操一样，亲自上战场打打杀杀，一点一点去"力拼"。他必须借力打力，主要靠合伙人机制共赢，靠谋略智取。

荆州系朋友：蒯良、蒯越、蔡瑁

刘表孤身一人来到荆州，除了一纸任命、一个官凭和一颗雄心，什么也没有。他怎么把"荆州刺史"这四个字变成一桩事业的？

这就必须先说刘表初到荆州的形势。

荆州很大，东汉十三州中仅次于益州和扬州的大州，面积大致相当于豫州、兖州、徐州、青州、冀州、司隶校尉部等州部之和。"准三国"时代早期，荆州一度是孙坚和袁术的天下，孙坚一度还做过长沙太守。后来长沙郡落入一个名叫苏代的手中，此人曾帮助曹操平定黄巾之乱，自封长沙太守。另一个地头蛇是贝羽，任"华容长"，刘表初至荆州任刺史，他拥兵作乱。除此之外，还有宗贼盛行。所谓"宗贼"，就是同宗族的人结伙的盗贼，可理解为以血缘为纽带的黑社会，很难被剿灭。总而言之，刘表初入荆州时，主要有四大对手：袁术（含孙坚）、苏代、贝羽、宗贼。

荆州合伙人

刘表找了几个合作伙伴襄阳人蒯良、蒯越和蔡瑁共谋大事。之所以找他们，一是刘表早年就与他们有交往，属于多年旧交，说不定刘表来荆州做刺史，还是他们的撺掇、谋划和运作的结果；二是因为蒯家和蔡家是荆州的世家大族，而蒯良、蒯越和蔡瑁又是人中龙凤。他们的本土人脉资源和钱粮支持，对于刘表创业至关重要。

蒯良和蒯越是亲兄弟，荆州南郡人，据说是汉初著名说客蒯通（楚汉争霸时劝韩信自立未遂的谋士）的后人，两人都足智多谋——大哥蒯良擅长宏观的"道"，老弟蒯越擅长微观的"术"。刘表问计于蒯良，蒯良答："荆州人民不归附，是因为地方官仁政不足；人民归附而不能实现大治，是因为情义不够。如果刺史大人能同时行仁、义之道，则百姓来归如水势之向下，何必担忧来者之不从而要问兴兵之策呢？"蒯良这番话，看似很虚，但确是高屋建瓴，为刘表提供了治荆州的战略思想。

刘表觉得不过瘾，又问其弟弟蒯越。蒯越比较务实，当即从"术"的角度说：袁术虽有勇武，但是无决断；苏代和贝羽更是武夫，不用担心；至于那些宗贼首领，多为贪婪暴虐之徒，手下都很怕他们。蒯越建议刘表"擒贼先擒王"，先搞定宗贼，然后南据江陵（今湖北荆州市），北守襄阳（今湖北襄阳市），占据这两座荆州最重要的城市，则荆州其他各郡可传檄而定。

刘表依蒯越之计，派人诱请宗贼五十五人赴宴，将其全部斩杀，灭其部属，立时威震荆州。

为刘表占据荆州立大功的另一人是蔡瑁。蔡瑁这名字太熟了。没错，他就是《三国演义》里投降曹操被委任水军大都督的那位。蔡瑁在《三国演义》里先是害刘备，后被曹操所杀，是典型"反派"，但真实的蔡瑁要"正派"得多。蔡瑁出身名门，乃东汉末年荆州名族蔡讽之子，姑父是太尉（三公之一）张温，大姐嫁给荆州另一家大族的名士黄承彦（诸葛亮的岳父），二姐嫁给刘表做继室，也就是说，蔡瑁是刘表的小舅子，其荆州"朋友圈"相当牛掰。

但成也荆州系，败也荆州系。刘表慢慢发现，那些帮他坐稳荆州牧这个位置的朋友，后来根本就不听他的，尤其是在涉及与袁绍、曹操关系这种重大外交事件时。

"亲曹派"远胜"反曹派"

建安四年（199 年），袁绍和曹操对决。就像之前二人曾争相拉拢张绣一样，到了官渡之战这个节骨眼上，两人又都盯上了刘表这个大佬。袁绍派大使求助，刘表面上答应，但就是不派兵。刘表不帮袁绍，难道是要帮曹操吗？不，他曹操也不帮，完全恪守中立。刘表的想法是任由曹操、袁绍鹬蚌相争，自己好渔翁得利，先保护好荆州，再视机会争夺天下（表许之而不至，亦不佐太祖，欲保江汉间，观天下变——《三国志·魏书·董二袁刘传》）。

刘表这种中立政策，看似谁都不得罪，其实谁都得罪。此时的荆州已经分化为"亲曹派"和"反曹派"两大势力。"反曹派"主要是武将和刘备等外来势力，而"亲曹派"主要是文官和荆州的世家大族。世家大族亲曹是因为他们信仰皇统，曹操背后是汉献帝，不投靠曹操还能投靠谁？此其一；其二，诸如蒯氏兄弟、蔡瑁等人与曹操都认识，甚至早就有私交，投靠曹操，后半生有着落，家族利益能得到保障，而反曹操就意味与朝廷开战；其三，打仗是要付出代价的，世家大族都是穿鞋的，而穿鞋的最怕光脚的，最怕战争，最怕革命，最怕推倒重来，越是有钱人损失越大，和平统一乃是上上策。

所以，虽然刘表不帮袁绍，但他不帮曹操，没有满足"亲曹派"的诉求，他们自然要抗争。著名亲操代表、从事中郎韩嵩与别驾刘先率先对刘表放炮："现在群雄逐鹿，豪杰并争，袁、曹两雄相持不下，成败关键在将军。将军如果想有所作为，正可乘他们筋疲力尽的时候起兵，否则，就应该尽快站队。将军拥有十万部众，却坐山观虎斗，只怕两家都会怨恨将军，想保持中立是不可能的。曹公天纵英才，贤士俊杰都争相归附他，从发展趋势看他必然消灭袁绍，然后举兵荆州，到时恐怕将军很难抵抗。所以替将军设想，不如归附曹公，这是长享福祚、造福子孙的万全之策。"韩嵩和刘先说完，蒯越开始"坐沙发跟帖"，劝刘表尽早投靠曹操。韩嵩和刘先不过是"传声筒"，真正的"炮手"其实是蒯越。

刘表本就是一个多疑的人，见下面谋士一边倒亲曹，心道：你们这帮人要干吗？是不是拿了曹操的好处、偷偷把我刘表父子卖了？应该说，刘表这种反应很正常。创业者多疑，是一种本能表现。刘表要是不多疑警觉，之前十六年的逃亡生涯，早就被人卖了八百回、早就身首异处了，焉能活到今天？刘表心里狐疑，但蒯越毕竟是创业元老和重要合伙人，不便公开反驳，于是派韩嵩前往许都，面见曹操探听虚实。

韩嵩铁杆投降派，见了曹操，自然大献殷勤，被汉献帝封为侍中，升任零陵太守。他从许都出差回来，把汉献帝和曹操吹到天上，还建议刘表派儿子到许都做人质。

这下可把刘表彻底惹毛了。

韩嵩是刘表的部下，出趟差就挣回一顶郡守的大官帽，而这个郡守的官原本是属于刘表才有资格给的。曹操给他官帽，他应该拼命推辞才是，不推辞本身就有问题。不仅如此，韩嵩还建议刘表派儿子到许都做人质，这是什么？这是典型的吃里扒外！

刘表怀疑韩嵩被曹操收买，回来当卧底，就像陈登去许都出趟差顺手就把老板吕布卖了一样，大怒之下要杀了韩嵩，众人大惊。刘表拷问韩嵩出差随从，得知他没有暗通曹操，其妻蔡氏又帮着给韩嵩说好话，刘表这才怒气稍消，饶过韩嵩性命，把他关起来。

刘表囚禁韩嵩，说白了就是杀鸡给猴看，目的是警告蒯越、蔡瑁等亲曹派——你们就死了降曹这条心吧，除非我刘表死了。

这下问题严重了。

刘琮为什么要投降？

在亲曹派中，有两个关键人物，那就是刘表的继室、蔡瑁的二姐蔡夫人，以及刘表的小儿子刘琮。刘琮并非蔡夫人所生，但因为刘琮娶了蔡氏娘家的侄女，成为蔡家的女婿，感情和利益自然向蔡家这一"外戚"倾斜。蔡家亲曹，刘琮必然或主动或被动地跟着亲曹。

刘琮不是刘表的儿子吗，为什么也要胳膊肘往外拐？

刘表到了晚年，除了亲曹或反曹这个重大外交问题，还有一个令人头疼的内政问题——荆州牧由谁继承。那时，州牧由朝廷任命的规则全然作废，州牧早就可以私相授受，比如袁绍的冀州牧、刘备的徐州牧、刘璋的益州牧，都是这么来的。刘表原本喜欢大儿子刘琦，按照"立长立嫡"的传承规则，刘琦都是法定继承人。

但是，蔡氏搅乱了这一切，打破了刘表传位大儿子刘琦这一愿望。传承问题是事关政治稳定的大事，尤其当这个传承问题牵扯到外交问题时，就更加敏感。小儿子刘琮成为蔡家女婿，成了亲曹派的利益代言人，大儿子刘琦因为与刘备、诸葛亮等人关系亲密，倾向反曹抗曹。而蔡家代表包括蒯家在内的荆州五大家族的利益，势力明显强于刘备这个外来户。在蔡夫人、蔡瑁、蒯越等人的"围攻"下，刘表一声长叹，只好违心将继承人由刘琦改为刘琮。

　　当建安十三年（208 年）七月，曹操挥鞭南下荆州时，荆州集团一片降声，感觉不是迎来战争，而是迎接主人入城。此时，刘表已病入膏肓，内政外交两方面都已被架空，到八月就在忧惧愤懑交加中离世了。

　　可怜刘备和刘琦这样的抗曹派，不仅被降曹派边缘化，还被封锁消息。刘备近在樊城（与住在襄阳的刘表一江之隔），不知道荆州决心投降的消息；刘琦则远在长江下游的江夏，父亲生前想见一面都被蔡瑁等人拒之门外。

　　八月，刘表一病逝，蒯越与蔡瑁等人立即拥立了刘琮为继任人。当曹操大军到达新野时，刘琮本有意联络大哥刘琦和刘备抗曹，被蒯越、韩嵩及另一著名亲曹派傅巽联名反对。傅巽问刘琮：“将军您觉得自己与刘备相比如何？”刘琮答：“不如。”傅巽又道：“若刘备不能抵抗曹操，那么荆州就不能自存；若刘备能抵抗曹操，那么刘备就不再是将军的臣下了。希望将军不要再疑惑。”

　　刘琮无奈，只得降曹。亲曹派最终赢得了胜利，当刘备、诸葛亮和刘琦抗曹派亡命天涯时，他们被曹操大肆封赏。刘琮投降后，被曹操封为青州刺史，后迁谏议大夫，爵封列侯；蔡瑁被封为汉阳亭侯；傅巽封为关内侯，后迁任散骑常侍；王粲赐爵关内侯；蒯越被封光禄勋（九卿之一）；而那位最早出差许都、劝刘表投降的韩嵩，可能因为被刘表关太久，患病在身，被曹操在家拜授为大鸿胪（九卿之一）；蒯良因为早逝，没有出现在曹操封赏名单中。

　　“荆州是刘表的，也是荆州士族的，但归根结底的，是曹操的。”当曹操骑着高头大马，身披耀眼秋阳，志满意得地走进荆州首府襄阳城时，围观人群中有人这样说。仅仅十八年，荆州再次易主。

爱恨交加的老朋友刘备

说刘表，不能不提同为刘氏宗亲的刘备。因为两人在荆州过了八年相依为命的日子。

刘表欢迎您，但他不代表荆州

刘备当初来荆州，刘表和他的荆州集团欢不欢迎呢？

答案是：刘表欢迎，荆州集团不欢迎。

刘表的荆州与曹操的大本营豫州紧挨着，曹袁大决战，无论谁胜谁败，都会觊觎荆州，挥师南下。原本荆州最北部的南阳郡有张绣帮着看守门户，前两年，张绣和刘表也一块跟曹操认认真真打过几仗，曹操一败一逃，刘表正得意宽心，谁知张绣这小子一转眼就投降了曹操。

张绣的降曹，给了刘表很大打击。这种打击，既是心理上的，也是军事上的。心理上，就是刘表待张绣不薄，在他最困难的时候收留了他，要钱给钱，要粮给粮，大度宽容他的第一次反叛，但他还是投降了曹操。如此公然打刘表的脸，是可忍孰不可忍？军事上，荆州失去南阳郡这一重要屏障，北面门户大开，一旦曹操搞定袁绍，挥师南下，荆州既无险可守，也无人可守，上哪找一个像张绣这样有本事的人来帮忙守护荆州大门呢？

德才兼备、履历完美、名震宇内的刘备的投奔，简直是雪中送炭。从冀州南下的刘备，虽然头上只剩一个“左将军”的头衔，没有任何实职，但是一度被迫降曹的二弟关羽又回来了，公孙瓒旧部猛将赵云正式加盟了，武将力量大增。主观上，刘备经历徐州几仗后，名声日隆，天下皆知。自中平元年（184 年）来，汉末群雄死的死、降的降、退的退，刘备虽然还没有完全独立，但俨然是一支可以左右各方胜负的重要力量，打谁谁败，帮谁谁赢。

建安五年（200 年）秋，官渡之战前夜，刘备终于来到荆州地界，刘表亲自出荆州首府襄阳，在城北郊外举行了隆重的"郊迎"仪式（有点像现代国家元首亲自去机场迎接贵宾），然后将刘备迎进襄阳城，双方就天下大势、官渡之战以及双方共同关心的话题进行深入的、全方位的探讨。

此时天下是什么形势呢？

此时的形势与曹操挟天子以令诸侯的建安元年（196 年）已大相径庭，与董卓废少帝刘辩、挟立汉献帝，被诸侯共同讨伐的中平六年（189 年）更是不可同语，轰轰烈烈的"三国世界杯"不只是由"小组赛"进入"淘汰赛"，而是由八分之一决赛进入了四分之一决赛，当初一腔热血、满是自信地逐鹿中原的群雄中，大多已不在人世：

孙坚（死于 192 年）、董卓（死于 192 年）、陶谦（死于 194 年）、张邈（死于 195 年）、郭汜（死于 197 年）、李傕（死于 198 年）、吕布（死于 198 年）、公孙瓒（死于 199 年）、袁术（死于 199 年）、孙策（死于 200 年）都已完蛋。北部、东部、南部大部分群雄都已被消灭。像样的势力只有南部的刘表、东南部的孙权和西南部的刘璋、西北部的张鲁、韩遂和马超。

当此危难之时，刘表太需要刘备这样的刘姓兄弟来帮忙了。

刘备投靠刘表，被好吃好喝招待 N 天之后，开始干活了。没有任何意外悬念，刘备被安排到刘表所占领的荆州部分（不包括南阳郡）最北边的新野县，作为抵挡曹操大军的人肉盾牌。这种做法，跟徐州牧陶谦对待刘备的安排一样一样的。刘备这时正是丧家之犬，有地方安家吃饭睡觉就不错了，哪还有挑三拣四的资格？于是欣然赴任。

刘备一度黯淡的事业心再度被点燃。如果说有什么变化的话，那就是，刘备成功的欲望更强、心情更迫切了。因为这一年，他已经四十岁了。这个年龄，在当代创业都要被天使投资人和各路 VC（风险投资）嫌弃，在汉朝已属不折不扣的"老年人"，这把年纪还一事无成，还要一而再、再而三寄人篱下，让人情何以堪？更危险的是，曹操与袁绍对决，无论谁胜谁负，下一个目标就是他和刘表这样的"剩者"，时不我待，必须玩命干啊。

刘备为什么在荆州虚度八年？

打不死的小强又活过来了，刘备在新野这个弹丸之地干得风生水起，可惜所遇非人。此时的刘表已近暮年，身体多病，年轻时豪夺荆州的雄心和胆气不再，守业都勉为其难，更别说主动对北边的曹操发起进攻，趁官渡之战浑水摸鱼。不仅这样，刘表表面热情好客，但对刘备且用且猜疑。于是，刘备在新野待了没多久，又被打发到更靠北的地方——博望坡。没错，就是《三国演义》里诸葛亮初出茅庐、第一次用兵"火烧博望坡"故事（此事纯属虚构）的发生地。

官渡之战后，曹操大胜袁绍，将重心集中在北方，扫除袁绍几个儿子及其他残余势力，刘备借机主动请战，往北进攻，把曹操帐下名将夏侯惇打得大败。刘表担心刘备势力发展过快，将他召回到襄阳边上的樊城。从此，刘备开启了六年无所事事的"准养老岁月"。这是刘备自184年起兵以来最闲适安逸的岁月。

为什么刘备在荆州八年在军事上毫无作为？

一是刘表用刘备，意在防守，而非进攻。建安十二年（207年），曹操亲率大军出征柳城时，已来荆州七年的刘备向刘表建议，趁机进攻许县，遭到了他的拒绝。后来等曹操得胜回到许县后，刘表又非常后悔，对刘备表示："当初没有听从你的建议，以至于失去了一个大好机会。"刘备答："如今天下分裂，几乎每天都有战事爆发，机会还很多，何必为这次的事情而烦恼呢？如果您以后能够把握时机，那么即便失去这次机会也没啥可后悔的。"刘备的话，一半是安慰，一半是劝告（甚至婉转警告）刘表要珍惜机会。可惜，这是刘表最后一次机会。第二年（208

年），曹大军还未到荆州，刘表就提前从荆州牧这个位置、从人世间彻底下岗了。

后人谈论刘表与刘备的关系，主流观点都是说刘表外宽内忌，不容、不用刘备。我认为这种观点稍稍有点"粗糙"。严格地说，刘表对刘备还是相当厚道、宽容的，他不用刘备主动出击曹操，确实有许多难言的苦衷。刘表前后收留了刘备七八年，至死方休。考虑到这七八年间，无数家人、下属和亲信在刘表面前攻击、诋毁刘备，而刘表始终没有像曹操和吕布那样对刘备赶尽杀绝，相当不容易。

二是荆州集团有一股强大的亲曹派势力，他们强烈反对刘表收留刘表，更反对其对抗曹操。

如前文所说，刘表是一个人赤手空拳来荆州打天下，荆州并不属于他一个人，而是他与荆州几个世家大族共有，这些世家大族与曹操都有交情，在曹操奉迎汉献帝、大败袁绍后，他们降曹归汉的心情越来越迫切。蒯越、蔡瑁等人有强烈动机将刘备拿下，作为降曹的"投名状"。此其一。

其二，刘备与刘表长子刘琦关系甚厚，诸葛亮加盟刘备集团后，甚至被刘琦"上屋抽梯"被逼献计。也就是说，刘备已与刘琦结为反曹联盟，这一行动，在"亲曹派"看来，不仅妨害他们的降曹大业，还将破坏他们拥立刘琮继承荆州牧这件大事——万一刘备联手刘琦先下手为强，或者刘表老糊涂，重演陶谦"三让徐州"的故事，将荆州"让"给刘备呢（野史传闻刘表曾打算将荆州让给刘备）？我们岂能在自己家里坐以待毙？刘琮、蔡瑁、蒯越等人应该无数次讨论过这个问题。

作为一个寄人篱下者，作为一个曹操"钦点"的逃犯，刘备以疏间亲，不管是否深度介于刘琦与刘琮兄弟的夺嫡之争，都属于被猜忌的对象，"亲曹派"自然欲除之而后快。《三国志》引《世语》故事说：刘表有一次请刘备前来赴宴，蒯越、蔡瑁想借机除掉他。刘备提前觉察，假装上厕所，匆匆乘名马"的卢"出逃，不小心坠入襄阳城西的檀溪水中，怎么也上不了岸。眼看追兵将至，刘备急坏了，大喊："的卢啊的卢，情势危急，快快加油啊！"的卢于是一跃三丈，从而帮刘备逃过一劫。

刘备在荆州住了数年，有一次跟刘表一块上厕所，见大腿内侧长了很多松松垮垮的赘肉，突然悲中从来，伤感落泪。刘表奇怪，问刘备："老弟，你咋啦？"刘备答："我长年征战，身不离鞍，大腿从来没什么赘肉。现在多年不骑马，赘肉多了。光阴似箭，日月如梭，这样下去，恐怕到老了功业不建、一事无成，所以不胜伤感啊。"

刘表防刘备其实很正常

刘表对刘备很是宽待，但宽待不等于重用。刘表对刘备，始终定位为一种平衡力量，而不是一种进攻力量。为什么是这种定位？原因有三。

一是刘表多病，风烛残年，健康不允许他再大折腾。

刘表早年受党锢之祸的牵连，曾亡命天涯十六年，处于一种担惊受怕、心神不宁的状态，这不可避免地摧毁刘表的身体，为其晚年健康埋下隐患。十年创业征战，呕心沥血，身体透支较大。再次，二子争权，耗尽了刘表的心力。蔡瑁等荆州系权力太大，不能不选小儿子为接班人。硬选大儿子刘琦，只怕自己一死，就祸起萧墙，自己难以寿终正寝不说，刘琦小命恐也难保。在这样一个随时可能面临内乱的当口，对外是多一事不如少一事，以静制动才是上策。

二是刘备这个人有大志和野心，难以驾驭。

刘备胸怀大志、生命力超强，是那种给一粒种子就发芽，浇点水就长成参天大树的人。虽然长期寄人篱下，刘备任何时候都是以创业心态做事，具有超强韧性。刘备与刘表的最大区别，就是刘备有大志，还是创业者，对成功有强烈的渴望，而刘表属于功成者，早已暮气沉沉，已是做一天和尚撞一天钟、得过且过的节奏。一个暮气沉沉的老人，身边坐着一个志向高远的年轻人，如何心安？怎敢心安？

三是刘备这个人"反复无常"，有诸多"不忠诚"的历史，而刘表

刚刚 "被蛇咬过"。

比如刘备给老同学公孙瓒打工时，借救徐州牧陶谦的出差机会，甩掉了老同学，招呼都不打就投靠了陶谦；投靠曹操后，又找借口出差打袁术，逃离许县虎穴，杀了曹操任命的新徐州刺史车胄，重新夺回徐州；投靠袁绍后，官渡之战时，又借口南下联合刘表，把袁绍给甩了。不带感情色彩地客观评价，刘备的 "反复无常"，实在是不亚于吕布。你可以说这是弱者迫于生存的不得已，但是，将心比心，那些被他背叛的强者，也实在是伤不起。

作为刘备的最新靠山，刘表刚刚 "被蛇咬过"。这条蛇就是前面提到的张绣。刘表对张绣以诚相待，推心置腹，还帮他打曹操，可惜他终究还是投降了曹操。刘备会不会也学张绣？加上荆州系对刘备日复一日的诋毁，刘表有 "此疑"，实在是再正常不过了。

截止赤壁之战前，刘备在荆州八年，最大收获就是请出诸葛亮辅佐他。在诸葛亮和鲁肃的策划和运作下，取得赤壁大战的胜利，刘备借机占据了荆州，迎来人生转折和事业第二个高潮，终于靠实力和智谋（必然因素）、而不是靠人品和运气（偶然因素）赢来了一块真正属于自己的地盘——荆州。

这一切，都是拜刘表所赐。说刘表是刘备的大贵人、大恩人，毫不为过。

有缘无分诸葛亮

说刘表，不能不提诸葛亮，因为诸葛亮是刘表的亲戚，是刘表荆州朋友圈的重要一员。

诸葛亮与刘表什么关系呢？其岳母（也可能是岳父的继室）与刘表的蔡夫人系亲姐妹，按诸葛亮老婆黄氏那边的关系，诸葛亮得管刘表叫

"姨父"。存在如此亲近的亲缘关系，诸葛亮为什么没能成为刘表帐下谋士？刘表为什么放着诸葛亮这么牛的人才不用？刘表是"有眼无珠"，还是"另有苦衷"？诸葛亮又是怎么看待刘表的？

刘表不用诸葛亮，原因有"三不"：来不及、不需要、定不了。

来不及：刘表与诸葛亮年龄相差太大

诸葛亮与刘表是亲戚，但他并非土生土长的荆州人，而是徐州琅邪国阳都县人。严格地说，诸葛亮也是"官 N 代"。诸葛亮生于汉灵帝光和四年（181 年），先祖诸葛丰曾在西汉元帝时做过司隶校尉（长安所在行政区最高长官），其父诸葛珪在东汉末年做过泰山郡丞，但很早就去世了。诸葛亮兄弟姐妹由叔父诸葛玄抚养和教育。兴平二年（195 年），诸葛玄带着诸葛亮兄弟姐妹来荆州投奔老领导刘表。此时，诸葛亮十五岁，刘表五十四岁。

在投奔荆州的人中，没有诸葛亮的大哥诸葛瑾。诸葛氏本是琅琊郡的著名望族，经济宽裕，家教一流，朋友圈高大上，加上先天基因优秀，诸葛家的子女个个人中龙凤。诸葛瑾博览群书，少时曾游览洛阳，有思想见地。诸葛玄投奔刘表时，他已二十二岁。建安五年（200 年），诸葛瑾来到江东。此时，正是孙策遇刺、孙权到处延揽人才之时，诸葛瑾与鲁肃一道成为孙权的幕僚兼好友，从此永远成为江东集团的人。

诸葛玄无疑是一个好叔父，而刘表更是一个好朋友。因为刘表不只简单地收留诸葛玄一家老小，还帮助他们一家对接荆州朋友圈和上层人脉资源，帮助诸葛一家融入荆州世家大族，成为真正的荆州人，其手段就是联姻。包括诸葛亮在内的几个兄弟姐妹都与荆州几个家族结了亲。完成了这些大事后，诸葛玄在荆州病逝。诸葛亮能有后来的发展，得感谢其叔。诸葛玄去世后，诸葛亮开始在隆中隐居。

刘表不用诸葛亮的第一个重要原因，是两人年龄和身份差距太大。

刘表生于 142 年，比诸葛亮大三十九岁。诸葛亮还没出生前时，刘表就已经在江湖上纵横驰骋，威名远播。这样一个近乎祖辈的人，诸葛亮只有仰视、当传说传奇听的份，怎么可能帮他出谋划策？在刘表看来，诸葛亮就是他看着长大的娃，谈不上神秘感，遑论尊敬。

建安十二年、刘备请诸葛亮出山，这一新闻震动荆州，作为"姨父"的刘表不可能不知道。但知道又怎样？这一年诸葛亮不过二十七岁，而刘表已六十六岁。人生七十古来稀，此时的刘表健康欠佳，已接近油尽灯枯，第二年（208 年）赤壁之战前他就去世了。如果刘表年轻十岁，或者诸葛亮年长十岁，二人的交集可能会更大一些。

不需要：刘表谋臣足够多，不缺诸葛亮

刘表不用诸葛亮，或者说诸葛亮不投刘表的另一个原因，是刘表手下老资格的谋士并不少，不需要诸葛亮这样的新人。

前面说过，刘表用差不多十年时间的打拼和治理，打出了一个新荆州，从不名一文、孤身赴任的荆州刺史，变成坐拥沃野千里、披甲十万的荆州牧。这不只是黄祖、文聘、蔡瑁、甘宁、魏延、黄忠等武将的功劳，还得依靠谋士。因为在文学作品里刘表是一个失败者形象，其谋士也被大大低估。但事实上，刘表的谋士不仅多，而且老谋深算。

刘表的主要谋士，除了前面提到的蒯良、蒯越兄弟，还有伊籍、韩嵩、傅巽等人，这些人为刘表在荆州站稳脚跟、抵御对手、扩大地盘做过卓越的贡献，属于荆州的元老。刘表刚来荆州不久，蒯良就建议他暗杀孙坚。可以想象，如果孙坚不被黄祖暗杀，以他天下无敌的勇武，荆州早就姓"孙"了，哪有刘表什么事？

刘备来到荆州后，一开始受刘表厚待，蒯越等人担心刘表老糊涂，重演当年陶谦将徐州让给刘备的故事，竭力要除掉刘备。虽然蒯越和蔡瑁的形象在《三国演义》中甚为不堪，但换位思考，从维护刘表一家和

荆州士族利益这个角度看，他们这样做，天经地义，无可厚非。

虽然谋士不如曹操众多，但刘表无心征战，仅就守护荆州这个任务而言，眼下谋士已经够多了，无需招聘。如果刘表年轻十岁，在 207 年诸葛亮出山时还有经略中原、谋取天下的雄心，可能会考虑邀诸葛亮这个"外甥女婿"加盟。遗憾的是，年龄、健康、格局等因素，不允许刘表再做他想，诸葛亮无缘荆州牧幕僚，也就不意外了。

定不了：刘表在大事上做不了荆州的主

刘表没能用诸葛亮的最后一个原因，是他做不了主。刘表虽然贵为荆州牧，在用人问题上，不是想用谁就能用谁的。尤其是荆州重要岗位问题，必须集体决策。刘表作为荆州集团董事长，至少一票，最多两票。

为什么这么说？

因为在"准三国"时期的诸多创业团体中，刘表的模式非常特殊，简而言之，可以称之为"合伙人模式"或"联合创业模式"。刘表是受董卓任命，单枪匹马一个人来荆州上任的。这一点与袁绍有所不同，袁绍是先逃亡冀州创业，然后才被董卓任命为渤海郡太守。曹操、刘备、孙坚三父子等五人与他更是大不同，他们几乎都是白手起家、"从〇到一"干起来的，不仅是团队的灵魂人物，更是"一股独大"的大股东（部下基本是职业经理人），在重大事务上和内部管理上，基本是"一言堂"，想怎么干就怎么干，想用谁就用谁。

而刘表上任时名为荆州刺史，实则什么也没有。他能坐稳这个位置，能在短短两三年内时间占领荆州大部，靠的是蒯良、蒯越、蔡瑁这些合伙人以及他们背后的荆州五大家族。因为打仗打的是钱粮，乱世中，谁能源源不断地为刘表这样的创业者提供钱粮？只能是在荆州本地扎根多年、财大气粗的士族。他们不止有钱粮，还有受过良好教育、知识丰富、视野开阔的人才和头脑。蒯良、蒯越、蔡瑁不只是刘表的谋士和将军，而是实实在在、同甘共苦的联合创始人。

这样看来，荆州就不是刘表一个人的，而是他与荆州几大家族共有的。虽然他是董事长，但他在董事会里是少数派，无权一个人决定荆州的未来，无权决定下一任荆州牧，无权决定荆州的战略方向，无权决定是否重用刘备，更无权独自引进诸葛亮这样的高管。夸张一点说，刘表之于荆州，甚至有点"半职业经理人"色彩，或者说"形象代言人"。荆州是蒯家的荆州，更是蔡家的荆州，而蔡瑁和刘表的小老婆蔡氏似乎有点不喜欢诸葛亮。

嗯，诸葛亮的老婆黄氏不是管蔡瑁叫"舅舅"，管刘表的小老婆蔡氏叫"姨妈"吗，他们关系怎么会不好？

一个集团发展到一定程度，必然利益分化，尤其是老板换人时，必然引发大洗牌。原来的"大朋友圈"，必然分裂多个"小朋友圈"，而这种小圈子间的内斗，甚至比大圈子间的外斗更激烈、更残酷。刘表临死前的两年，荆州内外交困，外有曹操南侵，内有兄弟争储。大儿子刘琦和小儿子刘琮为争继位，你死我活。因为谁能继任荆州牧这个位置，不仅关系到自身的荣华富贵，还关系他周围同党同僚以及有连带关系的 N 个朋友圈的生死存亡，不能不争。

很不幸，诸葛亮与他岳父的小舅子和小姨子分属两个阵营。诸葛亮与刘琦私交甚好，同属"抗曹派"，而其他人拥立刘琮，同属"降曹派"。刘琦担心被蔡瑁陷害，于是向诸葛亮求救。诸葛亮虽然私下与刘琦关系好，但是不想公开卷入荆州夺嫡之争，因此不愿说。刘琦于是请诸葛亮喝酒游园，假装与他到高楼，然后命人撤走楼梯，这才对诸葛亮说："这里上不着天，下不着地。你说的话只有我能听到，现在可以教我了吧？"诸葛亮这才道："你难道没听过'申生在内而危，重耳在外而安'的故事？"

"申生在内而危，重耳在外而安"这个典故是这样的：春秋时，晋献公的妃子骊姬为让自己儿子继位，欲谋害晋献公的两个成年儿子申生和重耳。重耳反应快，立即逃亡国外。而为人厚道的太子申生，不肯逃亡，被骊姬设计陷害，最后被逼自杀。而重耳在国外流亡十九年后，回国即位，成为春秋五霸之一的晋文公。

诸葛亮引用这个典故，是为了告诉刘琦，待在父亲刘表身边，可能会遭遇不测，像重耳一样外出避祸，可能反而能获平安。刘琦醒悟，借口黄祖被孙权杀死，自告奋勇请军外战，被派到江夏当太守。

诸葛亮与刘琦的交情，既帮了刘琦，也帮了刘备。正是靠江夏这支一万人的水军，后来刘备和诸葛亮才有了与孙权结盟抗曹的资格。但是，诸葛亮与刘琦交好的事，最终还是被别人知道了，难免招致蔡瑁等人的忌恨，被踢出"蔡氏一家亲"微信群。蔡瑁率刘琮等荆州高层降曹后，居然都不通知刘备和诸葛亮，任他们自生自灭，可见相互间的厌憎有多深。

刘表原本喜欢大儿子刘琦，后来因为爱上小老婆，转而更喜欢小儿子刘琮。外戚蔡氏拥戴刘琮，欲以他继承荆州，自然处处防备、为难刘琦。为了荆州的基业，为了大儿子刘琦的安全，刘表忍痛将他发配到江夏，至死都未能见一面。作为刘琦的好朋友，诸葛亮怎么还会招刘表的喜欢？

不感冒：诸葛亮喜欢"烧冷灶"

刘表不用诸葛亮，还有一个重要原因，就是诸葛亮喜欢"烧冷灶"，对刘表不怎么"感冒"。所谓"烧冷灶"，是高端职场盛行的一种投资抄底行为，意指理想远大、目光超前的牛人，宁愿加盟一个尚在发展初期或有巨大增长潜力、但目前缺乏人力、估值明显偏低的创业集团，也不愿加盟相对成熟、规模巨大、团队齐备、估值很高的成熟企业，通俗地说，即"宁作潜力鸡头，不当没落凤尾"。

"烧冷灶"现象在"准三国"时代非常普遍，比如荀彧和郭嘉舍大公司袁绍集团而投初创曹氏集团，周瑜和鲁肃舍大公司袁术集团而投新兴江东集团，都是这个思路。越是有理想、目光远大的青年才俊，就越喜欢"烧冷灶"，以实现自身的最大增值。

诸葛亮舍刘表而投刘备，就是因为他确信刘表是一只充分燃烧、火力将衰的"热灶"，而刘备属于一支潜力尚未充分释放、价值被大大低估的冷门股，具备极大的抄底价值。只要加盟，贡献出自己的智慧和荆州人脉，立即就能为刘备集团增色。诸葛亮尚在卧龙岗躬耕时，应该就开始暗中观察、留意、打听刘备的情况，与极少数私密好友（比如司马徽、徐庶和崔州平等）讨论加盟刘备集团的利弊、条件和时间。诸葛亮出山的时间，发生在曹操兴大军南侵荆州的前一年，绝非巧合。诸葛亮作为荆州五大家族的核心人物，消息应该非常灵通（五大家族很多人都是曹操铁粉），很可能提前知道曹操计划于建安十三年（208 年）进伐荆州的消息。诸葛亮再不出山，若荆州被曹操一锅端，等刘备再被打得四处逃窜，此生就没有出来工作的机会了。

从这个角度说，诸葛亮主动上门向刘备毛遂自荐的可能性比较大。至于他在《出师表》中所说的"先帝不以臣卑鄙，猥自枉屈，三顾臣于草庐之中，咨臣以当世之事，由是感激，遂许先帝以驱驰"，与此说法并不矛盾。最可能的情况是，之前诸葛亮曾偶尔与徐庶、崔州平等好友一道进城参加刘备举办的"樊城沙龙"，或对岸刘表举办的"襄阳沙龙"，以闲聊波尔卡的方式当场展示才艺，刘备惊艳之下，向司马徽、徐庶等人求证，确认诸葛亮系是一条"卧龙"，这才三顾茅庐，恳求他正式加盟。

猛将黄祖 PK 江东三虎

在刘表的朋友圈中，如果说曹操是一头来自北方的狼，那么，孙坚、孙策和孙权就是三只来自江东的猛虎。曹操这只狼的猎物太多，吃不过来，刘表所幸排在后面；而江东三虎近在身旁，就他一块大肥肉，以吃掉他为中心任务，且早年结下仇怨，至死纠缠，是刘表一生挥之不去的噩梦。一个重要证据是，在刘表的防御体系中，爱将黄祖、长子刘琦等嫡系都部署在荆州东面，集中对付孙吴，而与曹操相邻的北面防线，更多交给诸如张绣和刘备这些"外来临时工"打理。孰轻孰重，一目了然。

说起来一切都是缘分。汉末群雄中，与孙氏三父子全部发生战事关系、恩怨纠缠到底的，唯有刘表一人。

黄祖杀孙坚，非私人恩怨

刘表帐下有一猛将黄祖。

跟前面的蒯良、蒯越兄弟一样，黄祖也是荆州士家大族出身。刘表在荆州创业，向来重视与地方豪族势力的合作，所以黄祖得以被重用，出任江夏郡太守。江夏郡是荆州的东大门，刘表将这个重要职位交给黄祖，可见对其之信任。

黄祖闻名史册，不只是因为与孙坚父子三人的恩怨，还因为他杀过另一个名人，他就是祢衡。

祢衡乃汉末名士，从老家荆州北漂到许都打拼，与孔融、杨修等高门士族子弟同属一个朋友圈，都是那种恃才傲物、目空一切、脾气远大于本事、喜欢指点江山品评别人的狂生。曹操数次征召他出仕，祢衡都以生病为由拒绝，还对曹操多有狂言。曹操怀恨在心，又迫于其才气和名声，不想且不敢杀他。

不敢杀不代表不能羞辱。有一天，曹操大宴宾客，召擅长击鼓的祢衡来表演助兴。击鼓需要换专门的演出服，其他鼓手都换了，独祢衡不换。祢衡全情投入演奏《渔阳》鼓曲，"容态有异，声节悲壮，听者莫不慷慨"(《后汉书·宦者列传》)，看来确实属于专业选手。表演完了，祢衡来到曹操面前，却因为没换演出服被侍从呵斥，祢衡一怒之下，当着曹操和众宾客的面，脱了个精光，然后又面不改色击了一通鼓，这才扬长而去。曹操自我解嘲道："我本想羞辱祢衡，没想到反被这小子羞辱。"

孔融劝祢衡向曹操道歉，祢衡倒是来了曹府，却不仅不道歉，反而对曹操破口大骂。曹操忍无可忍，便找了一件事将祢衡派往其老家荆州。刘表对他还客气，带他去江夏玩耍，认识了黄祖。黄祖一开始也觉得祢衡是个人才，把他当社交上宾，但很快祢衡臭脾气再次发作，惹怒了黄祖，而黄祖不是曹操，他很快拿祢衡砍了头。

黄祖大战孙坚，非私人恩怨，乃是袁术与刘表在荆州地界上你死我活的肉博战。袁术先到荆州，势力只集中在南阳郡，而荆州刺史刘表晚到，居然勾结当地士族，摆出一付要攻占全州的架势，袁术心里当然不平衡。在袁术看来，荆州迟早是他的，必须尽快干掉刘表。他的计划是大举南侵，夺取刘表所在襄阳城，控制长江贯穿的南郡和江夏郡，然后徐图荆南四郡。只有这样，才是算得上真正的荆州主人。

刘表当然要反击。初平二年（191 年）时的刘表，正处在创业起步期，锐气正盛。他当然知道袁术帐下孙坚的威名，这样的猛将不可硬敌，只能智取。因此，大胆猜测，孙坚在追击黄祖过程中被暗箭射杀，可能不是巧合，而是荆州集团事先精心策划的结果。

孙策：报仇未果，遗恨终生

孙坚死后，袁术再也没有与刘表争雄的本钱，谋取整个荆州的战略彻底作废，在刘表的攻击下，不得不离开南阳，南下扬州，最后落脚寿春。兜了一圈，袁术从刘表的北边来到了他的东边。

此时，刘表应该已不怎么怕袁术。但老天就是不让刘表过安生日子，几年后，袁术又成功孵化出一个虎仔——孙策，而要命的是，孙策非常有血性，不像袁氏兄弟薄情寡义，而是一直惦记着父仇。从兴平元年（194 年）正式创业开始，孙策用几年时间荡平江东、站稳脚跟后，开始按照之前他与谋士张纮的规划，朝西杀了一个回马枪。

建安四年（199 年）六月，袁术病逝，其原本在九江郡和庐江郡占有的地盘被孙策、刘表和曹操三人瓜分，江东集团终于与荆州接壤，孙策终于迎来与仇人刘表和黄祖短兵相接的机会。

这一年，孙策大举进攻荆州，与黄祖大战于沙羡（今湖北省武汉市西南）。刘表派侄儿刘虎、南阳韩晞等率领长矛队五千人赶来支援黄祖，孙策率领周瑜、吕范、程普、孙权、韩当、黄盖等将同心协力，大战黄祖。这一仗，孙策是积多年的仇恨和军力的一次大发力，士气如虹，刘虎和韩晞部下两万人被杀，跳水溺死者达一万余人。孙策缴获战船六千余艘，财物堆积如山，只可惜黄祖本人命大，逃掉了。这是孙策最大的遗憾，终生遗憾——半年后他就遇刺身亡。

孙权：三讨黄祖，终报父仇

孙策临死前，差不多已占据扬州原有六郡，以他的地盘之广、实力之强、士气之盛，荆州极可能重复扬州故事，短短几年内悉数落入孙策之手。可惜，上天没有给他跨有荆、扬两州的机会。孙策身亡，大树倾倒，江东集团瞬间陷入危机，刘表再次躲过一劫。

孙权接掌江东集团、权威不立、军心未稳的头几年，刘表没有趁机发动进攻，夺取原本属于袁术的地盘，让人不解。刘表在干什么呢？

往北打南阳。建安六年（201 年），刘表派步骑一万人攻打南阳郡西鄂县城，西鄂县长杜袭坚守城池，最终寡不敌众，刘表军攻入西鄂城。

往南打交州。建安四年至建安八年间，交州牧张津对刘表连年用兵，可惜交州地偏民穷，兵微将寡，实力与刘表十分悬殊，压根不是对手，打了几年，将士纷纷逃离。建安八年，张津被部下杀害，刘表派人出任交州刺史，同时任命部属吴巨为苍梧太守。这个吴巨就是赤壁之战前夜刘备打算投奔的那位朋友。

　　刘表南北两路出击，西不打刘璋，东不打孙权。但孙权知道，曹操平定北方是迟早的事，必须赶在他南下图谋荆州和扬州之前，拿下荆州，壮大自我，延长纵深，方能保卫江东。欲抗曹操，必先干掉黄祖。攻刘表，灭黄祖，既是家仇，也是国事，两件事合在一起解决，更好。于是从建安八年（203 年）开始，孙权三伐黄祖，直至在曹操南下前夜将他灭掉。

　　这年八月，曹操为欺骗袁绍两儿子，虚晃一枪，率军南下假装进攻刘表，刘表不敢掉以轻心，率主力进军东北方向与曹操对峙。已精心准备数年的孙权抓住这个机会，亲率水军二万和战船五百艘，大举进攻由黄祖守护的江夏，黄祖集合水军在长江上与孙权激战。

　　孙权复仇心切，加上船多体积大，原本占优，先锋凌操一通猛冲猛打，眼看就要生擒黄祖，突然被黄祖手下甘宁射杀，黄祖趁乱逃脱。加上丹杨郡发生内乱，孙权不得不退兵。这是孙权第一次征黄祖。

　　建安十二年，孙权第二次征讨黄祖。两军大战江夏，黄祖殊死抵抗，孙权进军缓慢。此后剧情两度反转。第一次反转是曾射杀凌操的甘宁因封赏不公，突然背叛黄祖。黄祖军心动摇。孙权原本可借这个机会拿下黄祖，谁知时机很快第二次反转——恰在这时，孙权的母亲吴国太去世了。古时国母去世，乃是国家大事，主帅不回国处置，将士必因疑忌而生内乱。孙权没办法，不得不立即回军，功亏一篑，黄祖再次捡回一命。

　　第二年春，孙权第三次讨伐黄祖。这一次，孙权誓灭黄祖，江东将领可谓倾朝而出。孙权与周瑜各率一军，从东西两线对黄祖的驻地沔口发起进攻。黄祖大败，弃城出逃，被吕蒙部斩下头颅。历经十六年，杀父之仇终于得报。

　　黄祖死后不久，曹操即挥军南下。不久，刘表也死了。孙权立即派出鲁肃前往荆州洽谈联手抗曹的事。孙权决定与荆州联盟，固然是因为曹操要来，但深层原因，是代表父辈恩怨的两个人刘表和黄祖都死了。父仇已报，恩怨已了；一切归零，携手前行。现在，是告别过去，开创新时代的时候了。

一生与三只猛虎相邻，刘表的运气真的"很好"，这大概是他始终无法东拓的原因。而另一方面，他又正是因为有了黄祖这员猛将，与孙坚父子三人撕杀十六年（192—208年），才能在生前阻止江东集团的西进。黄祖，应该算得上刘表集团贡献度仅次于蒯良、蒯越和蔡瑁等人的重要功臣。

刘表画像："刘表牛"的悲情与"坐谈客"的理想

《世说新语·轻诋》上曾记载这样一个故事：东晋权臣桓温有一次在一个饭局上，环顾四座，正襟危坐地讲了一个关于刘表的段子："诸位都听说过刘景升吧？他有一条重达千斤的大牛，吃的草料比普通牛多十倍，可是拉重物走远路，连一头瘦弱的母牛都不如。魏武帝曹操入荆州后，把这头大牛杀了来犒劳士兵，所有人一片叫好。"从此，后人就以"刘表牛"来比喻大而无用的东西。

自古成者王侯败者寇。在"准三国"历史上，因为儿子刘琮投降曹操，刘表一向被当成失败者来嘲弄，这原也正常。从客观史实看，刘表坐拥荆州，眼见曹操和袁绍两强 PK，孙策与袁术打得火热，一直袖手旁观，"躲进小楼成一统"，没什么作为，所以一直被人鄙视。当时的主流舆论就把他看作"坐谈客"（郭嘉语），意思是他只能坐而论道，不愿躬身入局，以致一而再、再而三地错过机会，晚年庸庸碌碌，无所作为。

刘表的"不得不"

确实，刘表身上有太多的疑问：

为什么刘备投靠荆州最初八年，刘表既不重用他、也不杀害他？

为什么在曹操和袁绍在官渡进行世纪大对决时，刘表既不帮曹操，又不帮袁绍，而是一味恪守中立？

为什么刘表在打下荆州后，几乎没怎么主动向外扩张？

为什么刘表的部下黄祖能杀死猛将孙坚，却打不过他的儿子孙策和孙权？

为什么刘表没能与袁术结盟，对抗江东集团？

为什么刘表在史册是一个无霸王之志的"坐谈客"形象？

为什么在烽烟遍地的年代，刘表却关起门来，在荆州大搞文化建设、营造一个世外桃源？

评判历史人物，最重要的一点是，还原现场、换位思考、将心比心。你如果你是刘表，你会怎么做？你会不会作出比他更理性的决策，会不会比他做得更好？

如果我们这样尝试一下，会发现：刘表当时的决策，几乎全部是正确的，至少是理性的。刘表独守荆州，既不谋扩张，也不愿掺乎曹操、袁绍、袁术、孙策、孙权等人的争斗，可能并非怯弱，而是源于一种理性思考。总结起来，就是三个字："不得不"。他该做但没做的事，是心有余而力不足；他不该做但做了的事，是明知不可为而为。

刘表的"不得不"，有三个原因。

首要原因，当然刘表是三国群雄少有的"四〇后"，创业时间太晚，近五十岁才下海，在群雄逐鹿的高潮期，已至人生晚年，体力心气都开始下降，雄心难再。

"准三国"历史有两个高潮点，一是官渡之战，二是赤壁之战。刘表生于 142 年，官渡之战这一年，他已五十九岁；赤壁之战这一年，他已六十七岁，赤壁之战还没开打，刘表就已谢世。在"准三国"这部大型电视连视剧里，刘表只能当"配角"，能出席几场重头戏，已经相当不错了。

如果以晚年的体力、操劳程度和决策正确度作为衡量英雄气的几个重要指标，那么我们会发现，刘表的英雄气和英明程度，并不亚于同龄时的曹操、刘备、孙权等人。

比刘表小十三岁的曹操（生于155年）一世枭雄，几十年征战，从五十八岁开始，对外征战的强度明显下降，此后八年，除了在西部战场大胜马超、韩遂和张鲁外，几乎没什么大的胜利，相反在西部（汉中）、中部（荆州）、东部（合肥）三条战线都有大的失败。曹操生命最后几年，疲于征战和"变现"，过度操劳，越来感觉力不从心，多数征战是浅尝辄止，在战场上晃几个月甚至一个月，就匆匆打道回府，终于六十六岁累死在征战途中。

比刘表小十九岁的刘备（生于161年）大器晚成，在六十一岁称帝后，很快因讨伐东吴在夷陵大败，犯下一生最大错误，致使新成立的蜀汉朝廷遭受重创。

至于比刘表小三十九岁的孙权（生于181年），前半生很英明，几乎是一个完人，但后半生却变成一个昏君。孙权五十三岁时不听群臣劝阻，重金结交辽东公孙渊，被公孙渊夺财斩使，遭受极大羞辱。自六十二岁起，孙权在立储问题上接连犯下大错，致使骨肉相残、重臣遭辱，大大打击了孙权的个人威信以及孙吴政权的凝聚力和向心力。

比较而言，刘表在六十二岁之后，虽没有对外大的征战，但也没犯什么大错误。官渡之战时，刘表与曹操或袁绍一方结盟，结果会更好吗？荆州集团的合伙人会同意吗？儿子们能继续自己的事业吗？刘表认真思考后，所有的答案全是"NO"。一动不如一静，刘表晚年的"无为"，恰恰是一种"有为"，或者说对荆州集团和刘表儿子们"最不坏"的选择。

守成的职业经理人

刘表晚年无为的第二个原因，是他一直将自己定位为"职业经理人"，所以他只想死守荆州，而不想对外大扩张。

初平元年，刘表以刺史身份空降荆州，可能一开始他并不想来，只是觉得朝廷和皇帝落入董卓之手,皇帝被挟持迁往长安,洛阳已成为一座空城、废城,没法再待,不如去地方工作,当个荆州刺史玩玩。这在党锢之祸前,可是做梦都不敢想的高位,不要白不要。特别要注意的一点是,曹操、袁绍和袁术到地方创业,是因为得罪了董卓,不得不在体制外求生存,而刘表不一样,他是董卓代表皇上委派的,跟董卓和他的凉州系部下都是朋友。换句话说,刘表来到荆州,不是下海创业,而是异地工作,本质上更接近一种体制内打工。

这就是刘表来到荆州,必须与蒯氏、蔡氏等荆州世家大族搞"合伙制"的原因,也是他在"后董卓时代"还能借助李傕等人的力量,由荆州刺史"转正"荆州牧的原因,同时也是其除了荆州,对外无扩张动力的原因。在内心深外,刘表只把自己当职业经理人,而不是一个创业者,他不想大扩张,他只想对荆州负责。

凭什么这么说?证据很多,比如刘表对袁术、刘备、袁绍和曹操的态度。

刘表在初来荆州平定荆州数郡时,态度积极进取,有勇有谋,势力扩张发展迅速。当时袁术占据了荆州最北部的南阳郡,两人经短暂和平共处,立即进入你死我活的互掐模式。黄祖射杀孙坚后,袁术大败退,不得不离开南阳。虽然南阳郡后来落入了张济及其侄子张绣之手,但考虑到刘表与凉州系长期友好关系,以及此时北邻曹操的强大,不排除是刘表主动让利,让张济和张济叔侄帮他看守北大门。

袁术来到淮南的寿春后,由刘表的北邻变成了东邻。同样是邻居,袁术此时驻守扬州九江郡,势力不在荆州,刘表看他就顺眼多了,攻击力度瞬间衰竭。在《后汉书》和《三国志》的刘表和袁术相关传记中,就见不到两人之后互掐的记载。你也可以说荆州世家大族对外扩张的积极性不高,但刘表本人的态度应该是最重要的。

刘表收留刘备,也是本着这种态度:他只想用刘备防守荆州,而不想让他主动进攻、招惹是非。建安十二年(207 年),曹操出征乌桓,在荆州闲待七年的刘备建议刘表趁机攻打许都，被其拒绝。曹操得胜回到许县后，刘表又非常后悔，刘备过意不去，还使劲安尉他，说以后还有机会。重新审视这件事，我们可能会发现，刘表拒绝攻打是真，"后悔"是假，目的是为了安抚刘备，让他别离开荆州。即便还有偷袭曹操的机会，刘表也不会有所动作。原因很简单，原徐州牧陶谦惹怒曹操、被其屠城的历史教训就在眼前，刘表可不想成为第二个陶谦。

《后汉书·袁绍刘表列传》谈及曹操和袁绍相持于官渡，刘表恪守中立，既不帮袁绍，也不帮曹操的态度时，用了一句话，叫"且欲观天下之变"。这句话怎么理解？是刘表想等曹操和袁绍两败俱伤再出击吗？鉴于上述分析，我认为，刘表希望曹操和袁绍两败俱伤的愿望确实是真的，但他应该没有等曹袁两败俱伤再出击的意思。他在想什么呢？等，拖。能拖一天是一天。他只希望曹操和袁绍双方时间打长一点，最好等他死后再结束。至于他死后荆州是烽烟遍地，还是洪水滔天，交给儿子和蒯越、蔡瑁等荆州合伙人来处理吧。

有人可能会以刘表打交州、后来还派人出任交州刺史等举动进行反驳，认为刘表扩张动力强劲。但是别忘了，交州战争是因为交州牧张津主动挑衅，对刘表连年用兵，刘表是被动防守，才不得不用兵。

乱世最后的儒帅

第三个原因：刘表的儒者身份和儒家理想，驱使其在晚年尽快回报社会，实现真正的人生理想。

刘表年轻时属"汉朝风云人物"，当过"八顾"或"八及"。作为一个政治名人和热血青年，刘表身怀儒家"修身齐家治国平天下"的宏大理想，立志通过自己的努力改良社会，成为名垂青史的社会活动家。只是迫于党锢之祸的牵连，刘表不得不逃离帝都洛阳，年轻时的理想被彻底粉碎。

理解了其年轻时的经历，我们就会发现，刘表后来借荆州复出，目的是为了干事业，而不是打天下。二者的区别，就好比现代社会一个人是为了挣大钱才去拼命创业，还是因为做成某事，顺便挣了大钱。刘表属于后者，他是为了在荆州实践其治国安民的理想，才打下荆州，与刘备、孙坚、袁绍、袁术等人借乱世创业有本质区别。刘表是有情怀的人，这一点他与曹操类似，只是其综合能力不如曹操，且被史书标签为"失败者"，致使其情怀的可信度和美誉度大打折扣。

建安三年（198 年），刘表在拿下长沙、零陵、桂阳等三郡后，突然像变了一个人一样，开始兴儒教、建学校、办教育，慷慨地给从关西、兖州和豫州等地前来投奔他的一千多学子、士人发"奖学金"，"爱民养士，从容自保"，颇有抗战时西南联大的氛围。难道刘表不知道荆州处于重重包围、随时会沦陷吗？不，他知道。正因为他明白这是乱世，明白自己时日无多，才知道给士人学子营造一个可以静栖求学的世外桃源，给大家创造一个坐而论道、享受知识、追求真理的文化环境，是何等可贵，具有多么重要的社会意义。刘表这种"明知不可为而为"的精神，背后既有无奈的悲情，也有其一直没有舍弃的儒家理想。

在"党锢之祸"数十年之后，刘表终于以一种曲线救国的方式，迂回实现了自己的人生理想，哪怕只有短短的十年。这才是"坐谈客"刘表最真实的人性底色。与只想着称帝、奢靡享受的东邻袁术相比，刘表的人生境界要高出数个等级。与幽州牧刘虞、益州牧刘璋一样，荆州牧刘表也是一名汉室宗亲，他们不仅是皇权最后的代理人和守护者，也是最后的贵族和儒帅，是乱世仅存的"收容所"和"保温箱"。刘表晚年保境安民、怀柔天下的举措，是三国纷争乱世留给世人的最后一丝温存，最后一点暖意。

第 9 章　套现曹操

再说曹操。

在第三章，我们曾以"枭雄曹操"为题，重点说了说曹操在赤壁大战前的朋友圈。赤壁大战是其一生的重要拐点，终止了其为期十二年的事业大运。在接下来的十二年，曹操老骥伏枥，虽然还在兢兢业业地对外征战、扩张，还在不远千里频频会晤各位"准三国朋友圈"上的新老朋友，但力量、声势、效果均较赤壁大战前打了较大折扣，重心由攻转守，其行为性质由"打江山"转化为"夺江山"，"套现"的意味十分浓厚。

如果说前一阶段，曹操的主要朋友是袁绍、陶谦、张绣、张邈、吕布、袁术、孙策、孙权、刘备、汉献帝、荀彧、郭嘉，那么，后一阶段，他的朋友圈略有变化，刘备、孙权、汉献帝、荀彧这些老朋友还在通过各种方式给他带来麻烦，新的敌人又在不断涌现，外有韩遂、马超、张鲁等割据西北的小诸侯，内有各种反对势力。曹操是东边还未按下葫芦，西边又浮起来瓢，扬州和益州东西两线征战奔波不说，还要在邺城（曹操大本营）和许县（汉献帝大本营）南北两城之间不停上演"双城记"。总之一句话，就是东南西北，处处救火，方方冒烟。这令已近晚年、健康欠佳的曹操疲惫不堪。

对于曹操来说，还有一个更大的难题，要与许县的汉献帝刘协周旋、帮助后世子孙完成"夺取汉朝江山"的任务。曹氏集团是曹操与刘协合开的，有朝廷的股份，要悄悄地将朝廷的股份剥离，将汉献帝及其汉朝遗老遗少踢出股东名单，还不能让人说闲话，这比打江山、守江山可难多了。这是当年曹操"挟天子以令诸侯"战略的副作用或后遗症，是一道超级复杂的政治难题，非将军马上征战能解决，必须也只能由其曹操本人亲自操刀。

本书最后一章，我们以"套现曹操"为题，盘点一下曹操在赤壁大战后一直到驾崩这十二年的几位重要朋友。放眼天下，外敌除了老朋友刘备和孙权，就是韩遂和马超，在他们身后，还有守卫益州这块大肥肉的刘璋和张鲁。更让人防不胜防的，是许都不甘心的汉献帝和帝党们，一次又一次的暗杀……

马超、韩遂、张鲁：友敌只在一夜间

赤壁大败后，曹操狠狠地给自己放了一个长假，重点工作是反思：反思自己为什么会失败，反思为什么没有提前预见到江东不降以及孙刘结盟，反思为什么没有听取贾诩的正确意见、反思自己为什么在得荆州之后急于对江东集团用兵，为什么会得意忘形、得蜀望陇……总而言之，要反思的东西太多了。

但反思之余，曹操也不乏焦虑，害怕两件大事被赤壁大战的失败给耽误了。第一件，当然是彻底消灭孙权、刘备、张鲁、韩遂、马超、刘璋等剩余割据势力，尽快一统全天下；第二件事，当然就是篡夺汉朝天下、实施 MBO（管理层收购）的一些政治铺垫。

关于第二件大事，之前曹操做了一些准备，比如建安九年打下冀州治所邺城时所提议的"九州制"，以及建安十三年赤壁大战前朝议的"五等爵位"制。虽然前者有人反对，但后者总体上进展顺利。

曹操原本打算，借荆州和江东两场大胜仗，以刘表和孙权的人头向朝廷和天下人献礼，加快自己封公封王、号令群臣的步伐。可惜，赤壁之战大败，将荆州大胜的成果化为乌有。曹操之前 MBO 的雄心和信心全部扔到爪哇国了。之后的三年，曹操几乎没有发动战事。

曹操将赤壁的大败归于水军不行，所以他没有马上回到远在冀州的大本营邺城。建安十四年春，他就近在老家豫州沛国谯县挖湖建舟，操练水军。第二年，曹操在邺城下"求贤令"，大力招揽人才，同时开建铜雀台。

曹操建铜雀台的目的，绝不像《三国演义》里诸葛亮智激周瑜所说的，为了"锁二乔"，而是另有深意。一是彰显自己多年征战的辉煌业绩，以对冲赤壁之战的大败；二是搞点市政建设，让邺城多几处壮观景点；三是给自己提供一个娱乐休闲的地方，打这么多年仗，也该好好享受享受了。所以说，有时候挫折不完全是坏事，换个角度想，是老天爷让你休息休息，养精蓄锐，以备再战。

建安十六年（211 年），曹操的快乐休闲时光戛然而止。背景是，赤壁之后，益州牧刘璋居然舍他曹操与荆州刘备交好。在刘璋心腹张松的忽悠下，刘璋派法正前往与刘备结盟，之后又指示法正和孟达送去数千兵卒，以帮助刘备抗曹。刘备是什么人，曹操还不清楚？几年前诸葛亮发表"隆中对"，不是建议尽快搞定益州吗？他交好刘璋，明摆着是黄鼠狼给鸡拜年啊。益州是一块曹操惦记已久的肥肉，岂能让他一直鄙视的刘备夺走？曹操决定尽快加入益州争夺战。

但自古蜀道艰难，易守难攻，益州岂是想夺就夺的？曹操与刘璋之间隔着驻守益州汉中郡的张鲁，欲打刘璋必先灭张鲁。而他与汉中张鲁又隔着关中的韩遂和马超等人，欲灭张鲁，必先搞定韩遂和马超占据的关中。

三月，曹操派司隶校尉钟繇打前站，以讨伐汉中张鲁为名，向韩遂和马超借道，进兵关中。马超、韩遂、杨秋等关中诸部一看，心道，曹操你这不是玩"假途灭虢"之计，打着灭汉中张鲁的旗号，消灭我关中诸部吗？马超等人心生疑惧，立即率凉州各部反叛（是时关中诸将疑繇欲自袭，马超遂与韩遂、杨秋、李堪、成宜等叛——《三国志·魏书·武帝纪》），率十万大军，以黄河与曹操对峙。曹操这一大动作，不仅让马超、韩遂等人揭竿而起，也让犹豫中的刘璋坚定了请刘备入川的决心。

史书为什么要将马超与韩遂的行为定义为"反叛"？难道他们曾经投靠过曹操吗？

是的。同刘备一样，韩遂、马超以及马超之父马腾曾与曹操有过一段蜜月时光，尤其建安五年曹操在官渡战胜袁绍前。

脆弱的盟友

马腾和马超父子是东汉名将马援的后人。马腾的父亲因丢官流落陇西，娶了一个羌族女，生下马腾。也就是说，马腾身上有一半羌族血统。这是他和儿子马超能长期在游牧民族势大的西部扎根生存的一个重要优势。马腾"身体洪大，面鼻雄异，而性贤厚"，在星相家看来，这都是牛人的面相。从这个角度，马腾、马超父子跟董卓有点像。

马氏父子的发家，源于汉灵帝末年凉州的叛乱。马腾因讨伐叛乱有功被升为偏将军，后又升为征西将军和征东将军。后来凉州刺史耿鄙被杀，马腾联合韩遂等人割据凉州，渐成一霸。初平年间，董卓曾邀韩遂、马腾共同进攻讨董联军，可惜还没怎么起事，董卓就被遇刺了。后来，李傕和郭汜再乱长安，韩遂和马腾等人率众投靠李傕，被分别任命为镇西将军和征西将军。

但凉州系军阀有一个特点，就是缺乏诚信，不讲道义，翻脸比翻书还快。马腾后来因为利益纷争与李傕翻脸，于是调集军队准备进攻李傕，献帝派使者调解，马腾不听。韩遂前来调解，结果与马腾联手。李傕派樊稠、郭汜等进攻马腾、韩遂联军，马、韩被击败，死伤一万多人，逃回凉州。两人结为异姓兄弟，后来又因内部矛盾翻脸，韩遂杀掉了马腾的妻儿，连年交战。

转眼间来到建安四年（199 年）。这一年，袁绍消灭了公孙瓒，统一了北方，剑指南方的曹操。曹操一则力量弱小，二则身处四战之地，周围敌人太多，除了北面的袁绍，还有南面的张绣和刘表，东边的吕布和刘备，东南边的袁术和孙策，西南边的刘璋。这几方势力，除了刘表、袁术和刘璋没什么野心之外，其他几方曹操或灭或降或抚，都搞定得差不多了。唯有西边的马腾和韩遂有实力有野心，是心腹大患。万一他们趁自己跟袁绍对决时，在背后来一刀，那就是当年"兖州事故"的重演。

曹操经过深思熟虑，命重要心腹、侍中钟繇领司隶校尉，"持节督关中诸军"，意思就是授予他节制关中一切兵马、先斩后奏的权力，来稳定大后方。钟繇到达长安后，致信马腾、韩遂等人，为他们分析利弊祸福，劝他们这时不要与曹操和他背后的皇上为敌。马腾、韩遂接受了钟繇的劝告。为表诚意，两人各送一个儿子到许县做人质。至此，曹操再无后顾之忧，放手与袁绍决战。

建安七年（202 年），袁绍病死后，其子袁尚联合南匈奴单于攻打曹军，怕力量不够，欲拉拢韩遂等关中诸将。关键时刻，曹操再次派钟繇游说马腾。考虑到儿子在许县当人质，马腾权衡利弊，最终决定继续支持曹操，派儿子马超与韩遂联合钟繇大胜袁军。建安十年（205 年），马腾和韩遂又帮助曹操击败袁绍外甥、并州刺史高干。

由此可见，在建安十三年（208 年）前，马腾和韩遂乃是曹操的重要盟友，为曹操消灭袁绍集团立过大功。但曹操对他们并不信任，继马腾和韩遂各送一个儿子当人质之后，马腾全家也成为人质。建安十三年，马腾全家离开凉州，入曹操大本营邺城为官。他的两个小儿子（即马超的两个弟弟）马休和马铁也被封为都尉，唯独马超留守凉州，继续统领马腾的部队。

曹操逼马腾全家做人质，马腾一开始其实并不愿意——因为一旦当人质，就是曹操砧板上的鱼肉，一旦儿子马超或"老朋友"韩遂激愤搞事，自己全家即无逃生可能。但如果不答应，势必与曹操摊牌、兵戈相见，马腾思之再三，决定妥协。

从曹操角度看，这样做也可以理解。马腾父子和韩遂一直是西部两颗"定时炸弹"，随时可能出意外。比如建安十五年（210年），周瑜就向孙权提出攻占西川后、再联合马超围攻曹操，可惜周瑜设想尚未付诸实施就病逝了。如果周瑜不死这么早，以马超的性格，联合孙权搞事，反叛曹操，也不是没有可能。曹操在平定荆、扬南部二大州前，必须想尽一切办法稳住他们，能拖就拖。

在建安十六年曹操打攻关中时，昔日马腾—韩遂间的敌友关系早已被马超—韩遂取代。韩遂虽是马超的叔辈，但其实力不如马军，所以"韩马联盟"仍旧由马家军主导。但鉴于韩遂与马腾两人历史上的恩恩怨怨、时友时敌，两人的联盟注定是脆弱的。

一不小心着了贾诩"离间计"的道

对于曹操来说，攻打马超、韩遂为首的十几路联军，是一场硬仗。论兵力，联军十几万，实力不亚于当年的袁绍；论地理，马超等拥有黄河天险，优势不亚于当年的孙权。此前曹操侥幸胜袁、意外输孙，更让他意识到，此战大意不得。尤为重要的是，赤壁之败后，曹操急需一场大胜来挽回面子，重树他在汉献帝和许县那帮汉朝"死忠粉"前的权威，让他们对曹氏集团越来越紧迫的"套现"行为闭嘴。如果汉中再败，自己"挟天子以令诸侯"这出戏就不好再唱了——既难挟天子，也令不了诸侯。曹操虽然与韩遂、马腾、马超等人打过多年交道，但双方是一直"朋友"的身份，突然变成"敌人"，还真有点不适应。以曹操二十一年前对仗董卓时代凉州军的经验看，还有点怵。曹操派钟繇、夏侯渊、曹仁等将先行，然后自己率军亲征，与马超、韩遂联军对峙于潼关。

潼关这地方有些特殊，属于黄河"几"字型的右下角——黄河在这里先是由北向南，然后拐一个九十度的急弯，一路滔滔向东。潼关位于黄河拐弯处的南岸，易守难攻。曹操强力西进，被马超阻击，决定另辟蹊径，两渡黄河，即先北渡黄河再西渡黄河，绕过潼关天险，从潼关的东北方对马超发起打击。结果在一渡黄河时，曹操差点被马超追兵的箭雨所射杀。曹操来到黄河北岸后，见将士们悲喜交加，以一贯的革命乐观主义精神笑道："今天差点被几个小毛贼干掉了。"（公大笑曰："今日几为小贼所困乎！"——《三国志·魏书·武帝纪》）

潼关天险一旦被突破，马超就有点拿曹操没办法了，表示愿割地求和，且送儿子为人质，均被曹操拒绝。曹操此仗志在必胜，赶在刘备之前去夺刘璋的益州。就在这时，著名谋士贾诩献上一条妙计：以"离间计"离间马超和韩遂的关系。

怎么离间呢？曹操与韩遂在阵前见面，两人当着双方众军，围绕京城旧事、天下大势、朋友趣事、八卦奇闻等话题一通海聊，不时爆发出爽朗的笑声，气氛亲切友好。曹操此时已名闻大卜，粉丝众多，加上他表演欲强，见韩遂部下都来围观，里三层外三层，跟看明星演唱会似的，于是对他们笑道："你们是想来看曹操吗？你们看，其实我就一普通人，并没有四只眼两张嘴，只是智谋多一些罢了。"（公笑谓贼曰："汝欲观曹公邪？亦犹人也，非有四目两口，但多智耳！"）

曹操与韩遂聊完就散了。马超见他们聊这么开心，于是私下问韩遂："曹操都跟您说了些什么？"韩遂实话实说："就是闲聊，没说什么呀。"马超以为韩遂有所隐瞒，在和曹操偷偷勾兑什么，开始起疑韩遂是不是把自己卖了。

不久，曹操又给韩遂写了一封信，故意在信中圈改涂抹许多地方。马超看信，以为是韩遂在紧要处涂抹，不给他看，越发怀疑韩遂在勾结曹操。曹操一看离间计见效，这才与马超约战。马、韩离心，无法协同作战，于是大败，韩遂、马超逃奔凉州。

建安十六年十月，曹操夺得关中，进入长安，此役是赤壁败后的第一场大胜仗，大大为曹操加分。第二年正月，曹操一回到邺城，各种待遇就滚滚而来："天子命公赞拜不名，入朝不趋，剑履上殿，如萧何故事。"

赞拜不名、入朝不趋、剑履上殿各是什么意思呢？

以曹操举例。所谓"赞拜不名"，对应的是"赞拜必名"：古代臣子晋见皇上时，司仪需高呼："宣丞相曹操觐见！"曹操享受"赞拜不名"待遇后，司仪只需说"宣丞相觐见"即可，无需再提曹操的名字。

"入朝不趋"的反面是"入朝必趋"：古代大臣拜见皇上，必须弯腰小步快走，以表示对皇上的尊崇，享受"入朝不趋"特权后，大臣在觐见时从此挺直腰杆以正常速度步行，以示与皇帝地位接近。

"剑履上殿"的意思是，大臣拜见时无需再脱鞋子、去兵器，而是可以穿鞋带剑拜见皇上。

能享受上述三种超常待遇的，都是"挟天子"的权臣，比如三国时只有董卓、曹操、司马懿等极少数人享受过这种特权（董卓只享受过"赞拜不名，剑履上殿"两项特权）。

曹操等这一天等太久了。这一切，当然不能说是拜马超和韩遂所赐，有没有关中大胜，曹操都将按计划为自己和部下"套现"。只能说马超和韩遂的失败，加速了曹操套现的进程。

潼关之战失败不久，马超就迅速兼并陇上诸郡县，张鲁也遣将相助马超，共集结万余人，围攻落入曹操手中的凉州治所冀城（今甘肃甘谷县南）。见马超这么不懂事，曹操很生气，后果很严重。这年五月，曹操将在邺城当人质的马超父亲马腾、弟弟马休、马铁等百余口家人全部斩杀，与此同时，在许都当人质的韩遂子孙也被诛杀。

至此，曹操成为马超和韩遂不共戴天的仇人。马超全家之死，表面上看是马超的责任。后来，马超卷土重来投奔张鲁，张鲁为拉拢马超，想把女儿嫁给他，部下劝道："马超不爱家人，不顾全家人的性命也要造反，你把女儿嫁给他，他能对你女儿好吗？"（或谏鲁曰："有人若此不爱其亲，焉能爱人？"——《三国志·蜀书·马超传》张鲁听完，立即反悔。

其实，换位思考，马超也是身不由己。全家上百口人在曹操手中不假，但曹操大敌当前，部下上万将士和家眷就不是人吗？战虽然也会死，但至少死得时间晚一点、人少一点，但不抵抗，死的人只会更多。第二年正旦时（正月初一，那时还不叫春节），马超的小妾董氏之弟董种来向马超恭贺新年，马超捶胸吐血道："家门百余口人，全部被杀害，如今我们两个还有什么好相庆祝的？"（超捶胸吐血曰："阖门百口，一旦同命，今二人相贺邪？"）

做不了女婿，那就向张鲁借兵吧。马超借张鲁的兵反攻凉州未遂，撤回汉中，后被张鲁部下加害，正无处可去，收到刘备伸过来的橄榄枝，马超于是投奔刘备。

马超为什么不投曹操？

马超是一员猛将，而曹操又极其爱才，为什么他没有投靠曹操集团？除了灭族之仇，在曹操方面，还有没有其他原因？

首先，客观上曹操此时手下能人太多，人才需求不像以前那么迫切。创业公司前期缺能人缺高管，但发展到一定程度，内部人才济济，僧多粥少，个个都打破脑袋抢占重要岗位，对外来牛人的需求自然没以前那么旺盛。

曹操集团当时正处于这种局面。赤壁之战后，曹操吸纳文臣武将的步伐明显放慢甚至停滞了。郭嘉、荀彧、荀攸等重要谋士故去后，曹操任用的谋士基本都是老人，比如贾诩、钟繇、董昭、刘晔、司马懿，都是加盟曹氏集团几年十几年的老人。武将方面，只有原来马腾麾下、后投靠张鲁的干将庞德加盟，其他著名的武将极少。曹操虽然在建安十五年，发布了"求贤令"，但是这里的"贤"更多地指在邺城打工的"职业经理人"，而非一线拼杀的猛将。

更重要的是主观意识层面，此时的曹操，从创业转向守成，从"投资"转向"套现"，从"外战为主"转向"内战优先"。对战争心态的变化，必然导致曹操对人才心态的变化。曹操做减法都来不及，哪还有心思做加法？曹操吸引外将速度的下降，反过来也影响了自身的战斗力。

建安十七年（212 年）后，曹氏集团处于"IPO 上市"前夕，曹操注意力开始转向管汉献帝要名、要权，重心在清算汉献帝身边的"帝党"。众多高级将领成为既得利益者，忙于瓜分胜利果实，无心征战。

当然，马超没能降曹操，也与曹操后来不在关中一线亲自督战有关。建安十九年逼得马超走投无路的那一仗，不是曹操亲自打的，而是夏侯渊和张郃打的。曹操即使有纳降马超的意愿和胸怀，夏侯渊和张郃却未必有。他们与马超是同一层级的将才，或多或少有竞争关系；即便他们愿纳降，马超也未必会主动向他们投降——万一待遇太低，或他们嫉贤妒能把我杀了呢？投降这种事，跟当代名企招聘高管一样，非大老板不能作主。比如前面说的庞德，就是在建安二十年曹操平定汉中时亲自纳降的。庞德率众投降后，立即被封立义将军、关门亭侯。"关门"两个字很有意思，颇有当曹操"关门弟子"的意味。

与曹操相反，刘备集团此时正处于快速上升期，急需人才，上升空间更大，马超投刘备也就顺理成章了。刘备听说马超要来投，大喜道："益州可以拿下了！"果然，马超降刘后，大壮刘军声威，不到十天时间，成都的刘璋就望风而降。（超至未一旬而成都溃——《三国志·蜀书·关张马黄赵传》）

马超大半辈子命运多舛，浑浑噩噩，晚年因为遇到刘备，运气陡然变好。这是因为凉州系将领有一个共同点：见识缺浅，有勇无谋，特别需要一个智慧的大脑做自己的引路人，否则就像无头苍蝇一样。典型如李傕、郭汜、张绣，人生的辉煌都来自著名谋士贾诩的指点，贾诩一离开或闭嘴，他们的事业就一落千丈。吕布在得到陈宫的帮助前，也是一只无头苍蝇，乱飞乱撞，人见人嫌，直到兖州遇到陈宫，这才事业腾飞，人模狗样地当上徐州牧。

马超加盟刘备后，才真正实现人生价值。建安二十四年（219 年），刘备取得汉中大捷，以马超为首的一百二十余名蜀汉官员联名上疏，劝刘备进位汉中王。刘备称王后，迁升马超为左将军。蜀汉章武元年（221年）刘备称帝，封马超为骠骑将军，领凉州牧，进封斄乡侯，地位在关羽、张飞、赵云等人之上。章武二年十二月马超病逝，年仅四十七岁。

最后说一下韩遂的结局。

曹操将韩遂家人全部诛杀后的第二年，韩遂进入氐王部落，后被夏侯渊赶走。建安十九年，韩遂被部下阎行追杀，不得不退走羌中，寻求羌人保护。建安二十年，韩遂病死，部下斩头颅献给曹操。

张鲁：憎恨刘备，只降曹操

曹操用不到一年时间打下关中，占据凉州后，并没有马上攻打张鲁，而是留下夏侯渊驻守长安，自己立即返回了邺城。为什么？

原因有三，一是曹操可能吸取了赤壁大战失败的教训，做事不再急于求成，不再干"捡芝麻丢西瓜"的傻事；二是东线孙权那些人不消停，时不时主动挑衅，不能置之不理；其三，曹操心里还有一个不能对外明言的苦衷：邺城确实有太多要事要回去处理，尤其是"关中大捷"之后，多了一个加速给曹氏集团套现的由头，得抓紧时间。

一眨眼两年过去了。建安十九年夏，益州雒城被攻克，刘备与诸葛亮、张飞、赵云等共围成都。如果刘备拿下成都，益州就彻底属于他，曹操再无机会。曹操决定打刘备，但他们之间还隔着一个汉中的张鲁。汉中是益州的咽喉，拿下汉中，就可以跟刘备短兵相接了。

张鲁是谁？

简而言之，张鲁可视为一个身处益州地界、但实质是一个政教合一的独立王国的国王。

张鲁的事业始于其祖父张陵。张陵早年曾游历蜀地，在鹄鸣山学道，引创造"五斗米道"（又称"五斗米教"），吸引了很多信众。张陵死后，将衣钵传给儿子张衡，张衡又传给儿子张鲁。这个五斗米道不是一个纯粹的宗教组织，而且有武装力量，有点类似《笑傲江湖》里任我行建立的"日月神教"，教徒甚多，名头吓人。黄巾军起义主角张角创立的"太平道"，与其也有点类似。

"五斗米道"发展到张鲁时，已成为一股不容忽视的力量，以至于益州牧刘焉也不敢轻视。关于张鲁与刘焉的勾兑，少不了张鲁之母的功劳。史载张母是个大美女，又懂不少鬼神之道，所以能够光明正大地进出益州牧府，与州牧大人刘焉交朋友，（母有姿色，兼挟鬼道，往来焉家——《后汉书·刘焉袁术吕布列传》）其中隐意读者自行脑补。得益于母亲的社交网络，张鲁被刘焉任命为督义司马，与别部司马张修带兵同击汉中太守苏固。张修杀苏固后，张鲁又杀张修，夺其兵众自立，从而在汉中郡站稳脚跟。

兴平元年（194年），刘焉病亡，其子刘璋接任益州牧。鉴于父亲刘焉与张鲁母亲的"特殊关系"，刘璋早就看张鲁不顺眼，借口其不服从调遣，杀死张鲁母亲及其他亲人。张鲁与刘璋彻底反目，后袭取巴郡，割据汉中，借助"五斗米道"这杆大旗的帮助，张鲁渐渐建立了一个政教合一的独立王国。

就像今天的传销组织会员必须先花钱买商品一样，"五斗米道"初入道者先交米五斗，入道后获"米贼"身份。（受其道者辄出米五斗，故谓之米贼）但这样一个组织居然在益州的巴郡和汉中郡雄霸了三十年而屹立不倒，根本原因在于"五米斗道"不只是单纯做传销，还不乏悲天悯人的宗教情怀。

按照"五米斗道"教义，犯法者有三次宽宥机会，如果再犯，然后才加惩处；若为小过，则当修道路百步以赎罪。"五米斗道"又创立"义舍"，置义米肉于内，免费供行路人量腹取食，并宣称如取太多，将得罪鬼神而患病。这些宣传固然包含神秘色彩，但在战争、天灾频仍，很多人流离失所、吃不饱肚子的年代，谁能提供饭食，谁就是活命的菩萨。韩遂、马超起兵抗曹时，不少难民就从关中逃往汉中，使张鲁进一步发展壮大。

建安二十年（215 年），曹操亲率十万大军来到汉中，张鲁觉得自己不是对手，想投降，遭弟弟张卫反对。张卫率数万人马坚守阳平关，为曹操所破。几番折腾后，张鲁终于正式投降曹操。曹操加封张鲁为镇南将军，还与他结为儿女亲家。在此之前，刘备也曾派人劝降过张鲁，但被张鲁愤然拒绝。

张鲁不只是拒绝刘备，还撂下一句特别狠的话："我宁愿为曹操的家奴，也不为刘备的座上客！"（鲁即怒曰："宁为魏公奴，不为刘备上客也。"——《三国志·魏书·文帝纪》）

为什么马超弃曹操而投刘备，而张鲁却弃刘备而投曹操？

这跟张绣弃刘表而投靠曹操是同一个原因。

首先，张鲁祖孙三代起家于蜀地，对蜀地的发展潜力和终极结局比较清楚。当时，曹操势力已超强。东汉十三州部，除了益州、扬州和荆州，大部分要么已落入曹操手里，要么已臣服于曹操。头脑稍微正常的人都明白，曹氏一统天下，是迟早的事。

再次，曹操背后是汉献帝，是合法朝廷。投降曹操就是投降朝廷，从此成为合法臣民，一日不投降，就一日是朝廷的反贼，面临被剿灭的危险。

最重要的原因是，张鲁敬佩曹操，而厌恶刘备。

在张鲁看来，曹操是一个有情怀的政治家，而"情怀"二字对张鲁特别重要。张鲁在汉中不敌曹操，欲前往巴郡。临行前，部下打算将仓库里的珍宝货物全部烧毁，被张鲁阻止："我已有归顺朝廷的意愿，但这一意愿没能让曹公知晓。今天我们离开，不过是暂避锋芒，并没有别的意图。宝货仓库，应归国家所有。"于是将宝物都妥善藏好才离去。张鲁这样做，可能不完全是为了给曹操一份见面礼，而是觉得这些东西在乱世格外宝贵。珍惜货物者，也必然会重视人。这就是情怀。

至于张鲁讨厌刘备，一是因为刘备得益州的过程和手段不够光明正大，其对待汉室宗亲刘璋的行为让很多英雄不齿，身在汉中的张鲁对此体味应该最深。当然，张鲁不投靠刘备，还有一个重要心结，这就是马超。

建安十九年（214 年）春，马超被夏侯渊打得无路可逃，只好前往汉中投靠张鲁。张鲁的部下因为害怕马超的才能，欲加害他，马超吓得逃入氐中。恰逢刘备与刘璋打得难分难解，派人去挖马超，马超于是毅然投靠了刘备。想害马超的不是张鲁，而是他的部下。即便张鲁早就不打算用马超，刘备这种关键时刻"挖墙角"的行为也让张鲁咬牙切齿。毕竟马超的离去，对他来说是一个重大损失。

即使张鲁原谅刘备，可能也不打算原谅马超，如果他投降刘备，可能面临一个无法与马超相处的问题。《三国志·蜀书·关张马黄赵传》引《典略》的记载说，马超入蜀投刘备时，将他和庶妻董氏生的儿子马秋留于汉中留依张鲁。张鲁投靠曹操后，马超仅剩的几个家人落入曹操手中。曹操把董氏赐给张鲁的部下，而将马秋交给张鲁处置，被张鲁亲手杀死，可见他对马超的恨是多么强烈。

再战孙刘，四次套现

曹操生命的最后八年，内外交困，异常忙碌，总共有四次大的套现。每次套现，都将原本属于汉朝廷和汉献帝的尊严、权利、福利，一点一点地往曹氏头上添加，将汉朝廷一点一点地掏空，直到所有朝野一致认为：曹操不是皇帝、胜似皇帝，而汉献帝彻底沦为木偶、傀儡甚至空气。

212 年：第一次套现

建安十七年（212 年）正月，击败马超和韩遂的曹操，从长安凯旋邺城。不久，身在许都的汉献帝刘协下诏，赐予曹操"赞拜不名、入朝不趋、剑履上殿"三项特权。这些特权加在曹操身上，特别滑稽反讽：因为他已经与刘协"两地分居"多年，很久不来许都参拜皇帝，赞拜不名、入朝不趋、剑履上殿这三项特权简直就是聋子的耳朵，纯属摆设。汉献帝这样做，也许纯属"戏弄"曹操，看重的就是它的反讽意义，但它对曹操意义巨大。因为这是曹操个人的第一次重要"套现"。

从建安十七年（212 年）到建安二十五年（220 年）正月曹操逝世洛阳，整整八年，是曹操个人及其曹氏集团集体套现的八年。虽然最后的"IPO 上市"（以魏代汉）由其儿子曹丕完成，但大部分套现工作必须也只能由曹操亲自主导，比如改"十三州制"为"九州制"、恢复"五等爵制"、封魏公、加九赐、封魏王、立太子等重大事项，曹操是总策划、总导演兼领衔主演，他不在场，这些戏就没法演。

一个公司越是临近 IPO，业绩就越重要。为了让自己的名位与业绩相称，为了不让别人骂自己躺在功劳簿上吃老本，为了避免别人说闲话，曹操必须继续战斗。这些战斗，与其说是为了曹操本人，不如说是为了后世子孙。

打谁呢？此时，张鲁、马超、刘璋等人几乎可以忽略不计，放眼天下，劲敌只剩两个：孙权和刘备。这是曹操的老对手，以自己多年的征战经验和兵法智谋，打他们尚且吃力，把他们留给子孙们，只怕后患无穷。曹操心里明白，最优秀的几个儿子如曹丕、曹彰、曹植等都不如自己，这苦活重活还得自己干，干到死为止。

然而，此时的孙权和刘备，已经不是建安十三年的孙、刘。孙权和刘备已经快速成长起来，无论是战略智谋等"软实力"，还是军队装备等"硬实力"，与曹操集团的差距越来越小。更要命的是，由于整个曹氏集团都开始转向 IPO，集团上下所有人都陶醉于套现，内斗加强而外战削弱，致使最后八年征战，曹操都是浅尝辄止，小打小闹，胜小败大。

曹操最后八年征战主要是两线作战，以征孙权开始，以征刘备结束。一会儿在东线扬州打孙权，一会儿在西线益州打刘备（顺带打张鲁），中线的荆州虽然告急甚至离他最近，曹操却始终看都不看一眼——赤壁战后，曹操似乎对荆州有了重大阴影，不愿再踏进这块伤心之地。

这八年，曹操与江东集团共对阵三次，时间分别在建安十七年、建安十九年和建安二十年。这三次对阵，第一、三次由曹操发起的，第二次却是孙权发起的。

建安十七年冬，曹操率军十五万（号称四十万）直奔淮南。建安十八年正月，曹操开始攻打濡须坞。由于孙权听从吕蒙的建议，事先在濡须坞有准备，孙权以舟师围攻曹操水军，俘获三千余人，曹军溺亡数千人。双方相持仅月余，曹操扔下一句"生子当如孙仲谋"，于当年四月匆匆返回邺城。

213 年：第二次套现

曹操匆匆撤军，真的是孙权难打吗？

这算一个重要原因，但另一个重要原因是，曹操急着回邺城，实施曹氏集团的"第二次套现"。建安十八年（213 年）五月，曹操被汉献帝册封为魏公，加九锡、建魏国，定国都于邺城，置丞相、太尉、大将军等百官。这一次套现与上一次不同，第一次是曹操个人套现，且比较虚（三项名义上的特权），而这一次封"魏公"，则是实实在在的独立实体，受益的不止是曹操个人，他的属下、子孙都可以借这个机会更上层楼，升官封爵。此时的曹操和他的将领、谋士和后勤高管，身在前线，心系套现，这仗还怎么打？哪还有什么斗志？

曹操和群臣都封爵升官了，继续干活吧。正好，孙权又来挑衅了。

建安十九年夏天，孙权主动发起皖城战役。驻守皖城的是曹操任命的庐江郡太守朱光。孙权大将吕蒙攻破皖城，俘获包括庐江郡太守朱光在内的数万人。这下，让曹操既丢里子（东线重要城池丢失，许县东边门户大开），又丢面子。朝廷舆论一下子对曹操非常不利，基本调子应该是这样的：你看你曹操，刚封上魏公，就打了一场这么大的败仗。你是不是掉进权力窟窿里出不来了？

表5：曹操八年套现历程（212—220 年）

时　间	对外征战	对内套现
建安十七年（212 年）	濡须坞战役（孙权）	参拜不名、入朝不趋、剑履上殿，如丞相萧何故事
建安十八年（213 年）		封魏公、加九锡、建魏国
建安十九年（214 年）	皖城战役（孙权） 汉中战役（张鲁）	
建安二十年（215 年）	合肥战役（孙权）	
建安二十一年（216 年）		封魏王，邑三万户
建安二十二年（217 年）	第二次濡须坞战役（孙权）	赐王冕十有二旒、乘金根车、驾六马、设五时副车、立太子
建安二十三年（218 年）	阳平关战役（刘备）	
建安二十四年（219 年）	定军山战役（刘备） 襄阳、樊城之战（关羽，非曹操亲自领兵）	
建安二十五年（220 年）	病逝于长安	太子曹丕继任魏王，同年逼汉献帝"禅位"

曹操震怒，发誓一定要夺回皖城，不许任何人阻拦，谁敢拦他，一律处死。七月，曹操亲率大军前往合肥，欲夺回皖城。谁知这一次跟一年半前的濡须坞战役一样，前前后后只持续三个月，当年十月曹操又匆匆撤军。

曹操急欲回撤，根本原因是西线出大事了——与刘璋反目的刘备，历经两三年时间，终于打下了益州首府成都。这还了得！十月，曹操从合肥直接率大军西征张鲁，发起"汉中战役"，于第二年三月到达陈仓。注意一个细节，曹操没有回邺城休整，而是从东部战线直接奔赴西部战线，可见其求战求胜心情之急迫。"封公"只是一个台阶，下一个台阶是"封王"，而在封王前，必须拿一张亮丽的战绩单，来堵住那帮保皇党和天下臣民之嘴。打不过孙权，总能打败张鲁吧。

仅用半年多时间，曹操就搞定汉中张鲁。理论上曹操可以一鼓作气，直取成都，拿下整个益州。当时主簿刘晔就是这样建议的。刘晔认为，刘备是当世豪杰，刚拿下益州，威信未立，益州军民应该不会帮他。应该趁拿下汉中的机会，攻克成都，夺取整个益州。否则，等刘备缓过来，以诸葛亮的治国之才，关羽、张飞之勇，蜀地山川之险，日后就更难打了。今天不取，必为后忧。另一随军谋士司马懿也表达了同样的建议。

刘晔和司马懿是曹操后期重要随军谋士，他们这个建议应该说有一定远见，可惜被曹操否决。过了几天，曹操听说刘备对自己占据汉中十分惊恐，又有点后悔了，反过来问刘晔这时还能不能打，刘晔说已经晚了。曹操只好撤军，于建安二十一年（216 年）春二月，回到邺城。

曹操不想立即拿下益州、擒住老朋友刘备吗？他太想了。但是，历史教训和现实忧患，不允许他再起贪念。历史教训指什么？建安十三年的赤壁之战。那一年，正是因为轻易夺得荆州，被胜利冲昏头脑，贸然东进打孙权，结果一场大火下来，损兵折将，几年才恢复元气。现实忧患更多，邺城、许县、合肥，都是危险点，随时要回去救火，不允许自己在外恋战，绝不能在 IPO 前夜重蹈赤壁大败的覆辙啊。

曹操思索良久，觉得还是落袋为安至上，于是幽幽长叹："人心不足蛇吞象。我既已得到陇右，怎么还能指望再得蜀呢？"（魏武曰："人苦无足，既得陇右，复欲得蜀！"——《晋书·宣帝纪》）这便是"得陇望蜀"这句成语的来历。此时的曹操，已不复赤壁大战前夜的豪气和英雄气。

216—217 年：第三、四次套现

借助汉中战役的胜利，曹操进行了"第三次套现"。建安二十一年（216年）四月，汉献帝册封曹操为"魏王"，食邑三万户，位在诸侯王上，奏事不称臣，受诏不拜，以天子旂冕、车服、旌旗、礼乐郊祀天地，出入得称警跸，宗庙、祖、腊皆如汉制，定国都于邺城，所有王子都被封为列侯。这是一次政治上的巨大套现。此时的曹操，名义上还是汉臣，实际上已享受皇帝待遇。

套现之后，曹操及其臣子心理上得到极大满足，觉得新朝代已在向他们招手。满血复活后，他们再次踏上征途，但这时的征伐带有更多作秀成分。次年春二月，曹操进驻居巢，再攻"濡须坞"，击败孙权。三月，曹操留夏侯惇、曹仁、张辽等守居巢，自己引军回邺城，也就是说，曹操在前线待的时间满打满算才一个月。当年冬十月，汉献帝又赐予曹操"王冕十有二旒，乘金根车，驾六马，设五时副车"，曹操以五官中郎将曹丕为魏太子。这是曹氏集团的"第四次套现"。

建安二十二年（217 年）是曹、孙、刘三家关系发生重大转折的一年。在此之前，孙、刘两家因为荆州之争已翻脸。建安二十年，孙权认为刘备已经占据益州，欲要回荆州，刘备却回复等取了凉州再还，于是两家大打出手，后平分荆州。孙、刘两家能和平解决争端，一个重要原因是鸽派鲁肃尚在世。建安二十二年鲁肃去世后，"新鹰派"吕蒙上台，与孙权商议收回荆州。孙权是一个稳健派，深知不能同时与曹操和刘备两强开战，于是在这一年败给曹操后，决定请求归降。曹操同

意修好，立誓重结姻亲，共同对付刘备。孙曹联合共同对付刘备，这在三十六年短暂的"准三国"历史上，是头一次。同时也说明，得到益州、跨有荆、益两州的刘备，已变得超级强大，尽管这一势头只维持了短短五年。

建安二十三年，刘备亲率大军进至阳平关，夏侯渊等人与刘备夹关对峙，曹军多次击退刘备军猛烈攻势。七月，曹操亲率大军赶往关中，这是曹操一生最后一次出征，离开邺城后，再也没能回来。

次年正月，刘备进军定军山（今陕西勉县东南），夏侯渊出兵迎敌，被黄忠斩杀，曹军大败。这是刘备有生以来，第一次大败曹军（赤壁大战不算）。曹操大惊，当年三月亲率大军来夺汉中，但是刘备坚壁不出，曹军与刘备相对峙数月无果，只得放弃汉中，于当年五月退守长安。

建安二十五年正月，曹操还军洛阳。孙权献上关羽首级，劝曹操称帝。同月，曹操病逝洛阳，享年六十六岁。在为曹氏集团作了足够多的套现铺垫后，曹操终于病逝在征战第一线。

隐形敌友：荀彧与董昭

投资容易套现难。挟天子容易，自做天子难。

曹氏套现之路，有一个"隐形敌人"，也有一个"隐形朋友"。前者是我们是熟悉的荀彧，后者是我们略有耳闻的董昭。说荀彧是隐形敌人，是因为在很多人看来，大部分时间荀彧是曹操的重要谋士、心腹重臣，是他安插在许县汉献帝身边的一个重要棋子（尚书令），其对曹操在兖州扭转败局、挟天子以令诸侯以及官渡之战等重大谋略和战事，都立过汗马功劳。谁能想到，曹公这样一个亲密朋友，在曹操与皇帝撕破脸时，他居然站到皇帝一边、公开与曹公为敌？荀彧这个敌人实在"潜伏"得太深。

至于董昭，为什么说他是隐形朋友？因为他悄悄帮曹操干过太多"脏活"。什么脏活？通俗地说，就是帮曹氏集团向汉朝廷要权力、要名爵、要利益，最终彻底将汉朝MBO（管理层收购）。这些重要而不能说出口的事，曹操只能交给极度忠诚且成熟稳重、智谋超群的人去干。因为曹氏集团名义上的最大股东是汉献帝刘协，是汉朝廷，理论上董昭是朝廷大臣。拿着朝廷的俸禄，董昭居然帮着曹氏篡权上位，在"帝党"人士看来，这样的人简直比曹操还可恶！董昭帮曹操，必须悄悄地、低调地、小心翼翼地、循序渐进地行事，稍不小心就会惹火上身，坠入万劫不复之境。

因此，曹操要成功套现，关键在于处置好荀彧这个名义上是朋友、但实质已"变节"的"隐形敌人"，同时用好董昭这个表面关系一般、但实质特别重要的"隐形朋友"。

先试水"九州制"

曹操与荀彧间的分歧始于建安九年。这一年，曹操把自己的府邸从许县搬到邺城，另起炉灶，与许县的汉献帝分开过。很快就有聪明人发现曹操的小算盘，建议调整汉朝的"十三州部制"，恢复周代的"九州制"，极大地扩充冀州的管辖范围，让天下臣服曹操这个新任冀州牧。（或说太祖宜复古置九州，则冀州所制者广大，天下服矣——《三国志·魏书·荀彧荀攸贾诩传》）

这件事有什么玄机？说白了就是变相提高曹操的地位、权力和威信，为其后续套现铺垫。曹操听完后颇为心动，打算立即付诸实施。但荀彧却极力反对，说当时北方未平，袁绍的残余势力还在活动，贸然实施"九州制"，重新划分土地疆域，动静太大，关西马超、韩遂等人会认为曹操要马上抢他们的地盘。如果引发叛乱，袁尚、袁谭、刘表这些人就不好对付了。最好等"天下大定"之后，再"议古制"，这才是"社稷长久之利"。曹操想想有理，不便反驳荀彧，就把这事暂时搁置。

但曹操心里极度不爽。因为几年后，"九州制"还是照常实施了。这说明九州制的始作俑者，其实就是曹操本人，只是借他人之口提出来，试探一下风声罢了。这个"他人"是谁？史书上用的词"或"，就是"某人"。从后来诸多事件后，这个"或"，极可能就是董昭。邺城攻克后，董昭刚刚被任命为谏议大夫。谏议大夫干什么的？就是专门提各种建议的。

曹操不爽荀彧的另一个原因，是自己刚刚提拔重赏他，荀彧却如此不识抬举。建安八年，考虑到荀彧投奔曹营十年来的功劳，曹操上表汉献帝，要封他为"万岁亭侯"，理由是"天下之定，彧之功也。宜享高爵，以彰元勋"，就是说天下初定，荀彧功劳很大，必须对其加官进爵，以资表彰。荀彧以自己没有野战之功为由，动用其尚书令的权力，扣下汉献帝的表章不发。曹操又再次写信给荀彧，大赞其功，劝他别再推辞，荀彧这才勉强接受。第二年，就发生了荀彧反对"九州制"的事。可能在曹操看来，是荀彧受恩不领情不施报；而在荀彧这一方面，此前的拒绝受封侯爵，恰恰是在为日后的唱反调作铺垫。

荀彧与曹操渐生嫌隙的同时，董昭却在利用一切机会为曹操夺权打造台阶。建安十二年，董昭因为建议开凿运河、帮曹操解决了远征乌桓的运粮难题，被封为千秋亭侯，同时拜为司空军祭酒（"军祭酒"为首席幕僚的意思）。这次提拔非同小可。说明在曹操的心目中，董昭的重要性即便不是超越荀彧和郭嘉二人，至少也与他们并驾齐驱了。

实事求是地说，董昭在史上的知名度虽然不如郭嘉和荀彧高，但他确实有见识、有谋略，且为人低调，帮过曹操很多大忙。撇开乌桓之战不说，此前帮助曹操顺利迎立汉献帝，就功不可没。董昭正式加盟曹营时间与郭嘉差不多，都在建安元年前后，但荀彧资历要比他们老，早在初平二年，荀彧离袁绍而投曹操。董昭显然有后来居上之势。

再吹风"五等爵"

曹操超常提拔董昭，不止是为奖赏他的功劳，更多是为了他帮自己套现。董昭不负曹操，立即烧了一把大火，这把火的名字叫恢复"五等爵位"，他对曹操说："应该探究古代的制度建置分封五等爵位。"

什么叫"五等爵位"？

"五等爵位"是中国古代社会的政治等级制度之一。爵位，是中国古代帝王对贵戚功臣的封赐。"爵"不是一种行政职务，而是一种身份象征，代表的是皇室宗亲和功臣外戚可以世袭的政治名位和经济权利。周代有公、侯、伯、子、男五个等级的爵位（一说六级），所以叫"五等爵位"。虽说爵位有五等，但伯爵、子爵、男爵并不常见，封爵一般指的就是封侯、封公乃至封王。

刘邦建立汉朝之后，搞了一个"白马之盟"，宣布"非刘氏而王，天下共击之"，异姓功臣的最高爵位就只能是"公"，永远封不了"王"。对异姓功臣而言，原来"五等爵位"实质变成"四等爵位"。东汉的爵位制度大体沿袭西汉，但等级增多，设有王、公、侯三等，"王""公"两爵只封汉室宗亲，外姓没资格享受。

了解这个背景知识，就会明白董昭这个建议的深意——将"四等爵位"还原"五等爵位"，为曹操封"公"、封"王"创造条件，其意义比"九州制"改革还要重大。九州制改革牵扯广、成本大、风险高，曹操实际受益小，而封公封王，则可令曹操、其子孙和部属直接受益，性价比要高得多。曹操听到这个提议，心里乐开了花，嘴上却谦虚道："建设五等爵位的是圣人，又不是做大臣的所能制定的，我怎么能担当得起呢？"

董昭立即拍了一个超响的马屁，中心思想是：曹公自辅佐天子以来，取得了丰功伟绩，其德行超过了历史上著名的伊尹和周公，这样的人不封公封王，简直是天理不容，有失君王和天下臣民之望。

董昭提议"五等爵"的时间，大概在建安十二年（207 年）冬曹操北征乌桓回来之后。乌桓一战，曹操彻底消灭袁绍集团，厥功甚伟，他完全可以借董昭的放风改革爵位制度，顺势解决自己的"公爵"问题。但这事一拖五六年，直到建安十八年（213 年）五月，汉献帝才正式下诏封曹操为魏公，加九锡、建魏国。

汉献帝手里的玉玺只是一个橡皮图章，除了同意，还有什么办法？于是宣布加封曹操为"魏公"，加九锡。"九锡"是中国古代皇帝赐给诸侯、大臣有殊勋者的九种礼器，包括：车马、衣服、乐县、朱户、纳陛、虎贲、斧钺、弓矢、秬鬯，意为以黑黍和郁金香草酿造的酒，用于祭祀和赏赐）等，是最高礼遇的象征。

曹操封为"魏公"这件事意义非同寻常。纵观汉朝四百年历史，上一个、也是唯一一个封公爵、受九锡之礼的人是谁？篡汉建立新朝的王莽。曹操学王莽篡位，这意思再明显不过了。

荀彧与曹操终于分道扬镳

只要不是傻子，都知道董昭所说出于曹操的授意，于是百官纷纷附和。唯有尚书令荀彧再次唱反调，反对封曹操为魏公。荀彧说："曹公兴的是义兵，目的是匡扶汉朝；即使功劳很大，也应该忠心汉室；君子应该爱人以德，封魏公、赐九锡的建议是不妥的。"荀彧什么意思呢？就是说，曹操你功劳再大，也是汉臣，怎么能学王莽篡汉呢？这哪是好德君子干的事？

荀彧再次当面拆台，曹操非常不高兴，对荀彧态度从此大变。昔日最佳拍档，曹、荀两人渐渐貌合神离。若换作别人，曹操早把他杀了。但荀彧是创业元老，又是尚书令，杀他必然引发朝野震动。曹操决定冷处理，免去荀彧尚书令的职务，任命他为侍中、光禄大夫，调离许都，来到曹操军中。

接下来发生了一件怪异之事：荀彧调离许县不久，就离奇猝死了。

建安十七年冬，曹操率大军征讨孙权，让荀彧随军。前面说过，荀彧跟诸葛亮、鲁肃一样，属于高屋建瓴、统筹全局的战略型谋士，战术方面并不如郭嘉等人擅长，所以自从郭嘉到任后，他一直远在许县做后勤支持和政府公关工作。郭嘉去世后，曹操的战术谋士主要是荀攸和程昱。这一次曹操征讨孙权，让荀彧随行献谋，本身就很反常。

荀彧是怎么死的呢？因为他卷入了"伏皇后密谋行刺曹操"事件。

关于荀彧的死因，正史上是以"第三人称"的口吻陈述这件事的：荀彧在行军途中死于寿春。有人从寿春逃到江东，对孙权说："曹操逼荀彧杀伏皇后，荀彧不从，于是自杀。"也就是说，《三国志》作者陈寿也不能肯定是曹操逼死了荀彧，而是引《献帝春秋》上的故事，说有人曾经这么说过。

关于伏皇后密谋行刺曹操这件事，发生在荀彧猝死几年前。伏皇后之父、国舅伏完收到女儿的行刺请求后，不敢擅自作主，曾征求过荀彧的意见，荀彧虽然讨厌这种事，但他为人正派，没有马上举报伏完父女。但他不举报，有人举报。几年后，伏完的妻弟樊普向曹操举报了这件事。荀彧担心受牵连，于是专程从许县来到邺城，劝曹操把女儿嫁给汉献帝刘协。曹操此时已与荀彧离心，听到这个建议，很是意外，于是两人有了下面这段诡异的对话：

曹操：今朝廷有伏皇后，我的女儿怎么配得上皇帝？再说，我是凭功劳当上宰相之位，难道还需要以女儿邀宠吗？

荀彧：伏皇后没有儿子，为人凶残邪恶，写信给他父亲要除掉您。您正好可以借这个机会废掉她。

曹操：有这事？你怎么不早说呢？

荀彧假装吃惊：我早就说过啊。

曹操：这又不是小事，你要是说了，我怎么会忘？

荀彧又惊：确实没说过。当时您正在官渡与袁绍相持。我是怕您因为这个分心，所以才没说。

曹操：那事后怎么不说？

荀彧无言以对，拱手退出。曹操目睹荀彧匆匆离去背影，肺都气炸了——有人要暗杀我曹操，你荀彧对这么严重的事居然知情不报，这不是吃里扒外、赤裸裸的反叛吗？曹操从此深恨荀彧，只是表面上包容他，别人不知道而已。后来董昭提议封曹操为魏公，荀彧又来提反对意见，曹操找借口离开，根本不给他说话的机会。

所以，曹操出征带上荀彧，可能真的如《献帝春秋》上的故事所说，是逼他杀伏皇后表忠心。。

关于荀彧死亡还有另一个版本：曹操派人给他送去个盒子，荀彧打开盒子一看，发现里面是空的，什么都没有。认为曹操容不下自己了，于是服毒自杀。这种传说当八卦故事听就好了，不必太当真。但荀彧与曹操的矛盾不可调和，应属事实。

荀彧与曹操为什么会走到这一步？因为荀彧虽然是个超级谋士，但善谋国不善谋身，忠君爱国之气过重，有强烈的道德洁癖。荀彧始终将曹操定位为"汉臣"，而不是一个"开国者"，因而对曹操后期篡权的行为非常不齿，一而再、再而三地唱反调，曹操岂能容他？如果要说曹操有什么错，可能就是他那出"奉天子以令不臣"的戏前半段演得太真，真到让荀彧等忠汉死士天真地认为，曹操是个大忠臣，汉朝还有再度还阳的机会。

而作为帮助曹氏套现的重要功臣，董昭于延康元年（220年）被曹丕任命为将作大匠，曹丕称帝后，董昭又升为大鸿胪，位列九卿，进封右乡侯。黄初五年（224年），董昭改封都乡侯，拜太常。同年，改任光禄大夫、给事中。魏明帝曹叡继位后，董昭于太和六年（232年）升任司徒，位列三公。青龙四年（236年），董昭去世，享年八十一岁。

汉献帝和他的刺客们

曹操的套现大戏，除了他本人领衔主演，还需要一个"配角"，他就是汉献帝刘协。董昭也罢，荀彧也罢，其他刘氏宗亲和王公大臣也罢，他们的一切动作都需要围绕刘协展开。

从建安元年（196年）将汉献帝迎到许县，到曹操于建安二十五年去世，两人相知相伴、相爱相杀二十四年。这二十四年，有太多风雨和故事，可以分三个阶段，每个阶段不偏不倚，正好都是八年：

许县共处阶段（196—204年）：在短暂的和睦相处后，汉献帝刘协立即发现曹操是"董卓再世"，开始授意国舅董承等谋划暗杀曹操。可惜事情败露，暗杀计划流产。但曹操只处理了董承等具体执行人，并没有太多难为汉献帝。

分居冷战阶段（204—212年）：建安九年（204年），曹操将自己的大本营迁往邺城，而将汉献帝刘协继续留在许都，两人正式开启"分居"模式。曹操将荀彧当作他与刘协的联络人，尽一切可能避免与刘协见面。两人社交关系几乎处于停滞阶段。

权力转移阶段（212—220年）：从建安十七年（212年）开始，在董昭的策划和运作下，曹操向刘协要权、要官、要爵，刘协无奈只能配合曹操演戏。曹操大搞白色恐怖，不仅清除一切"帝党"，还对汉献帝的后宫展开了全面清洗。

在这二十四年里，汉献帝直接策划或间接参与了N次刺杀曹操的事件，其中两次乃是由刘协身边最亲近的贵人和皇后发动的，可见刘协对曹操仇恨之深，也可见他当时之寂寞无助……

董国舅刺杀未遂

刘协初到许县，恢复正常生活，找回皇帝尊严，对曹操非常感恩，对他及其团队大肆封赏；曹操也很快在朋友圈发布了"成功奉迎天子"的重要成果，并借此对袁绍、袁术、刘备、孙策、马腾、韩遂、张绣、吕布等圈中好友挨个展示了皇权的巨大杀伤力。

但刘协很快发现，许县的生活与洛阳和长安并没有什么不同，本质上自己再次沦为"囚徒"。在洛阳，刘协是董卓的玩偶，到长安，他是李傕和郭汜的奴隶，到了许县，他则成了曹操的监视对象，值班的警卫和侍从，没有一个不是曹操的党羽或姻亲。有一次，一个叫赵彦的议郎看不下去，偷偷向献帝出谋划策。宫中密探飞快将消息报告曹操，曹操立即将赵彦杀了。所有跟曹操不同心的，都惨遭杀戮。打狗看主人，曹操这么做，分明是不把刘协这个皇帝放在眼里。

刘协闻过血腥味，身上不乏血性。有一次，刘协在宫殿接见曹操时，出离愤怒之际说了一句狠话："曹公您要是觉得能够辅助朕，那么您就对朕好点；否则的话，求您开恩把朕废了吧。"曹操没想到不到二十岁的年轻皇帝说出这种重话，大惊失色，看了看身边挟持他的两个卫士，以为刘协要杀他，直冒冷汗。

按照当时的皇宫礼仪，三公和领兵大臣朝见皇帝时，必须有虎贲卫士执锐器左右相挟。也就是说，只要皇帝情绪失控，一时激愤命令卫士动手，曹操当时就身首异处。曹操退出之后，顾盼左右，汗流浃背，从此再也不敢朝见刘协了（操出，顾左右，汗流浃背，自后不敢复朝请——《后汉书·皇后纪》）。

曹操不来朝见，刘协甚是想念，想念到恨不得他死。他决定重复董卓的故事，找人暗杀曹操。执行人也姓董，叫董承。

说起来，董承也算凉州系出身，因为他是董卓女婿牛辅的部曲（私人武装）。因为护卫刘协从长安东归洛阳有功，拜为卫将军，受封列侯。建安四年（199 年），又被拜为车骑将军。后来董承的女儿嫁给汉献帝，被封为贵人，史称"董贵人"（《三国演义》称其为"董贵妃"，其实不妥，因为汉朝尚无"贵妃"这个称号）。

但刘协周围全是曹操的耳目，光是给董承下令这件看似极其简单的事，都无法悄悄完成。刘协很聪明，将诏书藏到锦袍中赐给董承，董承受诏，这才联合刘备、种辑、吴子兰、王子服、吴硕等亲信密谋诛杀曹操。这便是著名的"衣带诏"故事。

《三国演义》第二十回"曹阿瞒许田打围　董国舅内阁受诏"将这个故事进行了精彩的演绎。说汉献帝咬破手指，以血写就诏书，刚把锦袍赐给董承，曹操就发现了，带兵拦截，反复验看，没有觉察异常。董承回家后在锦袍里找半天，才发现血书，上写：

朕闻人伦之大，父子为先；尊卑之殊，君臣为重。近日操贼弄权，欺压君父；结连党伍，败坏朝纲；敕赏封罚，不由朕主。朕夙夜忧思，恐天下将危。卿乃国之大臣，朕之至戚，当念高帝创业之艰难，纠合忠义两全之烈士，殄灭奸党，复安社稷，祖宗幸甚！破指洒血，书诏付卿，再四慎之，勿负朕意！建安四年春三月诏

这段话是《三国演义》虚构的，但字里行间流露的情感却真挚浓烈，一个满腔悲愤的汉献帝跃然纸上。董承找到刘备、偏将军王子服、长水校尉种辑和议郎吴硕，几人定下密谋，可惜迟迟不见行动。第二年正月，谋杀阴谋暴露，董承、种辑、吴子兰、王子服等皆为曹操所杀。只有刘备提前开溜，躲过一劫。刘协数次为董贵人向曹操求情，说她此时已怀有身孕，但终被曹操拒绝。

伏皇后兔死狐悲

董承刺杀件事虽然未遂，曹操难免心惊，但在建安五年这个时间节点，他的事业刚刚起步，袁绍、刘备、刘表、马超、韩遂这些强敌尚在，汉献帝这块金字招牌还非常强管用，曹操既不敢杀他，更不能轻易舍弃他。

曹操心道：你是皇帝，惹不起我还躲不起吗？于是在建安九年打下邺城后，曹操再也不肯回许县，彻底与刘协在空间上隔离。

但树欲静而风不止。曹操离开许县，许县人民却更"惦记"他了。

谁？

伏皇后伏寿。

伏寿是侍中伏完的女儿，祖上曾做过西汉大司徒，母亲是汉桓帝刘志的女儿阳安公主。考虑到献帝刘协是桓帝的侄孙，论辈分，伏皇后与刘协当属表亲。伏寿入宫比董贵人早，初平元年（190 年），董卓挟持汉献帝到长安时，伏寿一路跟随，后擢升为贵人，兴平二年（195 年），立为皇后，其父伏完任执金吾。

伏皇后天生就是一个女汉子，刺杀乃是由她本人主导的，董贵妃在怀有身孕的情况下仍然被曹操诛杀，让伏皇后感觉兔死狐悲、不寒而栗。她决定孤注一掷，跟曹操拼个鱼死网破。

伏皇后写信给父亲伏完，请他策划干掉曹操。伏完此时任辅国将军，地位等同"三公"，但他是个愤青，自曹操挟持汉献帝，就上缴权力，官越做越小，一直降到小小的屯骑校尉。这是一个低级军官，无兵无权，暗杀曹操，对于他来说，是一个不可能完成的任务。

伏完收到女儿密信后，找荀彧商议。荀彧没有举报伏完父女，也反对他们暗杀曹操，因为他觉得，此时，无论是天下，还是朝廷，都需要曹操。曹操若暴死，天下必然重新陷于混乱。

可惜伏完书呆子气，见荀彧不同意，便拿着信找妻弟樊普商议。樊普一看，觉得举报立功的机会来了，于是将信封好拿给曹操，曹操获悉后，隐忍不发。

伏完死后五年，即建安十九年（214 年），伏皇后行刺阴谋泄露。曹操大怒，逼献帝废去伏皇后，命御史大夫郗虑和尚书令华歆，统兵入宫逮捕伏皇后。伏皇后紧闭门户匿藏墙壁中，华歆伸手将伏后牵出。当时献帝在外殿，郗虑坐在他身旁。伏后披发赤脚徒步而行，哭泣着经过献帝面前告别说："不能再救救我吗？"献帝说："我也不知我的性命还能延续到何时！"回头望着郗虑说："郗公，难道天下还能有这样的事？"

郗虑根本不搭理献帝，后将伏皇后下于掖庭暴室，幽禁去世，其所生的两位皇子也被以毒酒毒杀。伏皇后在位二十年，伏氏宗族有百多人亦被处死，其母等十九人都被流放。

献帝刘协的三重岳父

伏皇后被诛的第二年正月，献帝下诏册立贵人曹节为新皇后。曹节是谁？曹操的女儿。这就不免让人浮想联翩——难道曹操杀伏后，是为了给自己的女儿腾位置吗？

从结果看，是；但从过程看，不完全是。

首先说明一点，曹节不是曹操唯一安排给汉献帝的妃子。按照《后汉书·皇后纪》的记载，建安十八年，即伏皇后被诛的前一年，曹操一次性将三个女儿曹宪、曹节、曹华嫁给汉献帝，三女同时被册封为"夫人"，第二年，三女又一同升级为"贵人"。"夫人"和"贵人"均为汉朝妃嫔等级，其中"贵人"高于"夫人"，距离"皇后"仅一步之遥。这些所谓册封，名义上是汉献帝所为，实质都是曹操的意思。从建安十八年开始，曹操成为汉献帝的"三重岳父"。

曹操为什么要将三个女儿同时嫁给汉献帝？他哪来这么多女儿？

曹操儿女众多，儿子二十五个，女儿数量不详，有记录的有清河公主、金乡公主、安阳公主等。其中清河公主嫁给了夏侯惇之子夏侯楙，安阳公主嫁给了荀彧之子荀恽，金乡公主嫁给了曹操的养子何晏。加上曹宪、曹节、曹华，那么曹操女儿至少有六个。

曹操同时嫁三女，是为了全方位、无死角监视汉献帝。曹操搬离许县后，自己不与天子近距离接触，但随时了解天子所思所想还是很有必要，有必要在汉献帝身边安插绝对可信的人。

嫁出去的女儿泼出去的水。曹节嫁给汉献帝后，与老公日久生情，与娘家人反倒疏远。建安二十五年（220年）正月，曹操逝世于洛阳。继任魏王曹丕逼汉献帝禅位，派华歆来到许县要皇帝的玉玺。曹节怒斥华歆，华歆只好退出宫去。第二天又逼汉献帝将帝位禅让给曹丕，并以武力威胁，向曹节索要玺印，曹节无奈，将玺印掷于栏板之下。面对曹丕篡位，她极为愤怒，高喊："老天决不会保佑你长久！"

这一幕与西汉末年王莽篡位时何曾相似！当年王莽篡位，管自己的姑母、时任太皇太后的王政君要玉玺，王政君大怒："我已经老死了，有你们这样的兄弟，我们王家怕是要灭族！"气得把传国玉玺摔在地上，玉玺因此缺了一角。

汉献帝被废为山阳公，曹节为山阳公夫人，以仇人女儿的身份陪伴他终老。这或许是曹操留给汉献帝刘协最后的安慰。

金祎魏讽的两次谋反

汉献帝虽弱，但他毕竟是皇帝，代表权威和道统，不是轻易可以推翻的。忠于朝廷的保皇党，为了反对曹操，继伏皇后事件后，发动了两次大的叛乱。

建安二十三年正月，在许县发生了一起严重叛乱。汉朝死忠粉京兆金祎联合一帮志同道合的朋友（耿纪、韦晃、太医吉本、吉本的两个儿子吉邈、吉穆），打算挟持好友王必，然后要挟汉献帝攻打曹操，南援刘备。

王必是谁？

曹操的重要心腹，时任丞相府长史（略相当于现在的国办主任）。说他是曹操的重要心腹，是因为前文有两件大事与他有关。一是中平三年（192年），奉曹操命出使长安朝见汉献帝表达愿意奉迎的意愿，在董昭、钟繇的帮助下，终于不辱使命。曹操能实现挟天子以令诸侯战略，王必之功即便不是最大，也是首功。第二件大事，就是建安三年（198年），曹操捕获吕布后，与刘备一块劝曹操不要养虎为患，尽快干掉吕布。曹操是听他的建议后，才坚定杀吕布的决心。

金祎等人认为，王必与曹操关系非同一般，拿住他就可以要挟曹操。按照计划，某天夜里，吉邈等人率领一批乌合之众以及千余家奴，火攻王必住处。金祎在王必身边早就安排了内应，这个内应趁乱用箭射中王必的肩膀。王必不知道是谁在谋反，因为他平时与金祎特别好，于是跑到金祎家避难。黑暗中，金祎的家人不知来人就是王必，以为是金祎和吉邈等人的同伙，于是问："长史王必已经死了？这么说你们的大事已经成了？"

王必一听金祎是谋反总策划，吓坏了，夺路而逃，另投他处。这个巨大的"乌龙"，直接导致了谋反失败。十几天后，王必因箭伤而死，远在邺城的曹操知道这场发生在许县的叛乱，大怒，把相关官员都召到邺城，搞了一个匪夷所思的"锄奸游戏"。

曹操怎么处置呢？谋反当夜不是发生了火灾吗？曹操命令百官中在叛乱当晚出来救火的站在左边，没有救火的站在右边。众人以为救火必然无罪，于是统统站到左边。曹操却认为大冬天半夜出来救火的人都心里有鬼，肯定都参与谋反了，而没有救火的人反倒是清白的，于是把救火的人统统杀了。(王以为不救火者非助乱，救火乃实贼也。皆杀之。——《三国志·魏书·武帝纪》)

继金祎之后，建安二十四年(219年)九月，又发生了一次谋反事件。西曹掾魏讽与长乐卫尉陈祎等人原计划偷袭邺城，但陈祎因为心中恐惧，提前改变主意，向曹丕告密。曹丕诛杀魏讽，受牵连者数十人。

这次叛乱，因为起事未遂，事不大，但影响却非常恶劣。为什么呢？因为此时正是曹魏集团创业史上继赤壁之战后的又一个低谷。

这一年发生了很多大事，差点使"准三国"一强二弱的格局发生了根本性逆转。正月，刘备大将黄忠在定军山斩杀夏侯渊，曹军大败。七月，关羽趁火打劫，在荆州方向发起另一场大战，围樊城、擒于禁、斩庞德，剑锋直指许都。

短短半年多时间，曹操集团大败两次，驻守两条重要战线的四员猛将夏侯渊、庞德、于禁、曹仁，两死一降一败，西线和南线重要城池接连失守，这对辛苦打拼三十年、处于篡权前夜的曹操集团，带来了致命的负面影响。好比一家辛苦创业三十年的公司，在 IPO 上市前夜，突然发现业绩大滑坡，一些重要城市的市场份额突然被竞争对手拿下了，几个重要高管或猝死或跳槽，严重影响上市进程，即使硬着头皮上市，也会牵连股价和公司美誉度。

"魏讽谋反"就是在这种背景下发生的。此时，曹操不在邺城，尚在长安前线为刘备和关羽带来的麻烦焦头烂额，心里一万个后悔。后悔什么？后悔建安四年时没杀当时被软禁在许县的刘备，后悔官渡之战前夜大度地把已投降的关羽放还给刘备。而现在，这两个受过自己大恩的人，成了自己的最要命对手。曹丕接到谋反举报，不等曹操回来，就把魏讽等谋反相关人员给咔嚓了，其中就有著名"建安七子"之一的王粲的两个儿子。

王粲原是刘表部属，客居荆州十余年，不被刘表重用，心情抑郁，是荆州集团铁杆"降曹派"。建安十三年（208 年）王粲投降后，深得曹操和曹丕父子信赖，被赐"关内侯"。身为"建安七子"之一，王粲更与爱好文学的曹丕是好友。王粲病逝时，曹丕还因为其生前最爱听驴叫，搞了一次"驴鸣送葬"。然而，就是如此深厚的友情，也没能阻挡曹丕杀王粲两个儿子的决心。

曹丕此举，既可解读为法不容情、大义灭亲，也可解读为曹丕为保自己的太子之位，向父王展示临危机变的治国素养，为自己加分，同时还可解读为：在外部形势不好、曹操集团如履薄冰的危险时刻，必须果断处置，尽快安定人心。邺城若乱，许县必乱，内忧外患并起，曹氏集团必将死无葬身之地。

远在长安的曹操此时已重病在身，生命进入倒计时，他听说曹丕以迅雷不及掩耳之势处置了这场叛乱，赞赏曹丕之余，也感慨："要是我在场，怎么也会给王粲留一点香火、不让他断后的。"但说归说，做归做。想一想前一年的"金祎谋反案"一样，曹操不分青红皂白，快刀斩乱麻，将谋反嫌疑人统统杀掉，他若真在场，恐怕也未必手软到哪里去。毕竟，留给曹操的时间不多了。按照传统的帝王心术，政治经验老道的老君王在临终前，必须为年轻稚嫩的后代多多"摘刺"。尤其先跟人开合资公司、又将人踢出局这种"篡位"行为，捣乱的人和扎手的"刺"会特别特别多。

曹丕：曹操"套现"最大受益者

前人种树，后人乘凉。曹操的种种套现行为，并不是为了自己当皇帝，而是为了给子孙后代积累遗产。曹操为什么不在全面控盘的情况下亲自当皇帝？关于这一点，曹操在去世前一年，说得非常清楚。当时，孙权上书称臣，劝曹操尽早称帝，众心腹也劝他早日"转正"，以便自己也能沾一点开国功臣的光，曹操却从容道："若天命在吾，吾为周文王矣。"

曹操的意思是说，如果我真的有这个命，我可以做周文王。周文王姬昌是周朝的奠基者，为推翻商纣王的统治做了重要铺垫，当时天下三分之二已归"周"，但姬昌仍旧坚持不称王，而是将建立新王朝的任务交给儿子姬发（周武王）完成。就像周朝的开国君王是周文王的儿子周武王一样，曹魏的开国君王也是魏武帝（曹操）的儿子魏文帝（曹丕）。有趣的是，周朝和魏国，父子两代的谥号同为一"文"一"武"，却完全相反，正好掉了个个儿。

早夭的曹冲

曹操是一个懂历史的读书人，知道以史为鉴的道理。最近的案例就是二百年前的王莽。王莽轻松篡取汉家天下、开创"新"朝，只十五年就匆匆终结，这对于曹操不能不说是一个警醒：西汉天下不好篡，难道东汉就好夺吗？篡夺皇位易，天下归心难。如果莽撞学习王莽，不仅自己可能身败名裂，还会祸及子孙后代，致使曹氏满门抄斩、永绝后嗣。如果儿孙们真有当皇帝的命，那就让他们自己折腾去吧。我死之后，眼不见心不烦。明知不可为而为，这是勇气；明知可为而不为，这是克制。在盘面明显占优的情况下，仍然对不可预知的风险保持戒备和尊重，以保守心态换取最大安全系数，这是一种乱世求存的深刻政治智慧。这或许是曹操在赤壁大败后面壁思过的最大收获。

那么，谁是曹操套现行为的最大受益者？

当然是他的儿子们。

曹操一生老婆众多，儿子也不少，达二十五个之多，但不是每个儿子都有竞争储位的资格。最著名是这三人：曹丕、曹植和曹冲。

曹操智商很高，天生喜欢聪明人。若以智商论，曹冲绝对首选。曹冲是个神童。我们小时候都学过"曹冲称象"这个故事。说是孙权送给曹操一只大象。曹操与文武百官想知道大象多重，又找不到称重的办法。为难之际，年仅五六岁的曹冲想出了一个办法：将大象牵到船上，然后在船舷上齐水面的地方划一条道道，做个标记，然后再把象牵走，往船上装石头，直到船身下沉到那条道道与水面平齐为止。然后，挨个称石头的重量，加起来就是大象的重量。

这个办法现在看一点不觉得新奇，但在当时，能拥有这种"创新思维"的人，堪称天才。曹操是一个性情中人，向来爱才，十分宠爱曹冲，很多人认为他有意让曹冲做继承人。证据是建安十三年（208 年）曹冲不幸病逝，曹操非常伤心。曹丕作为长子安慰父亲，曹操对曹丕说："这是我的不幸，却是你们之大幸。"言下之意是，如果曹冲在世，就没曹丕等人什么戏。曹丕后来也常对人说："如若曹冲仍然健在，没有我的太子之位。"

曹丕 PK 曹植

曹冲死后，有实力继承曹操事业的就两人：曹丕和曹植。事实上，由于曹操在相当长时间没有立储，导致曹丕和曹植周围形成两党。最后的结果大家都知道，曹丕赢了，成为魏国开国皇帝魏文帝（曹操的魏武帝头衔系死后追赠）。

但在当时，曹植其实拥有较强竞争力。建安十九年，曹操东征孙权，令曹植留守邺城，告诫他："当年我刚出道担任顿丘县令时，不过二十三岁，回想起那时候的所作所为，至今都不曾后悔。如今你也是二十三岁，可要好好干啊。"这话给人的想象空间太大了，以至很多人都解读为这是曹操欲立曹植为储的一种暗示，此时事实上的长子曹丕更是觉得大事不妙。

但笑到最后的，还是曹丕。

表 6：曹操的二十五个儿子和他们的母亲

	姓名	母　　亲	备　　注
1	曹昂	刘夫人生，丁夫人抚养	建安二年（197 年）战死
2	曹丕	卞夫人	曹昂死后，成为长子
3	曹彰	卞夫人	
4	曹植	卞夫人	
5	曹熊	卞夫人	早薨
6	曹铄	刘夫人	早薨
7	曹冲	环夫人	
8	曹据	环夫人	
9	曹宇	环夫人	
10	曹林	杜夫人	又名曹豹
11	曹衮	杜夫人	
12	曹玹	秦夫人	
13	曹峻	秦夫人	
14	曹矩	尹夫人	

（续表）

	姓名	母亲	备注
15	曹干	陈夫人	又名曹良
16	曹上	孙夫人	
17	曹彪	孙夫人	
18	曹勤	孙夫人	
19	曹乘	李夫人	
20	曹整	李夫人	
21	曹京	李夫人	
22	曹均	周夫人	
23	曹棘	刘夫人	
24	曹徽	宋夫人	
25	曹茂	赵夫人	

（注：以上序非年龄序）

曹丕为什么能战胜曹植，赢得夺嫡大战，关于这个问题，史上各种研究资料浩如烟海，从各方面论证曹丕获胜的原因，比如曹丕情商高，能够团结一批文臣武将；比如曹丕有几个重要谋士，在关键时刻帮他在曹操面前加分，再比如曹植书生意气，数次违制，甚至耽误军国大事，逐渐消耗了曹操对他的好感；等等。

上面几条，我们一一解读。

首先一条，曹丕比曹植能聚人。曹丕智商才华可能不如曹植，但情商高，能够团结一批文臣武将，这是成为政治家的基本条件。

就跟现代竞选一样，曹丕和曹植成为下一代魏王候选人，拥戴者就自动站队，形成两个风格完全不同的朋友圈。物以类聚，人以群分。朋友圈是一面"照妖镜"，你的朋友圈是什么人，你就是什么人。从拥戴者的官职、家世、水平，基本可看出候选人的胜率。

拥护曹丕的都有谁？司马懿、陈群、朱铄、吴质、贾诩、崔琰、桓阶，个个都是人中龙凤，不是世家大族，人脉雄厚，就是运筹帷幄，老谋深算，且大多数是曹操的心腹重臣、资深政客，举手投足间就能直接影响曹操的决策。立储是纯个人行为，影响曹操，本质上就是今天所说的"操纵大选"。

曹丕才华不如老弟曹植，在被立为太子之后仍然害怕翻盘，谋士吴质及时建议他打"感情牌"稳固地位。《世说新语》故事说，曹操一次率军出征，曹丕和曹植等诸子前往送行。曹植才华横溢，出口成章，盛赞曹操之功德，左右为之侧目，曹操也非常高兴。曹丕才华不如曹植，正怅然若失，不知道该说什么，吴质对他悄悄道："待会儿与魏王话别时，你什么都不要说，只管哭就行了。"曹丕依计，泣拜老父，把曹操和他那帮随从感动得稀里哗啦。于是所有人都认为曹植华而不实，不如曹丕那么真诚和孝顺。

曹植是个才子，其代表作《洛神赋》惊艳史册、亮瞎文坛，但在政治上，他却相当幼稚。曹植身边三个最重要的人是杨修、丁仪、丁廙。三人都很聪明，有才华，但停留在"才华"的层面，还没有上升"谋略"的高度，通俗地说，就是"小聪明"。杨修我们都很熟，中学时我们学过一篇课文叫《杨修之死》，说他经常在曹操面前耍小聪明，猜中曹操隐秘的心事，而且到处宣扬，对军国大事造成严重不良影响，曹操早就非常讨厌他，逮个机会把他杀了。杀杨修，可理解为曹操对曹植的一种变相否定。

另外一件小事，也可看出杨修与吴质水平的高低。建安二十二年曹丕被立为太子后，吴质调到外地当县长。他一走，曹丕感觉失去主心骨，凡事没个商量，七上八下。可是按当时制度，外放官员没有召令，不能随便回来。于是，曹丕想了一个办法，把吴质藏在装有竹簝的马车上，偷偷把他运到太子府，日夜密谋。

杨修消息特别灵通，很快听说了这件事，立即报告曹操。曹丕消息也灵通，知道了杨修告密的事，问吴质怎么办？吴质说将计就计。明天再用一辆装竹簝的车进城，杨修必然来查，到时候给他好看。杨修果然中计。曹操听说后，怀疑杨修在污蔑曹丕。可见，曹丕的朋友圈常常在关键时刻帮他在曹操面前加分,而曹植却因为杨修等人的献策弄巧成拙,渐渐失宠。

其二,曹植虽然聪明有文采,但综合素质不够全面,短板太短,书生意气,数次违制,甚至耽误军国大事,逐渐消耗了曹操对他的好感。

建安二十二年,曹植在曹操外出期间,酒后私坐王室车马,擅开王宫大门司马门,在一般人不许上的禁道上纵情驰骋。曹操大怒,处死了掌管王室车马的公车令,对曹植宠爱大减,坚定了立曹丕为太子的决心。曹植遭受大挫折,沉迷杯中物。建安二十四年,曹仁为关羽所围困,而曹操远在关中战场前线,令曹植率兵解救曹仁。当此曹氏集团危难之时,生性放任的曹植却喝得酩酊大醉而不能受命,曹操自然大失所望,再不重用他。

考虑到曹丕在成为继承人之前没有任何战功和内政外交方面的业绩,其在夺嫡大戏胜出的根本原因就一个:因为曹丕是事实上的长子,且没有特别致命的短板,不可能轻易被人取代。

就这么简单吗?是的。

春秋战国之后,已形成一套严格的帝王传承制度,核心宗旨就四个字:立嫡立长。曹操共有十五个老婆,原配丁夫人,没有子女,所以曹操没一个"嫡子",所有的儿子全是"庶子",全在同一条起跑线上竞争。小妾刘夫人所生长子曹昂已于建安二年战死,原本是老二的曹丕,成为事实上的长子。就这一条,成了曹丕最大的优势。

由于"立嫡立长"的观念过于深入人心,以至于大多正派的、能干的、一心做事而不是试图通过投机获取功名富贵的文臣武将,都自动围绕在曹丕身边,这就是投胎的力量。排在后面的"王子",没有特别超强的表现——不是比曹丕强一点,而是比曹丕强很多——不可能取代老大成为魏王王爵继承人。除非不指望老父指定、而是靠自己武力夺取,如同唐太宗李世民那样。

支持上述说法最有力的证据是贾诩。

关键时刻又见贾诩

曹操为立储的事想破脑袋，不能决策，于是问计于贾诩。贾诩是曹氏集团智商一流的谋士，只因是从凉州系军阀张绣那儿投降过来的，且张绣之前曾杀死过曹操的长子曹昂，所以一直非常低调，拒绝社交，不乱说一句话，不轻易加微信好友，从不发朋友圈，生怕被人揪住小辫子，招来杀身之祸。

这样的社交独行侠，平时没什么用，关键时刻却能起大作用，因为他不偏不倚，不拉帮结派，相对客观中立，这样的人有时候对君王的影响力反而最大。曹丕在大事未定前，曾派人问计于贾诩，贾诩只含糊答道："但愿将军能够修身养性，弘扬道德，培养气度，切身履行士人守则，早晚勤勤恳恳，兢兢业业，不做违背孝道的事情，也就可以了。"（文帝使人问诩自固之术，诩曰："原将军恢崇德度，躬素士之业，朝夕孜孜，不违子道。如此而已。"——《三国志·魏书·荀彧荀攸贾诩传》）

贾诩的话貌似什么也没说，其实认真揣摩，就会发现，他是建议曹丕修身养德，侍奉好老爹，以"不争是争"的无为之治，静候曹操的裁决。在雄才大略的老爹面前，儿子的一切表演都是多余的。此所谓"大道至简"。曹丕是个聪明人，立即听出贾诩这番话的微言大意，于是"深自砥砺"，刻苦修行，磨练自己。

后来，曹操也私下问过贾诩对立嗣的看法，贾诩一直沉默不语，曹操问他为什么不说话，贾诩说在想事，曹操问想什么，贾诩答："我刚才在想袁绍和刘表父子的事呢。"曹操大笑,终于下定决心立曹丕为太子。

贾诩这句话什么意思，为什么有这么大的威力？

贾诩的潜台词是：袁绍和刘表都是因为个人喜好，擅自"废长立幼"。袁绍没有立长子袁谭，而是立了三子袁尚。刘表没有立长子刘琦，而是立二子刘琮。袁绍死后，袁氏集团内讧，自相残杀，被曹操各个击破；刘表死后，二子刘琮不战而降。明公你可不要重复袁绍和刘表的错误。曹操何等聪明，一听就明白关键所在。这个关键就是：不要废长立幼，瞎折腾。

建安二十五年正月，曹操病逝洛阳，曹丕继王位，同年称帝。曹丕心胸不如曹操广阔，继承王位甚至称帝后，先后对当年反对过他的人实施打击报复。曹植听说曹丕废汉自立，穿上丧服为汉朝悲哀哭泣。曹丕见老弟在他大喜的日子痛哭，气坏了，碍于母亲卞太后健在，没有加罪曹植。后曹植数次徙封，饱受打击。

最能反映曹植与曹丕斗争残酷性的，莫过于"七步成诗"的故事。话说曹丕称帝后，要时任东阿王的曹植在七步之内做一首诗，否则要重罪惩罚。曹植才华横溢，当即作了一首《七步诗》：

> 煮豆持作羹，漉菽以为汁。
> 萁在釜下燃，豆在釜中泣。
> 本自同根生，相煎何太急？

曹丕听后，深感惭愧，就此放过曹植。

诗很好，故事也很传神，可惜《三国志》里没有记载，而是《世说新语》上的一个段子。但野史如同小说，是一个民族的秘史，某些细微之处，它比正史更能反映真实的人性。

迎接"真三国"时代

曹丕篡位登基后，追尊老爸为"武皇帝"，庙号"太祖"，曹操由此摇身一变，成为历史上赫赫有名的"魏武帝"和《三国志》等史书上的"太祖"。这是曹操生前从未听过的两个称呼。这大概就是曹操套现的动机和他所追求的天命吧。

汉献帝退位后，被曹丕贬为山阳公，居住在山阳城（今河南焦作）。虽然是被篡位的末代皇帝，刘协地位还可以。除了享受一万户食邑（相当万户侯）之外，其地位在诸侯王上。如果他对曹丕奏事，可以不称臣，接受皇帝诏书，也可以不拜，还能以天子车服郊祀天地，宗庙建制如同他当皇帝时一样。也就是说，对全天下来说，汉朝虽然亡了，但是，如果你来山阳国旅游，会发现，这里还有一个类似许县一样的汉朝廷——皇帝、大臣、宗庙、礼仪俱全。这一切，与其说是曹丕的恩赐，不如说是曹操生前叮嘱的。

如果说刘协此前还对曹氏父子牢骚满腹的话，此时应该充满感恩。自己早就是砧板上的一条鱼，结果非但没有被下油锅，反而被放进一个小鱼塘，得以颐养天年、寿终正寝。这是曹操父子的厚道之处。曹丕在篡位时曾对刘协说："天下的好东西，我都可以跟你一起享受。"刘协也投桃报李，将他的二个女儿嫁给曹丕。刘协此前曾一口气娶了曹操三个女儿，应该管曹丕叫大舅子，这样一来，曹丕又成了他的女婿。辈份有点乱。

传说刘协退位后，大彻大悟，从此躬耕乡间，还利用业余时间学了点医学知识，改行当郎中，游走在山野间为百姓看病解困，深受百姓爱戴。从此，世间少了一个皇帝刘协，多了一个赤脚大夫。魏明帝青龙二年（234 年）三月，刘协在山阳国去世，享年五十四岁，在位三十一年（189—220 年）。魏明帝曹叡率群臣亲自哭祭，并以汉天子礼仪将其葬于禅陵，谥号"孝献皇帝"。也就是说，从这一刻起，刘协才叫"汉献帝"，此前，他的唯一称呼是"皇上"。

曹丕即位时，其实是曹魏集团冲高后的一个相对低谷，尤其是外部形势，一点不乐观。由此也可反推，曹操可能是在内外交困时"累死的"。在曹操病逝前两年，刘备和孙权两强曾对曹魏集团形成夹击之势，幸亏曹操紧急发起"联孙抗刘"，协助江东集团杀死关羽，这才险渡难关。曹丕登基的第二年，刘备随即称帝，执意为关羽、张飞报仇，兵败夷陵，两强自我消耗，让曹魏暂时躲过一劫。夷陵之战后，刘备病死，全权托孤诸葛亮。诸葛亮上任后，全面重启"孙刘联盟"，与江东集团再次联手夹击曹魏集团，曹丕的艰难时刻来临了，英雄故去、精彩程度略逊"准三国"时代的"真三国"时代呼啸而来……

套现曹操画像：从政治家回归"生活家"

高处不胜寒。成功有千般好，但最大的副作用就是逐渐失去朋友，成为孤家寡人。不同阶层的人没有共同语言，同一阶层的通常是利益之交，淡如水的君子之交极其稀少。晚年的曹操，既不想再当发现千里马的伯乐，也无四处征战、攻城略地的乐趣。他唯一不得不做的，就是为曹魏集团的核心团队和曹氏子孙最大可能变现权力和财富，而变现这种事，曹操面临的压力非常之大。

压力有多大？

大到千夫所指、舆情纷纷，曹操本人必须亲自出来回应。

曹操的博客:《让县自明本志令》

赤壁大败后，曹操在邺城休养，一面反思自我，一面内部维稳。建安十五年（210 年），远在许县的汉献帝决定大大提高曹操的食邑，让他"封兼四县，食户三万"，就是四个县三万户的税收全部归曹操所有。汉代一般"万户侯"都是位极人臣，"县侯"也是侯爵最高段位。曹操这一封，相当于三个县侯、四个万户侯的待遇，确实相当高了。

汉献帝此举，可能是为了安抚曹操，却招致了许都诸多"汉朝死忠粉"的不满。为了平息众怒，剖明心迹，曹操亲自动手，写了一篇著名的博客文章《让县自明本志令》。文章很长，信息量很大，这里不全部引用，只说一下几个重要观点：

观点一：我曹操理想不高，志向不大，最大理想就是为国家讨贼立功，死后墓碑上写"汉故征西将军曹侯之墓"就非常满足了。谁知运气不错，干了点实事，命运将我推到宰相高位，位极人臣，大大超出我的期望值。（身为宰相，人臣之贵已极，意望已过矣）

观点二：我曹操并不贪权，一直想放权，但客观环境不允许我放。要不是我，天下肯定重陷大乱，不知道还有多少人像袁术那样称王称帝、割据天下。（设使国家无有孤，不知当几人称帝，几人称王）

观点三：我曹操若是求虚名，完全可以封官弃印，回到封地武平侯国抱孙子，可是我一旦失去兵权，必然被人加害。无论是为我曹家子孙，还是为国家安危考虑，我都不能干这种"慕虚名而处实祸"的傻事。

观点四：天下未定，权不能放，但我曹操并不贪财，食邑封地这种身外之物，我就不要了。（江湖未静，不可让位；至于邑土，可得而辞）阳夏、柘县、苦县三县共两万户食邑别赏给我了，只保留武平县万户即可。这样既可减少别人的骂声，也可降低我身上的责任。（且以分损谤议，少减孤之责也）

作为一名权臣，曹操之性情、务实、坦诚和清醒，极其罕见，可以秒杀三国时何进、董卓、诸葛亮、司马懿等同类权臣。即使是放眼中国两千年封建王朝，也难以找到这样的人。说曹操是奸雄的人，要么没看过这篇文章，要么对此视而不见。

曹操为什么要在这个时候高调"让县"，娶如此大张旗鼓地"自明本志"？因为两年前，他不顾重臣的反对，废除了盛行近四百年多年的"三公制"，恢复了"丞相制"，成为集大权于一身的丞相。这是一个极遭人恨的举动，最恨他的人，莫过于汉献帝及其心腹。因为君相两职，权力冲突太大。在汉末乱世，恢复丞相这个岗位，几乎等同于要废除皇帝。曹操一当丞相，所有"帝党"都本能地认为：他这小子要篡位了！

曹操原本还指望通过收复荆州和扬州，用业绩淹没反对者，谁知道遭遇了赤壁大败。这让原本尚未平息的反对声音越发喧嚣尘上，反对丞相制的浪潮卷土重来。怎么办？再打一仗，来不及；一味只用武力弹压，只会适得适反。曹操决定改用"文斗"，用事实和真话表态。正好汉献帝火上浇油，给他封"四县三万户"食邑，曹操抓住机会，借"让县"之机会"明志"，同时表明"绝不放权"的意思，可谓一箭三雕。

曹操说这些话，情非得已。因为内部反对压力太大了。任何一个创业者，一旦事业做到一定程度，变得家大业大、利益分享者众多，主要对手就不再来自外部，而是来自内部，对内管理就变得比对外征战更重要。

建安十七年之后，曹操套现速度明显加快，封魏公、加九赐、建魏国、封魏王，一系列"准皇帝待遇"纷至沓来、应接不暇。之后五年间的曹操，感觉像一个专职领奖、业余拍戏的超级明星，套现数钱是正事，领兵打仗反倒成了业余爱好，这与此前十二年间淡泊名利、积极征战的情形，形成了鲜明对比。

既要杀"帝党"，也要杀"植党"

曹操是一个非常低调务实的人，向来不愿为虚名而处实祸，为什么突然变得这么高调？

除了变现的缘故，另一个初衷是为了提高自身权威，弹压异见者。这里的异见者分两类，一类是反对他篡汉的"帝党"，另一类是拥护曹植、反对他立曹丕为太子的"植党"。"帝党"很多，比如董承和董贵人、伏完和伏皇后、京兆金祎和太医吉本等，都是敢于用行动暗杀曹操的人，有想法没行动、行动未遂或敢怒不敢言的人，还不知道有多少。毕竟曹操"挟天子"在暗处而"奉天子"在明处，保皇尊汉合理合法，当初很多士家子弟都是冲着汉献帝而不是曹操来许都的。让他们所有人一夜之间全部由"帝党"变成"曹党"，这个弯有点难拐。

可能是意识到自己时日无多，而之前对人过于宽容，放了一些不该放的对手（如刘备和关羽），容了一些不该容的刺头（比如杨修），曹操反省后，决定改过自新，晚年开始大挥屠刀。与汉献帝刘协穿一条裤子的"帝党"们固然要杀，那些在自己明确曹丕太子地位后仍然拥戴曹植、搞乱邺城政治氛围的投机分子和无聊文人，也必须灭掉。

从决心立曹丕为继承人到去世这三四年，曹操杀了几个三国名士，多是因为他们掺乎"储位之争"，犯了政治大忌。除了经常在曹操面前耍小聪明、帮助曹植夺嫡的杨修，还有两位曾经立过大功的著名谋士崔琰和毛玠。

崔琰曾是袁绍旧部，曹操平定冀州后，重用他为别驾从事。崔琰常在曹操面前仗义直谏，曹操一度"改容谢之"，对他十分敬畏，视为心腹。建安二十一年，正是曹操在曹丕和曹植两个儿子之间抉择的痛苦时刻，崔琰在跟部下杨训通信时，言语不慎，被人解读不敬和挑拨之意，曹操将其下大狱并赐死。

曹操是一个爱玩文字狱的小心眼吗？不是。曹操狠心收拾崔琰，根本原因是他的特殊身份——曹植的妻子是他的侄女，也就是说曹植得管他叫叔叔。曹植一旦被排除为王太子人选，他的周边势力必须被削弱，否则必然给未来的魏国政权带来不稳定因素，此所谓帝王心术之"摘刺"。

至于毛玠，则属于连带牺牲品：因为替崔琰打抱不平，多发了几句牢骚，被曹操关进大牢。经好友多方营救，毛玠才被赦免，后死于家中。毛玠可是最早建议曹操奉迎汉献帝的功臣，曹操如此对他，不免让人心寒。

到处都是火炉

晚年的曹操，压力山大，心力憔悴，动作有点变形，可以理解。其实，就杀戮而言，曹操晚年收敛多了，不像年轻时那样，动不动就屠城，尸横遍野，血流成河。曹操晚年虽然看透了孙权欲让其"居炉火上"的险恶用心，拒绝了他的称帝建议，但他其实早就坐在火炉上，而且不是一个，而是 N 个。

这里有几个重要原因，一是曹操创业晚，套现更晚，套现行动太急促，焦头烂额的事太多。二是套现时还有刘备和孙权等劲敌没有消灭，而曹操又胸怀大志，一直渴望在有生之年一统天下。三是曹操创业艰难，打拼过程太长。西汉开国皇帝刘邦从揭竿而起到称帝，只用了七年；东汉开国皇帝刘秀从起事到称帝只用了三年。与刘邦、刘秀两人出身社会底层的草根身份不同，曹操贵为官二代，从中平六年（189 年）创业，历经二十七年才封王，打拼三十一年，至死也未能称帝，中间的艰难困苦远超一般人想像。

曹操不是不想称帝，而是不能、不敢、怕重蹈王莽的覆辙。如果实力允许，肯定是早称王称帝更好。曹操长时间不封王称帝，很容易长敌人的志气，灭自己的威风。只要对手还觉得有机会，还在大肆招聘，曹操集团就不可能"垄断"天下英才，比如诸葛亮、周瑜、鲁肃、庞统等人，对手有高才相助，就很难被灭掉。

此外，曹操"挟天子"时间越久，汉臣士子在他和汉献帝间游移摇摆的时间也越长，关键时刻还可能倒戈（比如荀彧、董承等）。他们虽然不会打仗，但属于掌握笔杆子和舆论的意见领袖，必然散发很多不利曹操的言论，努力将曹操塑造成"汉贼"。曹操的奸贼形象一旦深入人心，必然加重其后来的套现难度，更对其外部征战带来诸多掣肘和困扰。曹操如果很早灭掉汉献帝、自己称帝，哪还有那么多闲人敢说他是"汉贼"？

与年轻时的开放和自信不同，晚年的曹操，位高权重、疲于防范、心态保守，应该没太多真朋友。此时的他，既没有"瞻彼洛城郭，微子为哀伤"的忧民，也没有"煮酒论英雄"的雅兴，更没有"对酒当歌""歌以咏志"的豪情，而是充满了"去去不可追，长恨相牵攀"的伤感。临终前的曹操，婆婆妈妈，遗嘱全是鸡毛蒜皮的事，比如不要厚葬、比如百官哭丧只需哭十五声、比如记得瓜分他留下的香料和衣物等，似乎突然从"高大上英雄"变成了一个"家常小老头"。这是曹操一以贯之的真性情，也是他返璞归真的最后见证。操劳一辈子，头上戴了若干顶政治家、军事家、文学家的高帽后，曹操最后居然变成了"生活家"。

　　家庭和亲情是每个人最后的归宿，是一个最无需炫耀和点赞维持的朋友圈。曹操最后几年为"套现"和"立储"两件大事殚精竭虑，说到底还是为了曹魏王朝和曹氏后人。可见再伟大的人，在孩子这个问题上，都不能免俗。

尾声：正史不是演义，却胜似演义

盘点完三国社交网络和八位英雄的朋友圈后，我们再换个角度，从时间维度重新审视一下"准三国"时代。在本书序言中，我们曾提到，三十六年的准三国，可分为起阶段、承阶段和转阶段，每个阶段均为十二年。那么，这三个阶段，董卓、袁绍、曹操、刘备、吕布、袁术、孙权、刘表八位英雄都在忙什么？各自挺到哪个阶段？又各有哪些朋友？

起阶段（184—196年）：
董卓袁绍，绝代双骄

　　"准三国"的"起阶段"，核心主题，用一个字形容，就是"乱"；用四个字形容，就是"群雄逐鹿"。汉灵帝中平元年（184年），黄巾军起义爆发，朝廷急需各方力量镇压，但因为正规军不给力，朝廷鞭长莫及，给了众多草根英雄一个绝佳创业机会。孙坚（孙策和孙权之父）和刘备就是在这一年正式登上三国大戏舞台的。

但这个阶段，真正的主角是董卓和袁绍，曹操、刘备、孙坚等几位三国重磅主角，要么还在打工（曹操），要么已起事但不成气候（刘备），要么有所成就但很快被人干掉（孙坚）。

这个阶段，群雄逐鹿逐的是谁家的"鹿"？汉家的。借打黄巾军，为自己邀功、要官、夺城。也就是说，他们的一切是来自皇家。他们要抢占的，是东汉的十三个州部、上百个郡和一千多个县；他们掠夺的对象，是那些被汉朝正式任命但碌碌无为、软弱可欺的州牧（或刺史）、郡太守（或国王）和县令（或县长）。

如果我们再用放大镜看，会发现乱轰轰的"起阶段"这十二年其实又可以分为两个阶段，中间的核心转折事件是中平六年（189 年）的"董卓进京"。

小乱阶段（184—189 年）：黄巾军起义，朝廷一致对付黄巾军。外戚何进借镇压黄巾军出任大将军，灭黄巾后开始掉转枪头对付宦官，因泄密，反被宦官所杀。这个阶段虽然乱，但仅限于社会底层，属于"草根之乱"。官僚阶层、地方诸侯尤其是皇权尚未受到大的冲击。

大乱阶段（189—196 年）：中平六年八月，凉州军阀董卓受何进之召进京后，废少帝刘辩，立献帝刘协，之后乱朝堂、杀外戚、盗皇陵、毁洛阳、迁长安。汉朝由"草根之乱"演变成"精英之乱"，立国四百年之久的汉朝廷摇摇欲坠。

袁绍、袁术、曹操等人因为得罪董卓，先后逃离洛阳，亡命天涯，开始创业。第二年，各地州牧、刺史和郡守等十三路大军联合发起"反董联盟"，但除了曹操和孙坚外，大多数人都在做秀"假打"，随着董卓西迁长安，最终不了了之，作鸟兽散。初平三年（192 年）四月，董卓在长安被王允和吕布诛杀，董卓部下李傕和郭汜再乱长安，汉献帝刚出虎穴、又入狼窝。短暂得势的吕布，也被李傕和郭汜赶出长安，开启持续三年的流浪和打劫生涯，直到兴平二年（195 年），他从刘备手中抢到徐州，才得到创业"第一桶金"。

与董卓惨死长安相对照的，是另一强人袁绍的崛起。

在董卓倒行逆施、废立皇帝后的第二年，即初平元年（190年）正月，总计十三路大军在兖州陈留酸枣等几个地方聚集，组建了反董联盟。时任冀州渤海太守的袁绍因为家世背景良好，被群雄共推为"盟主"，他的顶头上司冀州牧韩馥反倒成了他的部下。袁绍借助这个机会，声望达到顶风，四海之士纷纷前往冀州投靠他。

在游说和恐吓下，韩馥将冀州牧位置让给袁绍，袁绍一边与北方占据幽州的公孙瓒展开几年拉踞战，一边乘势占据青州和并州。之后终于在建安四年（199年）将公孙瓒灭掉，从而拥有冀州、幽州、青州和并州四州，成为北方、也是当时汉朝实力最强的地方诸侯。

表 7：三国"起阶段"（184—196年）群雄朋友圈

		朋友圈主要朋友（含家人）
1	董卓	何进、袁绍、袁术、汉献帝刘协、孙坚、吕布、丁原、王允、牛辅、李傕、郭汜、樊稠
2	袁绍	何进、袁隗、公孙瓒、刘虞、韩馥、曹操、袁术
3	曹操	许劭、何进、袁绍、张邈、吕布、陈宫、荀彧、郭嘉、汉献帝、陶谦、刘备
4	刘备	关羽、张飞、公孙瓒、曹操、吕布、陶谦、袁术
5	袁术	何进、吕布、刘表、曹操、刘备、袁绍、孙坚、孙策
6	吕布	董卓、袁术、张杨、袁绍、张邈、陈宫、曹操、刘备、袁术
7	刘表	董卓、蒯良、蒯越、蔡瑁、黄祖、袁术、孙坚、孙策
8	孙权	尚未正式登台

作为袁绍的发小兼好友，曹操跟袁绍相比，实力寒碜，此时也不得不依附他，与他结成松散联盟。曹操参与讨董联盟的"代理奋武将军"头衔还是袁绍帮他要来的。曹操抗董真切，独自引军西进在荥阳与董卓大将徐荣交锋。因力量悬殊大败，士卒死伤大半。曹操只好离开这群"反董伪君子"，前往兖州东郡发展。

之后曹操夺兖州、打徐州，又被吕布偷袭，差点失去兖州这个创业"第一桶金"。这一个阶段的曹操，很有点愣头青的味道，自信、激进、急躁且好杀戮，直到经历兖州事变、第一桶金失而复得，以及荀彧和郭嘉等"准三国"时代甲A级谋士的加盟，细心调教，这才变得沉稳有谋，为"承阶段"（196—208 年）连续十二年大运做了重要铺垫。

在"起阶段"（184—196 年），群雄中最有实力与袁绍 PK 的就是他的异母弟袁术。袁术逃离洛阳后，南下来到荆州南阳郡创业，在袁家门生和亲朋的赞助下，很快成为一方诸侯。但袁术是个败家子、皇帝迷，过度追求感官享受，无心打拼扩张，富而不雄，与草根英雄孙坚一拍即合，组成"松散联盟"。孙坚个性悍猛、骁勇善战，一度打得董卓主动要求结为亲家，被孙坚牛逼哄哄地拒绝。

初平三年（191 年），喜欢单打独斗的孙坚在帮袁术攻打荆州时，被刘表部将黄祖暗箭射杀，孙氏集团（此时尚不能称为江东集团）发展陷入停滞。初平四年（193 年），长子孙策结束守孝后二次创业，于兴平二年（195 年）跨过长江，往东夺取扬州数郡，打开一片新天地，"江东集团"正式挂牌。此时，孙权不过十来岁，还在跟着大哥孙策四处征战，处于"实习生"阶段，尚不能称为一方诸侯。

至于刘备，这十二年的两个关键词就是寄人篱下、四处流亡。先后投奔依靠曹操、公孙瓒、陶谦等人，兴平二年刘备从陶谦手中接过徐州，屁股还没坐稳，又被吕布打跑。究其原因，刘备集团以"刘关张"三个合伙人联合创业，企业文化崇武尚义，但对士人、知识和智谋不够尊重，职业经理人欠缺，既不能擅长谋略，又不懂管理。长板虽长，但短板太短，事业小有成就立即归零。

跟上述群雄相比，生于 142 年的刘表在董卓大闹京城的中平六年（189 年）时，已有四十八岁，属于"奔五"的老人。刘表原是"汉朝八大杰出青年"，因为参与"党锢之祸"，被迫亡命天涯十六年左右，上半辈子甚为坎坷。

初平元年（190年），刘表受董卓举荐，单枪匹马上任荆州刺史。在蒯良、蒯越、蔡瑁、黄祖等荆州本地世家大族子弟以及董卓凉州系部下的帮助下，刘表强势崛起，短短五六年内就打下荆州数郡。刘表后来北扩南阳郡，将袁术赶跑，并成功暗射袁术大将孙坚，成为荆州霸主。

总结一下"起阶段"的朋友圈：上半场，董卓一人称雄朋友圈，吕布以前老板丁原的人头为"投名状"，成为他的马仔，不久，又取董卓项上人头，把他踢出了"三国朋友圈"。董卓死后的下半场，袁绍开始成为老大，曹操是他的马仔，而刘备一度做过曹操的马仔；袁术是老二，骁勇好战的孙坚和孙策父子都是他的马仔；刘表后来居上，由老三反超成为老二，除了几位荆州本土"合伙人"，没有其他马仔。刘备来荆州投奔他，是下一阶段的事。

"起阶段"从朋友圈谢幕的朋友（按时间顺序）：

189年：何进

190年：刘少帝刘辩（汉献帝的异母兄）

191年：冀州牧韩馥

192年：孙坚

192年：董卓

192年：王允

193年：幽州牧刘虞

194年：徐州牧陶谦

195年：张邈

…………

承阶段（196—208年）：袁绍曹操，喋血双雄

如果说184—196年的"起阶段"是开胃菜，196—208年的"承阶段"

才是真正的大餐。因为曹操取代董卓，成为"准三国"大戏的一个主角，开始与另一位主角袁绍及其他群雄全方位 PK。群雄逐鹿进入白热化阶段，撕杀激烈，战争的次数、强度和惨烈度相比上一阶段大为增加。《三国演义》的精彩故事，多发生在这个阶段。

建安元年（196 年）是一个拨乱反正的年份。被董卓和凉州军阀劫持数年的汉献帝，历经比唐僧西天取经还要艰苦的"东游"磨难，终于从逃离长安东还洛阳。早就有心奉迎汉献帝的曹操，亲自来到洛阳，将他和百官带到许县，许县由此成为临时帝都——许都。

董卓一强独大时代结束，诸侯争霸全面开始。在"承阶段"，有几场大的混战：

徐州战场：吕布、袁术、刘备和曹操在"后陶谦时代"为争夺徐州，上演 4P 游戏（196—199 年）；

冀州战场：曹操借官渡之战重创袁绍集团（199—202 年），202 年袁绍羞愤中呕血而死；

青、并、幽三州战场：曹操消灭袁绍三子及乌桓等周边盟友（202—207 年）；

扬州战场：孙策二次创业，夺取扬州江东四郡，脱离袁术自立，直至遇刺（194—200 年）；

荆扬战场：孙权三征黄祖，手刃杀父仇人，赶在曹操举兵南侵前夺取西进桥头堡江夏郡（200—208 年）；

荆州战场：孙权联合刘备，在赤壁之战中大败曹操（208 年）。

对曹操集团、刘备集团、孙氏集团，196—208 年的"承阶段"均可分为两个阶段，令人惊讶的是，这三大集团的事业转折点均是建安五年（200 年）。

建安五年（200 年）对曹操可谓意义巨大，曹操在这一年，赢得了官渡之战的巨大胜利。其实，在此之前，曹操与袁绍是好朋友、好兄弟、好盟友。两人的关系经历了从好友到同僚、从同僚到盟友、从盟友到对手、从对手到死敌四个阶段。

在曹操事业初创期，仁厚的袁绍给了他无数雪中送炭的帮助。但自从曹操被几个铁哥们儿推上兖州牧高位，尤其是建安元年奉迎汉献帝之后，两人关系急转直下，友谊的小船说翻就翻。这一年开始，两人正式"化友为敌"。但碍于周边形势，两人没有立即撕破脸——在建安四年前，袁绍忙着往北打势力强大的公孙瓒，而曹操则忙着在南边打张绣和刘表、东南方向对付袁术和孙策、东边搞定吕布和刘备，无暇顾及袁绍。

建安四年，袁绍和曹操各有一个心腹之患被灭掉了。袁绍的心腹之患是公孙瓒，而曹操的心腹之患是吕布，都是"准三国时代"有勇无谋的猛人。两人死法都差不多：

吕布是在从徐州牧刘备手中无耻地、轻松地夺取徐州后，很快被曹操包了饺子，死亡时间在建安三年底；

公孙瓒是在从幽州牧刘虞手中无耻地、轻松地夺取幽州后，很快被袁绍包了饺子，死亡时间在建安四年春；

吕布和公孙瓒死后，曹操和袁绍都无后顾之忧，可以全力决战了。众所周知，曹操是靠官渡之战战胜袁绍，成为北方霸主。

建安七年（202年），袁绍在羞愤中病死，其三个儿子袁谭、袁熙、袁尚和外甥高干接过革命大旗，继续与曹操火拼。直到建安十二年，曹操才消灭上述四人，彻底肃清袁氏残余势力。曹操总共花了八年时间，才彻底占据袁绍之前拥有的冀州、青州、并州、幽州之地，加上他之前拥有的兖州、豫州和徐州大部，曹操一下子成了近七个州的主人，势力超过之前袁绍，初露霸主峥嵘。

建安五年（200年），也是刘备事业的重大转折点，从居无定所的流亡阶段进入长期驻守荆州的稳定阶段。

"承阶段"的刘备，跟"起阶段"区别不大，除了中间短暂占据徐州一两年之外，大部分时间都在流亡，只是因为陶谦和曹操的相助，头上多了豫州刺史、徐州牧、左将军这些闪闪发光的头衔。

　　建安四年，刘备趁曹操还陶醉在"煮酒论英雄"的美好回忆中，逃出许县，再度从曹操手中抢回徐州，可惜不久又被曹操打败，不得不北上投靠正与曹操对峙官渡的袁绍。建安五年官渡之战前夜，擅长准备"B计划"的刘备敏锐地发现袁绍败局已定，找借口南下投奔刘表，开始八年的荆州寄寓生活。建安十二年，在徐庶的推荐下，刘备上门三顾茅庐请出诸葛亮，才真正补上战略、智谋、管理等方面的短板，于赤壁之战咸鱼翻身。

　　江东集团也在建安五年（200年）发生了重大转折。这一年五月，继承父志、二次创业的孙策遇刺，江东集团再次失去掌舵人。

　　孙策遇刺是孙氏集团继九年前孙坚被暗箭射杀后的再次重创。江东集团如果再度停滞，将面临立即散伙的可能。危难之际，年仅二十岁的孙权走马上任，出任江东集团第三任CEO。

　　孙权接任时，可谓内忧外患。曹操在北，刘表在西，山越内乱，兄弟不服。孙权用七八年时间，打山越、灭黄祖（杀父仇人），逐渐建立权威，及时赶在曹操大军南下前夜，占据江东集团西边的桥头堡——荆州江夏郡大部，极大提高了战略纵深，为后来的联刘抗曹和赤壁之战的胜利奠定了重要基础。赤壁之战后，孙权正式走向"准三国"舞台中央，成为重要主角。

　　但在"承阶段"大部分时间，主角毫无疑问是袁绍和曹操。袁绍半道被灭，而曹操乘势而起，但鹬蚌相争，渔翁得利。曹操与袁绍双雄争霸，消耗巨大，尤其是时间耽误太久，给了流亡的刘备和新生代孙权极大的喘息机会。当曹操平定北方南下荆州时，包括荆州和扬州在内的江南政治和军事格局，已经与七八年完全不同了。

　　可惜曹操没有意识到这一点。平定北方，曹操自信爆棚，于建安十三年（208年）七月南征荆州刘表。在袁绍和曹操大战中一直恪守中立的刘表"适时"病死，其次子刘琮接任荆州牧，不加抵押立即率众投降曹操。曹操不顾众谋士的含蓄反对，临时决定东征孙权。

孙权联合刘备与曹操对决,在长江上诈降火攻,曹操大败,撤军北还。曹操高歌猛进的势头被强行中止,十二年大运结束了。

这十二年,袁术和刘表两位英雄在忙什么?

先说刘表。前几年刘表还在荆州和南面的交州征战,后几年重心在收留四方流亡荆州的学子,大办教育。很多人不理解刘表为什么在战火纷飞的乱世,两耳不闻窗外事,一心只读圣贤书,给他贴了一个只会坐而论道、无心进取的"坐谈客"标签。其实,这是对刘表缺乏了解。

从打荆州第一天起,刘表一直将自己定位为"职业经理人",而不是"创业者"。他只对守荆州有兴趣,对荆州之外的地方完全无感。此其一。其二,刘表比曹操与袁绍大十几岁,属于上一辈人。曹、袁在对决官渡时,刘表已是近六十岁的高龄,时日无多,只想在晚年实现年轻时建立"儒家理想国"的理想,哪怕是一天。

表8:三国"承阶段"(196—208年)群雄朋友圈

		朋友圈主要朋友
1	袁绍	曹操、刘备、刘表、袁谭、袁熙、袁尚、高干、蹋顿
2	曹操	袁绍、吕布、荀彧、郭嘉、汉献帝、刘备、袁术、孙策、张绣
3	刘备	曹操、袁绍、吕布、刘表、刘琦、蔡瑁、诸葛亮、鲁肃
4	袁术	吕布、曹操、刘备、孙策
5	吕布	袁术、陈宫、陈登、曹操、刘备
6	刘表	孙坚、孙策、曹操、刘备、刘璋、蔡瑁、黄祖
7	孙权	孙策、周瑜、鲁肃、张昭、张纮、刘备、黄祖、诸葛亮
8	董卓	已死

至于袁术这只"起阶段"的绩优股,高开后持续低走,在"承阶段"彻底沦为"垃圾股",没有挺过这个凶险且热闹的群雄混战阶段。主要原因是他自从孙策手中得到大汉皇帝玉玺后,被折磨得夜不能寐,从兴平二年(195年)开始迷恋称帝,建安二年正式付诸实施。然后,他成

为全民公敌，唯一得力干将孙策与他划清界限，唯一盟友吕布与他翻脸，最后被曹操、刘备、吕布和孙策围攻，死于建安四年。

总结一下"承阶段"的朋友圈：建安五年是曹操、刘备、孙权三位英雄的事业水分岭。在建安元年至建安五年这段时间，曹操主要忧心北面的袁绍，刘备心里想的是如何夺回徐州，而孙权主要是跟随孙策实习。三人各自重点忙一件大事：

曹操北上消灭袁绍集团，一忙八年；

刘备南下荆州投靠刘表，一闲八年；

孙权西进荆州讨伐黄祖，一打八年。

而吕布、袁术、袁绍、刘表四位英雄分别于建安三年、建安四年、建安七年和建安十三年离开人世。

如果说"起阶段"是盛行结盟、温情脉脉、友谊第一的小组赛，类似春秋，那么"承阶段"就是短兵相接、尔虞我诈、惨烈悲壮的淘汰赛，形同战国。"承阶段"从朋友圈谢幕的朋友，不乏名动江湖、如雷贯耳的大佬：

197 年：郭汜

198 年：李傕

198 年：吕布

199 年：公孙瓒

199 年：袁术

200 年：孙策

202 年：袁绍

207 年：张绣

208 年：刘表

…………

转阶段（208—220 年）：曹操孙刘，三足鼎立

赤壁之战后，"三足鼎立"趋势已现，但孙权和刘备的实力还无法与曹操相比。曹操退还邺城后，开始反省之前傲骄和急于求成的情绪，用两三年时间调整、休养，大搞内政建设，招贤纳士，抚政安民。建安十六年（211 年），曹操将目标对准关中。先是派人以讨伐汉中张鲁为名进兵关中，将关中的马超、韩遂等十路人马全部逼反，然后曹操再率大军亲征，大败马超和韩遂，平定凉州。

之后，曹操数度在东西两条战线上征战，一会儿在东边（合肥、濡须口方向）打孙权，一会儿在西边（关中、汉中方向）打张鲁和刘备，但没什么收获，浅尝辄止，常常是出来晃荡几个月，或收兵回邺城给自己加官进爵，或换一个战场重新开打。

可能由于身体原因，也可能意识到必须尽快落袋为安，为子孙谋福利，曹操在战场上的锐劲不再，对征战不再热烈，而对政治待遇的追求变得热情高涨，从建安十七年（212 年）一直到他去世，在八年时间里频频"套现"。

建安十七年，汉献帝给予曹操"赞拜不名、入朝不趋、剑履上殿"三项特权，让他享受同当年西汉开国丞相萧何一样的尊贵地位。建安十八年，汉献帝册封曹操为"魏公"，加九锡、建魏国，定国都于邺城。建安二十一年，汉献帝再次加封曹操为魏王，食邑三万户，位在诸侯王之上。建安二十二年冬，汉献帝又赐予曹操"王冕十有二旒，乘金根车，驾六马，设五时副车"。此时曹操名为汉臣，实际待遇近乎皇帝，其重要部下也分别加官进爵。

曹操虽然频频套现，但非常懂节制、有底线，这条底线，就是宁愿做帮下一代推向君王之位的"周文王"，也不亲自篡位、做第二个"王莽"。这可能是因为他身体不允许，自知不久于人世，没精力瞎折腾，也可能是因为此时天下尚未一统，贸然篡位，极可能重复王莽篡位的悲剧，遗

臭万年。建安二十五年（220年）春，在外征战、疲惫不堪的曹操病逝于洛阳，此时，曹魏集团刚刚在西线（汉中）和中线（荆州）遭遇两场大败仗，罪魁祸首不是别人，而是曹操一向看不起的刘备。

为什么是刘备？因为根据"运气守恒定律"，如果同一朋友圈中，有人倒了大霉，那一定有人开始走大运。

建安十三年（208年）就是曹操和刘备运气的分界点。曹操的大运始于建安元年春，结束于建安十三年底，为时十二年多。这十二年是曹操事业高歌猛进、呈加速度发展的十二年。而刘备的大运始于建安十三年底，终于章武元年（221年）称帝，也是十二年多一点。

"转阶段"（208—220年）的争斗，关键词就一个：反转。

与曹操赤壁战后英雄气短、意兴阑珊不同，刘备事业的高潮刚刚来临，进取心强烈。刘备得到荆州后，在诸葛亮、庞统、法正等新加盟智士和荆州系文武人才的支持下，事业飞速前进。刘备迎来十二年大运，捷报频传：

建安十三年至建安十六年间，刘备财色双收，既娶孙权之妹，又从孙权手中借得荆州南郡，获得西进益州的跳板；

建安十六年，刘备应益州牧刘璋的邀请进入西川；

建安十九年，刘备与刘璋反目，拿下益州，自封益州牧；

建安二十四年，刘备在定军山大败曹军，斩杀夏侯渊，自封汉中王；

建安二十四年，关羽在荆州襄阳、樊城一带对曹军发动进攻，水淹七军，擒于禁、斩庞德，威震华夏；

章武元年，继前一年曹丕称帝建国（魏）之后，刘备也称帝建国（汉），迎来人生巅峰。

曹操事业加速度放缓，而刘备事业迅猛发展，两人的差距越拉越小，刘备最强大时，在汉中和荆州两个方向对曹操造成巨大的威胁。曹操当年那句"今天下英雄，惟使君与操耳"不幸言中。刘备只差一点就实现当年诸葛亮在"隆中对"中提出的战略构想——从益州和荆州两方向夹击曹操、进取中原。

但物极必反,势极必转。刘备在爬上事业巅峰后,只一两年时间就急转直下。称帝当年,刘备不顾内部反对,为给关羽报仇,兴大军伐吴,在第二年(222年)七月被江东集团新锐将领陆逊在夷陵之战中大败,退守白帝城,并于章武三年(223年)四月在悔愧交加中驾崩。兴汉未捷身先死,英雄刘备泪湿枕,遗憾多多。

刘备集团为什么会在事业发展最高潮时突然"反转"?

因为他背叛了"孙刘联盟共抗曹操"这一重要战略,冷淡、忽略了在他发展过程中,给予他无数帮助的江东集团。建安二十二年,江东集团著名鸽派鲁肃病逝、鹰派将领吕蒙上位,孙权碍于形势,不得不推翻已坚持十一年之久的"联刘抗曹"战略,转而奉行"联曹抗刘"——孙权开始联合曹操打刘备,这既说明此时刘备集团之强大、曹魏集团之虚弱,也说明,孙权对刘备出尔反尔、不讲诚信、不顾盟友的行为忍耐到了极点。

这个重大事件,不仅是刘备集团的重大转折,也是江东集团的重大转折,更是曹魏集团的重大转折。后来孙权趁关羽樊城大胜、荆州疏于防备之机,派大将吕蒙白衣渡江,偷袭荆州,截杀关羽,并将首级献给曹操。曹操得到关羽首级,还来不及高兴,就于洛阳病逝,终年六十六岁。建安二十五年(220年),曹操长子、新一代魏王曹丕取代汉朝。持续三十六年的"准三国"时代结束,为时六十年的"真三国"时代开始,三国历史告别起、承、转三个阶段,正式进入"合"——分久必合的"合"。

表9:三国"转阶段"(208—220年)群雄朋友圈

		朋友圈主要朋友
1	曹操	汉献帝、张昭、荀彧、刘备、孙权、伏皇后、曹丕、曹植
2	刘备	曹操、诸葛亮、法正、庞统、孙权、鲁肃、周瑜、刘璋、张鲁、马超、陆逊

（续表）

		朋友圈主要朋友
3	孙权	刘备、周瑜、鲁肃、吕蒙、陆逊、关羽、曹操、诸葛瑾
4	董卓	已死
5	吕布	已死
6	袁绍	已死
7	袁术	已死
8	刘表	已死

与"起阶段"和"承阶段"只有两强不同，"转阶段"是曹操、刘备与孙权三雄并存的时代。从战略、用人和管理三个角度衡量，孙权之雄不在曹操和刘备之下。如果说"今天下英雄，唯使君与操耳"是曹操的"煮酒论英雄 1.0 版"，那么"生子当如孙仲谋"就是曹操的"煮酒论英雄 2.0 版"。没有孙权，不只江东集团早亡，刘备恐怕也挺不到称帝那一天。

刘备死后，丞相诸葛亮全面执掌蜀汉，拨乱反正，重启"孙刘联盟"。严格地说，这才是真正平等互助的联盟。因为之前的联盟，更多是孙权单方面付出，又是借地又是嫁妹，为巩固联盟操碎了心，而刘备更多是坐享其成，只索取不回报，不仅帮孙权很少，而且不讲诚信。诸葛亮时代的"孙刘联盟"，双方精诚团结，配合作战，在东西两条战线上给曹魏集团很大压力，极大延缓了其一统天下的进程。

曹丕称帝后，为了协同抗刘，极力拉拢孙权，不顾群臣反对，于吴黄武元年（222 年）册封孙权为吴王。孙权由此建立吴国，并于曹丕驾崩三年后的吴黄龙元年（229 年）正式称帝。

孙权在称帝前几乎是一个完人，之后频频犯大错，被史学家称为"半生明主"。太元元年（252 年），孙权病逝。又过了二十八年，东吴被篡魏之位的晋所灭，"三国时代"彻底终结。这都是"真三国"时代的故事。限于篇幅，本书不再介绍。

最后对"转阶段"做一个简单总结。这一阶段的关键词是"反转"，计划不如变化快，各种目不暇接的反转：

建安十三年，益州牧刘璋听说曹操南下，原本想巴结一下曹操。结果派去的使者张松被曹操冷落，一气之下，张松劝刘璋弃曹操而结盟刘备。这是反转一。

建安十三年底，曹操不废吹灰之力拿下荆州，原以为江东集团也会不战而降，没想到赤壁大败，灰头土脸撤军，这是反转二。

建安十六年，曹操借道关中讨伐汉中张鲁，逼反马超韩遂等老朋友，这是反转三。

建安十六年，刘备在益州牧刘璋的热情邀请下进入西川，假装北上打张鲁，不久掉转枪头来抢刘璋的益州，这是反转四。

建安二十二年，江东集团著名鸽派鲁肃病逝、鹰派将领吕蒙上位，孙权决定推翻"联刘抗曹"战略，转而奉行"联曹抗刘"战略，这是反转五。

建安二十四年，关羽在取得襄樊大胜，降于禁、斩庞德后，突然丢失荆州，自己也被人杀害，这是反转六。

……………

这么多反转，说明什么？

说明没有永远的朋友，只有永恒的利益；说明三国斗争越来越激烈，形势瞬息万变；说明图穷匕见，为了生存，大家不惜违背此前用心坚守的原则和道德。"反转"不只意味着背叛和不得已，更意味着升华和凤凰涅槃……

经历"承阶段"的英雄"大裁员"后，"转阶段"的朋友圈，已近乎凋零，到这一阶段尾声，告别舞台的朋友更多、更让人不舍。这一阶段谢幕的朋友，除了身为一方诸侯的统帅，还有很多名将，他们的名字同样如雷贯耳：

210 年：周瑜

212 年：马腾

214 年：庞统

216 年：张鲁（一说死于 245 年）

217 年：鲁肃

219 年：关羽

220 年：吕蒙

220 年：曹操

221 年：张飞（死于真三国阶段）

223 年：刘备（死于真三国阶段）

…………

后 记

写作是一件累并快乐的事。

历史写作，更为特别，有一种坐过山车的感觉，一会上天，一会入地，充满着跌宕起伏的快感。所谓"上天"，就是你可以基于人性逻辑，在历史的空白和缝隙处，合理推测，大胆想象。所谓"入地"，就是你再怎么推测和想象，都必须基于史料这个"锚"，基于历史的基本框架，不能信马由缰，把历史当小说写。这种上下求索的过程，虽然繁琐，但也充满快乐。

《三国社交网络》从构思到完成，历时约两年。俗话说，"上马容易下马难"，想象和推测容易，回到史书这个"锚"，则要细碎和艰难得多。加上《三国演义》那些脍炙人口的情节的"干扰"，一不小心，就沦为脱离"史锚"的胡说八道。所以，本书的写作如履薄冰，生怕还有太多遗漏和谬误。

本书面世之际，特别感谢知名主持人郎永淳、国务院发展研究中心国际技术经济研究所副所长曲双石、历史畅销书作家吴蔚、中央财经大学教授黄震、北京软交所总裁张怀璘、南开大学金融学教授李全等专家学者的鼎力推荐，感谢大力支持我的家人、朋友。谢谢你们！

李劲松

2020 年 8 月 18 日